LE FILS DU NOTAIRE

Jacques Ferron
1921-1949

Marcel Olscamp

LE FILS DU NOTAIRE

Jacques Ferron 1921-1949
Genèse intellectuelle d'un écrivain

FIDES

Photo de la couverture : Jacques Ferron vers l'âge de 18 ans.
Reproduction photographique : Guy Beauchesne

Données de catalogage avant publication (Canada)

Olscamp, Marcel

Le fils du notaire : Jacques Ferron, 1921-1949 : genèse intellectuelle d'un écrivain

Comprend des réf. biliogr. et un index.

ISBN 2-7621-1982-0

1. Ferron, Jacques, 1921-1985 – Enfance et jeunesse. 2. Ferron, Jacques, 1921-1985 – Pensée politique et sociale. 3. Ferron Jacques, 1921-1985 – Personnage. 4. Ferron, Jacques, 1921-1985 – Critique et interprétation. 5. Écrivains canadiens-français - Québec (Province) – Biographies. I. Titre.

PS8511.E76Z82 1997 C843'.54 C97-940584-8
PS9511.E76Z82 1997
PQ3919.F47Z82 1997

Dépôt légal : 3e trimestre 1997
Bibliothèque nationale du Québec

Les Éditions Fides bénéficient de l'appui du Conseil des Arts du Canada et de la Société de développement des entreprises culturelles du Québec (SODEC).

À mon père

Remerciements

À Monsieur Yvan Lamonde, lecteur attentif et chaleureux qui possède au plus haut degré l'art de poser les bonnes questions au bon moment, je désire d'abord témoigner ma profonde gratitude ; grâce à sa rigueur intellectuelle et à ses encouragements constants, j'ai pu mener ce travail à terme.

Mes remerciements vont aussi à la famille de Jacques Ferron, qui gère avec franchise et générosité l'héritage littéraire du grand écrivain : l'ouverture d'esprit exemplaire de madame Madeleine Lavallée et de ses enfants me fut très précieuse tout au long de mes recherches.

Une étude comme celle-ci repose en grande partie sur les témoignages de nombreux contemporains; qu'il me soit permis de souligner ici l'apport décisif de Madeleine, Marcelle et Paul Ferron, qui ont patiemment évoqué pour moi les souvenirs de leur frère aîné. Un merci tout particulier va à Madeleine qui, en plus de me laisser consulter les lettres en sa possession, a aussi accepté de commenter le manuscrit du présent ouvrage. Merci enfin à Pierre Vadeboncoeur, témoin inestimable, qui a su me faire mieux saisir les années d'adolescence de son condisciple Ferron.

Au fil de mes recherches, j'ai pu bénéficier des conseils de deux ferroniens passionnés, Pierre Cantin et Luc Gauvreau, qui sont finalement devenus des amis ; ils m'ont aussi donné accès à des documents sans lesquels mon étude aurait été bien incomplète. Merci, chers comparses!

La vie quotidienne « avec » le jeune Ferron, personnage fantasque, ne fut pas nécessairement de tout repos ; c'est pourquoi je désire, par-dessus tout, louer la patience et l'enthousiasme communicatif de Lucie Joubert, compagne de toujours, qui hérita plus souvent qu'à son tour de mes soirs de doute.

Cet ouvrage a été publié grâce à une subvention de la Fédération canadienne des sciences humaines et sociales, dont les fonds proviennent du Conseil de recherches en sciences humaines du Canada. Je désire aussi remercier, tout particulièrement, l'Université du Québec à Trois-Rivières et le Syndicat des chargés de cours de la même institution ; leur programme conjoint de bourses de perfectionnement a rendu possible l'aboutissement de mon travail.

Sigles

AFJTR	Archives des filles de Jésus de Trois-Rivières
ALC	*Archives des lettres canadiennes*
ANC	Archives nationales du Canada
AUTR	Archives des Ursulines de Trois-Rivières
BNQ	Bibliothèque nationale du Québec (fonds Jacques-Ferron)
BRH	*Bulletin des recherches historiques*
IMP	*L'Information médicale et paramédicale*
JF	Jacques Ferron
PUL	Presses de l'Université Laval
PUM	Presses de l'Université de Montréal
PUO	Presses de l'Université d'Ottawa
RHAF	*Revue d'histoire de l'Amérique française*
RHLQCF	*Revue d'histoire littéraire du Québec et du Canada français*

Introduction

L'histoire familiale, dans l'œuvre de Jacques Ferron, semble souvent le fait de personnages un peu plus grands que nature. Tantôt, à cause de l'écriture toute classique de l'auteur et de la hauteur de vues qu'elle suppose, la parentèle ferronienne se trouve comme rehaussée au-dessus d'elle-même : la relation des faits et gestes de braves gens de la Mauricie devient alors aussi palpitante que la chronique des intrigues à la cour du Roi-Soleil, et même une localité comme Yamachiche, en amont de Trois-Rivières, peut atteindre la stature d'un centre de civilisation grâce à la simple présence de Nérée Beauchemin, poète pour ainsi dire municipal. Tantôt, l'enfance de l'écrivain paraît au contraire habitée par de sombres paysages bibliques, antérieurs à l'histoire :

> Après le détour de la rivière, c'est un autre détour, et mon enfance s'enfonce ainsi dans le passé ; elle a un siècle ou deux, et même davantage. Elle comporte un commencement du monde, un bout du monde. Elle est ma genèse. Au commencement du monde l'esprit de Dieu planait sur les eaux glaiseuses du lac Saint-Pierre. C'était bien avant qu'on se mette à parler du comté de Maskinongé[1].

1. JF, *La nuit*, Montréal, Parti pris, « Paroles, 4 », 1965, p.83.

Dans son récit de 1972 intitulé « La créance », Ferron relate avec force détails sa propre naissance et en fait un événement quasi magique auquel auraient présidé un certain docteur Michel Hart, descendant d'une grande dynastie trifluvienne « qui avait des lignées dans trois religions différentes[2] », et Madame Théodora, sage-femme et « prêtresse sortie du néant de la troisième rue[3] » de Louiseville. S'il est vrai de dire que le fils aîné du notaire Joseph-Alphonse Ferron « est arrivé triomphalement à la maison avec tout le cérémonial d'usage et les personnages prévus[4] », comme l'écrit sa sœur Madeleine avec un soupçon d'envie, il appert que Madame Théodora, accoucheuse de renom et vaguement sorcière, ne se trouve pas vraiment à sa place au chevet de la mère du romancier. Ferron connut effectivement une sage-femme portant ce prénom, mais beaucoup plus tard, vers 1947, alors que, devenu médecin, il pratiquait lui-même des accouchements à Mont-Louis[5] ; nous la retrouverons d'ailleurs, replacée dans son décor gaspésien cette fois, dans un conte paru pour la première fois en 1982, « Le glas de la Quasimodo[6] ». Ces falsifications historiques et ces déplacements biographiques, souvent chargés de signification, sont matière courante dans les récits ferroniens ; ils en

2. JF, *Les confitures de coings et autres textes*, Montréal, Parti pris, « Paroles, 21 », 1972, p. 240.

3. *Ibidem*, p. 233.

4. Madeleine Ferron, *Adrienne. Une saga familiale*, Montréal, Boréal, 1993, p. 199.

5. Mariette Blanchette Lemieux (dir.), *Mont-Louis se raconte...*, [s.l., s.é.], 1984, p. 302. Le Dr Paul Pothier, qui vécut dix ans à Mont-Louis, confirme que cette dame Théodora Gaudin, de même que quelques autres sages-femmes de Mont-Louis, étaient de précieuses auxiliaires lors des accouchements à domicile (Paul Pothier à l'auteur, entrevue, 25 février 1993).

6. JF, « Le glas de la Quasimodo », dans *La conférence inachevée, le pas de Gamelin et autres récits*, préface de Pierre Vadeboncoeur, édition préparée par Pierre Cantin, Marie Ferron et Paul Lewis, Montréal, VLB éditeur, 1987, p. 113-144.

disent long sur la prudence dont doit s'entourer l'historien face à ces textes proprement *incertains*. Ils indiquent aussi — et surtout — que l'écrivain entend présenter sa venue au monde comme un événement hors de l'ordinaire.

Sans aller jusqu'à dire que les œuvres du docteur Ferron « ont été littéralement étouffées par la vie et la personnalité de leur auteur[7] », il faut bien reconnaître qu'une bonne partie de l'intérêt qu'on leur porte vient précisément du fait qu'il s'y est abondamment mis en scène, les expériences vécues devenant pour lui une sorte de laboratoire littéraire et social. À vrai dire, très peu de romanciers québécois se sont aussi ouvertement et clairement inspirés de leur propre existence. Ferron a constamment puisé dans sa mémoire et ses souvenirs, souvent sans la moindre apparence de transposition; ce qui laisse le lecteur parfois étonné devant la franchise de certaines confessions et la dureté des jugements de l'écrivain sur sa propre famille. La « curiosité » biographique paraît donc légitime dans son cas: grâce à ses innombrables allusions autoréférentielles, il attire l'attention sur son parcours personnel; ce faisant, il *invite*, d'une certaine manière, les lecteurs à s'intéresser à son destin.

Il faut dire que la trajectoire intellectuelle de cet homme, qui se retrouva très souvent au cœur de son époque, fut loin d'être banale, et cette vie en elle-même a de quoi susciter l'intérêt. Né en Mauricie au début des années 1920, Jacques Ferron se décrivait d'abord et avant tout comme un notable de province. Son passage au collège Jean-de-Brébeuf aura pour double effet de l'initier aux débats idéologiques mouvementés des années 1930, et de laisser sur son œuvre l'empreinte indélébile de la culture

7. Claude Arnaud, « Le retour de la biographie. D'un tabou à l'autre », *Le Débat*, n° 54, mars-avril 1989, p. 42.

française classique. Diplômé de l'Université Laval en 1945, il pratique la médecine dans l'armée canadienne, puis en Gaspésie où, sympathisant communiste, il a maille à partir avec le gouvernement de Maurice Duplessis. De retour à Montréal en 1948, il fréquente, grâce à sa sœur Marcelle, les membres du groupe automatiste, puis milite au sein des différents groupements socialistes de l'époque. Plus tard, devenu indépendantiste, il rompt avec la gauche canadienne, participe à la fondation du désormais célèbre Parti Rhinocéros (1963), et se porte candidat du Rassemblement pour l'indépendance nationale (RIN) aux élections provinciales de 1966. Il est l'un des inspirateurs du mouvement Parti pris et sert de mentor à plusieurs écrivains gravitant autour des Éditions du Jour. Idéologiquement proche des jeunes activistes du FLQ, il compte aussi, parmi ses connaissances, des membres de l'intelligentsia anglo-montréalaise, comme Frank R. Scott, avec lesquels il entretient des relations plutôt mouvementées. Entre 1966 et 1971, il pratiquera la médecine dans deux hôpitaux psychiatriques (Mont-Providence et Saint-Jean-de-Dieu), ce qui l'amènera par la suite à dénoncer violemment le type de traitements alors en vigueur dans ces institutions.

En somme, la vie de Ferron semble favoriser l'analyse biographique parce qu'elle est intimement liée à son œuvre et qu'elle jette un éclairage nouveau sur la société dans laquelle il a vécu. Les insertions autobiographiques, dans les écrits ferroniens, varient considérablement selon que l'auteur aborde l'un ou l'autre des épisodes de son parcours. Les textes de la maturité sont presque contemporains des événements auxquels ils se réfèrent : *La tête du roi*, par exemple, cette pièce à forte coloration nationaliste publiée en 1963, suit de quelques années le départ de Ferron du Parti social démocrate (PSD) et son adhésion au mouvement indépendantiste ; *L'amélanchier*, en 1970, est directement inspiré par le travail du médecin à Mont-Providence ;

Les roses sauvages, roman paru en 1971, puise une bonne partie de son intrigue dans un séjour que l'écrivain fit en Acadie quelques années auparavant. Ces textes constituent très souvent des prises de position, celles d'un intellectuel qui, au plus fort de son combat politique et littéraire, réagit à chaud aux questions qui lui tiennent à cœur.

Il en va tout autrement lorsque Ferron évoque la première partie de sa vie. Nous connaissons moins bien ces années de formation, pour la simple raison que les récits d'enfance et de jeunesse de Ferron n'ont évidemment pas le même caractère d'immédiateté ou de quasi-simultanéité ; ils relèvent plutôt de la mémoire ou du souvenir. D'autre part, l'écrivain, volontairement ou non, n'a jamais laissé rééditer ses écrits antérieurs à 1948 : à moins d'aller consulter de vieux exemplaires du journal *Brébeuf* ou du *Carabin* de l'Université Laval, il est difficile de lire les premiers essais littéraires du jeune homme et de découvrir cette voix émouvante qui se cherchait encore. De plus, les conceptions classiques de Ferron, à ses débuts, laissaient peu de place à ce qu'il est convenu d'appeler le « récit de soi » ; il faut donc avoir recours à d'autres sources pour mieux connaître l'enfant et l'adolescent qu'il fut.

Bien que Ferron n'ait pas nécessairement *falsifié* ses souvenirs, il n'en reste pas moins que, passé maître dans l'art de l'ambiguïté, il a parfois laissé planer un mystère sur des pans entiers de sa jeunesse ; il faut donc tenter d'expliquer certaines omissions et certains silences presque aussi révélateurs que les récits eux-mêmes. Il s'agira aussi d'éclairer, dans la mesure du possible, les épisodes à caractère biographique qui se réfèrent à la jeunesse de l'auteur. Selon quelles modalités ces passages s'inscrivent-ils dans l'œuvre ? À partir de quel moment le docteur Ferron s'est-il autorisé à puiser dans ses souvenirs personnels ? Quelle image a-t-il voulu en donner et, surtout, *à quoi tendent* ces récits autobiographiques ? Notre étude se termine au moment où l'auteur entreprend une nouvelle existence, c'est-à-dire à la fin des années 1940; une coupure radicale survient en effet entre sa jeunesse et les responsabilités de l'âge adulte. À partir de 1949, son parcours, jusque-là assez mouvementé, devient remarquablement sédentaire, à un point tel que Ferron semble n'avoir vécu ses vingt-huit premières années que pour pouvoir les *écrire* au cours des trois décennies suivantes. 1949 marque aussi la parution du premier ouvrage de Ferron, *L'ogre*; nous laisserons donc le jeune auteur en pleine possession de ses moyens et au seuil de son entrée dans le monde littéraire.

Le danger qui guette une telle approche biographique, dit l'historien Claude Arnaud, serait toutefois qu'elle se referme sur elle-même et tourne au procès: « Partout des limiers traquent les novateurs du XXe siècle, vérifiant leurs papiers et interrogeant leur itinéraire: avez-vous été à la hauteur de vos théories, ou de votre mythe? Avez-vous mis en pratique vos idées, les excès ou la sagesse que vous revendiquiez par écrit[8]? » C'est une inquiétude similaire que manifestait Ginette Michaud, en 1978, lorsque, dans une étude sur l'autobiographie dans l'œuvre ferronienne, elle mettait en doute la pertinence de l'approche biographique dans ce qui, pour l'écrivain, ne constitue après tout qu'un objet de fiction parmi d'autres: « Le lecteur limier traque les failles d'une sincérité à la limite impossible, en vérifiant l'exactitude historique des textes à travers leur construction: il estime alors la relation au passé, et à la mémoire, comme une évidente déformation des faits, essentiellement négative et limitée[9]. »

8. *Ibidem*, p. 43.

9. Ginette Michaud, « L'arrière-texte : lecture de trois fictions autobiographiques de Jacques Ferron », mémoire présenté à la Faculté des études supérieures en vue de l'obtention du grade de Maître ès arts (M.A.), Université de Montréal, août 1978, p. 7.

Toutefois, même si G. Michaud tente de rendre compte de « l'incursion d'un "je" dans le cours de récits fictifs », son analyse s'est « surtout attachée à saisir le mouvement de l'autobiographie *vers* la fiction[10] ». Nous proposons, pour notre part, la démarche inverse et complémentaire : ce qui, pour G. Michaud, relève du « comment » devient pour nous de l'ordre du « pourquoi ». Cela implique, dans la mesure du possible, un recours aux témoignages de contemporains et à d'autres sources documentaires pour découvrir le lieu, le moment et la cause de « l'autobiographisation » ferronienne. Notre étude obéit donc à un double mouvement : elle sort résolument de l'œuvre pour y retourner par la suite. Ce faisant, nous chercherons à remplir — bien modestement — l'une des tâches urgentes que Jean Marcel, au colloque « Présence de Jacques Ferron » (1992), assignait aux « ferroniens » : recueillir des témoignages essentiels « au décryptage correct de l'œuvre », et des informations orales sur l'homme dont « un temps viendra sous peu où plus personne ne sera en mesure [de] rendre compte[11] ».

« Toute biographie doit se préoccuper de la conception de l'individu à l'époque de la vie de son héros[12] », croit pour sa part l'historien Jacques Le Goff. Or comme Jacques Ferron fut, durant une bonne partie de sa vie, au cœur de la vie intellectuelle du pays, il en résulte que son œuvre, en plus de ses qualités littéraires intrinsèques, comporte un intérêt documentaire certain — à condition bien sûr de savoir faire la part de l'imagination foisonnante et des orientations idéologiques de l'auteur. Lire Ferron, c'est, d'une certaine manière, effectuer une relecture de l'histoire

10. *Ibidem.*
11. Jean Marcel, « Présence de Jacques Ferron », *Littératures*, n°s 9-10, 1993, p. 13-14.
12. Jacques Le Goff, « Comment écrire une biographie historique aujourd'hui ? », *Le Débat*, n° 54, mars-avril 1989, p. 52.

intellectuelle et littéraire du Québec pendant le dernier demi-siècle. « La biographie sera un moyen de connaissance scientifique si elle permet de dépasser l'anecdote et le cumul d'événements éclatés et si elle réussit à révéler des phénomènes structurels[13] », écrit pour sa part Yvan Lamonde ; c'est précisément ce que permet, dans un premier temps, une étude à caractère biographique de la jeunesse de Jacques Ferron. Sur les traces de cet homme aux multiples facettes, il est possible d'éclairer simultanément, *de l'intérieur*, différents mouvements d'idées auxquels pouvait être exposé un jeune Québécois de bonne famille durant les années 1920 à 1950. On profitera donc du « passage » de l'écrivain pour jeter un éclairage sur des aspects moins bien connus de l'histoire récente du Québec : quelle idéologie véhiculait la bourgeoisie de province dans les années 1920 et 1930 ? à quoi ressemblait la vie intellectuelle au collège Brébeuf dans l'entre-deux-guerres ? quelles étaient les préoccupations des étudiants de l'Université Laval durant le deuxième conflit mondial ? comment les jeunes idéalistes francophones devenaient-ils communistes ? comment vivait-on en Gaspésie à la fin des années 1940 ? Nous observerons aussi les influences que pouvait subir un apprenti-écrivain, de même que les différentes stratégies d'émergence qu'il pouvait adopter pour se faire reconnaître dans les milieux intellectuels. Étant donné la relative exiguïté de l'institution littéraire québécoise, à cette époque, la trajectoire ferronienne peut être considérée, sur ce plan, comme assez représentative de celle de plusieurs écrivains de sa génération. Enfin, il faudra aussi observer l'évolution de sa conception de la littérature et de l'écrivain, ce qui permettra de découvrir comment il est devenu *cet* auteur ; car Ferron, quoi qu'on en dise, malgré l'absolue et

13. Yvan Lamonde, *Louis-Antoine Dessaulles 1818-1895. Un seigneur libéral et anticlérical*, Montréal, Fides, 1994, p. 298.

irréductible originalité de son œuvre, demeure sous bien des aspects un écrivain de son époque et un homme de son temps[14].

14. Une partie de la matière des chapitres quatorze et quinze a déjà paru sous forme d'article dans Ginette Michaud (dir.), avec la collaboration de Patrick Poirier, *L'autre Ferron*, Montréal, Fides — Cetuq, « Nouvelles études québécoises », 1995, p. 15-46.

PREMIÈRE PARTIE

Maskinongé

1921-1933

CHAPITRE I

Le Chichemayais

Tout au long de sa carrière, Jacques Ferron s'est servi des événements de sa propre existence comme d'un matériau fictionnel aisément malléable. Au milieu des années 1960 toutefois, et singulièrement à partir de la publication de *La nuit* en 1965, il s'est penché d'une façon beaucoup plus précise sur l'histoire de sa famille et sur sa propre enfance, dans des récits au statut générique fort ambigu. Pour qui s'intéresse aux antécédents familiaux de l'auteur, le corpus ferronien comporte deux « massifs » auxquels il convient de s'arrêter plus particulièrement. Le premier est constitué des quatre textes qui forment l'ouvrage publié en 1972 sous le titre *Les confitures de coings et autres textes*. Ce singulier recueil suscite depuis longtemps l'intérêt de la critique; il s'agit vraisemblablement de l'œuvre de Ferron la plus commentée jusqu'ici. Quant au second, beaucoup moins connu parce qu'il n'a jamais été repris en volume, il est formé d'une dizaine d'« historiettes » disséminées dans *L'information médicale et paramédicale* entre 1976 et 1978. Cette riche matière nous servira de guide principal dans le parcours de l'enfance de l'écrivain. À ces textes autobiographiques il faut ajouter le beau récit de Madeleine Ferron, intitulé *Adrienne* en hommage à sa mère: à partir des mêmes papiers de famille que son frère, la romancière cherche elle aussi à reconstituer la « saga » de la famille maternelle (les Caron) et tente à sa manière de rétablir les faits là où Jacques a pu pécher par des jugements un peu expéditifs. Madeleine, par-dessus la tête de ses lecteurs, s'adresse manifestement au grand frère disparu; nous assisterons donc, à l'occasion, à un étonnant débat où les deux enfants aînés du notaire Ferron divergent d'opinion quant à l'interprétation qu'il faut donner à certains épisodes de la chronique parentale.

Quoi qu'il en soit, on ne peut douter du fait que la naissance de ce premier enfant, à Louiseville, le 20 janvier 1921, semble avoir été presque aussi pénible pour le notaire Ferron que pour son épouse. L'écrivain raconte, appuyé en cela par Madeleine, que son père eut de la difficulté à supporter les souffrances de sa femme en travail: « il est difficile en effet pour un homme valeureux d'assister impuissant au labeur de sa pauvre épouse, sans pouvoir en partager la peine ». Il fut donc décidé « qu'à l'avenir cela se ferait à son insu[1] » et que les autres enfants verraient le jour à l'hôpital de Trois-Rivières[2]. Cela aurait pour avantage de minimiser les risques de complications pour la mère, à la santé fragile, et de ménager la trop grande sensibilité du père.

Notaire — c'est ainsi qu'on l'appelait dans la famille — est décrit par ses enfants comme un homme orgueilleux, fier de la situation sociale enviable qu'il s'était taillée dans le comté de Maskinongé[3]. Une notice biographique de 1926 nous le présente comme un personnage « fort avantageu-

1. « Historiette. Feu Jean-Jacques », *IMP*, vol. XXVIII, n° 19, 17 août 1976, p. 10.

2. Information confirmée par Madeleine Ferron le 18 février 1993. Les autres enfants de la famille Ferron sont : Madeleine, née le 24 juillet 1922 ; Marcelle, née le 29 janvier 1924 ; Paul, né le 19 juillet 1926 ; Thérèse, née le 1er décembre 1927 et décédée le 8 juin 1968.

3. Paul Ferron à l'auteur, entrevue, 8 janvier 1993.

sement connu [qui] s'est spécialisé dans les règlements de successions, les prêts sur hypothèques et sur débentures [...]. Par son application, sa probité et le souci ainsi que la dignité de sa profession, il a su mériter la confiance de tous[4]. » Né le 8 juin 1890 à Saint-Léon-le-Grand, il était issu d'une lignée établie en Mauricie depuis environ un siècle et demi. Son humble famille n'avait jusque-là produit que de paisibles cultivateurs ; les ancêtres paternels, « restés aussi pauvres d'une génération à l'autre[5] », vécurent donc la vie sans histoire et quasi archétypale des paysans canadiens-français.

Le premier Ferron serait arrivé au Canada durant la dernière décennie du Régime français. Après avoir vécu quelque temps aux Forges du Saint-Maurice et y avoir pris femme, l'ancêtre Jean-Baptiste aurait choisi de s'installer dans les environs de Yamachiche pour y faire souche d'« une engeance qui, tard arrivée, fut lente à sortir du bois[6] », écrit Jacques ; la fierté du notaire tenait pour une bonne part à ce sentiment d'appartenance à une lignée de simples paysans. Son fils ira encore plus loin dans cette voie en prétendant que « la première génération ascendante est toujours assez extraordinaire[7] » : pleine de vitalité et d'énergie, mais ne pouvant compter sur aucun appui extérieur, elle préside elle-même à sa propre ascension sociale et n'a de comptes à rendre à personne. L'écrivain tenait beaucoup à cette théorie d'une soi-disant « parthénogénèse » sociale de son père : on en trouve les premières traces dès 1947, dans des lettres qu'il adressait alors à sa famille.

4. Raphaël Ouimet, *Biographies canadiennes-françaises*, Montréal, [s.é.], 6e année, 1926, p. 391.

5. Madeleine Ferron, *Adrienne. Une saga familiale*, Montréal, Boréal, 1993, p. 83.

6. JF, « Historiette. Les trois frères et le bout d'un pouce », *IMP*, vol. XXXI, no 10, 3 avril 1979, p. 15.

7. JF à Jacques de Roussan, entrevue, 9 septembre 1970.

Les Ferron sortirent littéralement du rang[8] au tournant du siècle, grâce au grand-père de l'écrivain, Benjamin, qui réussit à faire instruire onze de ses douze enfants en mettant en pratique un curieux système que nous explique sa petite-fille Madeleine: «Benjamin Ferron [...] s'aperçut qu'il ne pouvait pas établir ses cinq garçons sur des fermes, parce que les terres, plus rares, devenaient trop chères pour ses moyens. [Il fit] instruire les garçons par le travail des filles, lequel consisterait justement à enseigner[9].» C'est ainsi que le jeune Joseph-Alphonse put faire son cours classique au séminaire Saint-Joseph de Trois-Rivières (à la même époque que Maurice Duplessis[10]), compléter ses études de droit à la constituante montréalaise de l'Université Laval et être admis à la pratique du notariat en 1915. Son frère Émile, pour sa part, deviendra avocat, député de Maskinongé puis juge à Trois-Rivières. Avant ces deux légistes, le seul personnage connu de la famille avait été le grand-oncle Maxime, zouave pontifical et chevalier de Pie IX[11]; mais cette gloire, dira Ferron, ne s'étendait guère au-delà du village de Saint-Léon, alors que les études de son père et de son oncle marquent le premier pas de la lignée hors des paroisses rurales.

8. Les grands-parents de Jacques habitaient dans un rang de Saint-Léon-le-Grand nommé le « Village des Ambroises ».

9. Madeleine Ferron, *Adrienne, op. cit.*, p. 83-84. La version de Jacques diffère quelque peu : « En septembre mon grand-père descendait du village [...] avec son fils Alphonse [et] deux grands cochons. Il vendait les cochons à Louiseville et l'argent servait à l'instruction de ses fils [...] dont mon père, ledit Alphonse — qui continuait par train au Séminaire de Trois-Rivières. » (JF à Pierre Cantin, lettre, 11 juin 1974.)

10. Ferron croyait que son père avait été un condisciple du futur premier ministre ; en réalité, ce dernier précédait Joseph-Alphonse Ferron de deux années. Voir *Séminaire Saint-Joseph aux Trois-Rivières. Année académique 1908-1909*, Trois-Rivières, Vanasse & Lefrançois, Imp., troisième série, n° 4, 1909, p. 33.

11. Amanda Plourde, *Notes historiques sur la paroisse de Saint-Léon-le-Grand*, Trois-Rivières, Éditions du Bien Public, 1916, p. 15.

Madeleine Ferron a gardé de son grand-père Benjamin le souvenir d'un homme simple et généreux, très peu ambitieux pour lui-même ; ces qualités se retrouvent selon elle chez la plupart des membres de la famille Ferron et expliquent le comportement que les enfants auront tendance à adopter au cours de leur existence : « c'est une espèce de bonté naturelle que j'ai toujours remarquée chez les Ferron : des gens généreux, sans trop d'ambition, aimant la vie[12] ». Ce jugement se trouve corroboré par son frère, qui héritera lui aussi, à sa manière, de cette générosité ontologique : « mon grand-père n'a jamais eu la réputation d'être un gros cultivateur et je doute qu'il en ait eu l'ambition ; il fut avant tout un éleveur d'enfants[13] ». L'écrivain s'autorisera plus tard de ce trait de caractère familial pour tirer des conclusions politiques qui auraient bien étonné le bon habitant de Saint-Léon.

Nous savons aussi que cet aïeul avait un don naturel de conteur, qu'il avait transmis à ses fils ; ce talent familial eut une profonde influence sur le futur écrivain, qui se voyait lui-même, sur ce plan, à la frontière exacte entre l'oral et l'écrit. Ferron enviait d'ailleurs ces parents de n'avoir pas eu, comme lui, à édifier une œuvre : « Il n'était pas question [pour eux] d'avoir une vue du monde, mais de conter. Y aurais-je excellé que je n'aurais peut-être pas écrit[14]. » Ce talent trouvait bien sûr à s'exercer lors des nombreuses réunions familiales, mais Madeleine se souvient aussi que les enfants étaient fascinés par « Petit Jean », personnage astucieux et rusé du conte traditionnel québécois, dont le notaire, soir après soir, leur racontait les aventures. Ce sont probablement les premiers récits organisés que les futurs

12. Madeleine Ferron à l'auteur, entrevue, 18 septembre 1992.

13. JF, « Historiette. Le père retrouvé », *IMP*, vol. XXXI, nº 8, 6 mars 1979, p. 10.

14. JF à Jean Marcel, lettre, 20 février 1969.

écrivains de la famille eurent l'occasion d'entendre; l'avènement de la radio devait cependant y mettre bientôt fin. Pour sa part, Jacques se sentira toujours un peu le débiteur de ces « diplômés du point du jour[15] » qu'il considère avoir pillés, et à qui il doit une partie de sa propre réputation de conteur.

À ce riche bagage de culture populaire et pittoresque s'ajoutent les très nombreuses histoires de fantômes et les superstitions qui, dans le Québec d'autrefois, accompagnaient presque toujours la religion des paysans. Le notaire lui-même avait gardé quelque chose de ces croyances puisque, nous dit son fils, il accordait foi aux racontars des quêteux de passage qui prétendaient pouvoir prédire l'avenir dans les tasses de thé[16]. Le goût de Jacques Ferron pour les récits merveilleux et les interventions diaboliques vient aussi de cet imaginaire traditionnel, dont il déplore déjà la disparition en 1948 dans « Suite à Martine » : « Autrefois je n'étais pas un robineux, j'étais quelqu'un de plus honorable, j'étais un vagabond [...] connu de toute la province, qu'on accueille avec joie, qu'on retient même car il apporte dans son sac la sagesse et la fantaisie[17]. » Nul doute que les nombreux clochards qui hantent l'œuvre ferronienne — des *Contes* au *Ciel de Québec* en passant par *Les grands soleils* — ne soient redevables de quelque manière à ces mystérieux passants entrevus durant l'enfance.

Enfin, c'est probablement aussi au contact de sa famille paternelle que Ferron aura appris à « québécquoiser », c'est-

15. JF, *Du fond de mon arrière-cuisine*, Montréal, Éditions du Jour, « Les Romanciers du Jour, R-105 », 1973, p. 35.
16. JF et Pierre L'Hérault, « 9 entretiens avec le Dr Jacques Ferron (automne 1982) », transcription intégrale (Document de travail), interview et transcription : Pierre L'Hérault, [s.l.], [s.é.], 1990, p. 44.
17. JF, *Contes. Édition intégrale. Contes du pays incertain, Contes anglais, Contes inédits*, préface de Victor-Lévy Beaulieu, Ville de LaSalle, Éditions Hurtubise HMH, 1985, p. 138.

à-dire à aborder le monde et les institutions avec une certaine dose d'impertinence et avec des ruses de paysan madré. Pour illustrer cette attitude moqueuse, l'écrivain donne l'exemple — réel ou fictif — de son arrière-grand-père qui, vers 1890, aurait été propriétaire d'une vache magnifique, championne des foires agricoles et baptisée Victoria par la famille : « C'était aussi le nom de la Reine, à cette époque. On avait bien de la joie, dans le Grand-Rang, à la regarder saillir par un petit taureau du terroir, patriote et bas sur pattes [...] C'est cela que j'appelle québécquoiser. On le fait entre amis, dans le pays qui a toujours été un maquis[18]. » Ferron considère que cette disposition d'esprit est profondément ancrée dans la personnalité québécoise et ne se prive pas, tout au long de son œuvre, d'y avoir recours.

Les relations de Jacques Ferron avec sa famille maternelle sont, à tous points de vue, infiniment plus tourmentées que celles, plus immédiates, qu'il eut avec son ascendance ferronienne ; nous devrons donc nous y arrêter un peu plus longuement. La mère de l'écrivain, Adrienne Caron, appartenait à une vieille « dynastie » mauricienne dont l'ancêtre, Robert, originaire de la Saintonge, avait fait le voyage de la Nouvelle-France en 1636 et s'était installé dans les environs de Québec[19]. L'un de ses descendants, Michel, vint à Yamachiche en 1783 pour établir sur des terres nouvelles ses dix garçons. Neuf d'entre eux « se fixèrent au même endroit et formèrent le *Village des Caron*[20] », sorte d'enclave d'où essaimèrent les nombreux Caron de la région. Vers 1900, nous dit Madeleine Ferron,

---

18. JF, « Historiette. Les cieux ne sont pas toujours vides », *IMP*, vol. XVII, n° 13, 18 mai 1965, p. 18.
19. Raoul Raymond, « Caron », *Mémoires de la Société généalogique canadienne-française*, vol. XII, n° 9, novembre 1961, p. 240.
20. Abbé N[apoléon] Caron, *Histoire de la Paroisse d'Yamachiche (précis historique)*, Trois-Rivières, P.V. Ayotte, Libraire-éditeur, 1892, p. 126.

les descendants de ces premiers colons auront atteint le nombre de six cents[21].

En apparence, peu de choses semblent différencier les ancêtres Caron des Ferron : ces deux familles ont connu sensiblement la même trajectoire, qui les a conduites à venir prendre racine dans les environs de Yamachiche au cours de la seconde moitié du XVIIIe siècle ; c'est pourquoi Jacques Ferron pourra se prétendre « Chichemayais[22] », même s'il n'est pas lui-même originaire de cette paroisse. Cependant, l'antériorité des Caron en sol canadien conduira l'écrivain à échafauder — à tort ou à raison — une théorie selon laquelle cette famille était socialement avantagée par cette antériorité même et par le patrimoine amassé au fil des décennies. Le premier Caron de la Mauricie, dit-il, « ayant de la fortune à un moment où l'argent était très rare, a fait de sa famille une famille assez considérable dans le clergé et les affaires[23] ». Ici prend place l'une des nombreuses divergences de vues entre Madeleine et Jacques Ferron : alors que ce dernier ne reconnaît aucun mérite personnel aux Caron dans l'édification de leur position sociale avantageuse (ce qui, déjà, tend à les discréditer face au courage du notaire Ferron), sa sœur pense quant à elle que les Caron étaient tout bonnement habiles en affaires, ce qui expliquerait que dès 1880, « il n'y a plus un seul descendant direct des premiers occupants pour cultiver les terres au Village des Caron[24] » : ils se sont tous enrichis autrement !

---

21. Madeleine Ferron, *Adrienne*, *op. cit.*, p. 37.

22. Faux gentilé désignant les habitants de Yamachiche dans le conte du même nom. (JF, « Le Chichemayais », dans *La conférence inachevée, Le pas de Gamelin et autres récits*, préface de Pierre Vadeboncoeur, édition préparée par Pierre Cantin, Marie Ferron et Paul Lewis, Montréal, VLB éditeur, 1987, p. 95-107.)

23. JF à Jacques de Roussan, entrevue, 9 septembre 1970.

24. Madeleine Ferron, *Adrienne*, *op. cit.*, p. 38.

Quelle qu'en soit la cause, le fait est que le « clan » Caron, dans la région trifluvienne, produisit un nombre impressionnant de hauts personnages qui manifestèrent un goût certain pour le pouvoir ; bourgeoise, la famille maternelle des enfants Ferron semble avoir été de tendance assez conservatrice : « La conduite prudente des hommes de la famille les amène plutôt à être gens d'Église et serviteurs de l'État. Ils sont rarement en première ligne des combats idéologiques mais expriment fidèlement l'opinion de leurs commettants[25]. » Jacques Ferron s'inspirera abondamment — et très librement — de ces notables, et malgré les apparences, ce n'est jamais sans une certaine fierté qu'il énumère les grands hommes que la branche maternelle de sa famille donna à la Nation. L'aïeul Georges Caron, par exemple, fut membre de la Chambre d'assemblée du Canada (1858-1863), puis député aux communes de 1867 à 1872[26] ; marchand prospère, il fut, entre autres choses, agent pour des compagnies forestières qui œuvraient en Mauricie[27] ; c'est ce qui lui permit de fréquenter de riches Américains, membres d'un club de pêche, et de faire construire comme eux, pour sa famille, un chalet à Saint-Alexis-des-Monts. Né en 1862, son fils Hector, grand-oncle de Jacques Ferron, fut député provincial du comté de Maskinongé durant trois mandats (1892-1904)[28], après quoi il sera nommé « Surintendant des Mines et des Pêcheries[29] ».

25. *Ibidem*, p. 42.
26. Amanda Plourde, *Notes historiques sur la paroisse de Saint-Léon-le-Grand, op. cit.*, p. 11 et 69.
27. Madeleine Ferron, *Adrienne, op. cit.*, p. 68-69.
28. Francis-Joseph Audet, *Le comté de Maskinongé (1853-1867). Notes historiques, statistiques et biographiques*, Trois-Rivières, Éditions du Bien Public, « Pages trifluviennes, série A, n° 16 », 1934, p. 51.
29. Germain Lesage, *Histoire de Louiseville. 1665-1960*, [Louiseville], Presbytère de Louiseville, 1961, p. 318.

Ce dernier politicien constitue un bon exemple de ce que Ferron considérait être la « nature » des Caron. En plus de bénéficier d'une carrière politique bien remplie, Hector semble avoir aussi été un rude homme d'affaires. Comme son père, il prêtait de l'argent aux cultivateurs du comté, ce qui n'est pas sans avoir causé un profond malaise chez les deux écrivains de la famille Ferron : voilà une activité un peu sordide qui dénote une grande absence de compassion ! Dans une lettre de 1908 qu'il envoie à sa sœur, alors supérieure du monastère des ursulines de Trois-Rivières, Hector raconte les péripéties de l'une de ses « tournée de rentes » en plein hiver chez des cultivateurs de Saint-Justin et de Sainte-Ursule :

> lorsqu'il s'est agi de partir les chemins étaient épouvantables [...] nous n'avons vu que bien peu de monde la première journée, résultat, tout près de cent piastres de moins de recettes. [...] Comme tu vois, malgré tous mes efforts, je m'attends à ne pouvoir collecter autant que l'hiver dernier[30].

C'est sans doute en imaginant des scènes comme celle-là que Jacques Ferron en vint à dire des Caron qu'ils étaient « d'une race de marchands impitoyables envers les pauvres gens, qui croyait se racheter par ses Ursulines et ses Ursulinettes alors qu'elle ne perpétrait ainsi que sa sous-domination dans le comté de Maskinongé [...][31] ». On voit déjà se profiler à l'horizon la figure de Monsieur Pas-d'Pouce, ce « négociant, exportateur de grains et de foin[32] » qui, dans le conte « Servitude », précipite la ruine d'un modeste cultivateur en lui réclamant l'argent qu'il ne peut lui rembourser. Madeleine, plus modérée comme à son

30. Hector Caron à sœur Marie de Jésus, lettre, 17 janvier 1908. AUTR, VII-0033-75.

31. JF, *Les confitures de coings et autres textes*, Montréal, Parti pris, « Paroles, 21 », 1972, p. 325.

32. JF, *Contes*, *op. cit.*, p. 5.

habitude, cherche vaguement à excuser le comportement des Caron, et émet l'opinion que les prêteurs suppléaient tant bien que mal aux banques et aux sociétés de colonisation. La romancière reconnaît cependant que ce côté plus sombre de l'histoire des Caron les rend un peu moins sympathiques que la paisible famille Ferron : « J'ai beau essayer de faire la part des choses, de replacer les activités des prêteurs d'argent dans le contexte du temps, j'éprouve un malaise et je préfère m'attendrir sur cette société pastorale qui régissait la vie de mes ancêtres paternels [...][33]. »

Hector Caron fut aussi, pendant une brève période, propriétaire d'un établissement nommé l'Hôtel des Sources ; cette auberge *fashionable*, où la riche bourgeoisie anglophone et l'élite canadienne-française venaient goûter aux vertus curatives des sources de la région, était située à deux milles du village de Saint-Léon et pouvait accueillir 300 personnes[34]. En 1889, un chroniqueur, parlant du nouveau propriétaire des lieux, annonce aux éventuels clients de l'hôtel « qu'il a d'excellentes voitures à la disposition des touristes [et] qu'il s'est assuré les services d'un excellent cuisinier. [...] M. Caron tient beaucoup à ce que son établissement soit visité par les membres du clergé. [Il] tiendra sans doute à ce qu'une partie de son personnel sache le français [...][35]. » À l'époque où l'Hôtel des Sources était en pleine gloire, le père de Jacques Ferron était encore un garçonnet de Saint-Léon, simple fils de cultivateur. L'enfant fut semble-t-il très impressionné par la clientèle anglophone de l'hôtel ; c'est du moins ce que son fils cherche à nous faire comprendre en imaginant que le futur notaire développa une ambition farouche en contemplant de loin le riche équipage des vacanciers :

33. Madeleine Ferron, *Adrienne*, *op. cit.*, p. 83.
34. Frédéric-Alexandre Baillargé, *Coups de crayon*, Joliette, Bureau de l'étudiant et du couvent, 1889, p. 110.
35. *Ibidem*, p. 141.

> D'âge à marcher au catéchisme, il [...] fut souvent dépassé, timide et honteux, par des cavaliers et des écuyères aux bottes luisantes, montés sur des bêtes nerveuses, de tout autre allure que le petit cheval canadien; ces cavaliers et leurs dames cheminaient tout en devisant en anglais [...]. Après leur passage, il repartait vers l'église sur le mauvais pied, plein d'envie pour ces privilégiés [...][36].

Malgré leurs incontestables succès en affaires et dans l'arène politique, c'est dans le domaine religieux que les Caron laisseront surtout leur marque; à un point tel que Ferron pourra dire de cette « famille sacerdotale » qu'elle eut des « fastes [qui] imprégnèrent toute [s]a jeunesse[37] ». Dans *Le Saint-Élias*, entre autres, l'auteur met en scène, avec une tendresse amusée, Mgr Charles-Olivier Caron, ecclésiastique qui fut, au milieu du siècle dernier, vicaire-général et chapelain des ursulines de Trois-Rivières après avoir été successivement « supérieur des séminaires de Nicolet et de Trois-Rivières[38] ». En compulsant les vieilles monographies paroissiales et les annales des ursulines trifluviennes, Ferron s'attendrit sur les nombreuses demoiselles Caron qui furent, tour à tour, supérieures de ce vénérable monastère fondé en 1697.

Tel un roturier en quête de quartiers de noblesse, l'auteur, alors même qu'il veut les critiquer, ne rate jamais l'occasion de mentionner avec un plaisir manifeste les hautes fonctions sacerdotales occupées par les membres de la branche maternelle de sa famille. On sait par exemple que la région trifluvienne fut jadis l'hôtesse de nombreux

---

36. JF, *Les confitures de coings et autres textes*, *op. cit.*, p. 301.
37. JF à Pierre Cantin, lettre, 5 juillet 1982.
38. JF, « Historiette. Le chaînon qui manquait », *IMP*, vol. XXX, n° 9, 21 mars 1978, p. 10. En réalité, Mgr Charles-Olivier Caron ne fut supérieur qu'au Séminaire de Trois-Rivières ; voir les notes explicatives dans JF, *Le Saint-Élias*, édition préparée par Pierre Cantin, Marie Ferron et Roger Blanchette, préface de Pierre L'Hérault, Montréal, Typo, 1993, p. 163.

ecclésiastiques chassés d'Europe par la Révolution française[39]; Ferron évoque avec délectation la noble figure de l'abbé de Calonne, « frère du ministre de feu le Roi[40] » qui fut chapelain des ursulines au moment où la première des demoiselles Caron, Mère Saint-Michel, dirigeait la communauté. Ce prêtre aurait laissé « un peu du XVIIIe siècle et certaines coutumes de l'Ancien Régime[41] » dans le diocèse de Trois-Rivières; l'écrivain s'en souviendra lorsqu'il fera l'analyse du convoi funèbre de sa mère, marqué selon lui par ces coutumes vieillottes.

Grâce à l'illustre abbé de Calonne, quelques étincelles de la gloire de la vieille France rejaillissent donc sur l'aïeule religieuse et, par ricochet, sur l'ensemble de la descendance des Caron. L'écrivain raconte que Mère Marie-de-Jésus (Georgine Caron), supérieure du monastère durant une dizaine d'années entre 1896 et 1911, ne pouvait s'empêcher de mentionner que cet abbé providentiel « était intervenu en faveur du *Mariage de Figaro* auprès de Louis XVI avant de venir finir ses jours comme chapelain des Ursulines de Trois-Rivières [...][42] ». La religieuse se plaisait aussi — et

39. Ces religieux — une dizaine — arrivés au Canada dans la dernière décennie du XVIIIe siècle, furent placés à divers postes sur le « pourtour du lac St-Pierre » ; Yvan Lamonde mentionne même que le diocèse reçut, dans les milieux ecclésiastiques, le surnom de « petite France », détail que Ferron souligne à plusieurs reprises. (Yvan Lamonde, « Classes sociales, classes scolaires : une polémique sur l'éducation en 1819-1820 », *La Société canadienne d'histoire de l'Église catholique. Session d'étude 1974*, [Ottawa], [s.é.], 1975, p. 43.)

40. JF, « Historiette. Le chaînon qui manquait », *loc. cit.*, p. 10. Ordonné en 1776, Jacques-Ladislas-Joseph de Calonne arrive au pays en 1799 ; il sera missionnaire en Acadie avant d'être nommé chapelain des ursulines trifluviennes en 1807. Il mourut en 1822. (Mgr Cyprien Tanguay, *Répertoire général du clergé canadien. Par ordre chronologique. Depuis la fondation de la colonie jusqu'à nos jours*, Montréal, Eusèbe Sénécal & Fils, imprimeurs-éditeurs, 1893, p. 240.)

41. JF à Pierre Cantin, lettre, 27 juin 1974.

42. JF, *Les confitures de coings et autres textes*, *op. cit.*, p. 308.

Jacques Ferron avec elle, n'en doutons pas — à rappeler incidemment à ses interlocuteurs que Monsieur de Beaumarchais lui-même portait le nom de Caron[43] ! Avec une aussi grandiose généalogie, l'écrivain se trouve marqué, avant même sa naissance, par le Siècle des lumières ; à plus forte raison lorsqu'on sait que ce lourd héritage culturel fut en quelque sorte *surdéterminé* par une mère qui avait des lettres et qui tenait à laisser transparaître ses goûts illicites à travers le prénom rousseauiste de son premier fils :

> Mon véritable prénom est Jean-Jacques, avec le trait d'union. Ce n'est pas nécessairement un nom de bravoure. Monsieur Olier, le fondateur de Saint-Sulpice, l'a porté avec sainteté, sinon avec humilité. [Ma mère pensait] au citoyen de Genève, le fameux Jean-Jacques Rousseau, moins pieux et recommandable que Monsieur Olier[44].

Il est difficile de savoir si cette anecdote est exacte ; tout au plus pouvons-nous dire qu'avec un pareil bagage, l'écrivain était justifié de ressentir une certaine convergence des signes. Dans un émouvant article qu'il publia en 1985 à l'occasion de son décès, Jean Marcel affirme que Ferron affectionnait particulièrement les écrivains mineurs du XVIIIe siècle[45] ; faut-il y voir le résultat inconscient d'une prédestination ? Chose certaine, Pierre Vadeboncoeur ne croyait pas si bien dire lorsqu'en analysant le style littéraire de Ferron, il eut ces mots particulièrement justes sur la tentation constante du XVIIIe siècle chez cet auteur : « Des siècles sont dans le style de Ferron, particulièrement le

---

43. Son véritable nom était, effectivement, Pierre-Augustin Caron.
44. « Historiette. Feu Jean-Jacques », *loc. cit.*, p. 10. D'après le registre des baptêmes, l'écrivain fut effectivement baptisé « Joseph Jean Jacques ». (« Extrait du registre des baptêmes, mariages et sépultures de la paroisse St-Antoine-de-Padoue, Louiseville, diocèse de Trois-Rivières, pour l'année mil neuf cent vingt et un ».)
45. Jean Marcel, « La grande absence. À la mémoire de Jacques Ferron », *Lettres québécoises*, n° 39, automne 1985, p. 8.

XVIIIe. Cela déborde le style, s'étend à la manière, à l'esprit, et fait de lui, artiste, romancier, conteur, écrivain qui a pratiqué plusieurs genres, aussi un moraliste[46]. » Par ailleurs, doit-on se surprendre si l'un des premiers textes de Ferron que Vadeboncoeur se souvient d'avoir lu était « un poème à l'ancienne, fidèle par la forme, la tendresse et l'élégance au style des salons du XVIIIe siècle[47] » ?

En somme, s'il fallait caractériser en quelques mots les rapports que Jacques Ferron entretint avec le langage, il faudrait dire que la branche paternelle de sa famille représente *l'oralité*, alors que du côté de sa mère, c'est *l'écrit* qui prédomine. On peut dire aussi, avec quelque vraisemblance, que la jeunesse de l'auteur sera en partie consacrée à la réconciliation de ces deux tendances contradictoires ; car à l'époque, en effet, il fallait choisir.

---

46. Pierre Vadeboncoeur, « Préface », dans Jacques Ferron, *La conférence inachevée*, *op. cit.*, p. 12.
47. *Ibidem*, p. 10.

CHAPITRE II

Le chaînon qui manquait

Les familiers de l'œuvre ferronienne connaissent bien la relation tourmentée que l'auteur entretient avec le souvenir de sa mère : héritière d'une lignée prestigieuse, Adrienne Caron ne pouvait être qu'« une personne très distinguée[1] » que son fils parera d'abord de toutes les grâces de la noblesse. Née le 10 janvier 1899, elle fut, à toutes fins utiles, élevée au monastère des ursulines, ce qui signifie déjà, dans la région trifluvienne, la garantie d'une éducation de qualité. Depuis toujours, en effet, cette institution d'enseignement est le lieu de passage obligé de la plupart des jeunes filles de bonne famille de la Mauricie. Le père d'Adrienne, Louis-Georges, fils et frère de député et marchand à Saint-Alexis-des-Monts, se devait donc d'envoyer ses trois enfants étudier dans cette auguste maison ; d'autant plus que sa sœur, Mère Marie-de-Jésus, était à cette époque supérieure du couvent.

Louis-Georges Caron perdit très tôt sa femme, en 1901, se remaria, puis confia ses fillettes aux bons soins des ursulines parce que, selon ce qu'on en disait dans la famille, cette

1. JF à Jacques de Roussan, entrevue, 9 septembre 1970.

seconde épouse aurait eu tendance à maltraiter les enfants[2]. Entrée au pensionnat à l'âge de trois ans (en compagnie de ses sœurs Rose-Aimée et Irène), à une époque où trois de ses tantes religieuses et plusieurs de leurs cousines s'y trouvaient[3], Adrienne fut pour ainsi dire adoptée par la communauté lorsque son père disparut à son tour six ans après sa femme. Les annales manuscrites du monastère, en date du 14 septembre 1907, signalent ce décès en précisant que les « chères petites Rose-Aimée, Irène et Adrienne deviennent tout à fait nôtres. Les bonnes tantes leur vaudront père et mère[4]. » L'oncle Hector Caron semble avoir dès lors agi comme tuteur des enfants. Les archives ont conservé quelques-unes des lettres qu'il fit parvenir à Sœur Marie-de-Jésus, toujours supérieure de l'institution ; il y donne des instructions quant à l'éducation de ses pupilles. Ses propos révèlent un homme conscient de ses responsabilités, soucieux de donner une éducation convenable à celles dont il a la responsabilité :

> j'ai appris que la petite Adrienne n'apprenait pas encore la musique. Je crois qu'il est temps qu'elle commence ainsi que Irène si elle n'a pas déjà commencé. [...] je serai content de payer si tu les crois en position de se mettre à la musique[5].

Adrienne avait aussi appris les rudiments de la peinture chez les religieuses. Le Dr Ferron croyait à ce propos que sa mère avait peint un seul tableau dans sa vie, « minutieux, bien léché, selon les techniques les plus anciennes et les

2. Madeleine Ferron, *Adrienne*, *op. cit.*, p. 163.

3. En plus de la supérieure, les deux autres religieuses Caron portaient les noms de Sœur Saint-Georges et Sœur Marie du Saint-Esprit. Amanda Plourde, *Notes historiques sur la paroisse de Saint-Léon-le-Grand*, *op. cit.*, p. 26.

4. [Annales manuscrites], 14 septembre 1907. AUTR, nº III-C-2.23-8.

5. Hector Caron à Sœur Marie-de-Jésus, lettre, 17 janvier 1908. (AUTR, VII-0033-74.)

couleurs les plus conventionnelles[6] ». Il conservait d'ailleurs pieusement cette œuvre — un paysage de la rivière du Loup — dans son cabinet de consultation. Oubli ou omission volontaire ? L'écrivain néglige de mentionner qu'il s'était déjà enquis auprès de son père du nombre de tableaux laissés par Adrienne : « Notre petite maman n'a pas peint seulement les deux tableaux du salon mais aussi deux autres qui sont dans la salle à manger et un dans la chambre de Mimi[7] », écrit en effet le notaire à son fils en réponse à une question de ce dernier. La tentation est grande de supposer que la mémoire maternelle de l'écrivain se voulait exclusive au point où il voulut s'instituer dépositaire unique de son œuvre picturale ; la lettre, datant il est vrai de 1936, montre au moins que Ferron commença très tôt à se préoccuper de son souvenir.

Madeleine Ferron aime à croire que, sans être nécessairement féministes, les trois filles de Louis-Georges Caron furent plus libres que la plupart des jeunes femmes de leur époque. Le fait d'avoir été élevées sans père ni mère aurait contribué à les rendre plus sûres d'elles-mêmes : « Partager la vie de trois tantes religieuses et d'une grand-mère ne brima pas leur liberté personnelle. Cela les particularisa. Les tantes favorisèrent les études de leurs nièces, plutôt que d'essayer de les attirer vers le cloître[8]. » À sa sortie du pensionnat, en juin 1916, Adrienne retourna s'installer à Saint-Léon chez sa grand-mère. C'est là qu'elle épousera, quatre ans plus tard, Joseph-Alphonse Ferron, ce notaire établi à Louiseville depuis 1915. Le mariage fut célébré le 15 janvier

6. JF, *La nuit*, Montréal, Parti pris, « Paroles, 4 », 1965, p. 92. La boîte à peinture d'Adrienne serait même à l'origine de la vocation de Marcelle Ferron qui, adolescente, se serait « emparée » des tubes de couleurs et des pinceaux maternels. (Madeleine Ferron, *Adrienne, op. cit.*, p. 244.)

7. Joseph-Alphonse Ferron à JF, lettre, 6 mars 1936. BNQ, 1.1.96.18.

8. Madeleine Ferron, *Adrienne, op. cit.*, p. 182.

1920, et les époux s'installèrent dans une magnifique maison de brique rouge sise au numéro 4 de la rue Saint-Laurent, tout près du pont de la rivière du Loup. Cette demeure, de style « néo-Reine-Anne », avait été construite en 1898 et Joseph-Alphonse en avait fait l'acquisition en 1919[9]. Voici la description un peu désobligeante qu'en donne son fils Jacques :

> C'était [...] une grand'maison prétentieuse, pas mal tarabiscotée, qui avait cinq portes [...]. Bref, une demeure qui, sans être un château, restait assez impressionnante comme les maisons à six ou sept pignons de la Nouvelle-Angleterre, et qui n'était vivable que parce que les servantes, à l'époque, ne coûtaient pas trop cher et que les infortunés, nombreux, faisaient des petits notables de Louiseville des manières de barons[10].

La rue Saint-Laurent étant la principale artère de Louiseville, la maison des Ferron, qui existe encore aujourd'hui, se trouvait presque en face de l'église comme il sied aux maisons des notables. Elle marquait alors les limites de la ville : au-delà du pont, la campagne commençait. Du côté est, les abords immédiats de la rivière et de la route étaient occupés par des terres agricoles et des maisons de ferme.

Si l'on se fie au portrait que l'écrivain a laissé de son père, la maison de la rue principale était tout à fait à l'image de cet homme un peu vaniteux qui incarnait dans sa famille la première génération à faire parler d'elle. Dans « La créance », Ferron brosse un portrait émouvant de Joseph-Alphonse à la toute veille de son mariage ; il nous le dépeint comme une sorte de Rastignac du comté de Maskinongé, en train de montrer à sa future épouse la maison qui sera bientôt la leur : « Mon père [...] jubilait, pressé de devenir haut

---

9. *Ibidem*, p. 46.

10. JF, « Historiette. Le vilain petit mouchoir », *IMP*, vol. XXVIII, n° 21, 21 septembre 1976, p. 29.

et puissant dans le comté, mêlant l'amour et l'ambition pour mieux confondre une famille sortie du rang avant la sienne[11]. » Madeleine, pour sa part, préfère donner de lui l'image d'un doux colosse, profondément amoureux de sa jeune épouse[12]. Une chose est sûre : les deux écrivains s'entendent pour dire que leur notaire de père fut un être extrêmement sensible et émotif.

Jusqu'ici, la relecture que Jacques Ferron a faite de ses antécédents familiaux paraît correspondre au schéma classique du « roman familial » tel que décrit par le sociologue Vincent de Gaulejac : l'auteur, pour se rehausser à ses propres yeux, pour corriger ce que sa parentèle immédiate peut avoir de banal, se penche avec ostentation sur la « noble » extraction de la famille de sa mère. Par la même occasion, l'origine plus « plébéienne » de l'ascendance paternelle se trouve corrigée par « l'introduction d'un père idéal, riche, puissant, prestigieux qui permet à l'enfant de s'élever[13] ». Le courage et la détermination de Joseph-Alphonse Ferron, de même que son ambition, valent bien la grandeur bourgeoise de la dynastie Caron. Or voici que, parallèlement à cette revalorisation de l'image du père, l'auteur en vient peu à peu à critiquer les faits et gestes de la branche maternelle de sa famille alors même qu'il semble en apprécier le faste. Il en résulte pour le lecteur un perpétuel sentiment de « douche écossaise » émotive, un peu comme si l'écrivain ne pouvait se laisser aller à éprouver de l'enthousiasme sans simultanément décocher quelques flèches à l'objet de cet engouement. Après les avoir beaucoup admirés, l'auteur semble soudain chercher à discréditer les

11. JF, *Les confitures de coings et autres textes*, *op. cit.*, p. 251.
12. Madeleine Ferron, *Adrienne*, *op. cit.*, p. 238.
13. Vincent de Gaulejac, « Roman familial et trajectoire sociale », dans Philippe Lejeune (dir.), *Le récit d'enfance en question*, Paris, Université de Paris X, Centre de sémiotique textuelle, *Cahiers de sémiotique textuelle*, nº 12, 1988, p. 76.

Caron. Par une étrange conception des générations comme successions de dégénérescences, il laisse d'abord entendre que le clan Caron en était arrivé, au moment du mariage de sa mère, « au bout de son souffle[14] », à la manière d'un arbre vieillissant qui aurait depuis longtemps donné ses plus beaux fruits. Au moment précis où les Ferron sortaient du rang pour entreprendre leur ascension sociale, la famille Caron aurait subi, elle, un important déclin. Cette idée sera reprise, avec de multiples variantes, dans bien des récits autobiographiques de l'auteur ; elle constitue un motif important — et plutôt insolite — de son histoire familiale.

Pierre-Louis Vaillancourt a brillamment montré comment Ferron s'est servi des quatre volumes publiés des annales ursuliniennes pour rédiger son « Appendice aux Confitures de coings[15] ». L'histoire du monastère trifluvien croise si souvent celle de la famille Caron que l'écrivain a pu y observer le comportement de quelques-uns des plus illustres membres de la branche maternelle de son ascendance. Après une analyse comparative fouillée du récit ferronien et des documents religieux, Vaillancourt note que ces dernières « jouent un double rôle, génétique pour la composition du texte [de Ferron], et herméneutique pour le choix de société que fait l'auteur[16] » ; il en arrive à la conclusion que « l'élitisme et le népotisme sont les composantes structurantes que Ferron relève dans les annales des ursulines[17] ». Alors même qu'il éprouve une fierté légitime en compulsant la généalogie des Caron, l'écrivain cherche aussi à y déceler les signes du favoritisme familial et les symptômes annon-

14. JF à Jacques de Roussan, entrevue, 9 septembre 1970.

15. Pierre-Louis Vaillancourt, « L'héritier présomptif des ursulines », *Études françaises*, vol. 23, n° 3, « J. Ferron en exotopie », hiver 1990-1991, p. 79-91.

16. *Ibidem*, p. 81.

17. *Ibid.*, p. 85.

ciateurs du déclin, quitte à solliciter quelque peu la réalité lorsque le besoin s'en fait sentir.

Profitant par exemple d'un manque de documentation sur le décès de son grand-père maternel, Ferron, à partir de quelques déductions, échafaude une théorie voulant que ce parent ait été enfermé dans un hôpital psychiatrique et que ce déshonneur familial ait été maquillé en décès[18]; il verra dans cette supposée folie originelle un défaut, une tare qui aura des incidences sur tous les descendants. Or il semble bien que le grand-père Caron soit tout simplement décédé d'une « maladie de cœur », comme le mentionnent les annales manuscrites des ursulines; il fut inhumé à Saint-Léon le 16 septembre 1907[19], alors que Ferron laisse entendre qu'il survécut jusque vers 1910[20] à l'hôpital Saint-Michel Archange de Québec. Dans le souci de sauver l'honneur des Caron, Madeleine Ferron a montré comment son frère a mal interprété certains documents, ce qui a pu lui laisser croire à la folie de son grand-père[21]. Victor-Lévy Beaulieu ne s'y est pas trompé: il voit dans ce personnage une incarnation imaginaire de la fureur qui s'empare des Québécois après le long enfermement de l'hiver: « Jacques Ferron, qui n'a pas véritablement connu son grand-père maternel, en [a] fait dans *La créance* ce personnage fictif qui sellait son grand cheval appelé Flambard pour descendre à toute vitesse des hauteurs de Saint-Alexis vers Louiseville afin d'y perdre sa dignité dans les hôtels de la Grand-Rue[22]. » Il n'en reste pas moins que le choix des modèles

---

18. JF, « Historiette. Le chaînon qui manquait », *loc. cit.*, p. 10.
19. Renseignement fourni par Sœur Fleur-Ange Roy (presbytère de Saint-Léon-le-Grand) le 12 mai 1993.
20. JF, « Historiette. Le chaînon qui manquait », *loc. cit.*, p. 10.
21. Madeleine Ferron, *Adrienne*, *op. cit.*, p. 168-169. La romancière admet tout au plus que, d'après la chronique familiale, Louis-Georges Caron aurait eu un penchant pour l'alcoolisme.
22. Victor-Lévy Beaulieu, *Docteur Ferron. Pèlerinage*, Montréal, Stanké, 1991, p. 44.

n'est jamais gratuit, et que le processus de « fictionnalisation » du grand-père n'a pas été poussé jusqu'à la transposition complète. Le nom de Louis-Georges Caron est resté inchangé dans l'œuvre de Ferron ; le lecteur est donc en droit de s'attendre à ce que ce personnage comporte un certain poids de réalité. Comment imaginer qu'un auteur puisse sciemment noircir la réputation de son propre grand-père ?

Poursuivant, dans « L'appendice aux Confitures de coings », sa relecture critique de l'histoire de sa famille maternelle, l'écrivain cherche à démontrer que les trois orphelines Caron, pensionnaires chez les ursulines au début du siècle, bénéficièrent de traitements de faveur de la part de leurs tantes : « On était tout à Dieu mais on n'oubliait pas sa famille[23] », dit-il au sujet des innocentes gâteries que les religieuses faisaient parvenir à leurs nièces. Madeleine Ferron, dans un fascinant dialogue secret avec son frère, reprend à peu près les mêmes éléments de l'histoire et tente de les présenter à l'avantage de ses grands-tantes : ce serait « pour leur sécurité[24] » que les trois petites orphelines auraient été logées dans le dortoir des religieuses plutôt qu'au pensionnat. Une lettre de l'oncle Hector à Mère Marie-de-Jésus tend à lui donner raison : elle démontre que le tuteur était plutôt soucieux d'éviter les privilèges indus dont auraient pu bénéficier les fillettes dans ce couvent dirigé par une proche parente : « Je suis surpris d'apprendre, écrit-il, que les trois petites nièces ont l'intention d'aller à Louiseville jeudi. Est-ce bien vrai ! [...] Si déjà vous l'avez permis très bien, malgré que je n'approuve pas absolument la chose [...]. Mais si c'est une exception, je crois qu'elles devraient suivre la règle[25]. »

---

23. JF, *Les confitures de coings et autres textes*, *op. cit.*, p. 304.
24. Madeleine Ferron, *Adrienne*, *op. cit.*, p. 164.
25. Hector Caron à Sœur Marie-de-Jésus, lettre, 10 février 1908. AUTR, VII-0033-74.

Le parti pris iconoclaste de Jacques Ferron est aussi apparent lorsqu'il aborde la question du mariage de ses parents. D'une part, il fait mine de savoir de source sûre que la rencontre de son père et de sa mère eut lieu sans l'accord de la famille Caron. Cette dernière aurait considéré l'union d'Adrienne avec le notaire Ferron comme une mésalliance : comment une demoiselle Caron pouvait-elle, en effet, épouser un fils de paysan, même « ennobli » par le notariat et une position avantageuse dans le comté ? L'écrivain tire sa conviction du simple fait que les épousailles eurent lieu, dit-il, « cinq jours après la majorité de [s]a mère[26] ». Dans l'économie générale de l'œuvre ferronienne, cette alliance, présentée comme quasi clandestine, marque une étape importante dans l'ascension sociale du clan Ferron : « Par ce mariage, amoureux bien sûr, on bousculait les usages, on frondait le destin[27] » ; tel David terrassant Goliath, le notaire pouvait enfin prendre sa revanche sur l'arrogante famille Caron et ses richesses ostentatoires. Or Madeleine, qui eut comme son frère accès à la correspondance familiale, pense que la réalité fut tout autre et que le mariage de ses parents eut lieu dans des circonstances moins romanesques et plus conformes aux coutumes :

> Mon père, par fierté sans doute, croyait qu'il ne pourrait pas courtiser ma mère, qui était d'un milieu bourgeois alors que lui était fils de cultivateurs. [Jacques] dit que la famille désapprouvait ce mariage, mais ce n'est pas vrai. J'ai découvert, dans les lettres de ma grand-mère, qu'elle était plutôt fière de ce gendre qu'elle trouvait élégant, avec de belles manières[28].

Après avoir transformé sa naissance en événement magique, Jacques Ferron veut maintenant conférer au

26. JF, « Historiette. Feu Jean-Jacques », *loc. cit.*, p. 10.
27. *Ibidem.*
28. Madeleine Ferron à l'auteur, entrevue, 18 septembre 1992.

mariage de ses parents un certain degré d'illégitimité, ce qui tendrait à démontrer qu'il désirait donner une coloration illicite à sa propre venue au monde : « tous les héros légendaires ont une naissance obscure, miraculeuse ou anormale, écrit Vincent de Gaulejac. Ils ne sont jamais le fruit d'un couple parental légitime et installé[29]. » En s'affichant comme le rejeton d'un père et d'une mère anticonformistes, l'auteur s'autorise à « soulager le poids de sa contingence historique et [peut] donc s'imaginer être autre que ce qu'il est vraiment[30] ».

Pour discréditer encore la branche maternelle de sa famille, l'auteur laisse aussi entendre qu'une sorte de malédiction — la tuberculose — pesait sur elle. Ferron avait une conception un peu particulière de cette « maladie sociale, [...] très curieuse, qui a disparu précisément après qu'il n'y a plus [eu] de contraintes sociales[31] ». C'est faire bien peu de cas des progrès de la médecine et de l'avènement de la streptomycine, cet antibiotique qui contribua après la guerre à la quasi-éradication de la tuberculose. Il est vrai, cependant, que plusieurs des membres de la famille Caron en furent atteints[32], mais on peut cependant douter du fait que cette maladie ait été considérée comme une tare lors du mariage d'Adrienne avec le notaire. D'après Ferron, un honteux maquignonnage eut lieu en cette occasion, au cours duquel la famille Caron aurait accepté de se « départir » d'une fille à cause de la tuberculose qui en diminuait la valeur d'échange : « sans cette maladie qui la dépréciait, ma

29. Vincent de Gaulejac, « Roman familial et trajectoire sociale », *loc. cit.*, p. 75.
30. *Ibidem.*
31. JF à l'émission « Pierre Paquette », entrevue, Radio-Canada, 28 novembre 1975.
32. Rose-Aimée, l'aînée des trois « petites nièces », mourut de cette maladie le 14 janvier 1913, alors qu'elle était encore au pensionnat. (Voir JF, « Le chaînon qui manquait », *loc. cit.*, p. 10.)

mère qui était héritière, élevée à la perfection et qui parlait même l'anglais [...] aurait trouvé un meilleur parti[33] ». La dynastie des Caron étant en déclin et la source de sa vitalité tarie, la chance d'Adrienne Caron aurait donc été d'épouser le fils d'une famille vigoureuse, engagée dans un fécond processus ascensionnel.

Ces interprétations ne visent, on le voit, qu'un seul objectif: dévaluer socialement la famille d'Adrienne. L'aboutissement de ce processus survient à la toute fin de l'« Appendice aux confitures de coings », au moment où l'auteur, dans une scène saisissante, décide de suivre le cortège funèbre de son père (« qui parti de rien s'est voulu au-dessus de tout ») à la place de celui de sa mère, innocente victime « d'une famille ridicule qui se croyait de sang royal parce qu'elle était dominée-dominatrice[34] ». L'écrivain avait l'habitude d'expédier à sa sœur Madeleine un exemplaire dédicacé de chacun de ses nouveaux livres ; la seule exception survint en 1972 avec ces terribles *Confitures de coings* qui contiennent tant de dures paroles au sujet de la famille de leur mère. Selon la romancière, Jacques a sans doute voulu, par cette omission, éviter de la peiner[35]. Pourquoi, en effet, tant de dureté envers une lignée qui n'en méritait probablement pas tant? D'où vient ce douloureux bouleversement qui fit passer l'auteur d'une fierté légitime à une farouche détestation de sa famille maternelle? Pourquoi, comme l'a bien vu Pierre-Louis Vaillancourt, Ferron quitte-t-il « la position confortable d'appartenance à une élite, fût-elle trompeuse ou sur son déclin[36] » ? Encore ici, Vincent de Gaulejac apporte un élément de réponse: « Le désir de

33. JF, « Historiette. Feu Jean-Jacques », *loc. cit.*, p. 10.
34. JF, *les Confitures de coings et autres textes*, *op. cit.*, p. 325.
35. Madeleine Ferron à l'auteur, entrevue, 18 septembre 1992.
36. Pierre-Louis Vaillancourt, « L'héritier présomptif des ursulines », *loc. cit.*, p. 90.

corriger la réalité ne sera pas le même si les parents occupent une position privilégiée ou s'ils sont opprimés. Si la position sociale est basse, on peut penser que l'enfant imaginera plus facilement, le jour où il prendra conscience des différentes classes, que ses parents sont "châtelains" [...] qu'un enfant dont le père est déjà châtelain[37]. »

Le cas de Jacques Ferron est très précisément inverse : voici un fils de châtelain, un enfant privilégié qui un jour, dans des circonstances qu'il reste encore à découvrir, entreprit un retour sur lui-même pour « relire » son enfance, y trouver des racines populaires et effectuer une critique de la bourgeoisie nationale à partir de sa propre expérience. Ce « Chemin de Damas » social, à partir duquel la vision du monde de l'auteur se transforme radicalement, se situe, comme on le verra, en Gaspésie, dans l'immédiat après-guerre. À ce moment, Ferron entreprendra le long processus de révision qui le conduira peu à peu à se sentir solidaire de la branche la plus pauvre de sa famille. Dans les années qui suivront, l'auteur, cherchant à réinterpréter son histoire familiale, développera une certaine mauvaise conscience face à la situation avantageuse des Caron, dont il croit avoir bénéficié lui-même ; il mettra alors en branle cette entreprise de transformation que nous connaissons maintenant un peu mieux. « J'ai grandi dans un monde cruel, nanti des plus grands avantages et certain de devoir les perdre, écrit-il en 1977. S'ils eussent été plus modestes, il m'eût été possible de les conserver, même de les augmenter. [...] Mon infortune fut d'être né dans le meilleur[38]. » Se détournant des célébrités de la famille Caron, l'auteur a définitivement choisi le « bon côté des choses », celui de l'humble grand-père Ferron et de sa descendance.

37. Vincent de Gaulejac, « Roman familial et trajectoire sociale », *loc. cit.*, p. 76.

38. JF, « Historiette. Mon futur collège », *IMP*, vol. XXIX, n° 24, 1er novembre 1977, p. 16.

CHAPITRE III

Les deux lys

Le pays natal de Jacques Ferron, qui englobe la totalité du comté de Maskinongé, est devenu, au fil des contes et des romans, un royaume un peu mythique vers lequel l'auteur retourne inlassablement; Jean-Pierre Boucher a montré comment, dans *L'amélanchier*, cette région pourtant si paisible fait partie d'un *bon côté des choses* à partir duquel Léon de Portanqueu, doublet fictif du romancier, réussit à orienter son existence. Or ce bon côté des choses est représenté « sous les traits d'un paysage champêtre. Ainsi le paysage de Léon, le comté de Maskinongé, [...] est-il décrit comme un pays de plaines, de collines, de rivières, de joncs où nichent une multitude d'oiseaux[1]. » Dans *La nuit*, Ferron avait d'ailleurs déjà décrit son pays d'enfance comme une sorte de jardin sauvage :

> Mon enfance à moi, c'était une rivière, et tout au long de cette rivière une succession de petits pays compartimentés qui s'achevaient l'un après l'autre par le détour de la rivière. Je peux en donner le nom [...] : la rivière du Loup qui se jette

1. Jean-Pierre Boucher, *Jacques Ferron au pays des amélanchiers*, Montréal, PUM, « Lignes québécoises », 1973, p. 53.

dans le lac Saint-Pierre et dont le bassin correspond à peu près au comté de Maskinongé[2].

Madeleine Ferron a elle aussi une vision d'abord tellurique du coin de pays où elle vit le jour : « Le comté de Maskinongé est un immense rectangle de cent cinquante milles de longueur sur seize de largeur, que se partagent deux grandes régions naturelles : la plaine du Saint-Laurent et le plateau Laurentien[3]. » Située entre Montréal et Trois-Rivières, la région est encore aujourd'hui très largement rurale. Par bien des côtés, elle ressemble toujours au pays paisible où se déroulait la lente intrigue de *Trente arpents*, œuvre d'un autre célèbre écrivain-médecin de la région, Ringuet ; chez Ferron, le comté de Maskinongé incarne la quintessence du Québec « cohérent et clair[4] », ce « beau pays serein et catholique[5] » qu'il oppose aux régions de colonisation plus récente. Plus précisément encore — mais non exclusivement — le monde de Jacques Ferron se trouve à l'est du comté, dans « la vallée de la rivière du Loup que jalonnent les paroisses de Louiseville, Saint-Léon-le-Grand, Saint-Paulin et Saint-Alexis-des-Monts[6] ». Quelques-uns des contes ferroniens les plus connus se déroulent dans l'une ou l'autre de ces localités auxquelles l'auteur était rattaché par de multiples liens.

Un peu à la manière proustienne des « Noms de pays », l'écrivain se fait parfois l'exégète de la toponymie locale, qu'il connaît de façon presque innée pour avoir été bercé par elle. Ainsi, l'un des personnages du conte « La vache morte du canyon » est originaire du rang Crête-de-Coq, situé dans la municipalité de Sainte-Ursule[7] ; dans « le Chi-

2. JF, *La nuit*, *op. cit.*, p. 83.
3. Madeleine Ferron, *Adrienne*, *op. cit.*, p. 73.
4. JF, *Les confitures de coings et autres textes*, *op. cit.*, p. 290.
5. JF, *Contes*, *op. cit.*, p. 225.
6. Madeleine Ferron, *Adrienne*, *op. cit.*, p. 74.
7. JF, *Contes*, *op. cit.*, p. 82.

chemayais », le petit Jacques et le mystérieux abbé Surprenant échangent quelques mots sur la signification du nom « Vide-Poche » que les habitants du comté donnent à un rang de Yamachiche[8] ; l'action des contes « Bêtes et mari » et « le Déluge » se déroule dans le rang dit « Fontarabie », etc. Bien entendu, la connaissance de ce vocabulaire extrêmement localisé peut sembler naturelle chez un écrivain originaire du lieu ; elle est toutefois soutenue, chez Ferron, par une étonnante connaissance de l'origine des termes et de leur étymologie, qui démontre que l'auteur a feuilleté bien des monographies paroissiales et des ouvrages de petite histoire. Le rang Crête-de-Coq, dit-il dans *La nuit*, « fut ouvert par des Écossais. Ils étaient cernés ; ils ne tardèrent pas à se franciser[9]. » Il semble en effet, selon un érudit chercheur du *Bulletin des recherches historiques*, que ce nom tire son origine « d'un Anglais du nom de Christian Cork, qui fut un des premiers habitants de ce rang. Nos bons habitants trouvant ce nom trop difficile à prononcer désignèrent leur voisin anglais sous le surnom de Crête-de-Coq[10] ». Pour le nom « Vide-Poche », Ferron donne deux graphies possibles et complémentaires qui font référence à la misère du prolétariat rural de la région : la première renvoie aux cultivateurs de Yamachiche qui, « descendus au village avec de gros sacs de grains pour les faire moudre au moulin [seigneurial], se rendaient compte qu'ils en ramenaient peu de farine » ; la seconde, « Vie-de-Poche », évoque « une vie peu agréable, de poche, non de velours[11] ». Sur cette question, le *Bulletin des recherches historiques* diffère d'opinion et présente une version nettement plus bucolique :

8. JF, *La conférence inachevée, op. cit.*, p. 103.
9. JF, *La nuit, op. cit.*, p. 87.
10. R. de Lessard, « Crête-de-Coq », *BRH*, vol. XII, n° 2, février 1906, p. 40.
11. JF, *La conférence inachevée, op. cit.*, p. 103.

> Les premiers colons, en s'éloignant du lac Saint-Pierre pour monter plus au nord, côtoyaient les rivages tortueux et difficiles de la rivière Yamachiche. Après environ deux lieues de marche, ils faisaient halte pour prendre leur collation. Le contenu des poches ou sacs de voyage se vidaient pour remplir l'estomac. De là, le nom de Vide-Poche est appliqué à l'endroit où ils faisaient ainsi cette collation[12].

Quant au nom « Fontarabie », il semble si exotique qu'on hésite à croire à sa réalité ; Victor-Lévy Beaulieu s'y est d'ailleurs laissé prendre, et avoue avoir pensé, lorsqu'il le lut pour la première fois, que Ferron « l'avait inventé à cause des *Mille et une nuits* qui a longtemps été son livre de chevet. Pour moi [écrit-il], *Fontarabie* veut dire "fond d'Arabie", c'est-à-dire la magie même de l'écriture[13]. » Le nom existe vraiment, ce qui n'enlève rien à son parfum oriental, même si « Fontarabie » désigne plus prosaïquement un rang de la paroisse de Sainte-Ursule, situé — comme par hasard ! — dans un fief octroyé en 1701 aux ursulines de Trois-Rivières. Les religieuses ont simplement choisi ce nom en souvenir de Fontarabie, soldat français tué en 1652 près de la rivière Saint-Maurice[14].

Au milieu de cette région campagnarde et paisible, la cité de Louiseville, où habitaient les Ferron, fait figure de ruche bourdonnante. C'est d'abord l'agglomération la plus importante du comté : à la fin du siècle dernier, « Louiseville possède déjà son caractère mi-rural, mi-urbain[15] », écrit l'historien de la ville. En 1931, c'est-à-dire au temps de la jeunesse du romancier, on y comptait plus de 2300 habitants, alors que la population des villages avoisinants

12. H. Lapalice, « L'origine du nom Vide-Poche », *BRH*, vol. XIV, n° 4, avril 1908, p. 124-125.
13. Victor-Lévy Beaulieu, *Docteur Ferron*, *op. cit.*, p. 50-51.
14. Richard Lessard, « Fontarabie », *BRH*, vol. XL, n° 2, février 1934, p. 128. Il existe aussi, à Paris, une rue qui porte ce nom.
15. Germain Lesage, *Histoire de Louiseville*, *op. cit.*, p. 297.

tournait autour de 1500 âmes[16]. C'est aussi, et surtout, un chef-lieu où sont regroupés différents services: banques, palais de justice, bureau d'enregistrement. On y trouve aussi un couvent de filles, dirigé par les sœurs de l'Assomption, de même qu'un collège de garçons, l'académie Saint-Louis-de-Gonzague, fondé en 1892 et placé sous la responsabilité des frères de l'Instruction chrétienne[17]. Les cultivateurs de la région viennent chaque semaine vendre leur marchandise au marché louisevillois, puis se désaltèrent dans l'un des trois ou quatre hôtels de la ville avant de retourner à la maison.

Même si Louiseville s'enorgueillit de son statut de métropole régionale et que ses industries lui donnent des allures de ville industrielle, il n'en reste pas moins que, comme dans toutes les localités du Québec traditionnel, la vie sociale des citoyens tourne autour de l'église et de son curé; Ferron utilise, avec le goût pour le protocole qui le caractérise parfois, une jolie image, celle du « théâtre dans le théâtre » pour souligner l'importance que revêt, à cette époque, la place de chacun dans l'église paroissiale:

> Dans l'église même où, sans improvisation, selon le rituel, le théâtre se trouvait réfléchi sur lui-même, la hiérarchie se reformait avec une grande allée qui correspondait à peu près à la Grand-Rue; la seule différence résidait dans le fait que le comté restait rural [et que] les habitants, absents sur semaine, s'amenaient en dernière instance, les jours de fête et le dimanche, pour reprendre place dans la paroisse et montrer leur importance[18].

La quatrième église paroissiale de Louiseville — celle que Jacques Ferron connut — fut érigée entre 1915 et 1921

---

16. Francis-Joseph Audet, *Le comté de Maskinongé (1853-1867)*, *op. cit.*, p. 15.
17. Germain Lesage, *Histoire de Louiseville*, *op. cit.*, p. 279.
18. JF, *Les confitures de coings et autres textes*, *op. cit.*, p. 236.

en remplacement de la précédente, devenue vétuste[19]. Pour construire l'édifice, il avait fallu déplacer les restes de l'ancien cimetière vers un nouveau site[20], relativement éloigné de l'église, à une dizaine de minutes de marche environ. Ferron dénonçait cet éloignement comme un affront inacceptable à l'endroit des disparus : « Il n'y a que les églises qui donnent une ombre douce aux cimetières. En retour les cimetières, lieux remplis de personnes indispensables, donnent une raison d'être aux églises. Or, celui de Louiseville, un des premiers déplacés, avait été exilé dans les champs sous un soleil intolérable, seul, sans vaisseau amiral, sans nef propitiatoire [...][21]. » De nombreux rebondissements marquèrent par ailleurs la courte histoire de l'église paroissiale ; le plus grave est sans contredit son incendie, survenu à peine cinq ans après l'inauguration. Dans la nuit du 14 août 1926, l'édifice de pierre était la proie des flammes, et le petit Jean-Jacques Ferron, alors âgé de six ans, put assister à ce spectacle terrifiant en compagnie de ses parents, sur le perron de la demeure familiale. Dans *L'amélanchier*, cet événement extraordinaire, qui lui permit pour la première fois de relier le jour au jour, marque pour le jeune Léon de Portanqueu la fin du règne nocturne :

> Ce fut une nuit unique. Les bruits qui m'éveillèrent, le bruit sourd des poutres crépitantes qui tombaient alors que les flammes fusaient déjà par les trouées du toit [...]. Je me revois, la main sur la rampe, descendant le grand escalier. [...] Mon père me prit sur ses genoux. L'illumination n'était pas au-dehors, mais au-dedans de moi-même. Mon petit théâtre intime et personnel commençait[22].

19. La bénédiction solennelle de la nouvelle église eut lieu le 13 juin 1921. (Germain Lesage, *Histoire de Louiseville*, *op. cit.*, p. 344.)
20. *Ibidem*, p. 267.
21. JF, *Les confitures de coings et autres textes*, *op. cit.*, p. 234.
22. JF, *L'amélanchier*, préface de Gabrielle Poulin, édition préparée par Pierre Cantin, Marie Ferron et Paul Lewis, Montréal, VLB éditeur, « Courant, 1 », 1986, p. 78-79.

Cet incendie valut aussi à l'enfant de vivre l'un de ses premiers ravissements esthétiques, celui d'entendre, « en compagnie de [s]a sœur Merluche [...] les chants choraux de la messe qu'on donnait en plein air, sous les grands ormes, parce que l'église venait d'être incendiée[23] ». La nouvelle église fut reconstruite à même les murs de la précédente ; l'inauguration officielle eut lieu le 14 octobre 1928. Il va de soi que la décoration intérieure de ce nouveau temple était beaucoup plus modeste que celle de l'édifice incendié ; pour tout dire, « L'intérieur n'est pas décoré et plusieurs pièces indispensables restent à acquérir[24] », déplore l'historien de la cité. Cette circonstance, comme on le verra plus loin, sera cause de tensions entre le curé du temps et certains de ses paroissiens — dont le notaire Ferron.

Depuis la fin du siècle dernier, de nombreuses petites entreprises se sont succédé dans la ville, témoignant du passage de la révolution industrielle et donnant à ce gros bourg des allures de ville ouvrière : fonderies, beurreries, manufacture d'allumettes, moulin à scie et autres[25]. L'industrie forestière était cependant, sur son déclin, selon Ferron, par suite du défrichement progressif de toutes les terres arables disponibles ; si bien que la région était presque complètement déboisée vers 1930. Cet étiolement du commerce du bois explique entre autres pourquoi Louiseville, qui avait déjà eu suffisamment de citoyens anglophones pour « faire vivre » une église anglicane et une église protestante, avait perdu ou assimilé une grande partie de sa population de souche anglo-saxonne :

> La rivière alimentait trois ou quatre scieries qui, faute de bois, finirent par fermer l'une après l'autre. Ces forêts, ces moulins

23. JF, *Du fond de mon arrière-cuisine*, *op. cit.*, p. 214. « Merluche » est le surnom que Jacques Ferron donnait à sa sœur Madeleine.
24. Germain Lesage, *Histoire de Louiseville*, *op. cit.*, p. 366.
25. *Ibidem*, p. 280-281.

> constituaient une industrie. Fondée sur le pillage, elle ne pouvait être qu'anglaise. Mais plus de pins, plus d'Anglais. S'en alla alors de Louiseville la petite communauté qui s'y était établie, moins quelques vieillards qui attendirent la mort sur place [...][26].

Cependant, à partir de 1930, on peut constater une légère augmentation de la population anglophone, à cause de l'implantation d'une importante manufacture de vêtements, l'Associated Textiles, qui amena à sa suite un certain nombre de « cadres » américains ou canadiens-anglais. Grâce à cette entreprise, écrit Germain Lesage, les pénibles effets de la Grande Crise se firent moins sentir à Louiseville qu'ailleurs. L'Associated était venue s'installer à la demande expresse des Louisevillois, après qu'un groupe de notables de la ville eut, en 1929, effectué des démarches en ce sens. Le Conseil municipal ayant voté un montant à cet effet, un homme d'affaires de Montréal fut chargé « d'entrer en contact avec des industriels qui pourraient éventuellement bâtir une manufacture quelconque à Louiseville[27] ».

À partir de ce moment — pour le meilleur et pour le pire ! — le nom de Louiseville fut toujours associé à l'industrie du textile. Bien que les dirigeants de la compagnie aient été assez nombreux pour qu'un « club » social anglophone vît le jour dans la ville, il semble que la population anglo-saxonne, faute d'enfants, n'ait pu maintenir une école en opération[28]. La venue d'une entreprise de cette taille favorisa cependant l'éclosion de quelques-unes des tensions sociales qui viennent habituellement avec l'industrialisation : ainsi, en septembre 1937, une grève paralysa les métiers à tisser de la compagnie[29] ; cet arrêt de travail était probablement lié à

26. JF, *La nuit*, *op. cit.*, p. 88.
27. Germain Lesage, *Histoire de Louiseville*, *op. cit.*, p. 370.
28. *Ibidem*, p. 374.
29. *Ibid.*, p. 376.

l'implantation, la même année, d'un syndicat international parmi les ouvriers. C'est à cette occasion que les enfants du notaire Ferron furent pour la première fois témoins de manifestations de grévistes[30].

Comme toutes les petites localités, la ville s'enorgueillit d'abriter en ses murs quelques grands hommes, dont la gloire rejaillit un peu sur l'ensemble des citoyens. Il faut remarquer, à ce propos, que la célébrité et les honneurs semblent parfois se transmettre de père en fils, puisqu'il n'est pas rare de voir, à Louiseville, des générations de notables se succéder les unes aux autres. De 1920 à 1932, c'est-à-dire au cours de la période qui couvre l'enfance de Jacques Ferron, quatre prêtres occupèrent le presbytère de la paroisse Saint-Antoine-de-Padoue ; le plus célèbre d'entre eux fut le chanoine Georges-Élisée Panneton, descendant de la vieille famille trifluvienne dont était également issu le romancier Philippe Panneton, alias Ringuet. Selon le répertoire des *Biographies sacerdotales trifluviennes*, cet ecclésiastique, qui fut aussi titulaire à la cathédrale de Trois-Rivières, était un « musicien distingué », instigateur du « mouvement liturgique et grégorien » dans le diocèse ; on lui doit aussi — et surtout, dans une perspective ferronienne — « une messe des morts très répandue et fort appréciée[31] ».

Parmi les grands hommes de Louiseville, on trouve aussi l'illustre sénateur J.-Arthur Lesage, parent du futur premier ministre de la province de Québec ; cet homme, qui fut échevin et organisateur du Parti libéral, avait été vice-président de la « Commission des liqueurs » et sera nommé sénateur en 1944. Sans doute serait-il étonné d'apprendre

30. Madeleine Ferron à l'auteur, entrevue, 18 septembre 1992.
31. Abbé Antonio Magnan, *Biographies sacerdotales trifluviennes. Le clergé séculier du diocèse de Trois-Rivières*, Thetford Mines, Association catholique des voyageurs de commerce, Section des Trois-Rivières, 1936, p. 75.

que Ferron l'immortalisa, dans *Le ciel de Québec*, sous les traits d'un « grand égoutier » du Parti libéral ! Une autre célébrité locale fut l'Honorable Joseph-Hormidas Legris qui, durant les années 1920, habitait non loin de la demeure des Ferron. Nommé sénateur en 1903, il avait été, de 1888 à 1903, successivement député à Québec, puis à Ottawa sous Wilfrid Laurier[32]. Libéral, il semble avoir eu bien des démêlés avec les autorités religieuses du diocèse. Lors de sa première campagne électorale, en 1886, le vieux curé de la paroisse prit publiquement parti contre lui[33]. Il s'opposa à Mgr Laflèche sur la question des écoles de l'Ontario[34]. Dix ans plus tard, aux élections fédérales de 1896, un autre curé de la paroisse recommandera — moins ouvertement cette fois — à un groupe de paroissiens de ne pas voter pour cet homme[35]. En 1915, il sera parmi les plus farouches opposants aux plans de la nouvelle église, dont il trouve les coûts exorbitants[36]. En 1917, il intente une action en cour supérieure pour faire annuler le nouveau « rôle de cotisation » de la fabrique[37].

À l'époque où Ferron fit la connaissance du sénateur Legris, ce dernier était déjà à la retraite depuis plusieurs années. Dans le court récit intitulé « Les deux lys », l'écrivain le présente comme un vieil homme repu de gloire qui, à l'instar de Nérée Beauchemin à Yamachiche, se laisse admirer par ses concitoyens en prenant le frais devant sa maison : « Il ne rit jamais et ne parle guère plus, encore figé par le grand honneur de représenter son pays dans une capitale lointaine, grave et muette. Il s'offre à la vénération de ses

32. Francis-Joseph Audet, *Le comté de Maskinongé (1853-1867), op. cit.*, p. 47.
33. Germain Lesage, *Histoire de Louiseville, op. cit.*, p. 264.
34. *Ibidem*, p. 286.
35. *Ibid.*, p. 288.
36. *Ibid.*, p. 337.
37. *Ibid.*, p. 338.

compatriotes qui le saluent[38]. » Le sénateur Legris semble représenter, pour l'auteur, une variété inoffensive de notables qui, par négligence sans doute, ont trahi les intérêts de leur peuple au profit d'une gloriole facilement acquise chez les anglo-saxons; c'est pourquoi, dans « Les deux lys », Ferron s'est lui-même représenté en train de donner au grand homme un bouquet de lys blanc, cadeau d'Adrienne Ferron qui cherche ainsi à faire « triompher le lys de France contre le lys d'Orange[39] ». Par un curieux détour de la mémoire, Paul-Émile Caron, un petit voisin de Jacques Ferron, se souvient lui aussi du sénateur Legris en l'associant aux fleurs; mais dans son souvenir, c'est le vieillard qui les distribue aux enfants: « Nous prenions un raccourci à travers sa cour pour nous rendre à l'école. Il nous saluait et nous parlait; il aimait parler aux enfants. Il avait de beaux lilas, il nous en donnait quand ils étaient en fleurs; je me souviens de lui à cause de ça. C'était un vrai bon monsieur[40]. » L'un des fils du sénateur Legris, Joseph-Agapit, devint médecin et revint s'installer à Louiseville pour y pratiquer son art; il y était encore dans les années 1930. À cette époque, au moins un autre médecin vivait à Louiseville: le docteur Lucien Plante, installé dans la ville depuis 1920. Ce sont ces deux disciples d'Esculape que nous retrouverons bientôt — sous d'autres noms — derrière le corbillard d'Adrienne Caron.

Louiseville n'était cependant pas peuplée que de prêtres-musiciens et de notables: on y trouvait aussi une

38. JF, *La conférence inachevée, op. cit.*, p. 222.
39. *Ibidem.* Madeleine se souvient elle aussi de ces « lys de Saint-Joseph » que sa mère réussissait à cultiver à force de soins minutieux: « Ils étaient courts, immaculés et leurs pistils d'un jaune ardent. » (Madeleine Ferron, *Adrienne, op. cit.*, p. 243.)
40. Paul-Émile Caron à l'auteur, entrevue, 23 juillet 1992. M. Caron dit n'avoir aucun lien de parenté direct avec la famille maternelle de Jacques Ferron.

catégorie de citoyens beaucoup moins convenables qui auront une grande influence sur l'imaginaire de Jacques Ferron. Ces « Magouas » — puisqu'il faut bien les appeler par leur nom — « vivaient à l'envers de tout, fascinants pour le p'tit garçon né sur le meilleur côté des choses, tenu d'y rester, à l'endroit de tout. Avant tout, je devais être tout excepté Magoua[41]. » Il convient donc de s'arrêter un peu sur ces curieux personnages, qui impressionneront l'écrivain au point où sa pensée sociale se développera dans le souvenir de l'ostracisme qui les frappait : les Magouas sont en effet à l'origine de la fameuse opposition « grand village/petit village » dont l'écrivain fera la démonstration dans *Le ciel de Québec*, et dont il dira d'ailleurs qu'elle aura été sa meilleure contribution à l'histoire québécoise[42].

Le mot « Magoua », qui semble d'origine amérindienne, est encore en usage dans la région de Louiseville et de Yamachiche ; on l'utilise pour désigner un personnage mal habillé, marginal, vaguement idiot. Mais laissons un sociologue nous présenter le village, qui existait encore au début des années 1980 : « Le hameau communément appelé "Petite Mission de Yamachiche" est un ensemble principalement caractérisé par une localisation en périphérie de la municipalité, un isolement de ses habitations par rapport à celles de son environnement immédiat et une pauvreté apparente de ses résidents [...] à l'intérieur de la municipalité, ce hameau constitue une enclave assez homogène[43]. » Dans « La créance », Ferron place le village des Magouas près de la troisième rue de Louiseville, là où « jamais notable ni personne tant soit peu de considération n'habita[44] » ; en réalité

41. JF, « Historiette. Mon futur collège », *loc. cit.*, p. 16.
42. JF à Jean Marcel, lettre, 15 février 1966.
43. Jean Comtois, « La Petite Mission de Yamachiche, un hameau à rénover », mémoire présenté à Laurent Deshaies, Activité de fin d'études I et II, UQTR, 31 mai 1979, p. 1.
44. JF, *les Confitures de coings et autres textes*, *op. cit.*, p. 233.

il était situé vers le nord, dans les terres, près de Saint-Léon. Ferron, par délicatesse, a probablement voulu éviter de localiser publiquement, de manière trop précise, le lieu où vivaient ces personnes qui souffraient déjà de l'opprobre des Louisevillois[45].

En fait, le village des Magouas se trouve « dans le centre-ouest de la paroisse Sainte-Anne-de-Yamachiche et est localisé plus exactement sur le chemin de la Rivière-du-Loup qui longe la rive gauche de cette rivière[46] ». Qui étaient donc ces Magouas ? Paul-Émile Caron se souvient d'abord qu'ils possédaient de nombreux chiens, et qu'ils prononçaient ce mot à la manière acadienne : « *chians*[47] ». Il n'était pas impossible en effet qu'ils aient été de cette origine, d'autant plus qu'un groupe d'Acadiens vint s'établir dans la région après le « Grand Dérangement » de 1755 ; de toute manière, cette prononciation, surgie tout naturellement de la bouche d'un Louisevillois de naissance, prouve de façon non équivoque que Ferron s'est directement inspiré du hameau des Magouas pour imaginer le village des Chiquettes et le « ruisseau des Chians » du *Ciel de Québec* ; il les a simplement situés sur la rive sud du fleuve Saint-Laurent, dans les environs de la Beauce. Paul-Émile Caron pense, quant à lui, que cette mystérieuse enclave, relevant de Louiseville pour l'administration municipale et de Yamachiche pour la paroisse catholique — d'où son nom de « Petite Mission de Yamachiche » — était composée, à l'origine, d'Amérindiens ayant pris le nom français de « Milette ». Il y

45. Il le fera dans une lettre à Pierre Cantin (11 juin 1974) dans laquelle il mentionne que le village des Magouas se trouvait « sur la rive est » de la rivière du Loup et « relié à Yamachiche par le chemin dit "de la mission" ».
46. Jean Comtois, « La Petite Mission de Yamachiche, un hameau à rénover », *op. cit.*, p. 1.
47. Paul-Émile Caron à l'auteur, entrevue, 23 juillet 1992.

a une vingtaine d'années encore, Jean Comtois notait dans cette localité « la présence dominante de 2 familles tels les Milette et les Noël [...]. Ainsi plusieurs ménages ont un lien de parenté entre eux [...][48]. » De « Milette » à « Chiquettes » il n'y a qu'un pas, et on peut fort bien imaginer que dans son roman Jacques Ferron a voulu, après avoir dissimulé la position géographique de ces gens, maquiller leur nom de famille principal.

Madeleine Ferron est sans doute très près de la réalité lorsqu'elle décrit le village des Magouas comme « l'endroit où allaient s'installer les marginaux; ils évitaient ainsi le blâme et le mépris des villageois. Il y avait des repris de justice, des filles-mères, des familles incestueuses, des métis[49]. » Cette caractéristique du village des Magouas ne date pas d'hier: déjà, en 1892, l'abbé Napoléon Caron, ancien vicaire de Yamachiche et historien de la paroisse, ne pouvait s'empêcher, malgré son souci d'objectivité, de souligner le fait que les citoyens de ce hameau formaient une catégorie de citoyens bien différents des autres : « Étant pauvres et éloignés de l'église, ils manquent fréquemment la messe et vivent dans l'ignorance, mais ils ne sont pas méchants. [...] Ils se trouvent heureux dans leurs maisonnettes délabrées, et quand ils sont obligés d'émigrer, c'est toujours avec un déchirement de cœur incroyable[50]. » Le hameau des Magouas n'est pas non plus seul de son espèce ; à vrai dire, toutes les villes, tous les villages québécois disposent d'un quartier pauvre, un peu louche, souvent baptisé « Petit Canada » ou « Petite Pologne » par les habitants du coin. L'apport de Jacques Ferron, sur ce plan, aura surtout été de mettre en lumière l'aspect systématique de cette

48. Jean Comtois, « La Petite Mission de Yamachiche, un hameau à rénover », *op. cit.*, p. 1.

49. Madeleine Ferron à l'auteur, entrevue, 18 septembre 1992.

50. Abbé N[apoléon] Caron, *Histoire de la paroisse d'Yamachiche*, p. 129.

structure en Amérique du Nord et le rôle de repoussoir moral qu'elle joue chez les bien-pensants de toutes les catégories.

L'éloignement de l'église, que déplorait discrètement l'abbé Caron, est sans doute la raison pour laquelle on décida un jour que les habitants de ce « lieu-dit » auraient droit à une chapelle, qui serait desservie par le vicaire de Yamachiche. Fait cocasse, de 1937 (année où, comme par hasard, débute l'action du *Ciel de Québec*) à 1945, l'abbé Paul S. de Carufel, qui a été nommé vicaire administrateur, « refuse d'aller à la Mission, prétextant qu'il a peur des chiens et de faire le trajet en voiture à cheval[51] » ; on imagine facilement que Jacques Ferron ait pu s'emparer de cette anecdote pour créer l'inoubliable abbé Louis-de-Gonzague Bessette ! Une nouvelle chapelle permanente fut aménagée, en 1964, dans une ancienne école ; l'évêque trifluvien, Mgr Georges-Léon Pelletier, vint bénir ce nouveau temple, consacrant ainsi l'entrée définitive des Magouas dans la civilisation : « Cette chapelle devra intensifier une pratique plus ardente de la religion. [...] Je vous invite donc à améliorer votre société. Si un jour il sortait des vocations sacerdotales d'ici, nous aurions la grande joie de constater que vous vous êtes réellement donnés à Dieu [...][52]. »

Les chiens semblent avoir toujours été associés aux Magouas ; à la fin du XIXe siècle, l'abbé Caron notait que, le village étant situé à mi-chemin entre Yamachiche et Louiseville, « ces pauvres journaliers devaient faire le trajet ou en traîneaux tirés par des chiens, ou chaussés de mocassins avec raquettes aux pieds, pour se procurer les comestibles de première nécessité. C'est aussi à l'aide de chiens qu'ils rapaillaient dans les terres à bois avoisinantes leur bois de

51. J.-Alide Pellerin, *Yamachiche et son histoire*, Trois-Rivières, Éditions du Bien Public, 1980, p. 282.
52. *Ibidem*, p. 283.

chauffage[53]. » Quarante ans plus tard, c'est-à-dire à l'époque de Jacques Ferron, le même phénomène se produisait encore, selon les dires de Paul-Émile Caron. Maire de la paroisse durant de nombreuses années, ce dernier connaît bien la région, et a gardé la même opinion que les Louisevillois d'autrefois sur ces personnages : « Ce ne sont pas des travaillants. Ils quêtent tout le temps... Ils venaient bûcher du bois sur nos terres. [Jacques Ferron] les connaît parce que son père se faisait voler du bois. Ils avaient des chiens et des traîneaux [...] ils partaient du "Petit Village" et prenaient à travers les champs pour venir nous voler du bois[54]. »

Tel était donc le petit univers au milieu duquel Jacques Ferron passa ses premières années : un environnement encore largement rural peuplé de notables et de paysans, une société à première vue étanche, où les « bons » et les « mauvais » occupaient tous la place qui leur était réservée de toute éternité sans qu'il n'y eut jamais possibilité d'effectuer des échanges : « Dans ce lieu fermé d'une petite ville qui se donnait en spectacle à elle-même, les inégalités de fortune ou de condition, propres à tout théâtre, allaient de soi et n'avaient rien d'injuste pour la bonne raison qu'il n'y était pas question de justice, ou d'injustice, du moins ici bas, mais de destin[55]. » C'est contre cet univers manichéen, immuable, que l'écrivain s'élèvera plus tard avec une fougue inattendue.

---

53. Abbé N[apoléon] Caron, *Histoire de la paroisse d'Yamachiche*, *op. cit.*, p. 279.
54. Paul-Émile Caron à l'auteur, entrevue, 23 juillet 1992.
55. JF, *Les confitures de coings*, *op. cit.*, p. 235-236.

CHAPITRE IV

Le vilain petit mouchoir

La prime enfance de Jacques Ferron semble s'être déroulée sous l'influence de deux pôles différents et contradictoires ; est-ce l'effet d'une structure profonde de son imaginaire ? Toujours est-il qu'il présente ses premières années comme le théâtre d'une lutte entre deux modes de vie, deux attitudes différentes devant l'existence ; d'une certaine manière, il s'agit d'un combat à finir entre l'état de nature et l'état de culture. « J'étais un primitif, d'où mon goût pour le peuple[1] », dira-t-il à Jean Marcel, dans un raccourci assez étonnant pour cet érudit pétri de classicisme. C'est là, croyons-nous, l'expression d'un vœu rétrospectif, car Ferron escamote ainsi les premières années de son enfance, celles qui précisément se sont déroulées sous le règne de sa mère et qui marquèrent à tout jamais l'enfant des signes de l'« aristocratie ». En somme, l'écrivain aurait passé une bonne partie de son enfance à vouloir se fondre dans l'anonymat ; malheureusement pour lui, plusieurs facteurs viendront empêcher la réalisation de ce souhait.

1. JF à Jean Marcel, lettre, 20 janvier 1970.

Ferron se plaît à décrire sa jeunesse louisevilloise comme celle d'un petit sauvage, libre et fier, parcourant à sa guise la campagne environnante et les abords du lac Saint-Pierre : « Dans ce bas pays, que la crue empêche de clôturer, j'allais fureter, libre comme un voyou[2] », se rappelle-t-il. À l'en croire, cette première enfance se serait écoulée comme celle d'un fils d'habitant, habitué au travail de la ferme et jouissant de la plus parfaite liberté : « Louiseville [...] c'était une petite ville, et de l'autre côté de la rivière, c'était la campagne et les amis que j'avais étaient fils de cultivateurs. C'est beaucoup plus plaisant de vivre à la campagne qu'à la ville, alors [...] j'allais plutôt jouer là que de mon côté urbain[3]. » La fréquentation quotidienne des jeunes cultivateurs, comme le fait de vivre dans un univers champêtre auraient même donné au jeune Ferron un vocabulaire essentiellement agricole et aussi peu littéraire que possible : « Je pouvais parler avec exactitude d'attelage, de charroi, d'outils et d'instruments aratoires ; je connaissais les noms personnels des vingt-quatre vaches que j'allais chercher pour la traite au bout de la terre des Voisard, de l'autre côté de la rivière du Loup [...][4]. »

On peut douter que cette vision bucolique corresponde totalement à ce que Jacques Ferron a vraiment connu ; l'auteur accentue quelque peu l'intensité de son amitié avec ses petits voisins, vraisemblablement pour s'inventer *a posteriori* des racines populaires compatibles avec l'ascendance paysanne de son père. Ce faisant, il prend ses distances de l'image maternelle, puisque Adrienne semble au contraire avoir été une femme cultivée, doublée d'une lectrice avide. Madeleine raconte que durant l'été, sa mère et ses amies

2. JF, *La conférence inachevée, op. cit.*, p. 100.

3. JF, entrevue, émission « Délire sur impression », 3 novembre 1978, CKRL-FM (Université Laval).

4. JF, *La conférence inachevée, op. cit.*, p. 105.

avaient l'habitude de se livrer à des « orgies de lecture... s'échangeaient des livres... les commentaient longuement avant de choisir ceux qu'elles emporteraient au pensionnat pour les relire[5] ». Parmi ces ouvrages, un bon nombre étaient à l'index, ou enfin peu recommandés aux jeunes filles, qui devaient user de subterfuges pour les lire ; c'est ainsi qu'Adrienne put découvrir les œuvres de Balzac et de Victor Hugo en les dissimulant dans des couvertures de biographies religieuses. Autre détail très significatif : Jacques Ferron déclare avoir été incité à lire les romans de Marivaux après avoir pris connaissance de la correspondance entre sa mère et sa tante Irène, lesquelles faisaient allusion à ces récits[6]. Ce commentaire tend à renforcer l'hypothèse selon laquelle la prédisposition de l'écrivain en faveur du XVIIIe siècle lui serait venue, en partie du moins, par l'intermédiaire de sa mère, tout comme son prénom Jean-Jacques.

Cet amour de la lecture ne paraît pas s'être transmis de façon directe aux enfants : mis à part les ouvrages légaux du notaire et les douze volumes d'une encyclopédie pour la jeunesse, ni Madeleine ni Marcelle ne se souviennent qu'il y ait eu beaucoup d'autres livres à la maison. Adrienne, fréquemment absente à cause de sa maladie, n'aura pas eu l'occasion d'inculquer elle-même à ses enfants le goût de la littérature. Même un camarade de collège de Jacques remarquera, quelques années plus tard, que chez les Ferron, on lisait assez peu[7] ; de sorte qu'il faut croire le romancier lorsqu'il déclare qu'avant l'âge de 11 ans environ, « s'il y avait des livres à la maison, jamais je ne les avais ouverts[8] ». L'écrivain reconnaît cependant — pour aussitôt le déplorer — que son tout premier vocabulaire lui venait de sa mère, et

5. Madeleine Ferron, *Adrienne*, *op. cit.*, p. 181.
6. JF à Jean Marcel, lettre, 5 juin 1974.
7. Jacques Lavigne à l'auteur, entrevue, 21 septembre 1992.
8. JF, *Les confitures de coings et autres textes*, *op. cit.*, p. 309.

qu'il s'agissait d'une langue « trop belle pour avoir cours[9] ». Cette langue, littéralement *maternelle*, probablement développée par Adrienne durant ses longues années de pensionnat, n'était apparemment pas en usage parmi les amis de Jacques ; aussi tenta-t-il de s'en défaire afin de s'ajuster à son environnement linguistique. Ce fut alors, écrit-il, l'époque du second vocabulaire, conçu « pour courir les rues et les bois de Louiseville[10] ». On imagine mal que cet enfant, fruit de l'union d'un respectable notaire et d'une demoiselle Caron, ait pu se débarrasser aussi facilement de sa belle éducation.

Dès qu'il fut en âge d'aller à l'école, Jacques dut suivre le même chemin que la plupart des garçonnets de Louiseville et fréquenter le collège de la ville, l'académie Saint-Louis-de-Gonzague ; de 1926 à 1931, il y compléta les cinq premières années du cours primaire. Il a malheureusement été impossible de retrouver des traces de ce passage dans les archives des commissions scolaires de la région ; la Bibliothèque nationale du Québec possède cependant deux cahiers d'écoliers datant de cette période, qui constituent sans doute les plus anciennes traces écrites de l'auteur à être parvenues jusqu'à nous[11]. Il appert que le jeune Ferron fut un élève généralement doué, presque toujours situé au premier rang des élèves de sa classe. Dans une « historiette » de 1976, l'écrivain, en évoquant ces années lointaines, mentionne au passage le nom de Paul-Émile Caron, personnage dont nous avons déjà fait la connaissance ; il le présente comme « [s]on meilleur ami à l'Académie Saint-Louis-de-Gonzague, vu qu'il était premier de classe, moi deuxième[12] ».

9. JF, *La conférence inachevée*, *op. cit.*, p. 105.
10. *Ibidem.*
11. Deux cahiers d'écoliers, 1929. BNQ, 9.1.
12. JF, « Historiette. La bergère », *IMP*, vol. XXVIII, n° 15, 15 juin 1976, p. 22.

C'est la première fois — mais non la dernière — que Ferron tient à laisser de lui-même l'image d'un « second », du moins en ce qui concerne les résultats scolaires. Ce curieux refus de la première place doit être mis en relation avec le mépris de l'auteur pour les privilèges et sa volonté de se placer du côté des plus faibles. Toute sa vie, Ferron a traité les forts en thèmes et les « premiers de classe » avec condescendance, les considérant comme de simples bûcheurs sans intelligence ni sensibilité.

Avec le recul, Paul-Émile Caron considère aujourd'hui que son ami Ferron était somme toute un écolier un peu différent des autres, sans qu'il lui soit vraiment possible de dire à quoi tenait cette différence. Un peu de timidité, sans doute, liée au fait que l'enfant était assez peu sportif pendant cette période de sa vie. Sa sœur Madeleine précise que sous des dehors plutôt discrets, Jacques « était un enfant qui, déjà, tenait tête ; il était très combatif[13] ». Caron explique aussi que, fils de notaire, Ferron n'avait pas les mêmes obligations que ses voisins immédiats, tous fils d'agriculteurs : l'été venu, ces derniers étaient réquisitionnés, à partir de cinq heures tous les matins, pour les travaux de la ferme, alors que Ferron disposait plus librement de son temps[14]. Mais, somme toute, Jacques Ferron, durant les premières années de son existence, fut un enfant plutôt solitaire qui partageait surtout les jeux de sa petite sœur : « Papa nous appelait "les inséparables", dit cette dernière. Jacques n'avait pas beaucoup d'amis ; je ne me souviens pas qu'il en ait emmené à la maison[15]. » Même Paul-Émile Caron, que Ferron identifiait pourtant comme son meilleur ami, n'a pas le souvenir d'être jamais entré dans la demeure du notaire. La raison principale de cet isolement résidait dans la tuberculose d'Adrienne, qui souffrait comme on le sait de la

13. Madeleine Ferron à l'auteur, entrevue, 18 septembre 1992.
14. Paul-Émile Caron à l'auteur, entrevue, 23 juillet 1992.

terrible maladie : ne voulant sans doute pas, d'une part, favoriser la contamination des enfants et ayant d'autre part besoin de beaucoup de repos, elle fut à l'origine de cette situation un peu particulière.

Jacques Ferron prétend aussi que sa mère fut pour lui la cause indirecte d'un autre sentiment d'étrangeté ou de rejet. Les goûts raffinés d'Adrienne cadraient mal avec ceux de son fils, qui aurait bien voulu partager la liberté d'action de ses camarades. Madame Ferron élevait alors sa famille « dans des pays plausibles sans aucun rapport avec le comté de Maskinongé[16] » ; à cause des goûts vestimentaires d'Adrienne, inusités pour des enfants de cultivateurs, les premières années du fils aîné des Ferron paraissent avoir été celles d'un souffre-douleur. « Quand [...] je commençai mes classes chez les Frères de l'Instruction Chrétienne [...], j'y allai trop bien mis, comme un petit Monsieur, et fus en butte à la dérision [...][17] », dira par exemple l'écrivain, dénonçant le costume de matelot que sa mère, suivant en cela la mode enfantine de l'époque, lui faisait porter. À une autre occasion, le souci trop évident de Madame Ferron de singulariser son fils valut carrément à ce dernier d'être attaqué par des garçonnets jaloux :

> Une fois, il y eut mascarade et ma mère m'avait costumé en chat ; elle s'y était donné beaucoup de mal. Mon costume comportait une longue queue ajustée au fessier [...]. Je me méritai un premier prix, assurément, mais en revenant à la maison des gamins de mon âge, jaloux à juste titre, tirèrent après ce merveilleux appendice de sorte qu'il ne l'était plus lorsque j'arrivai, penaud et traînant[18].

---

15. Madeleine Ferron à l'auteur, entrevue, 18 septembre 1992.
16. JF, *Les confitures de coings et autres textes*, *op. cit.*, p. 289.
17. *Ibidem*, p. 291.
18. *Ibid.*

Comment se surprendre si, croyant avoir souffert à cause de sa mère d'un sentiment de rejet, le jeune Ferron ait développé de l'animosité à son endroit? Cette mauvaise humeur n'est pas tournée contre sa personne, mais contre *ce qu'elle représente*, c'est-à-dire une certaine manière d'être, une *classe* que ses camarades rejettent ou jalousent, en un mot un *élitisme* bien peu de mise dans une petite communauté semi-rurale comme Louiseville. Oubliant même la maladie qui *obligeait* Adrienne à adopter une certaine réserve en société, le romancier en viendra à l'accuser de snobisme: « [Ma mère] ne s'est jamais mêlée aux Ferron; elle était une personne à part. On la respectait beaucoup. [...] Elle gardait ses distances. Elle n'a jamais plongé dans l'ambiance chaleureuse chez les Ferron[19]. » La culture maternelle devient dès lors un vernis culturel à proscrire, et le langage inculqué par la mère doit être remplacé par celui, plus costaud, de la campagne louisevilloise: « me demandait-on le nom du chien qu'elle avait baptisé Fripon, je m'en trouvais gêné, je répondais Rover[20] ».

Encore si sa mère n'avait été *que* trop bien éduquée; mais elle s'y prit de telle façon que son fils éprouva, jusqu'à la fin, le regret lancinant de n'avoir pu, à cause de l'éducation maternelle, *faire comme tout le monde*. Aussi tard qu'en 1982, évoquant une fois de plus le souvenir de cette femme aimée-détestée, l'écrivain ne peut s'empêcher de lui adresser de nouveaux reproches, qui paraissent bien mesquins si l'on considère que ces condamnations surviennent plus de cinquante ans après le fait: « Je faisais rire de moi. Je me souviens: j'avais un casque de pompier et il fallait toujours être couvert quand on sortait pour la récréation. Les frères nous avaient fait sortir et j'avais mon casque de

---

19. JF et Pierre L'Hérault, « 9 entretiens avec le Dr Jacques Ferron », *op. cit.*, p. 36.
20. JF, *La conférence inachevée, op. cit.*, p. 105.

pompier pour jouer. C'était complètement ridicule[21]. » Fallait-il que le désir de passer inaperçu soit puissant pour que l'écrivain s'en souvienne encore après tout ce temps ! « Ma mère était une personne distinguée *et très rancunière*[22] », dit encore Jacques Ferron ; avouons que le fils semble avoir hérité de ce trait de caractère.

De façon bien involontaire, Joseph-Alphonse Ferron contribuait aussi, à sa manière, à singulariser l'ensemble de sa famille ; il dut parfois susciter une certaine jalousie à Louiseville. C'était, on l'a vu, un homme fier de lui-même et de ses réussites ; au cours des années 1920, c'était aussi un notaire prospère à qui avaient échu de nombreuses charges administratives reliées à son statut d'organisateur du Parti libéral. Secrétaire-trésorier de la ville et du comté, greffier de la cour de Circuit[23], « membre de la Chambre des notaires de la province et directeur de l'Association des notaires du comté[24] », il avait son bureau au palais de Justice. Voici donc un citoyen avantageusement connu, qui aime bien faire montre d'une certaine opulence ; il habite l'une des plus belles maisons de la ville, qui occupe une place de choix sur la rue principale, et qui indique de façon ostentatoire la position éminente de son propriétaire dans la société villageoise : « En quoi croyait-il ? se demande son fils. Je pense qu'il ne crut jamais qu'en sa place de banc dans la grande allée, ni trop avant pour avoir bonne vue de la chaire, ni trop arrière, la meilleure place qui fût, en parfaite correspondance dans l'église à sa maison dans la grand-rue[25]. » Paul Ferron, le frère cadet de Jacques, qui pratiqua

21. JF et Pierre L'Hérault, « 9 entretiens avec le Dr Jacques Ferron », *op. cit.*, p. 33.
22. *Ibidem*, p. 34. Le souligné est de nous.
23. Germain Lesage, *Histoire de Louiseville*, *op. cit.*, p. 334.
24. Madeleine Ferron, *Adrienne*, *op. cit.*, p. 200.
25. JF, *Les confitures de coings et autres textes*, *op. cit.*, p. 312-313.

durant trente ans la médecine à Longueuil en compagnie de son aîné, se souvient avec amusement des contrats lucratifs dont bénéficiait leur père à cause de ses amitiés libérales :

> Mon père était, à cette époque, un homme à l'aise ; la *Shawinigan* installait ses pylones sur les terres du comté, et les contrats se faisaient chez le notaire Ferron ; à l'époque de Taschereau, les programmes d'aide aux cultivateurs passaient entre les mains de l'organisateur libéral, qui se trouvait aussi à être le notaire du comté[26]...

Cet homme entreprenant avait aussi à cœur les intérêts de sa communauté : en 1929, on le compte parmi les hommes d'affaires qui contribuent à l'installation d'une manufacture de l'*Associated Textiles* à Louiseville. Quelques années plus tard, dit son fils cadet, le notaire « s'est aperçu que cette compagnie exploitait les ouvriers et que ça n'avait peut-être pas été un si bon service à rendre à la ville[27] » ; il n'en reste pas moins que ces démarches procédaient d'une nature généreuse et étaient motivées par des intentions louables ; après tout, l'entreprise ne procura-t-elle pas du travail à plus de 350 personnes, en pleine crise économique[28] ? Jacques Ferron explique même que les petits notables de l'endroit, qui « se sont cru tout permis aussi longtemps que l'*Associated Textiles* ne soit pas venue s'établir à Louiseville », perdirent à cette occasion « le pavois qui les faisait si hauts[29] », grâce à la source de revenus diversifiée que représentait cette manufacture. Assez paradoxalement, l'Associated Textiles offrait une possibilité d'affranchissement pour les Louisevillois moins bien nantis, y compris les mystérieux Magouas.

26. Paul Ferron à l'auteur, entrevue, 8 janvier 1993.
27. *Ibidem*.
28. Germain Lesage, *Histoire de Louiseville*, *op. cit.*, p. 370.
29. JF à Pierre Cantin, lettre, 5 décembre 1971.

Les Ferron furent par ailleurs successivement propriétaires de deux chalets d'été à Saint-Alexis-des-Monts ; le premier, au lac Sacacomie, avait longtemps été la propriété de la famille Caron ; le notaire avait fini par en faire l'acquisition, pour permettre à Adrienne et à sa sœur Irène de continuer à profiter des étés en pleine nature. Aux dires de Madeleine, le site de cette résidence d'été est resté magnifique : « Le lac Saccacomi [*sic*] est une des splendeurs de la région. Il a trois milles de large sur six de long et est bordé au nord de plusieurs chaînes de montagnes. Quelques monts en premier plan se détachent des autres pour s'avancer majestueusement dans le lac[30]. » Malheureusement, ce chalet fut rapidement jugé trop difficile d'accès, puisqu'il fallait traverser le lac en canot pour l'atteindre ; c'est pourquoi un second camp fut construit par le notaire, en 1932, au lac Bélanger, en association avec deux autres propriétaires pour amortir les coûts d'aménagement[31].

Marcelle Ferron croit que son père était resté nostalgique de sa jeunesse paysanne[32] ; aussi était-il propriétaire d'une ferme, près du lac Saint-Pierre — « avec un fermier y habitant[33] » — et d'un vaste pâturage appelé « le Domaine ». Joseph-Alphonse Ferron était par ailleurs un amateur passionné de chevaux : « Cette passion était perceptible même à nos yeux d'enfants[34] », écrit Madeleine, en racontant comment le notaire, cet homme trop sensible, avait éclaté en sanglots devant les membres de sa famille à l'annonce de la mort de l'une de ses bêtes. Il faisait régulièrement participer ses chevaux à des concours tenus lors des expositions agricoles de la région. Jacques, pour sa part, pense que cet attrait immodéré pour les belles montures était venu à son

30. Madeleine Ferron, *Adrienne, op. cit.*, p. 77.
31. Madeleine Ferron à l'auteur, entrevue, 18 septembre 1992.
32. Marcelle Ferron à l'auteur, entrevue, 25 janvier 1993.
33. Madeleine Ferron à l'auteur, lettre, 26 juin 1993.
34. Madeleine Ferron, *Adrienne, op. cit.*, p. 167.

père durant son enfance, à l'époque où il voyait passer les beaux équipages de l'Hôtel des Sources. Un jour vint où lui aussi, sans doute pour savourer un peu sa revanche, put monter « un grand pur-sang irlandais, un hunter comme il disait et qu'il ne commanda jamais qu'en anglais, connaissant assez cette langue pour le faire, pas plus[35] ».

Assez vraisemblablement, les magnifiques chevaux de Joseph-Alphonse Ferron, de même que sa ferme et son écurie, contribuèrent aussi à frapper les imaginations et à donner de lui une image d'opulence et de richesse dans l'entourage. Paul-Émile Caron, par exemple, a gardé du notaire le souvenir d'un homme qui « roulait grosse voiture » et qui menait un grand train de vie ; selon Paul Ferron, la « grosse voiture » en question pouvait bien être, littéralement, un « Sainte-Catherine », carrosse luxueux que le notaire utilisait l'hiver pour aller rendre visite à sa mère à Saint-Léon[36]. Une amie trifluvienne de Madeleine, Thérèse Héroux, se souvient que les enfants Ferron montaient aussi à cheval[37] grâce à des bêtes plus petites que le notaire mettait à leur disposition ; c'est ainsi que Jacques put faire de l'équitation dès l'âge de cinq ans, en compagnie de son père[38]. Plus tard, Jacques impressionnera ses amis du collège Brébeuf en montant sans bride des chevaux sauvages ; devenu médecin, il achètera lui aussi des chevaux à ses enfants, perpétuant ainsi la passion paternelle de l'équitation.

On peut donc penser que les enfants Ferron avaient de quoi couler des jours heureux : un père généreux, une famille à l'abri des soucis financiers, une enfance paisible

---

35. JF, *Les confitures de coings et autres textes*, *op. cit.*, p. 313.
36. Paul Ferron à l'auteur, entrevue, 8 janvier 1993.
37. Thérèse Héroux à l'auteur, entrevue, 30 janvier 1993.
38. JF et Pierre L'Hérault, « 9 entretiens avec le Dr Jacques Ferron », *op. cit.*, p. 37.

dans une petite ville prospère du Québec. Ce serait compter sans la terrible maladie d'Adrienne, qui monopolisera l'attention de toute la famille au point de déterminer le comportement du père et des enfants pendant très longtemps. La menace qui pesait sur les Caron, celle qui, selon l'interprétation qu'en fera plus tard Jacques, trahissait l'épuisement de la lignée prestigieuse, avait fini par s'abattre, comme on l'a vu, sur Adrienne : « ma mère est tombée malade de la poitrine, d'une tuberculose qu'elle avait tout lieu d'appréhender, qui sévissait dans sa famille [...]. Plus qu'une maladie, la tuberculose représentait une sorte de destin et Dieu sait que cette fatalité n'aidait pas à guérir[39]. » Dans ce cas précis, la maladie était justement aggravée par l'appréhension qu'on en avait depuis qu'elle avait frappé les deux sœurs de la jeune femme. En 1913, Adrienne avait déjà perdu Rose-Aimée, l'aînée des trois « petites nièces » Caron au monastère des ursulines ; une quinzaine d'années plus tard, ce fut au tour de son autre sœur, Irène, personne d'une grande vitalité qui mourut à Montréal en décembre 1927, et dont Adrienne n'accepta jamais la perte. Aux dires de Jacques Ferron, qui aimait lui aussi beaucoup cette tante, « elle mariait la grâce et le feu, trop brillante pour qu'on ait su à qui elle était, ce qu'elle voulait. [...] Elle avait la plus grande amitié pour sa cadette, ma mère, qui la lui rendait bien, au point d'en perdre le courage de vivre après sa mort[40]. » De tous les membres de sa famille maternelle, c'est cette tante pleine de vie que l'écrivain semble avoir préférée ; il écrivit en tout cas de magnifiques pages sur elle dans *Les confitures de coings*, puis dans de déchirantes « Historiettes » de 1976 où il se penche justement sur la correspondance laissée par cette femme audacieuse.

39. JF, « Historiette. Feu Jean-Jacques », *loc. cit.*, p. 10.
40. JF, « Historiette. Irène », *IMP*, vol. XXVIII, nº 16, 6 juillet 1976, p. 11.

Cherchant à comprendre pourquoi la famille Caron était ainsi marquée par le destin, l'écrivain en viendra comme on sait à « interpréter » la tuberculose comme une maladie frappant surtout des personnes qui traversent une période d'étouffement social et familial. En d'autres termes, comme le souligne avec pertinence Pierre-Louis Vaillancourt, « la dénonciation du milieu clos et étouffant passe [...] par une accusation médicale : la serre chaude engendre la tuberculose [...][41] ». Suivant cette logique, les demoiselles Caron, élevées loin du monde au sein d'une famille où fleurissaient le népotisme et les privilèges, ne pouvaient qu'être atteintes par ce mal, qui frappe les êtres en situation de contrainte. C'est lorsqu'il sera lui-même atteint de tuberculose, quelque vingt ans plus tard, que l'écrivain mettra au point cette théorie.

À partir du moment où le mal fut identifié, Adrienne Caron effectua plusieurs longs séjours au sanatorium du lac Édouard. Elle y fut hospitalisée pour la première fois en 1924 ou 1925 et y séjourna pendant de longues périodes entre 1928 et 1930[42]. Son fils croit se souvenir du moment précis où il eut conscience de la maladie de sa mère. Alors qu'il n'avait que quatre ans, le notaire, cet homme sensible, vint le trouver : « sans doute fort ému, [il] me montre un sale petit mouchoir brunâtre où je vois [...] dans le milieu ce que je suppose être un crachat de sang. [Mon père] se croira obligé de déclarer : "Un jour, tu comprendras."[43] » Malgré ce pénible épisode, le garçonnet en vint à considérer la maladie d'Adrienne comme un état quasi normal, tant il

41. Pierre-Louis Vaillancourt, « L'héritier présomptif des ursulines », *loc. cit.*, p. 90.

42. Pierre Cantin, *Jacques Ferron polygraphe. Essai de bibliographie suivi d'une chronologie*, préface de René Dionne, Montréal, Bellarmin, 1984, p. 439, 457.

43. JF, « Historiette. Le vilain petit mouchoir », *loc. cit.*, p. 29.

est vrai que l'enfant s'adapte naturellement à l'environnement qui est le sien depuis sa naissance: «Quant à ma pauvre mère, écrit-il, ses séjours au sanatorium m'avaient habitué à son absence[44].» Sa présence, quant à elle, se faisait si discrète qu'on peut parler aussi d'une forme d'absence. À cette époque, le seul traitement connu de la tuberculose était le repos et les séjours au grand air; le souvenir fugace que Paul-Émile Caron a gardé de cette voisine «affable et gentille» est donc celui d'une faible convalescente, toujours étendue au soleil.

> Nous constations seulement, écrit Madeleine, que notre mère était un être particulier. [...] Je savais bien que maman, elle, ne nous improviserait pas, avec un reste de pâte, une tarte au sucre pour la collation. Nous savions, Jean-Jacques et moi, qu'il ne servait à rien de nous quereller, car elle ne sortirait pas dans la cour pour nous réprimander[45].

Comme on le sait déjà, l'isolement auquel était confinée madame Ferron entraîna pour ses enfants l'impossibilité quasi totale d'amener des amis à la maison: «elle se considérait, elle si charmante et si engageante, une lépreuse, et ne se laissait plus approcher[46]». La présence évanescente et intermittente de cette grande malade rendra aussi nécessaire l'engagement de bonnes pour s'occuper des cinq enfants; Ferron, dans son œuvre, a immortalisé deux d'entre elles, les sœurs Florence et Marie-Jeanne Bellemare, précisément originaires du rang Vide-Poche de Yamachiche. Dans sa cruelle volonté de *ne pas* être fils de Caron, l'auteur écrira que ces deux filles d'habitant furent ses véritables mères, puisqu'il fut élevé par elles à partir de l'âge de six ou sept ans[47].

---

44. JF, *La conférence inachevée*, p. 101.
45. Madeleine Ferron, *Adrienne*, p. 238.
46. JF, *La conférence inachevée*, p. 101.
47. JF, À Jean Marcel, lettre, 26 janvier 1972.

À cause de cette maladie familiale, le notaire Ferron vivra avec la peur bien compréhensible que ses enfants, prédisposés par leur mère, ne développent eux aussi le bacille de la tuberculose. Comme pour justifier ces craintes, la petite Marcelle souffrira d'ailleurs, un peu plus tard, d'une tuberculose des os qui nécessitera de longues hospitalisations et diverses chirurgies : elle « fut soignée, comme tant d'autres, par le réputé docteur Samson à l'Enfant-Jésus de Québec d'abord, puis au Sacré-Cœur de Cartierville[48] ». Divers moyens furent pris pour que les risques de contamination soient réduits au minimum : pièces séparées, aliments différents, etc. La mesure la plus spectaculaire fut sans contredit l'achat d'une vache « personnelle », destinée à l'usage exclusif de la famille : « Nous avions une vache, derrière la maison, parce que quelqu'un avait dit à mon père : "si tu veux sauver tes enfants de la tuberculose, il faut éviter qu'ils ne soient contaminés par le lait". Cette vache nous accompagnait même quand nous allions [au chalet de] Saint-Alexis[49]. » Une autre conséquence de la maladie maternelle — beaucoup plus importante, celle-là, pour la formation des trois futurs artistes de la famille — fut que les enfants Ferron grandirent en pleine nature : pour éviter la tuberculose, en effet, on avait aussi conseillé au notaire d'élever ses enfants au grand air. Les cinq enfants passaient donc chaque été au chalet de Saint-Alexis-des-Monts, en compagnie des bonnes et d'un « homme engagé », depuis la Saint-Jean-Baptiste jusqu'à la Fête du travail[50]. À tous les deux jours, le notaire venait ravitailler sa marmaille, si bien que les enfants, laissés pratiquement à eux-mêmes durant toute la période estivale, connurent là aussi une jeunesse différente de celle des autres enfants. Ces séjours prolongés

48. JF, « Historiette. Le vilain petit mouchoir », *loc. cit.*, p. 29.
49. Paul Ferron à l'auteur, entrevue 8 janvier 1993.
50. *Ibidem.*

favorisèrent, chez les jeunes Ferron, le développement de caractères individualistes dotés d'une grande autonomie, de même que, chez certains d'entre eux, un goût prononcé pour les sciences naturelles. Lorsqu'elle revenait de ses séjours au sanatorium, dit Jacques, ma mère « remarquait sans doute que je perdais mes bonnes manières et que je devenais rustaud [...][51] ». Peut-être, à tout prendre, doit-on lui donner raison sur ce point (encore que la vie au grand air ne soit pas nécessairement incompatible avec la belle éducation), sans négliger pour autant le fait que « bonnes manières » il y eut d'abord, et que le caractère de l'écrivain résulte en grande partie de cette enfance déchirée entre un état de nature et une culture plus raffinée.

Adrienne Caron effectua, vers 1930, un bref séjour au sanatorium Cooke de Trois-Rivières, tenu par les Filles de Jésus ; après quoi, comme il fallait le redouter, elle fut à son tour emportée par la maladie, et mourut chez elle, entourée de sa famille, le 5 mars 1931. « Nous étions tous autour de son lit quand elle est morte. Avec une douceur si discrète que seul son chapelet lui a glissé des mains, la croix d'abord et est allé s'immobiliser sur le drap blanc, au creux de sa taille encore fine : elle avait trente-deux ans[52]. » Madeleine rapporte aussi que le notaire, à ce moment précis, « s'est écroulé sur le lit en sanglotant[53] » et que tous les enfants, sauf l'aîné, se sont précipités sur lui. Jacques Ferron avait fini par s'adapter à la maladie de sa mère : « c'était pour moi sa façon de vivre et je m'y étais si bien habitué que je serai tout surpris d'apprendre, le 4 mars 1931, la veille de sa mort, qu'elle se mourait[54] ». Sur son lit d'agonie, elle aurait fait venir son fils aîné près d'elle pour lui faire ses dernières

51. JF, *La conférence inachevée*, p. 101.
52. Madeleine Ferron, *Adrienne*, p. 245-246.
53. *Ibidem*, p. 246.
54. JF, « Historiette. Le vilain petit mouchoir », *loc. cit.*, p. 29.

recommandations : « primo, de ne pas me croire plus fin qu'un autre, deuxio, de faire comme tout le monde, et tertio, de m'appeler Jacques tout court[55] ». De ce moment daterait le changement du prénom de l'écrivain, qui jusque-là se faisait appeler Jean-Jacques. De nombreux critiques ont glosé sur la signification profonde et sur l'origine de cette modification ; Madeleine croit pour sa part qu'elle fut décidée par l'écrivain lui-même. Une chose est sûre, c'est sous le prénom de Jacques que le garçonnet sera inscrit, dès le mois de septembre suivant, au pensionnat du Jardin de l'enfance de Trois-Rivières[56]. Il lui arrivera encore, à l'occasion, de signer de son véritable prénom, sans doute par distraction. Quant aux deux autres recommandations, assez étonnantes venant d'une mère qui avait tout fait pour singulariser ses enfants, Ferron dira lui-même : « je ne crois pas lui avoir aussi bien obéi[57] ». On le comprend : le pli « aristocratique » étant pris depuis longtemps, il lui sera dorénavant impossible, malgré tous ses efforts, de « faire comme tout le monde », de redevenir le petit sauvage qu'il *voudrait* avoir été.

Mais pour le moment, le futur écrivain n'est qu'un enfant désemparé dont l'existence vient d'être bouleversée. Madeleine dit encore qu'au moment de la mort d'Adrienne, Jacques, « demeuré immobile dans l'embrasure de la porte, fixait d'un regard impassible et sévère le visage de sa mère : elle ne venait pas de mourir mais de l'abandonner[58] ». On sait les résonances que cette mort prématurée aura dans les récits ferroniens, et les pages pathétiques que la disparition

55. JF, « Historiette. Feu Jean-Jacques », *loc. cit.*, p. 10.
56. Il figure en effet sous ce prénom dans la liste manuscrite des élèves de la « Troisième Classe A » pour l'année 1931-1932 du Jardin de l'enfance. (« Jardin de l'enfance — liste des élèves 1909-1932 », AFJTR, n° 230-01-29.)
57. JF, « Historiette. Feu Jean-Jacques », *loc. cit.*, p. 10.
58. Madeleine Ferron, *Adrienne*, *op. cit.*, p. 246.

d'Adrienne susciteront dans l'œuvre de son fils, surtout à partir de 1965. L'auteur reviendra sans cesse à cet épisode, qui marqua vraiment la fin de son enfance. Peut-être faut-il voir après tout, dans le ressentiment de l'auteur contre la famille Caron, une sorte de vengeance littéraire contre cet abandon maternel jugé inadmissible ; car la mort d'Adrienne, telle la chute de la première pièce dans un jeu de domino, entraîna à sa suite toute une série de conséquences plus dramatiques les unes que les autres, qui obligeront l'écrivain à quitter le beau comté de Maskinongé.

CHAPITRE V

Feu Jean-Jacques

Si on en juge par le compte rendu qu'en donne *Le Nouvelliste* de Trois-Rivières[1], les funérailles d'Adrienne, le 9 mars 1931, furent particulièrement imposantes et tout à fait dignes du personnage haut placé qu'était devenu le notaire Ferron. Le journal trifluvien, à l'époque, desservait une population encore largement rurale, celle d'une région qui ne s'appelait pas encore la Mauricie[2]. Le lectorat du *Nouvelliste* était composé d'une clientèle captive qui aimait prendre des nouvelles des paroisses voisines et des allées et venues dans les villages du comté ; par conséquent, les reportages sur les baptêmes, mariages, et funérailles étaient toujours accompagnés d'un luxe de détails comprenant, dans les cas les plus illustres, la liste complète des participants, le nom de chacun des visiteurs de « l'étranger », les envois de télégrammes et de fleurs, etc.

La relation des obsèques d'Adrienne Caron couvre trois longues colonnes d'un numéro du *Nouvelliste* d'avril 1931 ;

1. [Anonyme], « Louiseville rend un dernier hommage à Mme J.-Alp. Ferron », *Le Nouvelliste*, 6 avril 1931, p. 10.

2. Ce terme sera popularisé dans les années 1930 par l'abbé Albert Tessier, à la faveur du mouvement régionaliste trifluvien.

on peut y lire les noms de toutes les personnes qui, de près ou de loin, participèrent aux funérailles de la disparue. Ferron, lors de la rédaction de l'« Appendice aux Confitures de coings », puis dans de nombreux autres fragments autobiographiques, élabore une curieuse étude sociale à partir de cet article. Malgré la douleur qu'il ressent toujours devant cette mort injuste et alors même qu'il prétend avoir répudié pour lui-même les fastes de la famille Caron, il ne peut s'empêcher de ressentir une pointe de fierté en décrivant le majestueux cérémonial entourant cette triste circonstance :

> Aux funérailles de ma mère, l'abbé Georges Panneton, représentant des Ursulines dont il était alors l'aumônier, chanta la messe à l'autel latéral droit. [...] À ces funérailles fut chantée la messe des morts du chanoine Élizée [*sic*] Panneton, saint et thaumaturge, de la lignée des banquiers [...][3].

Fils d'une vieille famille trifluvienne et frère de l'écrivain Ringuet, l'abbé Georges-Édouard Panneton était effectivement, en 1931, assistant-aumônier des ursulines[4] ; il fut délégué par les religieuses pour souligner les liens étroits qui unissaient la communauté et la famille Caron. À l'autre autel latéral officiait l'abbé Grimard, « de l'Évêché[5] ». Quant au chanoine Georges-Élisée, rappelons qu'en 1931, il était curé de Louiseville ; il est donc, pour ainsi dire, normal que sa *Messe des morts* ait été chantée à l'occasion du décès d'une paroissienne de qualité comme l'épouse du notaire Ferron. Encore que cette œuvre, dira l'écrivain, avait sans doute été choisie seulement par « hommage au musicien, non au curé », puisque « ce n'est pas Louiseville mais la parenté qui avait choisi l'officiant, le diacre et le sous-diacre[6] ». Enten-

3. JF à Pierre Cantin, lettre, 16 octobre 1974.

4. Abbé Antonio Magnan senior, *Biographies sacerdotales trifluviennes*, *op. cit.*, p. 76.

5. JF, « Historiette. La bergère », *loc. cit.*, p. 22.

6. *Ibidem.*

dons par là que les funérailles d'une Caron sont une chose trop importante pour être laissée entre les mains des prêtres du village ; par conséquent, « rien pour le clergé de Louiseville[7] ».

L'exégèse ferronienne des funérailles ne s'arrête pas là. Le cortège funèbre, de la maison paternelle à l'église, puis de l'église au cimetière, fera aussi l'objet d'une analyse fouillée de la part de l'auteur, et lui permettra de donner toute la mesure de ses sentiments ambigus face à la famille Caron. L'article du *Nouvelliste* identifie nommément les quelque trois cents personnes qui suivaient la dépouille mortelle ; Ferron s'intéresse d'abord aux porteurs du cercueil, tous des notables de Louiseville : maire, conseillers, etc. Il note ensuite qu'au sortir de l'église, le curé de Saint-Léon marche en tête du cortège comme pour « bien marquer l'origine[8] » de la défunte. Il se montre finalement intrigué par la présence, au premier rang, de deux médecins qui avaient soigné Adrienne : « Or, à la levée du corps de ma mère, immédiatement en arrière du corbillard qui l'emportait de la maison vers l'église toute proche, en avant de moi et de mon père, suivaient les successeurs du docteur Hart, les docteurs Lionel Dugré et Agapit Livernoche [...][9]. » Ferron est vivement intrigué par ce détail étrange du protocole funéraire ancien ; le prestige sans égal attribué à la profession médicale avait certes de quoi impressionner le jeune garçon et a pu contribuer plus tard à décider de sa carrière. Mais avant tout, l'écrivain s'intéresse à la préséance des deux médecins parce qu'il y voit un vestige des coutumes de la vieille France, un peu à la manière des petits restes d'institutions dont parle Marcel Trudel et qui sont « comme un

7. *Ibid.*
8. *Ibid.*
9. JF, *Les confitures de coings et autres textes*, *op. cit.*, p. 294.

éclat de verre qu'on a oublié de jeter[10] ». L'érudition ferronienne n'est cependant pas très sûre : tantôt, il fait remonter ce rituel de la procession des médecins directement au Régime français[11] ; tantôt, il attribue son implantation à l'abbé de Calonne, ce noble ecclésiastique français qui devint aumônier des ursulines de Trois-Rivières au début du siècle dernier : « comme dans les couvents les choses changent peu, il a laissé un peu du XVIIIe siècle et certaines coutumes de l'Ancien Régime [...][12] ». L'auteur attache une extrême importance à ce détail et semble s'y accrocher comme à une preuve tangible des origines françaises du Québec tout entier.

« On fut très cérémonieux au siècle dernier, formaliste, voire pointilleux, non seulement dans le diocèse de Trois-Rivières mais dans tout le Bas-Canada[13]. » Ce jugement, l'écrivain pourrait tout aussi bien se l'appliquer à lui-même, tant il semble éprouver de plaisir à étudier de près la composition des funérailles maternelles. Jacques Ferron a toujours gardé quelque chose du goût classique pour les cérémonies courtisanes et les querelles de préséance[14] ; en cela il est resté, parfois à son corps défendant, un homme d'Ancien Régime, avec, comme son contemporain Marcel Trudel, « une mentalité des dix-septième et dix-huitième

10. Marcel Trudel, *Mémoires d'un autre siècle*, Montréal, Boréal, 1987, p. 16.

11. JF, « Historiette. La bergère », *loc. cit.*, p. 22.

12. JF à Pierre Cantin, lettre, 27 juin 1974.

13. JF, *Les confitures de coings et autres textes*, *op. cit.*, p. 301.

14. Des années plus tard, en 1972, Ferron, honoré par la ville de Longueuil, s'amusera à déterminer l'importance de chacun des récipiendaires d'après l'ordre d'attribution des médailles au cours de la cérémonie : « je me classais immédiatement après Sa Grandeur Mgr Coderre, avant les gérants de banque et un chef de police à la retraite [...], après un gérant de caisse populaire — ô gloire à moi ! » (JF, « Lettre à Jean-Pierre Boucher », *Littératures*, n° 2, 1988, p. 136.)

siècles[15] ». Au tournant des années 1970, il aura beau *choisir* de suivre symboliquement le corbillard de son père, pour marquer son adhésion aux vertus de courage et d'ambition que ce dernier représentait à ses yeux; il aura beau, dans une démarche qui s'apparente parfois à l'autocritique marxiste, refaire le parcours de son enfance pour dénoncer les privilèges et le népotisme dont il croit avoir bénéficié: il restera toujours, pour au moins la moitié de son âme, un *Caron*, c'est-à-dire un être distingué, un fils de bonne famille. La grande originalité de cet « aristocrate » sera, justement, qu'il voudra se pencher, comme par un profond sentiment de culpabilité, sur les petites gens dont il aimerait partager le sort. Mais en 1931, il n'en est pas encore là; c'est beaucoup plus tard que l'auteur fera preuve de « révisionnisme » biographique. Dans les années à venir, l'éducation que recevra le jeune homme, caractérisée par un profond respect de la hiérarchie et de l'autorité, sera tout à fait dans la lignée traditionnelle.

Le Jardin de l'enfance de Trois-Rivières était aux garçonnets ce que le couvent des ursulines est toujours aux jeunes filles: une institution réputée, fréquentée par les enfants de l'élite régionale. Fondé en 1903 par un groupe de Filles de Jésus françaises menacées d'expulsion par la Loi Combes[16], ce pensionnat fut implanté à une époque où l'évêque trifluvien, Mgr Cloutier, pressentant l'industrialisation rapide de son diocèse, voulait justement inciter les communautés religieuses à créer des institutions d'enseignement pour répondre aux besoins d'une population toujours plus abondante. Le fait que les Filles de Jésus trifluviennes aient été des « sœurs françaises » n'est apparemment

15. Marcel Trudel, *Mémoires d'un autre siècle*, *op. cit.*, p. 32.

16. Alice Trottier, f.j. et Juliette Fournier, f.j., *Les Filles de Jésus en Amérique*, [s.l.], [s.é.], [1986], p. 57. Le Jardin de l'enfance trifluvien ferma ses portes en 1967.

pas étranger à la grande réputation de cette école : toutes les vieilles familles de Trois-Rivières confiaient leurs petits garçons à ces éducatrices expérimentées. « Le Jardin de l'enfance était dans une classe à part [...]. C'était l'école des "grandes familles" ; 75 % des élèves venaient des familles du centre-ville : fils d'avocats, de juges, de notaires, de médecins[17]. » Celui qui porte ce jugement le fait en connaissance de cause : maire de Trois-Rivières de 1970 à 1990, Gilles Beaudoin fut aussi confrère de classe de Jacques Ferron au Jardin de l'enfance, durant les deux années où le jeune Louisevillois y séjourna.

Après le décès de sa femme, Joseph-Alphonse Ferron, en homme important qu'il était, ne pouvait décemment donner à ses enfants que ce qu'il y avait de meilleur ; il décida donc de confier l'éducation de ses deux aînés — celui qui porte désormais le prénom de Jacques et sa petite sœur Madeleine — aux bons soins respectivement des Filles de Jésus et des ursulines de Trois-Rivières. C'est ainsi qu'au mois de septembre 1931, le jeune garçon fit son entrée au Jardin de l'enfance ; il y fut inscrit en sixième année, dans la classe d'une religieuse appelée Mère Sainte-Emma[18]. Pour sa part, Madeleine semble avoir jusqu'à un certain point bénéficié, comme sa mère, de la présence, au monastère ursulinien, des grandes-tantes religieuses, ces divinités protectrices de la famille Caron : « Quand je suis arrivée [...], deux des trois tantes vivaient encore. La plus jeune, mère Marie du Saint-Esprit [...] s'est occupée particulièrement de moi[19]. » Jacques, quant à lui, ressentit cet exil comme une véritable déchirure. Fidèle à son interprétation tragique du passé, il décrira plus tard cet épisode de sa vie comme un brutal enfermement :

17. Gilles Beaudoin à l'auteur, entrevue, 4 mai 1993.
18. Sœur Albertine Gagnon, f.j., à l'auteur, lettre, 19 juin 1993.
19. Madeleine Ferron, *Adrienne*, *op. cit.*, p. 163.

> Je ne savais rien à mon sujet excepté qu'on m'arrachait à tout ce que j'avais été, une maison dans la grand-rue de Louiseville, l'école des Frères, la plaine du lac Saint-Pierre, la parenté, mon père toujours un peu narquois, Florence et Marie-Jeanne, le monde heureux des jours sans lendemain [...] une petite bête en uniforme qu'on n'a pas encore dressée, voilà tout ce que j'étais[20].

Gilles Beaudoin, qui était externe, se souvient du Ferron de cette époque comme d'un garçon plus grand que la moyenne, avec une démarche nonchalante et d'un naturel plutôt timide ; ce trait de caractère, que partageaient les deux élèves, les rapprocha, de même que leur désintérêt commun pour les sports d'équipe pratiqués par les autres enfants. Mais Ferron a gardé un souvenir si pénible de ce séjour au Jardin de l'enfance qu'il paraît avoir oublié tous ceux qui furent ses camarades d'école : « Jamais je n'aurai tant souffert du froid qu'à attendre la fin d'interminables récréations où je ne faisais rien d'autre, n'ayant pas le cœur à jouer, ni amis d'ailleurs[21]. »

En plus de Gilles Beaudoin, qui fut quelque peu son ami par affinité de caractères, Ferron développera une autre amitié, durable cette fois, avec François Lajoie, fils d'avocat et futur juge, qui se retrouvera, comme lui, au collège Jean-de-Brébeuf puis à l'Université Laval. Un peu comme Paul-Émile Caron l'avait été à l'académie Saint-Louis-de-Gonzague, ce garçon servira de repoussoir à l'écrivain, qui le considère, avec un soupçon de condescendance, comme un élève trop exclusivement tourné vers l'étude : « J'ai suivi François Lajoie du Jardin de l'enfance à Trois-Rivières, jusqu'à l'Université Laval, et durant ces quinze années-là, il fut toujours premier de classe à force de travail [...][22]. »

20. JF, *La conférence inachevée, op. cit.*, p. 101.
21. *Ibidem*, p. 96.
22. JF à Pierre Vadeboncoeur, lettre, 19 septembre 1980.

Au cours de sa première année chez les Filles de Jésus, le désarroi du jeune Ferron, qui après tout venait de perdre sa mère, n'échappa à personne, pas même à ses amis: «J'ai l'impression qu'il n'était pas heureux de vivre en communauté avec les autres élèves», dit Gilles Beaudoin, ajoutant que «l'obligation qu'il avait d'être pensionnaire lui causait beaucoup de problèmes[23]». La promiscuité d'un dortoir devait effectivement être assez pénible pour un enfant habitué de vivre au grand air et dans la compagnie quasi exclusive des membres de sa famille. Si bien que, quand les vacances arrivaient, dit encore Beaudoin, «c'était une véritable libération pour lui; il pouvait retourner à la maison[24]». Le bref récit intitulé «Le Chichemayais» rend justement compte de ce séjour malheureux et d'une tentative infructueuse du garçonnet pour l'abréger, en décembre 1931. «Aux vacances de Noël, j'étais revenu [à Louiseville] tellement ébloui de bonheur que je n'en voyais pas la fin[25]», écrit-il; aussi demanda-t-il, sans succès, à son père de le retirer de ce pensionnat tant abhorré.

Le traumatisme de cet exil fut si grave que l'écrivain dit avoir oublié de grands pans de sa prime jeunesse à cause du nouveau vocabulaire qu'il lui fallut acquérir auprès des «sœurs françaises» de Trois-Rivières: «je n'ai pas de souvenirs de [...] l'école primaire, et c'est probablement parce que j'ai quitté Louiseville pour aller pensionnaire à Trois-Rivières. Étant habitué de vivre dans un milieu paysan, j'ai été obligé d'oublier tout le vocabulaire que j'avais à Louiseville[26].» Il est vrai que l'auteur, pourtant si disert au sujet de certains autres épisodes de son existence, demeure remarquablement silencieux à propos de ce qu'il appelle sa

23. Gilles Beaudoin à l'auteur, entrevue, 4 mai 1993.
24. *Ibidem.*
25. JF, *La conférence inachevée, op. cit.*, p. 95.
26. JF, entrevue, émission «Délire sur impression», *op. cit.*

« seconde enfance[27] », celle qui correspond en gros à ses premières années d'école. Tout se passe comme si le séjour trifluvien avait contribué à édifier un mur « culturel » entre l'auteur et la partie de sa jeunesse dont il a gardé un souvenir enchanté.

Jacques Ferron a souvent répété que, par un curieux phénomène de « contamination » d'une communauté religieuse par l'autre, la réputation d'intelligence de sa mère s'était répandue des ursulines chez les Filles de Jésus, par l'intermédiaire de Mère Marie-de-Jésus d'abord, et ensuite par le bref séjour qu'Adrienne fit au sanatorium Cooke de Trois-Rivières : « [Mère Marie-de-Jésus] fit à Trois-Rivières une réputation d'intelligence à ma mère [...], qui s'était insinuée au sanatorium Cook[e] tenu par les Filles de Jésus, réputation dont je me trouverai investi à mon grand désarroi [...] au Jardin de l'Enfance tenu par les mêmes religieuses[28] ». Descendant des Caron, « héritier présomptif des ursulines », comme le dit si bien Pierre-Louis Vaillancourt, l'enfant aurait bénéficié à son tour, bien malgré lui, d'un préjugé favorable qui l'oblige à se mettre en évidence alors même qu'il cherche à « faire comme tout le monde et à ne pas se penser plus fin que les autres », selon les recommandations de la même Adrienne.

En réalité, Ferron semble avoir figuré, au Jardin de l'enfance comme partout ailleurs, parmi les meilleurs élèves. Bien qu'il prétende être arrivé au pensionnat des Filles de Jésus comme un petit paysan, Sœur Albertine Gagnon, qui enseignait aux petits à cette époque, se souvient de lui, même après 60 ans, comme d'un garçon bien élevé, au port aristocratique : « [...] je le rencontrais aux heures de surveillance, le seul souvenir que je garde de lui, c'est qu'il était un jeune homme distingué, très intelligent, d'une

27. *Ibidem.*
28. JF, *Les confitures de coings et autres textes*, *op. cit.*, p. 308.

application soutenue à l'étude. Je me souviens également qu'il se classait toujours le premier ou l'un des premiers de ses classes[29]. » Certaines des lettres que le garçonnet envoyait à son père nous permettent de constater aujourd'hui que les souvenirs de la religieuse sont exacts; on y découvre un écolier zélé, ambitieux, et fermement ancré dans la volonté de toujours se maintenir en première place: « Je suis encore arrivé le premier et je suis en bonne santé[30] », écrit-il au notaire en janvier 1933. Quelques mois plus tard, il récidive avec fierté: « Je suis encore arrivé le premier avec 328.6 sur 400. J'ai dépassé mon rival de 13 points. Mon bulletin est comme d'habitude d'argent. [...] Je suis bien décidé de garder mon rang et je vais faire mon possible d'avoir [*sic*] un bulletin doré[31]. » C'est le début d'une longue tradition que Ferron jugera de plus en plus lourde à porter: jusqu'au décès du notaire, en effet, le jeune homme se retrouvera toujours dans des situations de dépendance qui l'obligeront à rendre compte à son père de ses performances académiques et, plus tard, de ses dépenses.

Bien qu'il n'ait jamais lui-même été un cancre, Ferron a toujours eu les « premiers de classe » en horreur; c'est pourquoi il admet avec beaucoup de réticence qu'il fit partie de ce groupe d'élite. Dans le cas du Jardin de l'enfance, il laisse entendre que le poids moral de la réputation maternelle fut seul responsable de ses bons résultats: « la deuxième année,

29. Sœur Albertine Gagnon, f.j., à l'auteur, lettre, 19 juin 1993.
30. JF à Joseph-Alphonse Ferron, lettre, 16 janvier 1933. BNQ, 1.2.3. Ironie du sort, l'un des tout premiers écrits de Jacques Ferron à être parvenu jusqu'à nous est une lettre à son père... rédigée en anglais. « *I write to you to offer you my best Christmas wishes* », écrit-il au notaire, pour lui faire voir ses progrès dans l'apprentissage de cette langue; « *for I have much studied during preceding months.* [...] *I promise you to work still more than in the year will soon ended.* » JF à Joseph-Alphonse Ferron, lettre, 23 décembre 1932. BNQ, 1.2.3.
31. JF à Joseph-Alphonse Ferron, lettre, 6 mars 1933. BNQ, 1.2.3.

le préjugé donna à plein et je fus premier en tout. Sans être véritablement intelligent, très laborieux dans les abstractions, j'avais assez de flair pour percevoir le préjugé favorable, l'investiture héréditaire[32] », écrit-il, comme en s'excusant d'avoir été bon élève ; à l'en croire, son mérite personnel n'y serait pour rien. Faut-il voir, dans ce malaise, une simple modestie, ou le pendant académique d'une méfiance ontologique devant les privilèges ?

La vocation littéraire de l'auteur relèverait aussi de cette condamnation au dépassement de soi qu'Adrienne Caron avait perfidement laissée en héritage à ses enfants. Comme d'habitude, Ferron minimise à ce sujet ses qualités propres, escamotant ses prédispositions naturelles pour faire reposer l'entière responsabilité de ses réussites sur la réputation de sa mère. Mal adapté à Louiseville à cause de l'éducation aristocratique inculquée par Adrienne, il aurait aussi été en porte-à-faux au Jardin de l'enfance, cette fois pour les raisons inverses : « On disait que j'avais tout lu alors qu'élevé par les servantes, petit paysan au fait des travaux agricoles et possesseur d'un vocabulaire populaire et terrien qui n'avait pas cours dans cette école [...], je n'avais rien lu, strictement rien lu[33]. » Nous savons déjà que les enfants Ferron ne lisaient pas beaucoup ; d'après Marcelle, c'est Jacques lui-même qui se mit soudain, à l'époque du collège, à rapporter des livres à Louiseville et à « éduquer » la famille[34]. Il faut donc prendre l'écrivain au sérieux et ne pas l'accuser d'immodestie lorsqu'il déclare : « c'est moi qui ai ramené un peu de culture à la maison[35] ». Au Jardin de l'enfance, les religieuses cherchaient à développer chez leurs élèves le goût de la lecture en lisant, à voix haute, des

32. JF, *Les confitures de coings et autres textes*, *op. cit.*, p. 309.
33. *Ibidem.*
34. Marcelle Ferron à l'auteur, entrevue, 25 janvier 1993.
35. JF à Jean Marcel, lettre, 26 janvier 1972.

romans en classe, à raison d'une vingtaine de minutes chaque jour: « C'était comme un cadeau que les religieuses nous faisaient », dit Gilles Beaudoin, qui se rappelle avoir attendu, avec impatience, la lecture quotidienne du *Dernier des Mohicans.* L'amour des livres était ainsi transmis aux élèves, grâce d'abord aux talents d'éducatrices des Filles de Jésus.

Chez Jacques Ferron, la passion littéraire eut aussi l'occasion de se développer par le biais inattendu d'une grave maladie qui le frappa lors de son premier trimestre d'« exil ». Il semble que l'enfant ait souffert d'une septicémie qu'il attribuera plus tard à un traitement médical inapproprié, mais aussi — et surtout — au dépaysement, à la douleur d'avoir perdu sa mère, au choc causé par la perte de son langage populaire et terrien. Le sentiment de dépossession fut si profond que l'enfant aurait « protesté » en développant une maladie: « malheureux, je résistais mal au froid et à l'infection[36] ». Au bout du compte, il dut garder le lit pendant une certaine période: « Les religieuses me donnaient une collation spéciale, l'après-midi, et me mirent au petit dortoir, plus douillet que le grand. Elles s'avisèrent en plus d'appeler le docteur Normand, médecin de renom, qui m'injecta dans le bras le vaccin de la diphtérie, fraîchement arrivé de Paris[37]. » Au pensionnat des ursulines, pendant ce temps, la petite Madeleine, par un remarquable phénomène de simultanéité, éprouve elle aussi de grandes difficultés à être à la hauteur de ce qu'on attend d'elle. Mère Marie-du-Saint-Esprit a en effet la fâcheuse manie de projeter sur la fillette le souvenir ému de sa mère Adrienne, ce qui ajoute encore à son désarroi: « [Elle me parlait] des prouesses intellectuelles de ma mère et de ses sœurs et, à travers les récits, je percevais une inlassable demande: je devais réussir

36. JF, *La conférence inachevée, op. cit.*, p. 97.
37. *Ibidem*, p. 96.

aussi bien qu'elles. J'éprouvais une telle impuissance à satisfaire cette ambition que je n'ai rien trouvé de mieux, comme dérivatif, qu'une minable anémie[38]. »

Les sœurs françaises, « femmes de discernement », diagnostiquèrent chez le petit Jacques la nostalgie du pays natal ; elles le confièrent alors aux soins d'« une petite religieuse indigène, originaire du rang Barthélémy qui commence dans la paroisse de Louiseville, traverse tout Saint-Léon et finit à Sainte-Angèle, par conséquent de mon pays[39] », dit l'écrivain. Pour rendre l'exil moins pénible au malade, cette religieuse providentielle vient s'asseoir à son chevet tous les soirs pour lui lire « des contes canadiens, certains de Louis Fréchette, qui m'émerveillent et m'aident à revivre. Du pire naît parfois le meilleur : Fréchette aura été le premier de mes auteurs[40]. » Ferron attribue donc, comme il le fera souvent par la suite, le développement du goût littéraire — ici, le sien propre — à des causes extérieures ou accidentelles, reliés à l'inaction forcée : tuberculose (pour André Gide), oisiveté des fils de famille (pour Saint-Denys Garneau), voire polyomyélite (pour Victor-Lévy Beaulieu). D'autre part, il n'est pas innocent que l'écrivain dise avoir retrouvé le goût de vivre grâce à l'illustre auteur des contes de Jos Violon ; il cherche sans doute ainsi à fournir une explication possible à son propre goût pour les formes brèves. Peut-être reconnaissait-il aussi en eux les récits traditionnels de son grand-père Benjamin. Une chose est sûre, le conte traditionnel, comme genre, lui apparaît déjà nimbé d'une coloration positive.

Mais l'influence de Louis Fréchette sur le jeune homme ne s'arrête pas là. Elle fut plus décisive encore, et d'une

38. Madeleine Ferron, *Adrienne*, *op. cit.*, p. 162-163.

39. JF, *La conférence inachevée*, *op. cit.*, p. 96-97. Cette religieuse, décédée en février 1993, se nommait Marie-Rose Lacourcière. (Sœur Albertine Gagnon, f.j., à l'auteur, lettre, 19 juin 1993.)

40. JF, *La conférence inachevée*, *op. cit.*, p. 97.

manière encore plus inattendue. Ferron eut au moins un autre ami au Jardin de l'enfance, qu'il a malheureusement été impossible d'identifier ; ce mystérieux garçon, externe comme Gilles Beaudoin et François Lajoie, était, dit l'auteur, issu comme par hasard d'une famille modeste et l'initia à l'autre versant de l'œuvre de Fréchette, celui de la poésie :

> [...] je me liai d'amitié avec un externe qui apporta *La légende d'un peuple*, de Fréchette, l'édition reliée, qui faisait partie du trésor de son humble famille ; les jours de pluie, nous la lisions avec ferveur, durant les récréations. [...] Fréchette, mon premier auteur, c'est le chantre de l'élan initial un peu fou que rien ne déçoit, que rien ne rebute, de la victoire qui s'accomplit lentement en dépit des défaites [...] c'est le chantre de l'obstiné recommencement de la vie[41].

Même si toute *La légende d'un peuple* peut être vue comme le « creuset » de la conception ferronienne de l'histoire, l'admiration du jeune homme allait surtout aux Patriotes de 1837 qui, sous la plume du « barde national », acquièrent une dimension épique. Parmi ces derniers, Jean-Olivier Chénier, le héros de Saint-Eustache, exerça une fascination toute particulière sur le futur auteur des *Grands soleils* ; à partir de ce moment, en effet, Ferron sera toujours indéfectiblement fidèle à la mémoire de celui qu'il appelle « le brave des braves[42] », au point de faire campagne, plus tard, en faveur de sa réhabilitation lorsque le chanoine Lionel Groulx voudra le remplacer par Dollard Des Ormeaux comme modèle national pour les Québécois[43]. En 1971, dans une « historiette » où il traite entre autres choses de la défaite de Saint-Eustache, Ferron fait allusion à une coutume barbare des soldats britanniques : « La frousse rend

41. *Ibidem*, p. 106.

42. JF et Pierre L'Hérault, « 9 entretiens avec le Dr Jacques Ferron », *op. cit.*, p. 195.

43. En 1958, Ferron donnera même à son fils le prénom de Jean-Olivier.

féroce et il est fort probable que, selon l'usage anglais, on ait arraché le cœur du cadavre encore chaud de Jean-Olivier Chénier. Dommage qu'on ne l'ait pas conservé : Frank Anacharsis Scott pourrait le brandir au-dessus du Québec [...][44]. » Or cet épisode incertain — auquel Ferron, dans le Québec d'après la Crise d'octobre, s'empresse d'ajouter foi — semble tout droit tiré d'un poème de *La légende d'un peuple* précisément intitulé « Chénier » : « On traîna de Chénier le corps criblé de balles ; / Un hideux charcutier l'ouvrit tout palpitant ; / Et par les carrefours, ivres, repus, chantant, / Ces fiers triomphateurs, guerriers des temps épiques, / Promenèrent sanglant son cœur au bout des piques...[45] » Une telle image avait certes de quoi impressionner un garçonnet sensible, et il n'est pas surprenant que, près de quarante ans plus tard, Ferron s'en souvienne encore.

Mais pour l'instant, grâce aux vertus « thérapeutiques » de Louis Fréchette et au talent des religieuses, celui qui n'est encore que le petit garçon du notaire Ferron semble engagé dans une course à la lecture qui ne s'arrêtera plus :

> [...] on ne cessait de dire que j'avais tout lu, en tout cas trop pour mon âge, que j'étais singulièrement intelligent et ci et ça. Désormais, je me gardai de protester et me trouvai emporté par la réputation de ma mère fomentée par Mère Marie de Jésus, essayant de me rattraper sur mes lectures, courant, courant, mais restant loin en arrière de ma réputation[46].

À partir de sa deuxième année au Jardin de l'enfance, le jeune Jacques fit tant et si bien qu'il laissa derrière lui le souvenir d'un lecteur boulimique ; il redoubla d'ardeur dans

44. JF, « Historiette. Le cœur de Jean-Olivier Chénier », *IMP*, vol. XXIV, n° 1, 16 novembre 1971, p. 4.
45. Louis Fréchette, *La légende d'un peuple*, introduction de Claude Beausoleil, [Trois-Rivières], Écrits des Forges, 1989, p. 205.
46. JF, *Les confitures de coings et autres textes*, *op. cit.*, p. 309.

ses études, au point où son père crut bon, pour une fois, de modérer le zèle de ce fils à la santé encore fragile: « Tu es bien courageux de vouloir te remettre au travail, lui écrit-il, mais d'un autre côté, surveille bien ta santé et ne travaille pas lorsque tu seras malade; car la santé avant l'instruction[47]. » Les religieuses, dit Gilles Beaudoin, devaient surveiller d'une façon spéciale ce solitaire, toujours assis à l'écart des autres élèves, un volume à la main:

> Ce n'était pas un élève indiscipliné. Le seul problème qu'il posait aux sœurs, c'est qu'elles n'aimaient pas le voir lire tout le temps. [...] Il fallait profiter des récréations pour se distraire et lui, il s'assoyait dans un coin, il lisait quand il pouvait et les sœurs le déplaçaient. Elles disaient: « fermez votre livre, Monsieur Ferron, et accompagnez les autres ». Aussitôt qu'il avait un livre, il le dévorait[48].

De la lecture à l'écriture il n'y a qu'un pas, que Jacques Ferron eut tôt fait de franchir. Le principal intéressé prétend plutôt que ce sont les religieuses qui le lui firent franchir en lui découvrant, toujours dans le sillage de sa mère, un talent qu'il n'avait pas. L'ironie veut que cette vocation soit née sous les auspices prémonitoires d'un personnage qui deviendra la tête de Turc préférée de l'auteur pendant de nombreuses années: « Un jour j'eus bien le malheur de copier un passage de l'abbé Groulx et me trouvai affligé du don d'écrire. Il fallut donc écrire et je le fais encore, quitte à me venger de ce pauvre abbé qui n'y était pour rien [...][49]. »

Ce texte de Lionel Groulx, qui valut au garçonnet d'être « premier en composition française, un honneur qui [lui] donna fort grande satisfaction[50] » (même si sa carrière

47. Joseph-Alphonse Ferron à JF, lettre, 10 janvier 1933. BNQ, 1.1.96.2.
48. Gilles Beaudoin à l'auteur, entrevue, 4 mai 1993.
49. JF, *Les confitures de coings et autres textes*, *op. cit.*, p. 309.
50. JF à Jean Marcel, lettre, 13 juin 1967.

débutait ainsi par une imposture), était apparemment tiré du *Cap Blomidon*, second roman d'« Alonié de Lestres » paru en 1932 (soit l'année même où Ferron prétend l'avoir lu)[51]. Cette œuvre à thèse raconte la reconquête de l'Acadie par un Canadien français venu récupérer, à force de patience et de travail, la terre ancestrale dont ses ancêtres avaient été chassés. On constate avec étonnement que, dès cette époque, avec Fréchette et Groulx, le jeune Ferron est mis en présence des deux visages du nationalisme entre lesquels il choisira plus tard, de la façon péremptoire qu'on lui connaît.

51. « J'avais copié une page du *Cap Blomido*n. Mon professeur la trouva bonne. Il est doux d'être félicité. Je continuai d'écrire. Tant va la cruche à l'eau qu'elle s'emplit : je devins écrivain. » « Préface », manuscrit inédit, 22 mai 1949. BNQ, 2.34.3a.

CHAPITRE VI

La créance

En 1959, dans le cadre de l'une des redoutables lettres ouvertes qu'il fait parvenir à l'occasion au *Devoir*, Jacques Ferron se prononce sur la grève des réalisateurs qui fait alors rage à Radio-Canada. On sait que ce conflit de travail aura une influence certaine sur l'évolution du nationalisme au Canada français ; René Lévesque lui-même avouera par la suite que cet événement, auquel il participa, fut l'amorce d'une prise de conscience qui devait le conduire à fonder, dix ans plus tard, le Parti québécois. Madeleine Lavallée croit quant à elle que la grève eut sensiblement le même impact révélateur sur les opinions de son mari : à partir de ce moment, en effet, on peut constater que les positions nationalistes de Ferron se font de plus en plus précises. Cependant, la lettre ouverte de 1959 nous intéresse aussi parce que l'écrivain, au beau milieu d'une intervention qui porte sur un tout autre sujet, émet soudain un jugement très dur à l'endroit de ceux qu'il appelle les « professionnels de province » :

> J'ai bien connu l'espèce pour en avoir été, écrit-il, pour avoir vu mon père, pour avoir vu des parents en être — et dans une région privilégiée. Tout près de l'honorable Duplessis.

> Quand il s'agit de grève, le professionnel de province est un misérable, qui est toujours contre les siens, les ouvriers de sa langue, au service du patron étranger. Il se fait valoir, il fait la belle, et on le paye pour sa trahison[1].

Cette tirade implacable aura pour effet de faire bondir Madeleine Ferron, qui semble avoir immédiatement mesuré la signification capitale que prenait ce réquisitoire dans la pensée de son frère. Elle prend donc la plume — comme elle le fera souvent par la suite — pour reprocher à son aîné ses prises de position publiques à propos de parents communs : « Quand j'ai lu ta lettre au *Devoir*, le sang m'a charrié le feu, j'ai sauté de colère ; ton parti pris contre papa m'a secouée de révolte. J'ai beau essayer de m'expliquer ce mépris que tu portes à mes parents, je n'y arrive pas. [...] Pourquoi cette haine[2] ? »

D'où vient, en effet, cette colère, qui n'a qu'un lointain rapport avec le sujet alors débattu par Ferron ? Pourquoi cette animosité contre les élites d'une région que l'écrivain a définitivement quittée depuis des années ? Et surtout, à quel « professionnel » de sa famille l'auteur peut-il bien penser ? On serait d'abord porté à croire que c'est la famille Caron qui essuie les foudres de son descendant, et que cette brève sortie préfigure les reproches contenus dans *Les confitures de coings*. Mais en y regardant de plus près, on

1. JF, *Les lettres aux journaux*, Montréal, colligées et annotées par Pierre Cantin, Marie Ferron et Paul Lewis, préface de Robert Millet, Montréal, VLB éditeur, 1985, p. 98. Lettre parue originellement dans *Le Devoir* (23 janvier 1959, p. 6) sous le titre : « Il se mépriserait ».

2. Madeleine Ferron à JF, lettre, 26 janvier 1959. BNQ, 1.1.97.29. En 1972, la romancière semble toutefois avoir renoncé à trouver des explications à l'attitude cavalière de son frère devant leur histoire familiale commune : « Je me suis gardé un père et une mère qui ne sont pas les tiens, c'est évident. Que tu méprises les tiens n'attaque pas les miens, voilà ce que j'oublie quelques fois. » Madeleine Ferron à JF, lettre, 14 février 1972. BNQ, 1.1.97.212.

s'aperçoit que l'ire ferronienne, loin de viser uniquement le népotisme un peu vieillot des bonnes ursulines, englobe aussi parfois, dans un seul et grand mouvement — bien que d'une façon plus allusive — la famille de son père, le nouveau statut que lui a apporté sa propre profession de médecin, et sa région d'origine. Avant d'accompagner le jeune Ferron qui, au sortir du Jardin de l'enfance, s'apprête à franchir une nouvelle étape de son existence, il nous faut maintenant observer sous un angle différent le monde qu'il va quitter pour de bon, et que lui-même nous invite à considérer comme un univers de *notables provinciaux.* Cette démarche est essentielle pour mieux comprendre la relation ambiguë qui lie Ferron à la région où il est né ; car le monde que le futur écrivain va découvrir, en cet automne de 1933, s'oppose radicalement au pays de son enfance.

Trois-Rivières, la capitale administrative de la région mauricienne, est assez peu présente dans l'œuvre de Ferron. Lorsque par hasard cette ville figure dans l'un de ses écrits, c'est toujours comme par accident et sous des dehors assez rébarbatifs. Bien sûr, l'écrivain s'est parfois amusé à brosser un portrait sympathique de certaines de ses connaissances trifluviennes : ainsi, il se moque gentiment, à l'occasion, de ses amis originaires de cette ville, « des Godin, des Panneton, des Lajoie de cette capitale, une engeance crochue et peu recommandable, mi-taverne, mi-cathédrale, dont les spécieux mélanges et le caribou hilarant ont toujours eu raison de la modestie et de la prudence des libres citoyens de Maskinongé[3] ». Cependant, mis à part le côté pittoresque des bonnes familles d'autrefois, la capitale de la Mauricie apparaît généralement chez Ferron comme un lieu assez étouffant, et le diocèse trifluvien, lui, comme « l'un des plus réactionnaires[4] » du Québec. À son ami Clément Marchand,

3. JF, « Historiette. Les cieux ne sont pas toujours vides », *loc. cit.*, p. 18.

4. JF, « Historiette. Une dizaine de petits innocents », *IMP*, vol. XXIV, n° 13, 16 mai 1972, p. 19.

ancien directeur du *Bien public* et des éditions du même nom, l'auteur confesse que le milieu intellectuel de Trois-Rivières lui semble « assez déprimant, au sein d'une campagne cruelle, sans pitié » ; du même souffle, il remercie le poète des *Soirs rouges* d'avoir héroïquement tenté, jadis, « de faire de Trois-Rivières une capitale littéraire[5] » avec la revue *Horizons*, ce magazine culturel que Marchand dirigea vers la fin des années 1930. Dans une lettre à Pierre Vadeboncoeur, il se moque des « mondanités assez quelconques » de Trois-Rivières, « qui consistent uniquement à montrer son train de vie par émulation [...][6] ».

Pour tout dire, l'écrivain ne tient pas la capitale mauricienne en bien haute estime. Cette inimitié trouve probablement sa source dans les mauvais souvenirs d'exil rattachés au Jardin de l'enfance. Par ailleurs Ferron, fils d'un organisateur libéral et neveu d'un député de même allégeance, ne pouvait oublier que Trois-Rivières était aussi le fief de Maurice Duplessis ; homme de gauche, il aura à subir personnellement les foudres du gouvernement de l'Union nationale. Comment, dans ces conditions, ne pas associer la ville — qui, ne l'oublions pas, fut aussi celle de l'ultramontain Mgr Laflèche — au conservatisme ?

Malheureusement pour lui, le romancier est peut-être plus tributaire qu'il ne le croit du discours social « trifluvien », auquel il fut exposé pendant les premières années de son existence. Tout au long des années 1930, en effet, sous l'impulsion précisément des notables trifluviens, la région mauricienne vivait une forte Renaissance régionaliste et cherchait à mettre en valeur sa culture et son histoire parti-

5. « Correspondance de Jacques Ferron et Clément Marchand », présentation et notes de Marcel Olscamp, dans Ginette Michaud (dir.), avec la collaboration de Patrick Poirier, *L'autre Ferron*, Montréal, Fides — Cetuq, « Nouvelles études québécoises », 1995, p. 344. Lettre de JF datée du 6 janvier 1984.

6. JF à Pierre Vadeboncoeur, lettre, 19 septembre 1980.

culières. Ce mouvement de revalorisation culturelle, qui dura une quinzaine d'années environ, atteint son apogée en 1934 avec les fêtes du Tricentenaire de Trois-Rivières et se manifesta d'une multitude de manières : fondation d'une société d'histoire, organisation de pèlerinages historiques, publication de « Cahiers d'histoire régionale », etc[7]. La gloire tardive de Nérée Beauchemin, ce timide médecin-poète auquel Ferron s'identifiera à l'occasion et devant qui son père et lui s'inclinaient respectueusement lors de leurs passages à Yamachiche, fut l'une des conséquences les plus frappantes de cette effervescence : l'abbé Albert Tessier, principal instigateur du mouvement régional mauricien, avait orchestré, à l'occasion de la publication de *Patrie intime*, une sorte d'apothéose pour ce vieil « aède » qui avait si bien chanté son petit coin d'horizon villageois : « Nérée Beauchemin se voit chargé d'honneurs à la sortie de son recueil, écrit l'historien René Verrette. Célébration à l'hôtel de ville trifluvien, doctorat honorifique de l'Université Laval, médaille de l'Académie française et diplôme de "maître ès Jeux florimontains" soulignent son œuvre de poète régionaliste[8]. »

Il n'est évidemment pas question de réduire l'œuvre ferronienne à une anthologie du terroir ni de faire de l'auteur du *Ciel de Québec* un émule du poète machichois ; cependant, l'état d'esprit qui présida à la rédaction des *Historiettes* et des *Contes* est-il, au fond, si différent de celui manifesté par l'abbé Tessier lorsque ce dernier prétendit, en 1928, vouloir réveiller « le sens régional, la fierté locale fondée sur l'attachement à un long et riche passé[9] » ?

7. Rémi Tourangeau, *Trois-Rivières en liesse. Aperçu historique des fêtes du Tricentenaire*, Trois-Rivières, Éditions Cédoleq, Joliette, Éditions Pleins bords, 1984, p. 14.

8. René Verrette, « Le régionalisme mauricien des années trente », *RHAF*, vol. 47, n° 1, été 1993, p. 33.

9. Albert Tessier, cité par René Verrette, *Ibidem*, p. 34.

L'intérêt passionné de Ferron pour la petite histoire et pour les obscures monographies paroissiales se rapproche suffisamment des préoccupations des régionalistes pour que l'hypothèse d'une influence possible soit au moins envisageable. Après tout, écrit encore René Verrette :

> Ce courant d'idées a constitué le discours social dominant en Mauricie durant les années 1930-1940, discours certes énoncé par une petite bourgeoisie soucieuse d'assurer sa reproduction sociale, mais également discours fécond pour la dynamique régionale. [...] Le régionalisme mauricien a constitué un réservoir à fantasmes dans lequel puisa une génération confrontée à une réalité difficile[10].

Ferron, issu de cette petite bourgeoisie locale et relié à elle de multiples façons, a baigné dans ce « réservoir à fantasmes » et a pu en nourrir son imaginaire. Sa connaissance profonde et minutieuse du milieu mauricien démontre qu'il connaissait les nombreuses publications historiques produites par les Éditions du Bien public dans la foulée du mouvement lancé par Albert Tessier. Lorsque, devenu élève des jésuites, il voudra publier son premier poème hors du journal de son collège, c'est vers l'« institution littéraire » mauricienne (incarnée par Clément Marchand et sa revue *Horizons*) qu'il se tournera d'abord. Marchand, alors rédacteur en chef au *Bien public*, fut aussi, rappelons-le, l'un des animateurs du mouvement régionaliste.

L'écrivain grandit donc sous l'influence de cette société bien vivante, active, formée de ce qu'il appellera plus tard, avec un peu de dédain, les « professionnels de province », façon discrète de se dissocier du groupe tout en ne reniant pas tout à fait ses origines. Dans son esprit, on le sait, les Ferron sont d'une extraction beaucoup plus « roturière » que les Caron, ce qui les rend plus acceptables que ces derniers, dont la supériorité tient à une sorte de prédestination

10. *Ibid.*, p. 51.

nobiliaire. Malgré leur situation privilégiée, il sera beaucoup pardonné aux Ferron pour la simple et bonne raison que cette famille frondeuse a un côté « sans-culotte » qui l'oppose à la gloire hiératique et surannée de sa famille maternelle.

Cet aspect libertaire trouve son expression électorale dans l'appartenance quasi-séculaire de la famille Ferron au Parti libéral. Jacques lui-même, bien qu'il prétende être venu assez tardivement à la politique, ajoute que l'adhésion des enfants à cette formation était en quelque sorte héréditaire puisque, dans cette société où les choses ne changeaient guère, « les grandes familles libérales faisaient des enfants libéraux[11] ». C'est ainsi que l'écrivain pourra dire, avec raison, qu'il n'est pas né nationaliste et que cette orientation résulte plutôt chez lui d'un lent cheminement dont les premiers échos se feront entendre, précisément, vers 1959. Ajoutons aussi que la nécessité du nationalisme, dans cette bourgeoisie mauricienne éminemment *française* de culture et d'héritage, ne s'imposait pas vraiment : la population anglo-saxonne de Louiseville était assez réduite, et les seuls anglophones que Joseph-Alphonse fréquentait dans sa ville étaient les propriétaires des chalets voisins du sien, au lac Bélanger[12]. Quoi qu'il en soit, mise à part une brève incursion du côté de l'Action libérale nationale à l'époque du collège, les toutes premières prises de position *publiques* de l'écrivain, qui surviendront au cours de ses études de médecine, auront lieu sous la houlette du parti d'Adélard Godbout. Il ne faut pas s'étonner de cet atavisme tenace, puisque les enfants Ferron furent littéralement élevés au milieu de la politique la plus « politicienne », à cause des qualités d'organisateur de leur père ; bien des anecdotes

11. JF à Jacques de Roussan, entrevue, 23 septembre 1970.
12. Il s'agissait de deux dirigeants de l'Associated Textiles. (Madeleine Ferron à l'auteur, entrevue, 18 septembre 1992).

savoureuses de l'œuvre ferronienne trouvent leur origine dans le souvenir des incidents pittoresques qui animèrent les campagnes électorales auxquelles participa le notaire.

Mais les racines libérales de Jacques Ferron ne se limitent pas aux activités paternelles : le militantisme dans ce parti fut une pratique assez répandue dans toute sa famille. À Trois-Rivières, par exemple, l'écrivain avait aussi un oncle, Jean-Marie Bureau[13], qui fut un professionnel de province dans toute la force du terme, et sur la carrière duquel il convient de s'arrêter quelque peu. Bien qu'apparenté de loin à Maurice Duplessis, cet oncle fut un organisateur actif pour le Parti libéral et prit part, à partir de 1924, « à toutes les luttes politiques fédérales et provinciales, dans les comtés de Trois-Rivières, St-Maurice, Champlain et Maskinongé[14] ». Profondément engagé dans la vie sociale de sa région, cet avocat, né en 1897, connut la trajectoire de bien des membres de l'élite régionale : d'abord élève des « sœurs françaises » du Jardin de l'enfance, il compléta par la suite son cours classique au séminaire Saint-Joseph, puis poursuivit des études de droit à l'Université Laval. Une fois de retour dans sa ville natale, il déploya une intense activité dans une multitude de domaines ; au cours des années 1930, par exemple, il participa activement au renouveau mauricien en tant que directeur du journal *Le Flambeau*, organe régionaliste de la jeunesse trifluvienne. Sa disparition, en 1964, lui valut, dans *Le nouvelliste*, un éloge funèbre digne des plus grands bienfaiteurs :

> La ville de Trois-Rivières perd en lui l'un de ses fils les plus dévoués, un homme dynamique, un brillant avocat [...], un citoyen imbu d'esprit civique, un lutteur courageux et tenace et surtout un homme dévoué, qui se dépensa sans compter

13. Époux d'une sœur de son père, Laurence Ferron.
14. [Anonyme], « Me Jean-Marie Bureau succombe à une maladie de plusieurs mois », *Le Nouvelliste*, 3 janvier 1964, p. 19.

pour toutes les bonnes causes. Sous l'écorce rude de l'homme de loi et du plaideur on découvrait un grand idéaliste, un fin lettré, un bon père à l'âme sensible et l'ami fidèle et charitable[15].

Malgré ces très nombreuses qualités, il semble bien que l'oncle Jean-Marie soit le mystérieux « parent X[16] » dont parla Ferron à quelques reprises et qui fit l'objet, en 1959, de sa violente sortie contre les notables provinciaux. Voici ce qui explique la rancune de l'écrivain : parmi les très nombreux postes cumulés par Me Bureau, il y avait — pour son malheur — celui de « conseiller juridique de plusieurs entreprises trifluviennes importantes[17] », ce qui signifie, en termes clairs, qu'il fut représentant patronal pendant certaines des dures luttes ouvrières qui eurent lieu en Mauricie dans les années 1950. Il fut entre autres représentant légal de la compagnie de textiles Wabasso, vers 1952, au moment où les employés de cette entreprise cherchaient à se syndiquer. D'après Ferron, les avocats de province, comme cet oncle Jean-Marie ou Duplessis lui-même, détestaient les syndicats pour la simple et bonne raison que ces « unions » créaient un intermédiaire importun dans les négociations ; par conséquent, la syndicalisation du prolétariat aurait entraîné, pour les juristes québécois, une lourde perte de clientèle[18]. Dans une lettre à Pierre Vadeboncoeur, Jacques Ferron dira aussi de Bureau, par ailleurs très dévot, qu'« il croyait vraiment servir Dieu en même temps que lui-même et la Wabasso[19] ».

15. *Ibidem*, p. 3.

16. JF, « Le refus », *Situations*, 3e année, no 2, mars-avril 1961, p. 55.

17. [Anonyme], « Me Jean-Marie Bureau succombe à une maladie de plusieurs mois », *loc. cit.*, p. 3.

18. JF et Pierre L'Hérault, « 9 entretiens avec le Dr Jacques Ferron », *op. cit.*, p. 234.

19. JF à Pierre Vadeboncoeur, lettre, 30 septembre 1980.

L'oncle Jean-Marie semble donc représenter, pour le socialiste qu'est devenu Ferron en 1959, le prototype du notable hypocrite qui se désolidarise de son peuple tout en travaillant pour les adversaires. Mais dans l'univers ferronien, on le sait, la réalité se divise fréquemment en deux composantes antithétiques: famille Ferron contre famille Caron, Mgr Camille contre Mgr Cyrille, Frank Scott contre François Ménard, « Grand-village » contre « Petit-village », bref, « bon côté des choses » contre « mauvais côté des choses ». Dans ces conditions, il faut donc s'attendre à ce que la silhouette négative de l'oncle Jean-Marie soit équilibrée par un personnage plus positif. Dans l'œuvre publique de l'auteur, l'image de maître Bureau demeure comme une ombre sans identité réelle et s'efface devant celle, beaucoup plus agréable, de l'oncle Émile Ferron, figure débonnaire du « bon » notable provincial avec qui il faut maintenant faire connaissance.

Né en 1896, ce frère cadet du notaire fit lui aussi, comme son aîné, ses études au Séminaire Saint-Joseph puis à l'Université de Montréal. Reçu avocat en 1923, il s'installa à Louiseville, mais fut bientôt saisi par le démon familial de la politique: il se porta candidat à une élection fédérale, fut élu député libéral du comté de Berthier-Maskinongé en 1935, puis en 1940[20], grâce, chuchote-t-on, aux bons soins de son grand frère Joseph-Alphonse, organisateur chevronné, qui aurait « acheté » des votes en faveur de son cadet[21]. Émile Ferron a laissé le souvenir d'un homme extrêmement sympathique; son neveu Jacques dit de lui, avec une sorte d'admiration attendrie, que son plus grand talent, comme député, « était de faire déclarer voies d'eau navigables de petites rivières de rien du tout, de sorte que le Fédé-

20. Germain Lesage, *Histoire de Louiseville*, *op. cit.*, p. 362.
21. Jacques Lavigne à l'auteur, entrevue, 21 septembre 1992. M. Lavigne tient ces renseignements de Jacques Ferron lui-même.

ral pouvait entreprendre des travaux inutiles qui apportaient quand même un peu d'argent dans le comté[22] ». L'écrivain apprécie en connaisseur ce bon tour joué aux autorités gouvernementales et la petite victoire remportée, en catimini, par le notable de Maskinongé sur les pouvoirs en place. Ce discret triomphe du petit sur le grand, à l'insu même du principal intéressé, cette ruse paysanne est un motif qui plaît toujours grandement à Ferron : l'écrivain y voit l'un des principaux traits de caractère de ses compatriotes dans l'histoire.

Au terme de sa carrière de député, l'oncle Émile fut nommé juge à la Cour supérieure de Trois-Rivières. Les témoins s'entendent pour dire que ses qualités de magistrat se révélèrent assez limitées. Pour Gilles Beaudoin, dont le père fut un ami intime d'Émile Ferron, ce dernier « était un homme paresseux : il était juge, et il ne rendait pas ses jugements[23] ». « Il n'a jamais pratiqué le droit. Il a été nommé juge, à un moment donné, et il n'a jamais rendu un jugement », renchérit Paul-Émile Caron, ajoutant que Maître Ferron bénéficia de cette faveur parce qu'il était libéral, condition suffisante à l'époque, dit-il, pour mériter une telle nomination[24]. Jacques Ferron reconnaît lui-même que son oncle Émile fut un assez mauvais juge, tout en avouant que ses blocages étaient dus au fait que cet homme plutôt sensible était pris de scrupules au moment crucial de peser le pour et le contre[25]. Son accession à la magistrature, de toute manière, n'avait pas eu l'heur de lui plaire, si l'on se fie à l'anecdote que son neveu relate à plusieurs reprises : « Quand il a été nommé juge, la consternation s'empara de

22. JF à Jean Marcel, lettre, 14 décembre 1967.
23. Gilles Beaudoin à l'auteur, entrevue, 4 mai 1993.
24. Paul-Émile Caron à l'auteur, entrevue, 23 juillet 1992.
25. JF et Pierre L'Hérault, « 9 entretiens avec le Dr Jacques Ferron », *op. cit.*, p. 63.

lui : il convoitait le Sénat. Et mon père de lui mettre la main sur l'épaule : "Voyons, Émile, il faut bien gagner sa vie."[26] »

Cet homme un peu irresponsable avait pour lui, on l'a dit, un caractère extrêmement attachant qui en faisait un invité recherché dans les mondanités trifluviennes. « [Émile Ferron] était un grand ami de mon père », dit encore Beaudoin ; « ils allaient à la pêche ensemble, deux fois par semaine durant l'été, à Saint-Alexis. Le juge était un type tellement agréable que tout le monde l'invitait[27]. » L'image correspond à peu près à celle qu'en donne Jacques : « Cet oncle n'a jamais vécu que pour les femmes, la pêche et la conversation[28]. » Ce sympathique personnage — faut-il s'en étonner ? — ne connut un bonheur sans mélange qu'au moment de sa retraite : « [il] était assez heureux, continuant de vagabonder, d'aller ici et là. C'était celui qui, lors des mariages, avait un épithalame à réciter. Évidemment, il avait beaucoup d'anciennes amies. [...] C'était un homme charmant. Un vagabond[29] ! »

L'influence de l'oncle Émile sur l'imagination de son neveu paraît avoir été assez considérable. Comme le grand-père Benjamin et le notaire Joseph-Alphonse, il était d'abord le dépositaire d'un don de conteur inégalé, que Jacques, comme toujours lorsqu'il est question d'éloquence ou de talent oratoire, décrit avec un respect teinté d'envie : « l'oncle Émile [est] un homme qui sait plus de choses qu'il n'en faut pour écrire. Il n'écrit pas. Il conte. Il a ses écrits, ceux des autres, des poèmes : un répertoire[30]. » En outre, il présente la particularité d'avoir fréquenté le « grand

26. « Correspondance de Jacques Ferron et Clément Marchand », *loc. cit.*, p. 334. Lettre de JF datée du 13 mai 1980.
27. Gilles Beaudoin à l'auteur, entrevue, 4 mai 1993.
28. JF à Jean Marcel, lettre, 14 décembre 1967.
29. JF et Pierre L'Hérault, « 9 entretiens avec le Dr Jacques Ferron », *op. cit.*, p. 63-64.
30. JF à Jean Marcel, lettre, 20 février 1969.

monde », à Ottawa, où il a recueilli tout un bagage d'anecdotes croustillantes sur les politiciens de son temps. Ses talents naturels de conteur s'exercent donc dans un domaine mal connu de Jacques, et le neveu se plaît à recueillir cette manne d'informations savoureuses. « [L'oncle Émile] a été un de mes grands informateurs[31] », confiera-t-il à Pierre L'Hérault en 1982. Le goût ferronien pour l'histoire anecdotique et les petits faits vrais (à proprement parler, pour les historiettes), déjà favorisé par le discours social régionaliste de son époque, se développa aussi au contact de cet oncle à l'esprit moqueur. Bien des épisodes du *Ciel de Québec*, par exemple, sont des transpositions romanesques des souvenirs d'Émile, à commencer par les aventures du « p'tit député Chicoine », dont la seule ambition politique est de devenir sénateur.

Pour recueillir des anecdotes pittoresques sur le monde politique, Ferron disposait aussi, à domicile, d'une source d'information de première importance : son propre père, qui fut longtemps un organisateur irremplaçable pour le Parti libéral, « un organisateur regretté parce que c'était lui qui achetait les gens à meilleur compte[32] », laisse froidement tomber l'écrivain. Il se souvient, à ce propos, du « p'tit blanc inaperçu dont [s]on père avait toujours des provisions en vue des élections, dans la dépense froide, à l'arrière, [et qui] était évidemment de Saint-Pierre-et-Miquelon, de l'alcool de contrebande. Ça coûtait moins cher[33]. » Ce vieux routier de la politique avait aussi, semble-t-il, la faculté de deviner la popularité réelle d'un candidat, lors des assemblées, à la seule audition des cris de la foule : « quand les gens applaudissaient trop fort, il disait : “Attention, il y a quelque chose

31. JF et Pierre L'Hérault, « 9 entretiens avec le Dr Jacques Ferron », *op. cit.*, p. 64.
32. *Ibidem*, p. 104.
33. *Ibid.*

qui ne va pas : on paie le candidat en applaudissement ; on ne votera pas pour lui[34] !" »

Mais la politique n'est pas qu'un simple étalage de mœurs pittoresques et n'est pas faite que de folklore électoral. Même si la soif du pouvoir guide parfois les militants les plus cyniques, il n'en reste pas moins que l'appartenance à un parti plutôt qu'à un autre présuppose une certaine communauté de pensée, un état d'esprit commun par lequel un groupe d'opinion se solidarise tout en s'opposant, sur certains points, aux autres groupes. Dans le cas qui nous occupe — la famille Ferron —, il faut donc se demander dans quelle mesure l'appartenance au Parti libéral peut être révélatrice d'un certain état d'esprit, d'une certaine attitude devant l'existence. « Mon père était un libéral de Wilfrid Laurier, un "Rouge"[35] », dit aujourd'hui Madeleine Ferron ; qu'est-ce à dire ? Sans doute est-il abusif de supposer que les idées d'un chef de parti peuvent être directement transmises aux militants. Laissons quand même au principal intéressé, Wilfrid Laurier, le soin d'expliquer ce qu'était, pour lui, le libéralisme : « il y a toujours place pour l'amélioration de notre condition, pour le perfectionnement de notre nature, et pour l'accession d'un plus grand nombre à une vie plus facile. Voilà [...] ce qui, à mes yeux, constitue la supériorité du libéralisme[36]. » Il importe assez peu de connaître le *degré de radicalité* du libéralisme du notaire Ferron et de savoir dans quelle mesure il souscrivait aux principes des grandes libertés de 1789 : sa situation de notable dans une petite ville l'obligeait, de toute façon, à faire preuve d'une certaine retenue dans l'expression de ses idées, aussi révolutionnaires eussent-elles été. Il suffit de savoir que, dans son milieu, il

34. *Ibid.*
35. Madeleine Ferron à l'auteur, entrevue, 18 septembre 1992.
36. Wilfrid Laurier, « Le libéralisme politique », dans *Discours à l'étranger et au Canada*, Montréal, Beauchemin, 1909, p. 91.

était considéré comme un homme aux idées avancées. Se dire libéral, n'est-ce pas *avant tout* se prétendre *libéral* au sens large — c'est-à-dire favorable aux libertés individuelles — et défendre des idées tolérantes? Sur ce point, les témoignages sont remarquablement convergents: la famille du notaire Ferron bénéficia d'une éducation exceptionnellement ouverte pour le lieu et pour l'époque. Les enfants sont d'ailleurs les premiers à reconnaître la grande ouverture d'esprit de leur père en ce qui concerne leur formation: « Nous avions une très grande liberté de parole, à la maison, dit Marcelle; mon père était très libéral, dans le sens noble du mot. On avait droit à nos opinions[37]. » Le fils cadet de la famille, Paul, abonde dans le même sens: « Nous étions une famille libérale au sens large du terme; c'est évident. La liberté avec laquelle mon père élevait ses filles pouvait même surprendre, pour le temps; elles ont eu les mêmes facilités d'éducation que les garçons[38]. » Ces jugements *a posteriori* des enfants sur leur jeunesse pourraient n'être que des souvenirs enjolivés si d'autres témoins ne venaient corroborer, de l'extérieur, ces impressions. Parlant de son condisciple Ferron, Pierre Vadeboncoeur utilisera un vocabulaire identique pour décrire ses frères et sœurs: « il avait une famille libérale au sens noble du mot, très ouverte. Il était, je pense, intellectuellement stimulé par sa famille, non-conformiste[39]. » Jacques Lavigne croit lui aussi que les Ferron formaient une famille qui aimait la liberté, sans que ses membres ne doivent pour autant être qualifiés de libres-penseurs[40].

Dans *Adrienne*, Madeleine Ferron, parlant de son grand-père Louis-Georges Caron, lance une petite phrase

37. Marcelle Ferron à l'auteur, entrevue, 25 janvier 1993.
38. Paul Ferron à l'auteur, entrevue, 8 janvier 1993.
39. Pierre Vadeboncoeur à l'auteur, entrevue, 26 novembre 1992.
40. Jacques Lavigne à l'auteur, entrevue, 21 septembre 1992.

qui peut d'abord sembler anodine, mais qui prend une résonance singulière si on tente de l'appliquer à la propre famille du notaire: « Quand on a pignon sur la rue principale, qu'on est fils de notables, tout geste qui n'est pas conventionnel devient aussitôt inconvenant[41]. » L'ouverture d'esprit notoire des Ferron, que même les confrères montréalais de Jacques décrivent avec une nuance d'admiration, prend une coloration légèrement différente lorsqu'elle est évoquée par des voisins ou des amis trifluviens de la famille. Marcelle se souvient à cet égard des commentaires de certains Louisevillois à l'effet que le notaire allait « rater ses enfants » s'il continuait à les élever d'une façon aussi libre; « on n'était pas tout à fait dans le moule[42] », ajoute-t-elle. L'absence de mère et un père débordé de travail sont des facteurs importants, qui ont pu contribuer aussi à rendre les jeunes Ferron plus créatifs et autonomes. Par ailleurs, les longs étés de solitude au chalet du lac Bélanger ont donné aux enfants du notaire un certain esprit d'indépendance. « Au lac Bélanger, nous n'avions rien à faire, donc, nous lisions![43] » dit Marcelle; c'est toujours ainsi que se forment les esprits forts.

Mais le « libéralisme » de monsieur Ferron comportait aussi d'autres composantes qui ont pu façonner le caractère de ses cinq rejetons. Le notaire faisait en effet preuve d'un anticléricalisme discret, mais réel, qui l'amenait à s'opposer au curé sur les questions d'administration paroissiale. Il était en cela parfaitement libéral, car ses idées coïncidaient avec celles de Wilfrid Laurier: « j'ai trop de respect pour les croyances dans lesquelles je suis né, pour jamais les faire servir de base à une organisation politique[44] », disait fièrement le premier ministre canadien. La profession du

41. Madeleine Ferron, *Adrienne, op. cit.*, p. 165.
42. Marcelle Ferron à l'auteur, entrevue, 25 janvier 1993.
43. *Ibidem.*
44. Wilfrid Laurier, « Le libéralisme politique », *loc. cit.*, p. 100.

notaire, de même que ses multiples tâches officielles, l'empêchaient de s'opposer trop ouvertement au credo de ses clients et concitoyens; c'est pourquoi « il a son banc à l'église, assiste à la messe dominicale. Mais s'il écoute attentivement le sermon, c'est qu'il se donne le droit de le critiquer, comme de surveiller la comptabilité de la Fabrique[45]. » Jacques Ferron raconte que la critique du sermon hebdomadaire devint même, à la longue, une sorte d'exercice familial autour de la table du dimanche. Plus encore: « Quand [le notaire] n'était pas d'accord avec le sermon du curé, il lui téléphonait après la messe pour lui donner sa façon de penser[46]. » En province, le monde est petit et il arrive souvent que deux personnes, au cours de leur vie, aient à se côtoyer dans des contextes différents. Le notaire Ferron pouvait d'autant plus facilement s'opposer au curé que les deux hommes se connaissaient de longue date: avant d'occuper la cure de Louiseville, à partir de 1932, l'abbé Donat Baril avait en effet été professeur de latin au Séminaire de Trois-Rivières[47] où il avait eu le jeune Joseph-Alphonse comme élève.

L'une des principales pommes de discorde entre le curé et le notaire récalcitrant trouvait son origine dans la décoration de l'église paroissiale. On se souvient que ce temple, achevé en 1921, avait été la proie des flammes à peine cinq ans plus tard. Une nouvelle église avait été reconstruite à même les murs de la précédente, mais il va sans dire que la décoration intérieure avait été réduite au strict minimum, puisque la Fabrique se trouvait à devoir payer deux églises en même temps. Aux dires de Paul Ferron, il semble que, dans ce contexte, le curé Baril ait eu des ambitions trop

45. Madeleine Ferron, *Adrienne*, *op. cit.*, p. 214.
46. Madeleine Ferron à l'auteur, entrevue, 18 septembre 1992.
47. Abbé Antonio Magnan, *Biographies sacerdotales trifluviennes*, *op. cit.*, p. 9.

fastueuses au goût du notaire: «Mon père [...] avait une grande animosité contre lui, qui voulait construire l'intérieur de l'église en marbre de Carrare. Il trouvait que la paroisse n'avait pas les moyens. Il téléphonait parfois au curé, après le sermon, pour lui dire: "Non, tu ne l'auras pas."[48] » Cette impertinence contribua peut-être à créer des inimitiés au notaire; elle influença en tout cas certains de ses enfants. Jacques Ferron dira qu'il avait hérité face au clergé de l'ambivalence de son père, qui «tenait bien à avoir sa place de banc dans la grande allée», mais qui, d'un autre côté, cherchait à «prendre tous les curés en faute[49] ».

Mais l'anticléricalisme n'est pas nécessairement associé au manque de charité, et le notaire, sur ce plan, manifesta, plus souvent qu'à son tour, une réelle sympathie à l'endroit des gens démunis; du moins est-ce l'image que donnent de lui ses enfants. «Dans notre famille, nous étions fondamentalement "de gauche". Je ne sais pas d'où vient cette tendance», s'interroge Madeleine. Peut-être, comme elle le suggère, cette sensibilité est-elle due au fait que les classes sociales sont moins étanches dans les petites agglomérations que dans les grandes villes[50]. Mais le notaire Ferron était aussi, ne l'oublions pas, fils de paysan et, comme l'a souligné son fils Jacques, membre d'une génération en pleine ascension sociale; il avait gardé le souvenir de son humble origine, et c'est sans doute pourquoi son «rang» nouvellement acquis ne l'empêchait pas de sympathiser avec les plus pauvres de la paroisse. «Papa nous voulait mieux que lui, dans un autre monde que le sien, écrit Madeleine à son frère en 1971. Pour réaliser les rêves qu'il faisait pour nous, il ne nous a jamais demandé de renier personne. C'est ce qui

48. Paul Ferron à l'auteur, entrevue, 8 janvier 1993.
49. JF et Pierre L'Hérault, «9 entretiens avec le Dr Jacques Ferron», *op. cit.*, p. 106.
50. Madeleine Ferron à l'auteur, entrevue, 18 septembre 1992.

explique que nous sommes fort à l'aise dans tous les milieux sociaux [...][51]. »

La Grande Dépression de 1929 fournit au notaire l'occasion de donner une leçon de choses à ses enfants et leur faire prendre conscience de la misère ambiante. Lui-même se tira fort bien d'affaire pendant cette période difficile, comme le laisse entendre son fils avec une certaine désobligeance : « Dans une crise pareille, [pour] ceux qui ont du capital, et c'était le cas de mon père, au contraire la crise est une source d'enrichissement[52]. » Or, au plus fort de la dépression, dit Madeleine, « il nous emmenait porter des paniers chez ses protégés. Quand il a fait opérer Marcelle (qui faisait de la tuberculose des os), il a aussi fait opérer une autre petite fille du village qui en avait besoin mais ne pouvait payer[53]. » C'est surtout par l'intermédiaire des Magouas — ces parias de la société louisevilloise — que le notaire semble avoir voulu inculquer à ses enfants une attitude respectueuse et compatissante envers les personnes les plus démunies de la société. Dans la cosmogonie de Jacques Ferron, les habitants de la « Petite mission », on le sait, servent de repoussoir à la morale des élites de la ville, qui justifient leur comportement en l'opposant à celui de ces « méchants » de service ; tous les péchés de Louiseville étaient ainsi commodément concentrés dans le village des Magouas. Ces pauvres ont aussi une autre fonction dans la dynamique du village, celle de donner bonne conscience aux notables en leur permettant d'exercer à peu de frais des vertus charitables : « On les aimait, ces Magouas, on les aidait même à rester dans le pire, on leur faisait la charité. On ne les empêchait pas de se reproduire, on les aidait par

51. Madeleine Ferron à JF, lettre, 6 mai 1971. BNQ, 1.1.97.201.

52. JF et Pierre L'Hérault, « 9 entretiens avec le Dr Jacques Ferron », *op. cit.*, p. 236.

53. Madeleine Ferron à l'auteur, entrevue, 18 septembre 1992.

charité. Mais on ne pouvait tolérer qu'ils fissent du recrutement par débauche dans le grand village[54]. »

Il est assez difficile de croire que les notables louisevillois — dont le notaire Ferron — aient eu l'esprit assez retors pour faire preuve d'une telle hypocrisie dans l'exercice de la charité. Le persiflage ferronien — manifestation rétroactive d'une mauvaise conscience autrement plus profonde — déguise une réalité qui est probablement très simple : le père de l'écrivain était doté d'une nature généreuse — la bonté naturelle des Ferron, disait Madeleine — et, en bon libéral, il avait aussi à cœur le bien-être et le progrès général de tous ses concitoyens. « Mon père a toujours respecté les Magouas, dit Paul Ferron ; il n'a jamais parlé contre eux[55]. » Madeleine, quant à elle, se souvient que le notaire, lorsqu'il devait traverser le hameau en voiture, disait à ses enfants de ne pas dévisager ces pauvres gens avec trop d'insistance, malgré leur profonde étrangeté : « on ne vient pas là pour les regarder comme si on entrait dans un cirque[56] ». Enfin, Marcelle signale que le notaire fut un ardent partisan de l'installation d'une unité sanitaire au bénéfice des pauvres de Louiseville[57]. Pour des raisons stratégiques et pour les besoins de sa propre autocritique, l'aîné de la famille, quant à lui, ne pouvait admettre trop ouvertement que son père, un notable de province, ait fait preuve de désintéressement et qu'il ait eu d'autres soucis que son propre bien-être.

54. JF, « Historiette. Mon futur collège », *loc. cit.*, p. 16.

55. Paul Ferron à l'auteur, entrevue, 8 janvier 1993.

56. Madeleine Ferron à l'auteur, entrevue, 8 décembre 1995.

57. Marcelle Ferron à l'auteur, entrevue, 25 janvier 1993. Une unité sanitaire fut fondée à Louiseville en mars 1936. Les infirmières, en plus d'assurer la vaccination gratuite des enfants et d'effectuer des visites aux malades, s'occupaient d'une clinique pour les jeunes mères et leurs nourrissons. (Germain Lesage, *Histoire de Louiseville*, *op. cit.*, p. 374-375.)

Mais Jacques Ferron devra quand même admettre que son père avait de nobles impulsions, puisqu'il sera lui-même le bénéficiaire et la preuve vivante de la conscience sociale paternelle. L'un des plus beaux témoignages sur la « pensée » du notaire Ferron nous vient en effet de Jacques lui-même, comme à son corps défendant : en 1933, après deux ans passés chez les Filles de Jésus, le moment était venu de choisir un collège pour que le jeune Jacques puisse y poursuivre ses études ; or, pour ce Louisevillois, le choix logique aurait été le séminaire Saint-Joseph de Trois-Rivières, d'autant plus que cette institution diocésaine, fondée en 1860, était aussi l'*Alma Mater* du notaire. « Il aurait été plus pratique que j'y allasse à mon tour, surtout après les deux années que je venais de passer au Jardin de l'enfance des Sœurs françaises[58] », dira l'écrivain. Joseph-Alphonse Ferron avait toutefois d'autres ambitions pour son fils aîné, suscitées par la conscience aiguë d'une sorte de devoir envers son pays : « mon père avait des principes, écrit Jacques, et il lui fallait me donner plus qu'il n'avait reçu, question d'assurer le progrès de l'humanité, ce qui voulait dire les prodigieux jésuites de Brébeuf[59] ». Signe infaillible de la forte impression que cet épisode fit sur l'auteur : on le retrouve à maintes reprises dans son œuvre, sous des formes diverses et dans différentes modulations. Ainsi, dans *Du fond de mon arrière-cuisine*, il rapporte, à propos de la même anecdote, ces propos paternels :

> Vois-tu, mon fils, c'est très simple : il suffit de faire un peu mieux d'une génération à l'autre et le progrès de l'humanité est assuré. [...] Mon père, cultivateur au Village des Ambroises, a pu me payer le séminaire de Trois-Rivières, je suis dans l'obligation de t'envoyer chez les jésuites de Montréal[60].

---

58. JF à Pierre Cantin, lettre, 11 juin 1974.
59. *Ibidem.*
60. JF, *Du fond de mon arrière-cuisine*, *op. cit.*, p. 282-283.

Voilà certes des propos éclairés qui semblent tout droit sortis du Siècle des lumières ! L'écrivain aura beau tenter de les atténuer, prétendre que cet optimisme, bien révolu depuis, n'était possible « que parce que [sa] famille, jusque-là dans le rang, humble et à l'écart du monde [...] se trouvait en pleine ascension sociale[61] », il ne pourra nier le fait que la bourgeoisie de province, malgré son égoïsme et sa morale étriquée, a parfois réussi à faire avancer la société. C'est ainsi qu'à l'automne de 1933, le jeune Jacques Ferron fera son entrée au collège Jean-de-Brébeuf, institution de la bourgeoisie canadienne-française.

Au terme de cette incursion initiale dans la jeunesse de Jacques Ferron, il importe maintenant de signaler que les toutes premières allusions connues du romancier au monde de son enfance ne datent que du milieu des années 1940. Encore ne s'agit-il que de fugaces évocations, comme si le jeune auteur avait craint de se commettre trop ouvertement dans son œuvre. La formation littéraire et intellectuelle que recevra l'adolescent lui interdira longtemps, comme nous le verrons, de se pencher exclusivement sur son coin d'horizon natal, ainsi que l'avait fait avant lui son compatriote Nérée Beauchemin. Dans « La gorge de Minerve », roman rédigé pendant la guerre — au moment où Ferron, après ses études, complétait une année de service militaire —, on trouve bien une amusante description du comté de Maskinongé, mais elle pourrait tout aussi bien s'appliquer à n'importe quelle autre région rurale, prospère et catholique du monde occidental :

> Les paroisses riches sont toutes ensemble dans une grande plaine, près du fleuve. Elles ont des avocats, des notaires, des

61. *Ibidem.*

> docteurs, tous messieurs très importants ; un gros curé avec un ruban violet autour du ventre, qui mange du blanc de poulet trois fois par jour et qui vit dans une grande église de pierre[62].

Au début de la décennie suivante, l'écrivain consacre la plus grande partie de ses énergies à édifier une œuvre théâtrale dont les référents locaux sont pratiquements absents ; mais parallèlement à cette « vraie » carrière littéraire, il publie, comme pour se distraire, de courts textes dans les journaux et les revues, où il s'autorise à l'occasion de brèves et discrètes échappées vers le monde de sa jeunesse. Rédigeant une chronique régulière dans *L'information médicale et paramédicale*, il fait de timides allusions à certains personnages surgis de sa région natale, comme Nérée Beauchemin justement[63], ou à l'un de ses amis, le Dr Fleury de Saint-Léon. L'écrivain fait aussi paraître, dans *Amérique française*, des contes où le référent géographique est parfois situé dans le comté de Maskinongé. C'est le cas, par exemple, de « La vache morte du canyon » et du « Déluge », parus en 1953 et 1955, où on retrouve des toponymes aussi particularisés que « Fontarabie » ou « rang Trompe-Souris ».

Il faudra cependant attendre le milieu des années 1960 pour trouver brusquement, dans l'œuvre ferronienne, des textes directement consacrés à la prime jeunesse de l'écrivain ou à l'histoire de sa famille. À partir de 1965, on voit peu à peu se dessiner, dans les écrits journalistiques de l'auteur, des souvenirs d'enfance, des évocations de la chronique familiale et parentale qui formeront ensuite de grands « massifs » autobiographiques au cœur même de ses livres. « Les portes de la nuit venaient de s'ouvrir sur mon enfance

62. JF, « La gorge de Minerve », manuscrit inédit, p. 133. Il sera question de ce récit plus loin, au chapitre 13.
63. JF, « Chronique dramatique. Docteur Knock », *IMP*, vol. III, n° 22, 2 octobre 1951, p. 8.

oubliée[64] », déclare le narrateur de *La nuit*, avant d'évoquer, en des pages qui comptent certainement parmi les plus belles de Ferron, les paysages et les héros louisevillois dont nous venons de brosser l'arrière-plan historico-social.

« Il y a tant de pays dans nos provinces et tant de provinces dans le Québec que j'avais pu me passer du comté de Maskinongé. Et voilà : après vingt ans d'exil, j'y revenais[65] », dit encore le narrateur de *La nuit*. François Ménard ne croit pas si bien dire : à partir de 1965, les retours au pays de l'enfance ne se comptent plus dans l'œuvre du romancier. Parvenu à l'âge mûr et à la pleine possession de ses moyens littéraires, l'auteur éprouve le besoin de revenir métaphoriquement sur ses pas. En 1968, il publie *La charrette*, roman montréalais dans lequel, au milieu d'un étrange délire onirique, les principaux personnages de la cosmogonie enfantine de l'auteur — Adrienne (cette « mère cadette depuis si longtemps disparue, qu'il a presque oubliée[66] »), Mgr Charles-Olivier Caron, les tantes ursulines — font une apparition remarquée. Deux ans plus tard, dans *L'amélanchier*, quelques inoubliables chapitres refont, pour le bénéfice de la petite Tinamer, la généalogie des Ferron du comté de Maskinongé : « Quand j'avais ton âge, Tinamer », dit Léon de Portanqueu à sa fille, « il y avait dans le comté de Maskinongé un petit garçon qui te ressemblait beaucoup[67] ». En 1972, Ferron livre son œuvre la plus « mauricienne », *Le Saint-Élias*, dans laquelle il donne libre cours, avec un plaisir manifeste, à toute son érudition régionale, qui s'étend de Batiscan jusqu'à Louiseville en passant par l'évêché de Trois-Rivières. La même année, il publie *Les*

64. JF, *La nuit*, *op. cit.*, p. 39.
65. *Ibidem*, p. 91.
66. JF, *La charrette*, préface de Ginette Michaud, avec la collaboration de Patrick Poirier pour les notes et l'établissement du texte, [Montréal], « Bibliothèque québécoise », 1994, p. 120.
67. JF, *L'amélanchier*, *op. cit.*, p. 73.

confitures de coings, nouvelle mouture de *La nuit*, qui comporte deux importants ajouts autobiographiques (« La créance » et « L'appendice aux Confitures de coings ») largement consacrés à la saga familiale. Finalement, jusqu'à la fin des années 1970, l'auteur ne cessera plus, dans des « historiettes » au ton de plus en plus funéraire, de revenir sans cesse à ses origines.

En somme, on peut dire que, depuis *La nuit* jusqu'aux récits posthumes de *La conférence inachevée*, l'œuvre de Jacques Ferron, telle qu'elle nous apparaît aujourd'hui, puise abondamment dans la mémoire enfantine de l'écrivain : les souvenirs déchirants de l'histoire familiale, de même que le paysage inaugural du petit Jacques, se répètent et s'approfondissent d'un livre à l'autre, comme des leitmotive obsédants, et constituent sans nul doute possible l'un des principaux axes de l'imaginaire ferronien. Par un étrange phénomène de repliement temporel, le « dernier » Ferron se superpose donc au « premier » pour réorienter — *redresser* — la mémoire de son enfance selon une trajectoire particulière. La vie de l'auteur est cependant un matériau textuel fort capricieux ; l'exploitation littéraire des épisodes ultérieurs de sa jeunesse s'inscrira dans l'œuvre selon des modalités fort différentes.

DEUXIÈME PARTIE

L'ombre de Valéry

1933-1941

CHAPITRE VII

Un sale hasard ou deux

Fondé par les pères jésuites en 1928, le collège Jean-de-Brébeuf avait déjà acquis une grande renommée au Canada français au moment où le notaire y inscrit son fils aîné. L'édifice, pratiquement neuf, était admirablement situé sur le mont Royal, en pleine nature, ce qui lui avait valu le titre de « collège de la montagne » pour le différencier de l'autre établissement jésuite de la métropole, le collège Sainte-Marie. Comme Brébeuf était à Montréal, Joseph-Alphonse Ferron avait cru bon, pour plus de commodité, de retirer Madeleine du pensionnat des ursulines trifluviennes pour l'inscrire elle aussi dans une institution de la métropole : le couvent des Sœurs de Saint-Anne, à Lachine. La jeune fille y arriva vers 1934, suivie un peu plus tard par sa sœur Marcelle.

Dans son essai sur *Les collèges classiques au Canada français*, Claude Galarneau cite une lettre du recteur de Brébeuf montrant hors de tout doute qu'à cette époque, l'élitisme s'affichait sans complexes et sans crainte de heurter les sensibilités populaires :

> Le collège « ne convenait pas aux enfants, même bien doués, qui n'appartiennent pas à une classe aisée. La plupart de nos

> élèves sont élevés dans une certaine opulence et ont des habitudes de vie qu'il n'est pas bon de faire prendre à des enfants de condition plus modeste. » Les prix de la pension et des cours sont en outre plus élevés ici qu'ailleurs, ajoutait le recteur, et nous ne serions prêts à faire de rabais qu'à des enfants de familles de la bonne bourgeoisie[1] [...]

Voilà une attitude qui avait au moins l'avantage de la franchise ! D'après Ferron, les bons pères ne se privaient pas non plus d'inculquer aux élèves eux-mêmes la conviction de leur propre supériorité : « il nous ennuyait déjà d'être élitards ; nous n'y étions pour rien, nous n'avions pas à nous en vanter [...][2] ». Si tous les élèves n'avaient pas au même degré cette conscience d'être le fer de lance de la nation, il n'en reste pas moins que le sentiment d'appartenance au collège, en ces années-là, semble avoir été extrêmement développé. Lorsqu'il parle de ses années d'études, le romancier se départ à l'occasion de sa goguenardise habituelle pour se laisser aller à une franche admiration de l'œuvre éducatrice des jésuites : « La "grande noirceur", à vrai dire, je n'ai jamais très bien compris ce que c'était. Les années lumineuses de ma vie sont dans la grande noirceur. En particulier au Brébeuf[3]. » Mais avec la conscience sociale douloureuse qu'on lui connaît, l'écrivain se croit tenu de reconnaître publiquement que le fait de recevoir une telle formation, en pleine crise économique, représentait un traitement de faveur exorbitant : « Il y a toujours un certain plaisir à être privilégié, même si on ne s'en rend pas compte —

---

1. Lettre du R.P. Antonio Dragon à M. Aimé Arvisais, citée dans Claude Galarneau, *Les collèges classiques au Canada français*, Montréal, Fides, « Bibliothèque canadienne-française, Histoire et documents », 1978, p. 156.
2. JF, « Historiette. Un sale hasard ou deux », *IMP*, vol. XXVIII, n° 10, 6 avril 1976, p. 34.
3. JF et Pierre L'Hérault, « 9 entretiens avec le Dr Jacques Ferron (automne 1982) », transcription intégrale (Document de travail), interview et transcription : Pierre L'Hérault, [s.l.], [s.é], 1990, p. 29.

on s'en rend compte longtemps après[4] ! » Toutefois, après avoir reconnu son péché d'élitisme, l'auteur, dédouané, s'autorise à comparer ses années d'études au Siècle des lumières. Rien de moins !

Ce sentiment de reconnaissance à l'endroit de la formation reçue chez les jésuites est généralement partagé par les condisciples de Ferron. Jacques Lavigne, qui fut président du conventum de Rhétorique, reconnaît lui aussi que ses années d'Humanités furent extrêmement enrichissantes et qu'elles comptent parmi les plus fécondes de son existence : « J'ai fait la belle vie au collège Brébeuf : J'ai été président de ma classe, j'ai fait du théâtre, j'ai participé à des débats, j'ai été président du journal [...]. Les jésuites de Brébeuf étaient des gens qui vénéraient les belles choses et qui leur donnaient leur place ; ils les appréciaient tout en les transmettant aux étudiants[5]. » Les élèves qui, pour une raison ou pour une autre, étaient chassés de cette institution avant la fin de leurs études — et parmi ceux-ci on compte justement Jacques Ferron et Pierre Vadeboncoeur — faisaient des pieds et des mains pour y être réadmis ; ceux qui fréquentaient les élèves du collège éprouvaient un agacement certain devant les *codes* brébeuvois qui excluaient d'office ceux qui *n'en* étaient pas. Gérard Pelletier qui, sans étudier chez les jésuites, avait quelques-uns de leurs élèves pour amis, l'apprendra à ses dépens :

> [...] les « gars du Brébeuf » sont comme ça ; ils vous donnent toujours l'impression que vous ne savez pas vous habiller... ni marcher, ni vivre, ni parler convenablement. Ils ont un style qui s'impose, ils font régner autour d'eux une espèce d'orthodoxie mineure. Si vous n'avez pas le secret de leur argot, de leurs plaisanteries, si vous n'avez pas lu les même livres qu'eux, vous vous sentez inférieur[6].

4. *Ibidem*, p. 144.
5. Jacques Lavigne à l'auteur, entrevue, 21 septembre 1992.
6. Gérard Pelletier, *Les années d'impatience. 1950-1960*, [Montréal], Stanké, [1983], p. 34.

En apparence, Brébeuf offrait pourtant à ses quelque quatre cents élèves le même programme académique que les autres collèges de la province, c'est-à-dire le « cours classique » étalé sur huit années d'études divisées à leur tour en cours de grammaire (quatre ans), cours de lettres (deux ans) et cours de philosophie-science (deux ans). La différence tenait sans doute aux grandes qualités de l'éducation jésuite, mondialement reconnue, qui reposait d'abord sur le vénérable *Ratio Studiorum* mis au point par Ignace de Loyola et ses successeurs. Le but directement poursuivi par la Compagnie de Jésus, peut-on lire dans les Constitutions de l'ordre, « est que nous aidions notre âme et celle de notre prochain à atteindre la fin ultime pour laquelle elles ont été créées » ; de cet objectif découlent un certain nombre de méthodes pédagogiques éprouvées que les professeurs jésuites adaptèrent selon les besoins particuliers des pays où la Compagnie dirigeait des écoles :

> [...] insistance sur les humanités, qui seront suivies par la philosophie et la théologie ; un ordre qui doit être soigneusement gardé, dans l'étude des différentes branches des connaissances ; la répétition des matières enseignées, une participation active des étudiants à leur propre éducation. On devait consacrer beaucoup de temps à développer le don d'écrire[7].

Bien entendu, la formation chrétienne des élèves figurait parmi les tout premiers objectifs de cette éducation ; c'est pourquoi des cours d'instruction religieuse étaient dispensés à tous les niveaux du programme d'étude. L'enseignement du français, du latin et du grec était prépondérant durant les six premières années du cours, depuis les Élé-

---

7. Gérard Plante, s.j., *Les caractéristiques de l'éducation jésuite*, document élaboré par la Commission internationale de l'apostolat jésuite et approuvé par le Père Général le 8 décembre 1986, Édition spéciale, Montréal, Collège Jean-de-Brébeuf, juin 1987, p. 64-65.

ments latins jusqu'à la Rhétorique. Les autres matières — mathématiques, histoire, anglais, géographie, sciences naturelles — se retrouvaient aussi à un moment ou un autre du parcours de l'étudiant. Quant aux deux années de Philosophie — principalement consacrées, comme leur nom l'indique, à l'étude des grands courants de la pensée —, on y abordait aussi plusieurs autres domaines: histoire naturelle, chimie, physique, cosmographie, mécanique, économie sociale, comptabilité[8].

L'adaptation de Jacques Ferron à ce milieu studieux et fraternel semble cette fois s'être déroulée tout en douceur. Il a un peu vieilli, il a maintenant l'habitude du pensionnat, et les pères jésuites savent canaliser la soif de connaître qui s'est emparée de lui depuis le Jardin de l'enfance. Qui plus est, il apprécie à sa juste valeur l'immense cadeau que lui fait son père en l'inscrivant dans ce prestigieux collège; aussi tient-il à témoigner par lettre, dès le premier trimestre, de sa gratitude filiale et de sa bonne volonté:

> Comme tous les enfants, je vois venir Noël avec joie [...] pour pouvoir passer une bonne quinzaine avec vous et toute la famille, et pour tâcher de vous témoigner mon affection minime en comparaison de tous les sacrifices que vous vous êtes imposés pour moi: vous m'envoyez dans un des plus beaux collèges de la province et vous me procurez tout ce qui m'est nécessaire[9].

Chose plus surprenante, ce jeune homme timide qui, chez les Filles de Jésus, ne participait pas aux activités sportives de ses camarades, s'épanouit soudain et développe ses aptitudes physiques, à un point tel qu'il laissera le souvenir d'un athlète accompli. Certains élèves du collège, comme le futur député de Trois-Rivières Yves Gabias, n'ont même

8. Gérard Plante, s.j., *Brébeuf par les dates et par les chiffres*, [Montréal], collège Jean-de-Brébeuf, mai 1991, p. 36-37.

9. JF à Joseph-Alphonse Ferron, lettre, 21 décembre 1933. BNQ, 1.2.3.

gardé de lui que l'image d'un champion de « balle au mur », sport que Ferron pratiquait avec beaucoup d'adresse[10]. Il est vrai que les longs étés en plein air, au chalet du lac Bélanger, favorisaient la bonne santé ; d'autant plus que le pensionnaire prit l'habitude de ramener avec lui, à la fin des classes, des amis du collège pour de longues excursions en canot sur les lacs de la région de Saint-Alexis. Ces expéditions, qui duraient parfois plusieurs jours, nécessitaient de durs portages qui avaient de quoi fortifier les constitutions les plus anémiques.

Les étés dans la nature eurent aussi pour effet de susciter, chez les deux enfants aînés du notaire Ferron, un grand intérêt pour la botanique et, d'une façon générale, pour les sciences naturelles. Paul raconte que les tout premiers souvenirs qu'il a gardés de son grand frère sont reliés au jardinage : « Sous la direction de Jacques — il devait avoir douze ou treize ans — nous avons planté beaucoup d'arbres, que nous allions chercher de l'autre côté du lac. Nous avons fait ainsi tout le terrassement autour du chalet[11]. » Dans une lettre à sa sœur, datant de 1937 environ, l'aîné échafaude, comme un gros propriétaire terrien, des projets d'aménagement paysager pour le printemps suivant ; les plans du jeune jardinier ne se réaliseront jamais sous cette forme, dit Madeleine, mais on constate que les connaissances de Ferron en la matière semblent déjà assez étendues :

> J'ai commencé à réfléchir sur la disposition de mes parterres : j'ai des idées qui sont passables : je veux faire cela simplement, sans profusion, enfin classiquement. [...] Cet automne, je ferai planter des arbres ; et au printemps (1938) les pelouses et les fleurs ; quant aux fleurs, d'ailleurs il n'[y]en aura que peu ; disons deux ou trois espèces seulement ; assez

10. Yves Gabias à l'auteur, entrevue, 15 juillet 1992.
11. Paul Ferron à l'auteur, entrevue, 8 janvier 1993.

pour avoir des fleurs tout l'été, mais seulement une espèce à la fois[12].

Madeleine et Jacques avaient d'autre part pris l'habitude d'herboriser tout l'été et en vinrent ainsi à constituer un herbier respectable ; la parution, en 1935, de la *Flore laurentienne* fut pour les deux apprentis botanistes un événement mémorable, et Madeleine se rappelle encore leur émotion commune lorsqu'ils feuilletèrent pour la première fois les pages du livre de Marie-Victorin. Selon l'écologiste Pierre Dansereau, qui étudia lui aussi chez les jésuites de Montréal, Marie-Victorin était, avec Lionel Groulx, « l'un des deux modèles [qui] se présentaient aux jeunes des années trente[13] » ; peut-être n'est-il pas indifférent, d'ailleurs, que les jésuites aient ajouté des cours de sciences naturelles au programme de Belles-lettres et de Rhétorique en 1935, l'année même où paraissait l'ouvrage de l'illustre botaniste. La profonde connaissance de la végétation du pays, partout sensible dans l'œuvre de Jacques Ferron (dans *L'amélanchier* surtout, mais aussi dans « Les salicaires » ou dans la série d'« Historiettes » sur le chanvre), vient directement de ces années lointaines et témoigne de la grande admiration de Ferron pour le scientifique.

Autre nouveauté des étés ferroniens : les voyages. Le notaire, dans le louable souci de parfaire la culture de ses enfants, décida, en homme éclairé, de leur faire découvrir leur propre pays. C'est ainsi que, de 1935 à 1938, Joseph-Alphonse Ferron prit, durant la belle saison, une quinzaine de jours de vacances pour emmener sa petite famille en voyage[14]. C'est de cette manière que les Ferron découvrirent,

12. [JF à Madeleine Ferron], dans Madeleine Ferron, « L'écrivain », *Littératures*, n° 9-10, « Présence de Jacques Ferron », 1992, p. 258-259.

13. Cité par Yves Gingras, « Hommage à Marie-Victorin », *Le Devoir*, 19 juillet 1994, p. A6.

14. Madeleine Ferron à l'auteur, lettre, [30 mai 1993].

entre autres, le Saguenay, puisque le notaire, qui avait des intérêts financiers dans cette région, joignit l'utile à l'agréable en transformant un voyage d'affaires en périple d'agrément. Les enfants eurent aussi l'occasion de découvrir la Gaspésie, région dont Jacques se souviendra sans doute quand, une dizaine d'années plus tard, il aura à choisir un lieu pour pratiquer la médecine.

Mais tout n'est pas rose pour Me Ferron au cours des années 1930. En plus de la perte de son épouse, le notaire semble avoir eu à subir vers cette époque une série de revers financiers dont l'un resta célèbre dans la famille à cause des circonstances spectaculaires auxquelles il donna lieu. Cet épisode, qui se situe vers 1939 et que Jacques transposera plus tard dans l'un de ses romans, avait en effet de quoi étonner la population entière de Louiseville et dut ajouter un chapitre de plus à la réputation d'excentricité du notaire :

> Mon père n'a pas vu venir la mécanisation des fermes, explique Paul Ferron ; un jour, il a acheté quarante chevaux sauvages, qu'il a fait venir de l'Ouest, en pensant que ce serait une bonne affaire. J'étais là quand ils sont arrivés, par train ; on les a conduits jusqu'à la commune, en traversant le village, comme dans un western ! Il a ensuite organisé un encan pour les revendre, mais ce ne fut pas un succès[15].

Dans *Le ciel de Québec*, Jacques Ferron « annexe » cet épisode de la chronique familiale en remplaçant le notaire par le docteur Cotnoir. Au lieu de descendre du train à Louiseville, les quarante chevaux débarquent à Sainte-Catherine-de-Fossambault, puis sont emmenés au village des Chiquettes pour participer à la construction de l'église de la nouvelle paroisse de Sainte-Eulalie. Quand on sait que le village des Chiquettes est inspiré par le hameau des Magouas, ce détournement romanesque revêt une

15. Paul Ferron à l'auteur, entrevue, 8 janvier 1993.

signification secrète fascinante: tout se passe comme si Ferron, à travers la fiction, avait voulu signifier à son père, par-delà les ans, de bien vouloir contribuer à l'émancipation des Magouas.

Finalement, comble de malheur pour Me Ferron, la vie politique québécoise, jusque-là si profitable aux organisateurs libéraux, se trouva soudainement bouleversée lorsqu'en 1936, l'Union nationale prit le pouvoir à Québec. Cet événement eut un impact très négatif chez les Ferron, puisque le notaire, qui bénéficiait jusque-là de plusieurs charges publiques, dut vider ses bureaux du palais de justice de Louiseville: « Quand Duplessis a pris le pouvoir, ce fut une catastrophe à la maison! Tous les contrats du gouvernement venaient de "sauter": le crédit agricole, le Palais de justice... mon père, qui était protonotaire, a dû revenir pratiquer à la maison[16]. » Bien que ce repli professionnel ne touchât pas directement son fils, ce dernier dut certainement avoir vent des difficultés paternelles grandissantes et des sacrifices auxquels le notaire devait consentir: « [Mon père] a gagné son pari de peine et de misère en se rafistolant un train de seigneur qui, vu de l'extérieur, a pu paraître réussi. Pour moi non: j'en connaissais les dessous. C'était à proprement parler, une entreprise théâtrale[17]. »

Mais les années 1930 ne furent pas difficiles que pour le notaire Ferron. Le Québec tout entier, frappé de plein fouet par la crise boursière de 1929, connut de nombreux bouleversements qui le précipitèrent pour ainsi dire dans le monde moderne, presque à son corps défendant. La société québécoise, jusque-là relativement paisible et ancrée dans des certitudes séculaires, eut soudain à faire face à de multiples problèmes qui nécessitaient des solutions rapides, et surtout inédites. Bousculé dans ses fondements, le Canada

---

16. *Ibidem.*
17. JF à Jean Marcel, lettre, 6 février 1966.

français se retrouva dans la pénible obligation de remettre en question un grand nombre de croyances qu'il croyait éternelles: « Si les années 30 sont celles de la résignation, elles sont aussi celles de la recherche de solutions nouvelles. C'est une période de contestation, de revendications à la fois idéologiques, sociales et politiques[18]. » À Louiseville comme partout ailleurs, le climat social se détériora et les enfants du notaire Ferron furent, entre autres choses, les témoins de grèves assez dures à la manufacture de l'Associated Textiles:

> [...] les grévistes parlaient de venir faire du grabuge au chalet du gérant de la manufacture, qui était voisin du nôtre, dit Madeleine. Papa était inquiet, et il avait été dire aux grévistes que le chalet du gérant était celui de *droite*, et non celui de gauche (le sien). Il était pour les grévistes, c'est certain, mais pas au point de monter sur les barricades; un notaire se devait de rester neutre[19].

En somme, que l'on soit à Louiseville ou Montréal, il était difficile de ne pas avoir au moins conscience des bouleversements consécutifs à la Crise, car cette période se caractérise justement, comme l'écrit Catherine Pomeyrols, par « une grande activité publique des intellectuels, qui manifestent, pétitionnent, prennent la parole en public, fondent des revues et des mouvements de jeunesse[20] ». Une même inquiétude protéiforme — appelons-la *paradigme* — pousse les élites intellectuelles à se déployer dans toutes les directions à la fois. C'est une époque où l'on a tendance à

---

18. Paul-André Linteau *et al.*, *Histoire du Québec contemporain*, t. 2, *Le Québec depuis 1930*, Montréal, Boréal, 1986, p. 17.
19. Madeleine Ferron à l'auteur, entrevue, 18 septembre 1992.
20. Catherine Pomeyrols, « La formation des intellectuels québécois dans l'entre-deux-guerres »,Thèse de doctorat sous la direction de Mme Sylvie Guillaume, UFR Histoire, Université de Bordeaux III-Michel de Montaigne, janvier 1994, p. 6-7.

dresser des bilans plutôt pessimistes de la société : pendant qu'Albert Lévesque scrute *La nation canadienne-française*, d'autres se penchent sur *Notre américanisation*, sur *Nos problèmes d'éducation*, ou tentent de prédire *L'avenir de notre bourgeoisie.* On s'inquiète pour la jeunesse, que la Crise condamne à l'inaction forcée ; on craint par-dessus tout le communisme, qui suscite sur toutes les tribunes des réactions passionnées : le 23 octobre 1936, par exemple, une grande assemblée en faveur des Républicains espagnols (organisée par un jeune professeur de l'Université McGill nommé Frank Scott, et à laquelle participait Norman Bethune) dut être rapidement remplacée par une réunion beaucoup plus confidentielle en raison de la violente opposition des autorités municipales, du clergé catholique et de la population francophone. Le lendemain de cet événement, une gigantesque marche anticommuniste, à laquelle participèrent plus de 100 000 personnes, déferla dans les rues de la ville. Pierre Elliott Trudeau, étudiant à Brébeuf, prit part à cette manifestation[21], en compagnie de son confrère de classe Pierre Vadeboncoeur. Ce dernier croit même que tous les élèves du collège y étaient[22] ; et si ce n'était pas le cas, il est raisonnable de penser que le bruit de toute cette agitation filtrait jusque dans les couloirs du pensionnat où résidait Ferron.

Même dans le confort douillet du collège Brébeuf, en effet, le jeune Louisevillois avait connaissance des débats passionnés qui agitaient la métropole ; il en a gardé toute sa vie « l'impression d'une époque bizarre dont les idées reçues, d'importation européenne, ne correspondaient à

21. Sandra Djwa, *The Politics of the Imagination : A Life of F.R. Scott*, Toronto, McClelland and Stewart, 1987, p. 173.
22. Pierre Vadeboncoeur à l'auteur, entrevue, 26 novembre 1992. Détail intéressant : en 1934, Pierre Vadeboncoeur eut le « privilège » d'être soigné pour une pleurésie par le docteur Bethune lui-même, alors que ce dernier était rattaché à l'hôpital Notre-Dame.

aucune réalité[23] ». Il aurait de toute façon été virtuellement impossible d'ignorer les changements en cours, car les institutions d'enseignement n'échappaient pas non plus à l'effervescence idéologique qui s'était emparée de la société. Le débat, à ce moment, « se déroule essentiellement à l'extérieur des cercles politiques. Étudiants, enseignants, nationalistes, clergé, groupes d'étude, associations professionnelles, écrivains et journalistes, discutent tous des misères et des menaces liées à la Crise[24]. » Les élèves de Brébeuf disposaient en plus — *à domicile* pour ainsi dire — de l'un des principaux porte-parole du « paradigme » de l'inquiétude en la personne du P. Rodolphe Dubé, alias François Hertel, professeur de philosophie et auteur de deux ouvrages sur la jeunesse : *Leur inquiétude* et *Le beau risque.* Comment, dans ces conditions, ignorer les grands problèmes du monde ?

Les pères jésuites n'entendent pas, de toute manière, laisser leurs élèves dans l'ignorance ; aussi les familiarisent-ils avec les idées que, de leur point de vue, il importait de défendre. Depuis le début du siècle au moins, toutes les institutions d'enseignement offraient un terrain propice aux idées nationalistes, et la séduction exercée naguère par Henri Bourassa (qui avait encore, selon Pierre Vadeboncoeur, « une grosse cote » chez les étudiants de sa génération) s'exprime dorénavant sous la forme d'un patriotisme de plus en plus centré sur le Québec. « Le milieu était très nationaliste pour des raisons de culture française, je pense. Ce qu'on enseignait, c'était la littérature française, la pensée française, la civilisation européenne dans laquelle l'histoire est au centre[25]. » L'époque se prêtait d'ailleurs mer-

---

23. JF, « Historiette. L'échelle de Jacob », *IMP*, vol. XXII, n° 8, mars 1970, p. 18.

24. Susan Mann Trofimenkoff, *Visions nationales. Une histoire du Québec*, traduit de l'anglais par Claire et Maurice Pergnier, Saint-Laurent, Éditions du Trécarré, 1986, p. 329.

25. Pierre Vadeboncoeur à l'auteur, entrevue, 26 novembre 1992.

veilleusement aux manifestations patriotiques de toutes sortes : dès 1934, on commémora dans le faste, à la grandeur du pays, le 400e anniversaire de la fondation du Canada ; en 1937, d'autres célébrations vinrent souligner le centenaire de la Rébellion des Patriotes ; enfin, le Tricentenaire de Montréal, en 1942, vint clore une décennie fertile en démonstrations. Les collégiens, qui participent pleinement à ces activités, font preuve d'un bel enthousiasme ; il arrive même que certains d'entre eux, emportés par la passion patriotique, commettent des actes plutôt déplacés. « Lors d'une certaine fête que les élèves donnaient à l'extérieur, dans les cours du collège, où les parents étaient invités, il y a eu des gars qui ont brûlé des drapeaux britanniques [...]. Quand les professeurs nous parlaient d'Henri Bourassa, de l'Histoire, de la Rébellion, c'était très sérieux[26]. »

Le *Brébeuf*, organe des élèves du collège, témoigne des nombreux efforts déployés par les pères jésuites pour sensibiliser les adolescents à la cause nationale. On y apprend par exemple que l'abbé Lionel Groulx est parfois invité à donner des conférences dont les titres reflètent le désarroi général : « Nécessité de l'Action Nationale[27] », « Où en sommes-nous[28] ? », etc. Durant les années 1930, Groulx est considéré comme une étoile montante dans la plupart des institutions d'enseignement ; conformément à l'esprit du temps, il a publié deux ouvrages, *Orientations* et *Directives*, destinés à secouer « notre » apathie et celle de la jeunesse : n'est-ce pas lui qui, en juin 1937, à l'occasion d'un Congrès de la langue française, avait prononcé des mots célèbres sur

26. *Ibidem*. L'un des responsable de ce « forfait », Ambroise Lafortune, relate l'épisode dans *Je suis un peu fou... Mémoires et confidences*, Montréal, Beauchemin, p. 10-15.
27. [Anonyme], « L'Action Nationale », *Brébeuf*, vol. I, no 1, 24 février 1934, p. 2.
28. Maurice Huot, « L'Abbé Groulx à l'œuvre », *Brébeuf*, vol. II, no 8, 16 février 1935, p. 4.

notre État français ? À la faveur des nombreuses activités qui sont offertes aux élèves, explique Catherine Pomeyrols, « le nationalisme "groulxiste" remplace peu à peu dans les collèges le nationalisme "bourassiste"[29] ». L'abbé Groulx est au cœur d'un vaste mouvement visant à valoriser la figure de Dollard Des Ormeaux comme héros national des Canadiens français[30]. Cette campagne de propagande, qui se développe tout particulièrement dans les collèges, « relève de la construction volontariste d'un passé national, de l'invention d'une tradition à des fins idéologiques [...][31] ». La détestation tenace de Ferron contre le héros du Long Sault — et contre son principal défenseur — date donc de ces années brébeuvoises, et non pas seulement de 1960.

Certaines lettres de Jacques Ferron à son père ont gardé quelque chose du climat intellectuel fébrile qui régnait dans la métropole. « De ce temps-ci en classe, on étudie les ressources naturelles et les industries de la province, écrit-il au notaire en mars 1936 ; j'aime bien cela. [...] Mais dans ces études de ressources naturelles, un bon libéral se mord souvent les pouces[32]. » Quelques semaines plus tard, il note : « Lundi dernier, nous avons eu messe et communion pour une intention fort peu banal [*sic*] : notre université ; j'ai bien prié, mieux que de coutume même ; c'est si triste de voir se dresser à chaque instant devant nos yeux cette université inachevée [...], vivant symbole de l'impuissance de la race canadienne-française[33]. » Rappelons que, pendant les années

29. Catherine Pomeyrols, « La formation des intellectuels québécois dans l'entre-deux-guerres », *op. cit.*, p. 372.
30. On trouvera une intéressante analyse des significations de ce culte quasi mystique dans l'ouvrage de Michael Oliver, *The Passionate Debate*, Montréal, Vehicule Press, 1991, p. 93-100.
31. Catherine Pomeyrols, « La formation des intellectuels québécois dans l'entre-deux-guerres », *op. cit.*, p. 342.
32. JF à Joseph-Alphonse Ferron, lettre, 16 mars 1936. BNQ, 1.2.3.
33. JF à Joseph-Alphonse Ferron, lettre, 2 avril 1936. BNQ, 1.2.3.

1930, en raison de la Crise, on avait suspendu la construction des édifices de l'Université de Montréal, tout comme celle de l'Oratoire Saint-Joseph, cet « autre symbole de l'impuissance des Canadiens[34] ». On croit lire, à travers ces constats désabusés de l'impuissance nationale, les admonestations de Victor Barbeau, auteur d'un essai pessimiste intitulé *Mesure de notre taille,* qui remporte alors un grand succès auprès des collégiens.

L'événement politique qui marqua le plus profondément l'imaginaire de Jacques Ferron — au point où il prétendra plus tard avoir écrit l'un de ses romans pour exorciser ce souvenir — fut une « Semaine sociale », organisée à Brébeuf à la fin de 1937 en collaboration avec l'École sociale populaire (ÉSP)[35]. Cet organisme, fondé en 1911 par les jésuites eux-mêmes, voulait apporter des solutions aux nouveaux problèmes sociaux et proposait à la population des voies autres que celles du communisme : « par des bulletins, des tracts, des affiches, des messages radiophoniques, des conférences et des cours, l'École s'applique à caricaturer et à noircir tout mouvement anticapitaliste, et principalement le P.C.[36] ». À la faveur de la Crise économique et de la publication de l'encyclique papale *Quadragesimo Anno*, l'ÉSP était passée à la promotion du corporatisme social, parce que, selon elle, il ne suffisait plus de lutter contre le communisme et de propager le syndicalisme catholique : il fallait dorénavant porter aussi la lutte sur le terrain politique. Selon Raymond-G. Laliberté, les jésuites, durant l'entre-deux-guerres, furent parmi les plus ardents propagandistes du corporatisme ; l'apparent échec du capitalisme rendait

34. *Ibidem.*

35. La Semaine sociale du Collège Brébeuf eut lieu du 28 novembre au 4 décembre 1937.

36. Marcel Fournier, *Communisme et anticommunisme au Québec (1920-1950),* Montréal, Éditions coopératives Albert Saint-Martin, 1979, p. 23.

nécessaire la proposition de nouvelles solutions sociales, d'autant plus que le socialisme, par le biais de la Cooperative Commonwealth Federation (CCF) et du Parti communiste, avait déjà commencé à s'implanter au pays :

> Si le corporatisme se présente comme un projet de restructuration de la société, c'est parce que l'on sent le besoin — directement affirmé — de proposer une idéologie de remplacement du communisme. Et ceci parce que l'on exprime un constat d'échec du « capitalisme sauvage » d'une part, en même temps qu'un refus global de tout socialisme[37].

La Semaine sociale présentée au collège Brébeuf avait pour thème : « Initiation à la doctrine sociale de l'Église d'après l'encyclique *Quadragesimo Anno*[38] ». Le programme, publié dans le journal des étudiants, se composait essentiellement d'une série de conférences étalées sur sept jours et mettant en vedette des personnes en vue de la société canadienne-française. En 1937 donc, année même où se déroule, ne l'oublions pas, l'intrigue du *Ciel de Québec*, « le père Meunier ferma son moulin, le père Virgile son latin, le père Vibrato sa rhétorique, et, toutes humanités cessantes, nous eûmes droit à la vérité durant toute une semaine[39] », comme le dit ironiquement Ferron. Esdras Minville parla aux élèves des « Abus du capitalisme moderne » ; Léon Mercier-Gouin leur révéla « L'illusion du communisme et du socialisme » ; et surtout, le R.P. Joseph-Papin Archambault, infatigable zélateur de l'Action catholique, vient entretenir les collégiens de l'« Ordre social chrétien ». Les thèmes des conférences s'enchaînent savamment les uns aux autres dans

37. Raymond-G. Laliberté, « Dix-huit ans de corporatisme militant. L'École sociale populaire de Montréal, 1933-1950 », *Recherches sociographiques*, vol. XXI, n°s 1-2, janvier-août 1980, p. 67.
38. [Anonyme], « Semaine sociale au collège Jean-de-Brébeuf », *Brébeuf*, vol. V, n°s 2-3-4, 13 novembre 1937, p. [8].
39. JF, « Historiette. Un sale hasard ou deux », *loc. cit.*, p. 34.

un crescendo, de manière à ce que la solution inévitable aux maux de la société s'impose peu à peu aux esprits. Vers la fin de la semaine, en effet, le Dr Philippe Hamel, célèbre membre-fondateur de l'Action libérale nationale (ALN), vient dire aux collégiens que « le droit de propriété est sapé par le capitalisme moderne qui centralise tout le pouvoir d'argent dans les mains de quelques financiers. Il reste un remède : le corporatisme » ; et le journaliste-étudiant qui rapporte ces propos dans le *Brébeuf* conclut : « Il faut avoir entendu le Dr Ph. Hamel nous parler des abus sans nombres de la dictature économique pour ouvrir les yeux[40]. »

Ainsi donc, comme le rapporte Ferron : « la vérité à laquelle nous fûmes conviés cette semaine-là, c'était le corporatisme, un machin assez bâtard, garanti Vatican, dont le champion était Salazar[41]. » Que pensaient les collégiens de tous ces débats ? Beaucoup d'entre eux se montrèrent sensibles aux arguments apportés par le programme à saveur corporatiste de l'A.L.N. Ce parti, rappelons-le, proposait une série de mesures inspirées justement des idées sociales contenues dans *Quadragesimo Anno* ; on y prônait « la libération économique et sociale des Canadiens-français, une politique ouvrière axée sur les assurances sociales, les contrats collectifs, la lutte contre les trusts, ces "puissances d'argent", une restauration de l'agriculture[42] ». Jacques Lavigne, parmi d'autres, dit avoir été séduit par ces idées nouvelles ; le jeune homme contribua même — selon ses modestes moyens d'étudiant — à une cueillette de fonds pour ce parti qui, pour la première fois, proposait des améliorations sociales à la jeunesse[43].

---

40. Jacques Durivage, « La Semaine sociale », *Brébeuf*, nos 5 et 6, 22 décembre 1937, p. 5-6.
41. JF, « Historiette. Un sale hasard ou deux », *loc. cit.*, p. 34.
42. Denis Monière, *le Développement des idéologies au Québec*, Montréal, Québec/Amérique, 20e mille, [1977], p. 266.
43. Jacques Lavigne à l'auteur, entrevue, 7 septembre 1992.

Jacques Ferron partagea, pendant un certain temps du moins, les opinions de son ami Lavigne ; sa sœur Madeleine eut aussi connaissance de grandes discussions entre son père libéral et son grand frère devenu soudain partisan de Paul Gouin. Ferron reconnaîtra plus tard que Salazar, le héros du corporatisme, était « un personnage immangeable, mais allez, il fallait bien en manger, et nous en avons mangé, vite gavés, il est vrai[44] ». Dans un texte important de 1961 (publié dans la revue *Situations*), l'auteur confesse même avoir voulu épater son libéral de père en lui exposant, au sortir de ce marathon de conférences socio-politiques, les idées en vogue chez les jésuites :

> Je n'avais pas osé lui parler d'encyclique, il m'aurait répondu par le parent X qui faisait alors fortune par les papes, devenu représentant patronal à cause, justement des encycliques. J'étais quand même vexé de ne pas l'impressionner avec ma semaine sociale toute fraîche. [...] Alors je lançai le grand mot : « Et Salazar ? » [...] Mon père haussa les épaules. Salazar, il s'en fichait éperdument et il avait bien raison[45].

On aura reconnu au passage, dans le parent « X » auquel il est fait allusion, l'oncle Jean-Marie Bureau, ce prototype du notable de province que Ferron n'aime guère. L'écrivain, pendant son séjour à Brébeuf, semble donc avoir quelque peu dévié de l'orbite idéologique familiale, qui, comme on le sait, penchait résolument du côté libéral.

Malheureusement, la mouvance idéologique où évoluait le jeune Ferron avait le grand défaut d'être étroitement associée à des politiciens qui, peu après, quand on commença à parler de guerre mondiale, devinrent beaucoup moins présentables : « Il fallait entendre le jésuite bègue que nous avions, merveilleux propagateur du frisson fasciste, déclamer de longues pages d'Alphonse de Chateaubrian[t]

44. JF, « Historiette. Un sale hasard ou deux », *loc. cit.*, p. 34.
45. JF, « Le refus », *Situations*, 3e année, no 2, mars-avril 1961, p. 55.

devant le Saint-Sacrement ! [...] Ensuite, durant la semaine, un condisciple recueillait des cotisations pour Monsieur Adrien Arcand[46]. » Ferron, après avoir été enthousiasmé par la doctrine proposée par les pères jésuites, se sentit peu à peu floué quand les événements politiques internationaux prirent la tournure que l'on sait. « Sans trop nous en rendre compte », dit un Brébeuvois de la première heure, Jean-Louis Gagnon, « nous en arrivions à croire à la nécessité d'un vague national socialisme[47] ». Pendant qu'on nous abreuvait de corporatisme, écrira pour sa part Ferron à son ami John Grube, « les régiments musulmans de Franco, sous la bannière du Christ-Roi, écrasaient les républicains espagnols et quelques Canadiens français qui, avec Bethune, étaient allés leur prêter main-forte[48] ». Sans vraiment chercher à cacher l'influence passagère que ces idées de droite purent avoir sur lui, il prit bien soin de n'en pas faire trop état, du moins dans ses textes autobiographiques les plus connus.

Chose curieuse, on ne trouve aucune allusion politique dans les écrits ferroniens des années 1930, ni d'ailleurs — et cela est extrêmement révélateur — dans les textes des autres collégiens de cette génération qui devinrent par la suite écrivains : les Pierre Vadeboncoeur, Pierre Baillargeon et Jacques Lavigne (pour n'en nommer que quelques-uns) manifestent, dans leurs premiers essais littéraires, un total désintérêt face aux débats sociaux, comme si, par nature, ils avaient eu tendance à dissocier la littérature de la politique et des bruits du monde. Heureusement pour eux, serait-on tenté de dire, car d'autres n'ont pas eu cette chance : les pages du *Brébeuf* résonnent de mots d'ordres politiques qui font la

46. *Ibidem.*
47. Jean-Louis Gagnon, *Les apostasies*, t. 1, *Les coqs de village*, Montréal, La Presse, 1985, p. 62.
48. JF à John Grube, lettre, 30 juin 1980.

part belle au discours social ambiant, et que leurs auteurs préféreraient sans doute ne jamais avoir écrits ! Dès lors, on comprend mieux pourquoi Ferron manifesta toujours de l'agacement devant ceux qui utilisèrent cet épisode de l'histoire idéologique du Québec pour illustrer la soi-disant tendance de ses compatriotes à verser dans le fascisme ; après tout, il s'agit de sa propre jeunesse, et les justifications sans fin lui sont odieuses :

> [A]vant de prendre conscience de nous-mêmes [...] nous avons été grands importateurs d'idées européennes, en général racistes et antisémites et [...] nous avons pu les répéter sans trop les comprendre. Elles sont aujourd'hui malvenues et ce ne sont que les malvenants [...] qui déterrent et se délectent, en public, de cette viande pourrie[49].

Mais cette solidarité avec sa génération ne va quand même pas jusqu'à l'aveuglement. Ferron, qui a horreur d'être pris en défaut, pardonnera difficilement aux pères jésuites de l'avoir politiquement induit en erreur, et il s'arrangera pour leur rendre la monnaie de leur pièce dans son œuvre, selon une vieille habitude prise dès ses premières armes en littérature : l'écrivain avait-il des raisons d'en vouloir à quelqu'un qu'il « l'épinglait » dans un roman sous un jour plus ou moins favorable. Ainsi en est-il, par exemple, du père Joseph-Papin Archambault, qui eut le malheur de figurer parmi les conférenciers de la Semaine sociale de 1937. Dans *Le ciel de Québec*, Ferron le montre au Club de Réforme de Québec, entre les mains de deux libéraux qui le font boire sans qu'il ne s'en rende bien compte. Le pauvre jésuite finira complètement soûl et terminera la

49. JF, *Les lettres aux journaux*, colligées et annotées par Pierre Cantin, Marie Ferron et Paul Lewis, préface de Robert Millet, Montréal, VLB éditeur, 1985, p. 468-469. Lettre parue originellement dans *Le Devoir* (31 octobre 1981, p. 18) sous le titre : « Des idées aujourd'hui malvenues ».

nuit dans un lieu peu recommandable, surtout pour un ecclésiastique ! L'écrivain avait très bien choisi sa cible, car le père Papin était en quelque sorte, à lui seul, l'incarnation de toute cette entreprise idéologique : fondateur et animateur infatigable de l'ÉSP, il dirigea l'organisme durant près de quarante ans[50].

L'enthousiasme de Ferron pour l'ALN et la rhétorique nationaliste semble avoir été plutôt passager, puisque le futur écrivain avait en tête des préoccupations d'un tout autre ordre. Il nous a laissé du collégien qu'il était un portrait, celui d'un jeune homme hautain, « porté sur la poésie, mécréant n'ayant pas la moindre idée politique, plutôt gourmé de [s]a jeunesse, heureux de vivre et tenant à vivre à [s]a guise[51] ». Cette description rétrospective de son état d'esprit pourrait n'être qu'une façon de masquer ses idées sociales du moment, si le jugement n'était corroboré par ses condisciples. Denis Noiseux, ami de l'auteur et, comme lui, pensionnaire à Brébeuf, abonde dans le même sens : même si, croit-il, on peut dire des collégiens de cette époque qu'ils étaient tous un peu nationalistes, rien ne laissait deviner que son camarade Ferron s'impliquerait en politique comme il le fit plus tard. Jacques Lavigne, pour sa part, dit avoir été lui aussi étonné par les prises de position de Ferron à la fin des années 1940 ; à Brébeuf, dit-il, « nous n'avions jamais de discussions politiques [...] Ferron était plutôt dans un monde de poésie[52] ». Il rapporte à ce propos une anecdote assez éloquente sur les idées réformistes de son camarade : « Au point de vue idéologique [...] je ne peux pas dire que Ferron était en avance sur son temps à Brébeuf. Je me

50. Raymond-G. Laliberté, « Dix-huit ans de corporatisme militant », *loc. cit.*, p. 62.

51. JF, *Les lettres aux journaux*, *op. cit.*, p. 369. Lettre parue originellement dans *Le Devoir* (21 juillet 1973, p. 18) sous le titre : « Pierre Laporte, écrivain ».

52. Jacques Lavigne à l'auteur, entrevue, 21 septembre 1992.

souviens qu'il m'avait dit, au Carré Viger: "je jetterais tous les chômeurs à l'eau". À cette époque, selon moi, il n'avait aucune préoccupation sociale[53]. »

Du point de vue des idées politiques, c'est cette dernière image qu'il faut garder du collégien Ferron, comme de la plupart de ses amis, tant il est vrai que les adolescents ont tendance à prendre l'exact contrepied de ce que leurs maîtres leur demandent. « La décennie de 1930 est témoin, on le sait, d'un début d'affirmation du "je", de la personne, de l'homme », écrit Yvan Lamonde ; « Saint-Denys Garneau en poésie ; Jovette Bernier, Rex Desmarchais, Jean-Charles Harvey dans le roman [...][54] ». À ces noms d'écrivains il faudra bientôt ajouter ceux de Jacques Ferron et de quelques autres écrivains de sa génération. Car la société québécoise, à travers le discours des bons pères, demandait aux élèves d'adhérer à un « nous » tonitruant ; Ferron et ses amis répondront, eux aussi, par un « je » irréductible.

53. Jacques Lavigne à l'auteur, entrevue, 7 septembre 1992.

54. Yvan Lamonde, « La modernité au Québec : pour une histoire des brèches », dans Yvan Lamonde et Esther Trépanier (dir.), *L'avènement de la modernité culturelle au Québec*, Québec, Institut québécois de recherche sur la culture, 1986, p. 306.

CHAPITRE VIII

Étape

À partir du moment où Jacques Ferron se trouve au collège Brébeuf, son image, comme une photographie, se précise : d'abord parce qu'à cet âge, la personnalité s'affermit et acquiert des traits caractéristiques. Ensuite, parce que les témoignages se multiplient et deviennent plus nuancés : les condisciples ont connu le futur écrivain à un moment de leur vie et de la sienne où la mémoire des événements se fait plus nette ; enfin, parce que Jacques Ferron commence à écrire et laisse des traces de son propre imaginaire. Pour la première fois, des documents subsistent qui permettent de saisir sur le vif une pensée et une écriture qui se cherchent.

« À celui qui, lassé du cours bourgeois des choses, veut affronter le paradoxe, je recommande Jacques Ferron. La recherche de l'originalité alliée à son naturel, lui fait différer d'opinion avec la commune[1]. » Ce portrait, brossé en 1939 par un condisciple, donne une idée assez juste de la personnalité complexe de Jacques Ferron telle que plusieurs de ses amis s'en souviennent. L'impression générale qu'il dégageait

1. Jacques Dubuc, « Jacques Ferron. 3ème conseiller », *Brébeuf*, vol. VI, nº 8, 17 mai 1939, [p. 8].

semble d'abord avoir été celle d'un personnage au maintien aristocratique, ce qui tend à confirmer l'opinion de sœur Albertine Gagnon voulant que le jeune homme ait eu, dès le Jardin de l'enfance, une grande distinction naturelle. De ce point de vue, le collégien se trouva très rapidement dans son élément à Brébeuf : la belle éducation donnée par sa mère avait enfin trouvé un lieu où se faire valoir et où elle ne détonnait plus. Pierre Elliott Trudeau, qui dirigea le journal étudiant vers l'époque où Ferron y publia ses premiers essais, devançait l'écrivain d'une année au collège ; il se souvient de lui comme d'un esprit original, un grand dégingandé au sourire sceptique. Son surnom, dit-il, était « le Subtil[2] », ce qui laisse deviner la perception qu'avaient les élèves de ce singulier camarade. « Je connaissais peu Ferron, dit pour sa part Pierre Vadeboncoeur, confrère de classe de Trudeau. On ne se liait pas facilement avec lui, car il était timide, grand seigneur, aisément narquois, et nimbé d'une sorte de mystère qui lui servait de défense[3]. » De plus loin encore, Pierre Trottier, qui devint par la suite poète et diplomate, ne connaissait Ferron que de vue et de réputation ; plus jeune que lui de quelques années, il a pourtant gardé un souvenir vivace de ce grand garçon qui « flottait » dans les couloirs du collège avec un port de tête plein de noblesse : « On le voyait dans le réfectoire, marchant, déambulant la tête en l'air. Il avait quelque chose de sensible, d'aristocratique ; on sentait le poète en lui, même sans savoir qu'il était poète[4]. »

Les plus proches camarades de Jacques Ferron confirment eux aussi ces impressions, en y ajoutant toutefois

2. Pierre Elliott Trudeau à l'auteur, entretien téléphonique, 25 février 1993.

3. Pierre Vadeboncoeur, « Dix lettres de Jacques Ferron à Pierre Vadeboncoeur » [présentation], *Études littéraires*, vol. 23, n° 3, « J. Ferron en exotopie », hiver 1990-1991, p. 105.

4. Pierre Trottier à l'auteur, entrevue, 13 novembre 1992.

quelques nuances significatives. Pour Denis Noiseux, ce Sorelois qui, comme Ferron, était pensionnaire au collège, Jacques était un être indépendant et sensible, mais qui savait aussi être tranchant à l'occasion ; le trait de caractère dominant de son ami était la discrétion, qualité qu'il appréciait par-dessus tout et qu'il partageait avec lui[5]. Cette retenue classique dans les sentiments semble avoir été constante chez l'écrivain, qui refusa toujours de faire publiquement étalage de ses émotions. La réticence est très tôt perceptible dans les écrits ferroniens. Déjà, en juillet 1941, dans une lettre à Pierre Vadeboncoeur, il s'oppose à la volonté de ce dernier qui cherche précisément à percer le mystère de sa personnalité : « Si tu veux me comprendre, tu n'as qu'à te comprendre ; après quoi, cette fantaisie satisfaite chez toi, opposons-nous par charité, pour notre orgueil [...]. L'amitié est un refus de comprendre. Aussi je suis fâché que tu veuilles me comprendre[6]. » C'est la même pudeur qui rendra Ferron méfiant devant la psychanalyse ; aussi tard qu'en 1981, il repoussera avec agacement les offres de Julien Bigras qui, à l'occasion d'un échange épistolaire, cherche à l'amener sur le terrain des confidences : « je vous prie donc de m'excuser de ne pouvoir vous suivre[7] », dit-il poliment, mais fermement, à l'auteur de *Ma vie, ma folie*.

Au collège, le meilleur ami de Jacques fut sans contredit le président de son conventum, Jacques Lavigne, futur professeur de philosophie qui publiera plus tard, chez Aubier, un essai remarqué intitulé *L'inquiétude humaine*[8]. Cette amitié n'était peut-être pas tout à fait désintéressée puisque

---

5. Denis Noiseux à l'auteur, entrevue, 14 octobre 1992.

6. JF à Pierre Vadeboncoeur, lettre, [juillet 1941]. Parue dans « Dix lettres de Jacques Ferron à Pierre Vadeboncoeur », *loc. cit.*, p. 110.

7. Julien Bigras et JF, *Le désarroi*, correspondance, Montréal, VLB éditeur, 1988, p. 72.

8. Jacques Lavigne, *L'inquiétude humaine*, Paris, Aubier, Éditions Montaigne, « Philosophie de l'esprit », 1953, 230 p.

Lavigne avait découvert que son condisciple louisevillois était l'heureux frère de charmantes sœurs : « Jacques Lavigne était celui de ses amis avec lequel [Jacques] était le plus proche. [Il] faisait la cour à Marcelle et à moi aussi, il nous écrivait des lettres au ton très précieux[9] ! » Au bout du compte, à force de fréquenter ces intéressants Ferron, Lavigne finit par devenir, selon ses propres dires, « un ami de la famille[10] ». Régulièrement invité à Louiseville, il s'y rendait parfois de lui-même, et la porte lui était toujours ouverte. Au mois de juin, après la distribution des prix, le notaire attendait les deux Jacques qui revenaient ensemble, avec lui, à Louiseville puis au lac Bélanger.

L'opinion de Lavigne sur son ami Ferron revêt un caractère un peu particulier, puisque c'est lui qui semble l'avoir connu de plus près. Or voici le commentaire qu'il livre au sujet de son condisciple :

> Je dirais que c'était un élève brillant, quelqu'un qui, au fond, peut se permettre toutes sortes d'études spéciales s'il le veut. On n'était pas toujours les premiers parce qu'on voulait faire autre chose. Jacques et moi avons découvert la culture pour elle-même ; je dirais cela sans hésitation[11].

Cette impression correspond parfaitement à l'image de dilettante que l'écrivain a toujours voulu donner de lui-même, comme s'il y avait eu pour lui une forme de déshonneur à figurer parmi les forts en thème. À Brébeuf comme au Jardin de l'enfance, les résultats scolaires de Ferron furent généralement satisfaisants — du moins les premières années — mais l'auteur n'aime guère, nous le savons déjà, cette image de « bûcheur » et de tâcheron académique dont il affublera *a posteriori* un Pierre Elliott Trudeau, par exemple. Par une tournure d'esprit assez caractéristique

9. Madeleine Ferron à l'auteur, entrevue, 18 septembre 1992.
10. Jacques Lavigne à l'auteur, entrevue, 21 septembre 1992.
11. *Ibidem.*

partagée, à divers degrés, par tous les collégiens, l'auteur tient mordicus à avoir été différent, *autre*. Dans une lettre à Jean Marcel, où il se penche justement sur ses années de collégien, il aura cet étrange commentaire sur ses agissements d'alors :

> Je jouais double jeu parce que j'en avais les moyens dans la vitalité de ma jeunesse. Ce double jeu consistait, tout en me considérant inaliénable, [...] à me prendre pour un autre, à être un homme parmi les hommes, [...] à bien me comporter, à me faire un nom, à être un « autre » remarquable ; bref à m'aliéner pour avoir un comportement normal[12].

Il y a sans doute une part de vérité dans ce jugement, puisque certains de ses amis ont remarqué ce fameux *masque* que leur ami Ferron semblait arborer en tout temps. J'avais parfois l'impression — c'était plus ou moins conscient — qu'il entrait dans un personnage, qui était en même temps, pour lui, une protection[13] », dit Jacques Lavigne. Pierre Vadeboncoeur, dans sa belle préface à *La conférence inachevée*, se fait un peu plus nuancé, mais il rend compte au fond d'une perception similaire :

> [Ferron] a toujours gardé une grande réserve, une certaine impénétrabilité, imprécise à mes yeux quant à son sens : timidité ? orgueil ? empire du rêve dans sa réalité quotidienne ? aristocratie naturelle ? [...] il était une de ces personnes dont l'adhésion au réel est vécue de façon singulière, comme c'est le cas de bien des rêveurs[14].

Mais ces évocations, pour intéressantes qu'elles soient, n'en restent pas moins *extérieures* au personnage. Dans une certaine mesure, Ferron lui-même, devenu adulte, est aussi

---

12. JF à Jean Marcel, lettre, 1er juin 1966.
13. Jacques Lavigne à l'auteur, entrevue, 21 septembre 1992.
14. Pierre Vadeboncoeur, « Préface », dans JF, *La conférence inachevée, Le pas de Gamelin et autres récits*, édition préparée par Pierre Cantin, Marie Ferron et Paul Lewis, Montréal, VLB éditeur, 1987, p. 9.

un étranger face à l'adolescent qu'il fut : les autoportraits « en collégien », qu'il esquissera beaucoup plus tard, participeront d'un certain révisionnisme, d'une *stratégie* idéologique louable, certes, mais qui brouillera quelque peu la réalité. Or qu'en est-il vraiment du jeune Ferron « tel qu'en lui-même » et de ses sentiments profonds ?

Heureusement pour nous, l'élève a conservé la bonne habitude, acquise au Jardin de l'enfance, d'écrire à son père pour lui faire part de ses résultats académiques et des menus événements de sa vie de pensionnaire ; nous avons ainsi un aperçu de sa vie quotidienne. Grâce à ces lettres, on sait par exemple que le collégien continue à s'intéresser aux événements qui surviennent dans son coin de pays natal. Son père, sans doute pour lui rendre le dépaysement montréalais moins pénible, lui a offert un abonnement au *Nouvelliste*, mais la lecture de ce périodique régional n'est apparemment pas suffisante pour soulager le mal du pays du jeune Louisevillois : « Auriez-vous la bonté de m'envoyer [...] "l'Écho de Saint-Justin" car différents sujets m'intéresse [*sic*][15] », écrit-il au notaire en février 1934. Les lettres de Jacques à son père ressemblent à celles de n'importe quel jeune homme placé devant la nécessité d'écrire à ses parents. Plein de zèle et de bonne volonté, il s'efforce de donner l'image d'un bon garçon appliqué et respectueux des traditions. « Hier, comme c'était la fête de Maman, pour son cadeau, je lui ai fait chanter une messe, confie-t-il en janvier 1934. Mardi nous avons eu un examen sur l'orthographe et aujourd'hui sur l'arithmétique ; je crois pouvoir arriver un des premiers[16]. » Quelques semaines plus tard, nouveaux succès : il est arrivé premier en version, deuxième en préceptes et analyses, et il est l'heureux récipiendaire de la médaille de la classe pour son application. « Aujourd'hui,

15. JF à Joseph-Alphonse Ferron, lettre, 17 février 1934. BNQ, 1.2.3.
16. JF à Joseph-Alphonse Ferron, lettre, 11 janvier 1934. BNQ, 1.2.3.

ajoute-t-il [le 5 mars 1934], j'ai bien prié pour le repos de l'âme de ma chère maman, morte il y a déjà 3 ans[17]. »

Dans ses réponses, le notaire ne se montre pas en reste de bons sentiments. Il s'empresse d'abord d'informer Jacques des derniers événements survenus dans la région. Comme nous avons affaire à un organisateur électoral chevronné, il va sans dire que ces nouvelles sont parfois politiques : « Ton oncle Omer a perdu son élection, mais cette fois-ci il y aura contestation car mon ami Hector Béland, oubliant nos relations amicales, a fait voter des gens qui n'avaient pas droit de vote [...][18] », explique-t-il à son fils en janvier 1935. Quelques mois plus tard, c'est au tour d'un autre parent de bénéficier des talents électoraux du notaire : « Nous travaillons pour l'élection de ton oncle Émile et nous espérons avoir du succès. Ce dernier fera son premier discours dimanche à St-Gabriel-de-Brandon[19]. » En d'autres occasions, c'est l'amateur de chevaux qui informe son aîné des derniers changements survenus dans l'écurie familiale : « Je viens t'annoncer que j'ai vendu ton petit "caille" et que nous allons dresser pour la selle le blond à la place[20]. » Mais le notaire n'oublie pas non plus de féliciter son garçon pour ses succès scolaires et de lui manifester, à plusieurs reprises, sa fierté : « [...] je viens te dire comme je suis content de te voir à 13 ans, bien portant et grand comme un homme de 16 ans, sage et studieux comme un homme de 18 ans, économe et d'affaires comme un vrai notaire[21] », écrit-il à Jacques pour son anniversaire. Il se dit aussi touché de constater que son fils entretient aussi pieusement la mémoire de

17. JF à Joseph-Alphonse Ferron, 5 mars 1934. BNQ, 1.2.3.
18. Joseph-Alphonse Ferron à JF, lettre, 30 janvier 1935. BNQ, 1.1.96.13.
19. Joseph-Alphonse Ferron à JF, lettre, 12 septembre 1935. BNQ, 1.1.96.15.
20. Joseph-Alphonse Ferron à JF, lettre, 20 mars 1934. BNQ, 1.1.96.5.
21. Joseph-Alphonse Ferron à JF, lettre, 22 janvier 1934. BNQ, 1.1.96.4.

sa mère : « Ton rapport du mois m'a fait réellement plaisir et a certes été agréable à ta petite maman, si sensible à tes succès, car on dit que l'âme Bienheureuse participe aux joies des siens sur la terre[22]. »

Cette correspondance touchante, mais un peu guindée, entre un père et son fils se révèle cependant tout à fait prévisible ; les deux protagonistes se sentent tenus de respecter un rôle et des conventions qui laissent très peu de place à la véritable personnalité de chacun. Il faudra donc chercher ailleurs pour découvrir d'autres aspects de la personnalité du jeune Jacques. Nous avons vu que Madeleine et Marcelle Ferron, pour des raisons de « logistique » familiale, furent inscrites dans un pensionnat de Lachine au moment où leur frère entrait au collège Brébeuf. Cette proximité des deux institutions, du point de vue des principaux intéressés, était cependant bien relative, puisque Jacques et Madeleine ne pouvaient se voir comme ils l'auraient voulu, d'autant plus que leur statut de pensionnaires contribuait à limiter leurs déplacements. C'est dans ces circonstances que les deux enfants entreprirent eux aussi un dialogue épistolaire qui, commencé en 1936, ne devait s'interrompre que cinquante ans plus tard, avec la disparition du romancier. On peut dater de cette époque lointaine le début de la vocation littéraire des deux enfants. Madeleine a toujours précieusement conservé les lettres de son frère, si bien qu'il est encore possible, à partir des années de collège, de découvrir de l'intérieur le « véritable » Jacques sans que l'écrivain ne s'interpose entre ce qu'il fut et ce qu'il dit avoir été.

Que disent ces lettres ? Elles révèlent un jeune élève passablement différent de ce qu'en ont dit ses amis. Qui plus est, libéré des convenances épistolaires qu'un fils doit à son père, Ferron laisse plus librement vagabonder sa plume. On

22. Joseph-Alphonse Ferron à JF, lettre, 7 novembre 1934. BNQ, 1.1.96.11.

découvre d'abord, dans cette correspondance fraternelle, un *grand frère*, précisément. Dans la dynamique de toute famille, il est courant que l'aîné des enfants ait tendance à adopter une attitude un peu protectrice vis-à-vis de ses frères et sœurs, surtout en l'absence des parents. Chez les Ferron, Jacques se conforma très tôt — et très volontiers — à ce comportement classique, en particulier après que la mère des cinq enfants fut disparue. C'est lui qui, par exemple, avait l'habitude de diriger les activités de la famille durant les longs étés au lac Bélanger. Madeleine lui en fut toujours reconnaissante : « Sans toi nos vacances à St-Alexis auraient été un désert intellectuel, lui écrit-elle en 1976. Nous ne l'aurions pas traversé sans être déshydratées à tout jamais[23]. » À l'adolescence, c'est lui qui encouragea sa sœur Marcelle à devenir peintre, comme cette dernière le raconte :

> J'ai été hospitalisée au Sacré-Cœur à l'âge de seize ans. Jacques partait de Brébeuf à pied, il venait me voir avec un livre plein de reproductions du Louvre. Il arrachait les illustrations du livre et disait : « Allez, instruis-toi et apprends à devenir un bon peintre ! » Il a fait de moi un peintre ; il m'a donné un coup de pouce[24] !

Marcelle Ferron ajoute que, règle générale, c'est son frère Jacques qui initiait la famille à la « grande culture » ; c'est ainsi que les Ferron découvrirent les musiciens modernes — Stravinski, Fauré — que le collégien avait lui-même découverts à Brébeuf. Le même phénomène se produisit en littérature, comme le confirme Madeleine : « Il nous lisait Mallarmé, Valéry, nous faisant ainsi profiter de ses découvertes[25]. »

Mais les lettres de cette époque montrent aussi que les attentions du grand frère ne se limitaient pas aux trouvailles

23. Madeleine Ferron à JF, lettre, 8 novembre 1976. BNQ, 1.1.97.255.
24. Marcelle Ferron à l'auteur, entrevue, 25 janvier 1993.
25. Madeleine Ferron à l'auteur, entrevue, 18 septembre 1992.

littéraires et musicales. Ferron percevait son rôle d'aîné comme celui d'un mentor, surtout à partir du moment où Madeleine commença à manifester elle aussi des velléités littéraires. « Tout d'abord je te félicite sur ta lettre : elle est mieux que de coutume. Plus naturelle[26] », lui écrit-il en 1937. Sa cadette lui fait-elle lire un texte qu'elle vient d'écrire ? Jacques se montre à la fois paternaliste et impitoyable : « Je serai franc envers toi relativement à ton article, ma petite Madeleine ; il ne vaut pas grand-chose [...][27] ». Toujours en vertu de ce droit d'aînesse, le collégien se risque même à donner des conseils pédagogiques, bien peu orthodoxes il faut le dire, pour assurer la réussite scolaire de sa jeune sœur :

> Travaille avec aisance, lui explique-il en juin 1939 ; ne te courbe pas dans une posture de contrainte sur ton bureau lorsque tu écris ; mais tiens-toi bien droite, traite ton devoir, ton livre avec un air de condescendance, daigne le gratifier d'un sourire amusé, mais ne va pas te pencher sur eux avec inquiétude[28].

Le jeune homme a beau prôner le détachement académique, ses missives trahissent quand même, à côté de cette indifférence affectée, une volonté farouche de « réussir » qui est comme la préfiguration de l'attitude ambivalente que l'écrivain gardera tout sa vie devant la carrière littéraire. Quand on sait le peu d'estime qu'il avait pour les élèves bûcheurs, on est plutôt étonné de découvrir, à travers ses lettres de jeunesse, un Jacques Ferron ouvertement ambitieux et appliqué, qui développe une saine émulation académique avec sa jeune sœur :

> J'arrive très bien dans mes classes ; surtout dans les compositions qui comptent pour la fin de l'année, c'est-à-dire pour

26. JF à Madeleine Ferron, lettre, [avril 1937].
27. JF à Madeleine Ferron, lettre, [1938].
28. JF à Madeleine Ferron, lettre, [juin 1939].

les prix ; je t'avertis donc qu'il va te falloir travailler si tu veux en avoir autant que moi : je suis premier en version latine (96 %), Grammaire Grecque, Racine Grecque et second en Version Grecque et Grammaire latine [...][29].

Le collégien prend plaisir à énumérer, pour le bénéfice de ses sœurs, les lourds travaux qu'il doit accomplir à Brébeuf : versions latines, discours à préparer, compositions, etc. Il conclut cette énumération par un cri du cœur : « je suis littéralement écrasé, mais j'aime ça être surchargé [...][30] ». Même enthousiasme quelques mois plus tard, alors que son énumération prend, cette fois, une coloration nettement plus littéraire : « depuis quinze jours j'ai eu beaucoup de travail ; je travaillais tant que j'avais la tête, ou plutôt la cervelle plate, plate et très sèche ; c'était des théorèmes de géométrie et des fragments d'*Illiade* qui y tournaient, viraient, et si vite que je craignais certains soirs d'être fou[31] ». On ne peut pas dire que cette attitude devant le travail scolaire soit celle d'un dilettante ; les conseils de « détachement » académique qu'il servait à sa jeune sœur ne semblent pas devoir s'appliquer à lui-même !

La correspondance des deux adolescents permet aussi de pressentir, en gestation, le redoutable esprit caustique et l'ironie de Jacques Ferron qui lui vaudront plus tard le joli surnom de « Voltaire de la Rive Sud ». Dans ses lettres, le collégien trouve bien sûr à se moquer, au premier chef, de sa destinataire, qu'il va même jusqu'à comparer à un âne : « Je viens de lire du Francis Jamme[s] », lui écrit-il en 1939 ; « tu te souviens : "Prière pour aller au ciel avec les ânes"[32] ?

29. [JF à Madeleine Ferron], dans Madeleine Ferron, « L'écrivain », *loc. cit.*, p. 257. La romancière croit pouvoir dater cette lettre de 1935 ou 1936.
30. JF à Madeleine Ferron, lettre, 22 février 1937.
31. JF à Madeleine Ferron, lettre, [octobre 1937].
32. Titre d'un poème de Jammes publié dans *Le deuil des primevères*, recueil paru pour la première fois en 1901.

Dans le train ma prière fut exaucée, vous veniez avec moi à Louiseville[33]. » L'écrivain n'épargne pas non plus ses confrères de classe, surtout quand ces derniers sont connus de sa sœur. Jacques Lavigne, admirateur de Maurice Blondel et philosophe chrétien, est lui aussi égratigné dans cette correspondance par un Ferron qui pose au mécréant : « [...] je crains qu'il ne se fasse moine ce bon Jacques ; ce sera triste un peu pour moi, mais il fera un si bon confesseur : "Ma fille, dira-t-il (j'imagine) allez vous n'êtes pas grande pécheresse ; ces petites fautes vous les expirerez [*sic*] en relisant les lettres de Madame de Sévigné."[34] » Avec une hautaine condescendance, Ferron se moque aussi du mouvement de la Jeunesse étudiante catholique (JÉC), auquel Madeleine venait d'adhérer dans son couvent de Lachine : « tu n'as pas la tête qu'il faut pour être jéciste ; être jéciste, c'est être bon enfant ; un peu imbécile et sans prétention[35] ».

Devenu adulte, Jacques Ferron apprit un jour que sa sœur avait conservé toutes ses lettres d'adolescence ; il connaissait l'importance de ces documents de première main, et redoutait un peu ce que la postérité allait en faire. « Les papiers s'accumulent dans la famille, écrivit-il à Pierre Cantin en 1972. Ma sœur, la Merluche, est en train de classifier des lettres qui remontent à son temps de couvent et qui sont invraisemblables par leur fatuité[36]. » À la lecture de ces papiers jaunis, force est d'admettre que pour une fois, ce jugement sévère de Ferron sur lui-même comporte une part de vérité. On découvre effectivement dans cette correspondance un jeune homme assez prétentieux, un grand frère paternaliste qui adopte parfois un ton terriblement suffisant : « Je suis toujours un peu gêné lorsque je t'écris, car je

33. JF à Madeleine Ferron, lettre, [juin 1939].
34. JF à Madeleine Ferron, lettre, [juin 1939].
35. JF à Madeleine Ferron, lettre, [octobre 1937].
36. JF à Pierre Cantin, lettre, 9 janvier 1972.

me sens tenu d'être simple, naturel comme je le puis, et de fuir cette érudition que j'ai acquise à la lecture[37] », dit-il à sa cadette. À sa correspondante, qui l'enjoint parfois de faire preuve d'un peu plus de modestie, le jeune homme rétorque : « si je suis orgueilleux je ne le suis pas sottement et sans raison — j'ai raison de l'être, car j'ai du talent (je dis ce que je pense) — D'ailleurs, tu verras plus tard que l'orgueil est le grand fond des choses. Si tu avais la permission, je t'enverrais les maximes de La Rochefoucauld[38]. »

Ainsi donc, « l'enfant sauvage » de Louiseville et du lac Bélanger, qui se plaisait tant à fréquenter ses petits voisins paysans, est bel et bien disparu sous le vernis culturel des humanités classiques. Comme bien des timides, Jacques Ferron semble avoir caché, sous son apparente réserve, un orgueil ombrageux. À moins que cette attendrissante vanité d'adolescent n'ait été un symptôme de l'effet que l'élitisme peut avoir sur un provincial : impressionné de se retrouver parmi les patriciens de la nation, le jeune homme aurait-il succombé à la douce tentation du snobisme ? D'où vient, par exemple, que ce garçon élevé au grand air se mette soudain à parler de richesse ?

> J'aime le luxe [...] il m'est nécessaire tu vois ; la lecture, la musique en ont besoin ; car le luxe est pour moi un beau tableau, un fauteuil Louis XV ; enfin quelque chose de très humain. Le luxe apaise l'homme ; si madame Curie l'eut [*sic*] bien goûté, elle eut [*sic*] préféré son humanité à tout le radium du monde[39].

Au fond, le recteur du collège, dans sa lettre citée au chapitre précédent, avait sans doute raison sur un point : la fréquentation de Brébeuf pouvait devenir cruelle aux élèves qui ne faisaient pas partie, comme la majorité, d'une « classe

---

37. JF à Madeleine Ferron, lettre, [octobre 1937].
38. JF à Madeleine Ferron, lettre, [1935].
39. JF à Madeleine Ferron, lettre, [1935].

aisée[40] ». Fils d'un notaire, on ne peut pas dire que Ferron fût dans la gêne; mais l'aisance paternelle devait paraître bien provinciale en comparaison du raffinement des grandes familles de la bourgeoisie montréalaise. « Ses confrères de classe étaient fortunés », dit Madeleine; « d'où le rêve d'être riche, sans doute[41] ». C'est ici que la figure de Pierre Elliott Trudeau prend tout son sens dans la cosmogonie ferronienne. On sait quelle animosité l'écrivain nourrira plus tard contre son ancien condisciple; au-delà des divergences politiques qui les éloignèrent par la suite l'un de l'autre, la colère de Ferron à l'endroit de l'ex-premier ministre plonge ses racines dans leur passé « brébeuvois » commun, que le romancier, comme il lui arrive souvent, réorganisera rétrospectivement selon un modèle à double volet. Dans les écrits ferroniens, Trudeau ne sera jamais qu'un fils de parvenu, même si Ferron finira par admettre que lui-même, au collège, avait « à peu près la même mentalité[42] » que son confrère.

Pour le moment, on peut dire que les aspirations du jeune homme, durant les années 1930, sont tout à fait dans la lignée de celles des autres étudiants du collège où il se trouve pensionnaire: « Je passai alors à une bourgeoisie sans doute cultivée, mais fort dédaigneuse de son pays[43] », confessera-t-il plus tard. Le jeune élève de Brébeuf semble en effet se désintéresser progressivement de sa Louiseville natale: « J'ai reçu ce midi le "Nouvelliste", écrit-il à son père en septembre 1935; si mon abonnement achève, ne me rabonne [*sic*] pas car j'aimerais mieux m'abonner au

---

40. Lettre du R.P. Antonio Dragon à M. Aimé Arvisais, cité dans Claude Galarneau, *Les collèges classiques au Canada français*, *op. cit.*, p. 156.
41. Madeleine Ferron à l'auteur, lettre, 17 janvier 1993.
42. JF à Jacques de Roussan, entrevue, 29 septembre 1970.
43. JF à Jean Marcel, lettre, 13 juin 1967.
44. JF à Joseph-Alphonse Ferron, lettre, 5 septembre 1935. BNQ, 1.2.3.

"Devoir"[44].» Même lorsqu'il revient dans le comté de Maskinongé, Ferron éprouve de la peine à se défaire de la nouvelle culture qui est la sienne: il utilise maintenant un langage châtié qui en étonne plusieurs, et qui n'est pas seulement le résultat des campagnes collégiales de Bon parler français. Jacques «voulait tellement se surpasser qu'il s'est mis à parler pointu, dit Madeleine. Quand il revenait à Louiseville, on était un peu gênés d'aller avec lui chez les amis de Papa[45].» Ce dialecte raffiné, que l'auteur baptisera «français brébeuvois» avec quelque ironie[46], devait en effet détonner au village des Ambroises, et même dans la grand'rue louisevilloise! On ne peut s'empêcher de penser ici au célèbre veau du conte «Mélie et le bœuf», qui se met à parler latin dès qu'on fait mine de l'inscrire au Séminaire. Il est maintenant possible de deviner dans ce récit une bonne dose d'autodérision.

Comment ne pas se dire, aussi, que le nouveau langage de Jacques Ferron constitue une forme de rejet de ses origines? En 1939, le rhétoricien écrit à sa jeune sœur Marcelle ces lignes significatives: «Je suis un peu pédant, mais je serais très heureux si je pouvais te garder de ce patriotisme qui [pro]pose à notre gloire ces paysans très aimables j'avoue, mais sans importances [*sic*][47].» Il est encore trop tôt pour parler de trahison, même si c'est en ces termes que l'auteur jugera plus tard son attitude. Ce que Ferron appelle

---

45. Madeleine Ferron à l'auteur, entrevue, 18 septembre 1992. Le romancier croit pour sa part que les inquiétudes du notaire à ce sujet étaient d'un tout autre ordre: «Mon père, à cette époque, n'appréciait pas trop le langage quelque peu affecté dont nous usions au collège. Peut-être craignit-il que je devinsse fifi?» ([Sans titre], manuscrit. BNQ, 2.70.3.)
46. JF, *Gaspé-Mattempa*, Trois-Rivières, Éditions du Bien Public, «Choses et gens du Québec», 1980, p. 17.
47. JF à Marcelle Ferron, lettre, [1939].

son « second vocabulaire », celui qui lui permettait de parcourir les champs du comté de Maskinongé, semble en tout cas avoir bel et bien été mis au rancart ; les contes du grand-père Benjamin ont été remplacés par une culture totalement différente, et le collégien mettra des années à les redécouvrir. En lui, la lignée des Ferron et celle des Caron luttent toujours ; le séjour au collège Brébeuf a eu pour effet de libérer les potentialités aristocratiques que sa mère lui avait inculquées.

CHAPITRE IX

Mon herbier

Paul Ferron, qui suivait Jacques de quelques années à Brébeuf, fut un témoin privilégié des étranges mutations linguistiques de son aîné. Sa position était particulièrement avantageuse, puisqu'il voyait son frère au collège *et* à la résidence familiale: il vaut donc la peine qu'on prête une attention particulière à ce qu'il dit de la préciosité langagière de ce dernier: «Je crois que Jacques, au Brébeuf, s'est mis à parler "pointu" parce que dans sa classe, cette année-là très précisément, on était plutôt intellectuel, alors que les autres groupes étaient plutôt sportifs. Ce fut, pour ainsi dire, une mode de parler pointu pendant une année ou deux[1].» Si l'on en croit cet observateur, il y aurait donc eu au collège Brébeuf, vers la fin des années 1930, un groupe d'élèves un peu différents des autres, dont aurait fait partie Jacques, et dont l'une des singularités résidait dans l'usage d'un langage plus affecté que celui ayant cours dans les autres classes. La perception de Paul Ferron est analogue à celle de Pierre

1. Paul Ferron à l'auteur, entrevue, 8 janvier 1993.

2. Pierre Vadeboncoeur, «Dix lettres de Jacques Ferron à Pierre Vadeboncoeur» [Présentation], *loc. cit.*, p. 105.

Vadeboncoeur, qui fut justement l'un des « acteurs » du groupe concerné ; selon l'essayiste, il y aurait eu à Brébeuf, vers la fin des années 1930, « un petit milieu intellectuel composé de quinze ou vingt élèves sur deux ou trois classes qui se suivaient ; milieu restreint, un peu sélect, parfois un peu snob, non dépourvu de qualités par ailleurs[2] ». Ce « petit noyau », qui semble directement sorti d'un opuscule proustien, eut une très profonde influence sur la formation de Jacques Ferron, qui gardera toujours un souvenir ému de ces amitiés, même s'il cherchera par la suite à structurer différemment ses souvenirs. C'est à travers cette camaraderie intellectuelle — et avec le concours stimulant des pères jésuites — qu'il développera ses goûts esthétiques et ses opinions.

Ce petit monde artificiel, dit encore Vadeboncoeur, était composé d'une « quinzaine de jeunes gens, peu liés au fond, qui, complaisamment, ne se distinguaient pas très bien de la légende littéraire, passée ou courante[3] ». Le seul trait de caractère commun de ces jeunes hommes semble avoir été un profond individualisme ; encore aujourd'hui, les membres de ce groupe — qui n'en fut pas vraiment un — se défendent d'avoir fait partie d'un cénacle, et c'est ce refus, curieusement, qui les lie et les identifie encore plus sûrement que leur langage recherché. « Je suis extrêmement orgueilleux, indépendant, et individualiste[4] », écrit déjà Ferron en 1937, avec toute la morgue de ses seize ans. Cette génération de solitaires était composée de francs-tireurs qui formaient, selon Pierre Elliott Trudeau, une sorte de collégialité basée sur la confrontation[5] ; non pas que ces étudiants aient systématiquement cherché à s'opposer les uns

3. *Ibidem.*
4. JF à Madeleine Ferron, lettre, [octobre 1937].
5. Pierre Elliott Trudeau à l'auteur, entretien téléphonique, 25 février 1993.

aux autres, mais le contexte général de leur formation et de leur époque les poussait à valoriser leurs singularités plutôt que leurs points communs, comme l'explique Pierre Trottier : « On cherchait à se signaler par une lecture d'un auteur mal connu [...], par des exploits intellectuels ou autres, ou par le pittoresque, l'inusité... Nous étions des individualistes forcenés qui voulions nous distinguer en ayant une personnalité inclassable[6]. »

Cette volonté de distinction éclaire en partie le comportement ultérieur de Jacques Ferron. Déjà indépendant de caractère, il verra cet aspect de sa personnalité se renforcer pendant les années de collège et laisser sa trace sur les faits et gestes de son existence. Jacques Ferron ne fera jamais rien comme tout le monde, et en cela il ressemble à beaucoup d'intellectuels de sa génération ; son parcours tout en ruptures — de même que celui de beaucoup de ses condisciples — s'éclaire rétrospectivement par cet individualisme fondateur. L'élève était lui-même très conscient — pour ne pas dire très fier — de sa singularité, au point où on peut le soupçonner de l'avoir soigneusement cultivée : « Je suis toujours le même, toujours à part des autres, pensant toujours contrairement aux autres[7] », confie-t-il candidement à Madeleine en 1936. Au lieu de lire Voltaire et Rousseau, comme le commun des mortels, il affectera plus tard un goût prononcé pour les auteurs mineurs des XVIIe et XVIIIe siècles : Rotrou, Cazotte, Antoine Hamilton, Sorel, Tallemant des Réaux... Par intérêt sincère, bien sûr, mais aussi par besoin de mystifier ses lecteurs et de s'accaparer un champ intellectuel inconnu de la majorité : « Mon goût des auteurs mineurs, dit-il, c'est qu'on peut en parler librement. J'ai l'impression qu'ils sont à moi [...][8]. » La carrière

---

6. Pierre Trottier à l'auteur, entrevue, 13 novembre 1992.
7. JF à Madeleine Ferron, lettre, 7 décembre 1936.
8. JF à Jean Marcel, lettre, 4 février 1969. Cette volonté de posséder un savoir littéraire inconnu des « autres » semble avoir été assez répandue

politique de Ferron peut aussi être mieux comprise à la lumière de ce nouveau « culte du Moi ». Comment expliquer autrement son appartenance successive à une multitude de groupuscules idéologiques sans lendemains, destinés à une mort électorale certaine ? « Il était fomenteur de troubles, dit sa sœur Madeleine ; quand ça allait bien dans un parti, il démissionnait. Je lui écrivais, et je lui disais : “tu as démissionné de tous les partis ; il va falloir que tu inventes bientôt un nouveau mouvement pour pouvoir en démissionner !”[9] » Même la pratique des sports, chez lui, porte la marque d'une forte volonté de se singulariser : « J'ai toujours pratiqué les styles assez bizarres : en ski, je faisais du *Telemark* ; à la nage, je faisais de l'*overarm sidestroke*[10] », dit-il.

Mais l'individualisme, par définition, ne suffit pas à assurer la cohésion minimale d'un groupe, aussi peu porté soit-il sur la camaraderie. Il faut donc chercher ailleurs l'intérêt commun qui unissait malgré tout ces fortes personnalités. Ce lien, assez lâche pour préserver le quant-à-soi de chacun mais assez fort pour constituer un point de ralliement intellectuel, se trouvera dans les affinités littéraires et dans la communauté de goûts de ces collégiens. Le petit groupe des collégiens dont faisait partie Ferron avait en effet mis la littérature française au cœur de ses préoccupations ; il correspond en cela à la description de Catherine Pomeyrols, selon qui les jeunes intellectuels de l'entre-deux-guerres se tournèrent vers la littérature pour chercher des guides et des modèles. « C'est plutôt chez les littéraires que

---

chez les élèves du collège. « Ils adorent déconcerter les nouveaux venus dans leur entourage, dit Gérard Pelletier. La semaine dernière encore, j'ai rencontré un “gars de Brébeuf” qui a levé les bras au ciel parce que je ne connaissais pas Panaït Istrati. » (Gérard Pelletier, *Les années d'impatience*, *op. cit.*, p. 34-35.)

9. Madeleine Ferron à l'auteur, entrevue, 18 septembre 1992.

10. JF et Pierre L'Hérault, « 9 entretiens avec le Dr Jacques Ferron », *op. cit.*, p. 21.

chez les philosophes que nos jeunes gens ont puisé des conceptions du monde, la philosophie thomiste ayant [...] écarté la fréquentation et la découverte directe des auteurs "classiques" de la philosophie[11]. » À la différence de leurs aînés du collège Sainte-Marie, toutefois, avec lesquels ils semblent avoir eu très peu d'affinités, les élèves de Brébeuf ne ressentirent pas nécessairement le besoin de se rassembler autour d'un mouvement d'idées, comme l'avaient fait avant eux les membres du groupe de *La Relève*; simplement, le cercle informel des « esthètes » gravitait plus ou moins autour du journal du collège, dans les pages duquel plusieurs s'essayèrent pour la première fois à la littérature. Le fait d'écrire dans le *Brébeuf* conférait apparemment aux écrivains en herbe, sinon la gloire, du moins une certaine notoriété à l'intérieur même des murs de l'institution: « Celui qui écrivait dans le journal était déjà un grand homme, dit Pierre Trottier; il se distinguait, il avait une plume! [...] C'était déjà l'indice d'un tempérament, d'un caractère plus défini[12]. » Le tempérament individualiste des collégiens se devine aussi à travers leurs goûts particuliers en matière de littérature et de culture. Bien qu'il prétende ne pas avoir fait partie du groupe des « littéraires », Pierre Elliott Trudeau, qui fut pourtant directeur du journal, avoue que, malgré les divergences politiques qui devaient plus tard les séparer, Ferron et lui étaient à Brébeuf des frères en littérature qui partageaient la même admiration pour certains écrivains[13].

On ne sera pas surpris d'apprendre, en premier lieu, que la plupart des modèles littéraires des étudiants étaient exclusivement *français*: « au-delà de ce que nous savions du

11. Catherine Pomeyrols, « La formation des intellectuels québécois dans l'entre-deux-guerres », *op. cit.*, p. 197.

12. Pierre Trottier à l'auteur, entrevue, 13 novembre 1992.

13. Pierre Elliott Trudeau à l'auteur, entretien téléphonique, 15 février 1993.

français il y avait un ciel français, et nous étions tournés vers ce ciel avec une ferveur toute religieuse[14] », écrit Ferron. Dans un texte inédit qui semble dater des années 1950, le romancier se fait encore plus précis en évoquant, apparemment pour la première fois, la figure emblématique d'un religieux qui représentait alors l'antithèse absolue des goûts littéraires des jeunes gens de Brébeuf : « Au collège où je fus, tout le monde s'accordait à dédaigner Mgr Camille Roy et sa littérature[15] », écrit le futur auteur du *Ciel de Québec.* Même la grande admiration que Ferron portait au frère Marie-Victorin se trouvait quelque peu assombrie par les écrits régionalistes auxquels le scientifique avait osé se prêter ; et c'est en grand frère prévenant qu'il conseille à sa petite sœur Madeleine de ne pas se laisser contaminer par ces lectures peu recommandables :

> [...] évidemment j'estime beaucoup le frère Marie-Victorin en tant que savant, en tant qu'un [*sic*] sérieux botaniste qui nous a donné de la province une « Flore » presque définitive, quant à ses contes laurentiens, ils ne sont pas renversants. Ne les lis que dans quelques années ; ainsi de toute la littérature canadienne[16].

Ce dédain n'est rien en comparaison du mépris dont Ferron entoure la personne et l'œuvre de Lionel Groulx, autre figure importante du mouvement régionaliste. En décembre 1938, apprenant que Madeleine veut faire paraître un article à saveur patriotique dans le journal de la JÉC, il lui marque sa désapprobation en se moquant de "La leçon des érables", poème liminaire des *Rapaillages* : « Ce pauvre abbé me paraît bien piètre. Comme romancier, comme conteur, je le donne pour dix sous ; c'est du sentimentalisme fade [...] ; je m'imagine cette vieille fille en soutane gam-

---

14. JF à Jean Marcel, lettre, 28 mars 1968.
15. JF, « Les oiseaux et les hommes », manuscrit inédit. BNQ, 2.15.
16. JF à Madeleine Ferron, lettre, [décembre 1938].

badant dans les “bruyères roses” et “mâchonnant des vers” (c’est forminable); puis qui écoute le cours de patriotisme des érables. C’est unique à force d’être sot[17].» Plus tard, il revient à la charge, histoire de bien montrer à Madeleine qu’Alonié de Lestres n’est qu’un représentant de toute une littérature à proscrire: «Ne fais pas la petite l’abbé Groulx, la petite patriotique. Et peut-être pour toi la meilleure manière d’être française c’est de rire de nos ancêtres buveurs d’alcool, de toute cette niaise littérature nationale[18].»

On ne saurait être plus clair: pas de place, dans le Panthéon du collégien, pour les poètes du cru. «Nos auteurs étaient français, difficiles, baroques, pour ainsi dire intraduisibles en canadien[19]», se souvient Ferron. Quelles étaient ces idoles littéraires? Disons d’abord que la «constellation» d’écrivains que le jeune homme lisait se trouvait déjà à son apogée dans les années 1930. Bien sûr, les Brébeuvois n’en étaient pas encore à l’existentialisme sartrien ni au surréalisme; encore que Ferron se vantera, à plusieurs reprises, d’avoir lu des textes de Sartre au collège dès 1939. De plus, certaines frasques estudiantines laissent à penser que l’esprit, sinon la lettre, du dadaïsme et du surréalisme avait déjà cours parmi les élèves, comme on le verra. Mais en dehors des auteurs classiques, dont l’œuvre était étudiée en classe, les écrivains que Ferron et ses amis appréciaient (avec l’assentiment bienveillant, et parfois l’encouragement de leurs professeurs) faisaient quand même partie d’une certaine modernité: «Je suis plus moderne que toi en ce que mes lectures, que mes poètes préférés, sont des types de nos temps [...][20]», écrit fièrement Ferron à sa sœur. La moralité de ces auteurs élus était à peu près acceptable; même les

17. JF à Madeleine Ferron, lettre, 1er décembre 1938.
18. JF à Madeleine Ferron, lettre, [1939].
19. JF, «Les oiseaux et les hommes», *op. cit.*
20. JF à Madeleine Ferron, lettre, 7 décembre 1936.

pensionnaires du collège pouvaient se procurer librement leurs livres à la bibliothèque du Gesù ou à la Bibliothèque municipale de Montréal[21]. Il s'agissait là, selon C. Pomeyrols, d'une véritable stratégie visant à encadrer, dans la mesure du possible, la lecture d'œuvres qui de toute façon seraient lues : « faute de pouvoir empêcher la diffusion de la littérature contemporaine française, l'accès à celle-ci est guidé, filtré et trié[22] ». La plupart de ces auteurs de prédilection — parmi lesquels on compte Proust, Valéry, Alain, Jean Giraudoux, Mallarmé, Péguy, Claudel, l'abbé Bremond et quelques autres — étaient alors considérés comme des praticiens de la « littérature pure » ; l'essayiste Julien Benda regroupera plusieurs d'entre eux dans une étude au titre un peu désobligeant, *La France byzantine.* Détail intéressant — et révélateur, par ricochet, des goûts de leurs jeunes lecteurs montréalais —, ces auteurs, pour le critique français, avaient d'abord en commun de vouloir ériger la littérature en un *domaine exclusif* régi par des lois propres :

> Un fait [...] domine en France toute l'esthétique littéraire de ces dernières années : la volonté de la littérature de constituer une activité spécifique, avec des buts et des lois spécifiques et, à cette fin, de se radicalement libérer des mœurs de l'intelligence, avec lesquelles jusqu'à ce jour elle était en grande part confondue[23].

Parmi les idoles littéraires de Ferron, la figure de Paul Valéry s'impose avec un relief particulier, d'autant plus que cet auteur avait atteint, au cours des années 1930, un statut

---

21. Denis Noiseux à l'auteur, entrevue, 14 octobre 1992.
22. Catherine Pomeyrols, « La formation des intellectuels québécois dans l'entre-deux-guerres », *op. cit.*, p. 182.
23. Julien Benda, *La France byzantine ou le Triomphe de la littérature pure. Mallarmé, Gide, Valéry, Alain, Giraudoux, Suarès, les Surréalistes. Essai d'une psychologie originelle du littérateur*, Paris, NRF, Gallimard, 9e édition, 1945, p. 17.

de poète quasi officiel en France, et que son œuvre ne présentait aucune entorse sérieuse à la morale. Dans une lettre de 1938 à Madeleine, Ferron, après avoir cité un extrait du « Cimetière marin », s'exclame : « quelle concision dans le discours ! quelle évocation ! que les romantiques et leurs grands lieux communs, et leurs cris sont fades après cette lecture [...][24] ». Selon Pierre Trottier, Valéry donnait à cette époque l'image d'« un monsieur qui était émancipé intellectuellement, tout comme Gide, mais qui n'était pas homosexuel comme lui, et qui donc était peut-être un peu plus fréquentable. Être surpris en train de lire *Les nourritures terrestres*, ce n'était pas très propre », alors que la lecture de *Charmes* ou de *Variété*, faut-il comprendre, n'avait rien de répréhensible. L'admiration pour cet écrivain fut largement répandue dans le « petit noyau » des étudiants littéraires : « Nous étions très valéryens, je dirais même que nous étions des esthètes[25] », confesse encore Pierre Trottier. Denis Noiseux avoue lui aussi son penchant immodéré pour le poète de Sète, tandis que Jacques Lavigne prétend même avoir récité de longues tirades du « Cimetière marin » à ses bonnes amies du moment[26].

Mise à part la moralité apparente de leurs livres, qui les favorisait sans doute auprès des professeurs, les écrivains français que nous venons de nommer avaient-ils autre chose en commun qui les singularisait aux yeux des jeunes de Brébeuf ? On peut émettre l'hypothèse que les œuvres de Valéry, de Mallarmé ou de Claudel, irréductiblement *littéraires* et tout entières traversées par des préoccupations formelles, étaient par là même radicalement différentes de l'idéologie à laquelle les étudiants étaient confrontés dans leur vie de tous les jours. « L'entre-deux-guerres, c'était la

24. JF à Madeleine Ferron, lettre, 4 juin 1938.
25. Pierre Trottier à l'auteur, entrevue, 13 novembre 1992.
26. Jacques Lavigne à l'auteur, entrevue, 7 septembre 1992.

génération de Gide, de Bernanos, de Duhamel, de Paul Valéry... c'étaient des écrivains très individualistes ; ce n'étaient pas du tout des gens d'une école[27]. » On comprend mieux dès lors pourquoi les adolescents de Brébeuf, fortement exposés qu'ils étaient à la véhémence du discours de leurs élites nationales, se sont volontiers reconnus dans ces grands auteurs de la France contemporaine : comme tous les adolescents du monde, ils ont cherché, jusqu'à un certain point, à contredire leurs aînés en professant une grande admiration pour une modernité culturelle aussi éloignée que possible du discours social ambiant. « Valéry était un homme à la mode. C'était l'homme qui, pendant la Première Guerre mondiale, avait publié "La Jeune Parque", qui n'est pas un poème patriotique[28] », dit encore Pierre Trottier ; les collégiens surent donc apprécier ce séduisant détachement de l'artiste au-dessus de la mêlée.

La « tour d'ivoire » intellectuelle où s'étaient réfugiés les jeunes poètes du collège avait aussi pour effet de détourner leur attention des questions sociales et politiques. Nous avons vu que les étudiants baignaient quotidiennement dans un environnement idéologique plutôt chargé, à cause des débats sociaux houleux engendrés par la Crise économique, mais aussi en raison de la volonté manifeste — et pressante — des pères jésuites d'inculquer aux élèves des vertus de solidarité nationale. La vision de la société canadienne-française qu'on cherchait alors à promouvoir empruntait ses principaux traits à l'idéologie groulxienne ; elle serait :

> Homogène, que ce soit sur le plan social (évangélisateur, défricheur, explorateur), religieux ou biologique (négation du métissage), un peuple sain, groupé autour des paroisses rurales au sein de familles unies, dont les bourgeois des villes

27. Pierre Trottier à l'auteur, 13 novembre 1992.
28. *Ibidem.*

ne sont que des exceptions et les coureurs des bois des marginaux, d'ailleurs minoritaires. Cette société a une mission divine, qui est de faire croître et multiplier en Nouvelle-France un peuple catholique[29].

Rien là de très exaltant pour des jeunes qui ne rêvent que de poésie pure ! François Hertel lui-même, qui était encore à Brébeuf à l'époque où Ferron y séjourna, publia en 1939 un roman intitulé *Le beau risque*, dans lequel on retrouve quelque chose de ces injonctions nationalistes ; on y lit, racontée par un narrateur-professeur, la prise de conscience progressive de jeunes collégiens qui, au sortir de l'adolescence, décident de s'attaquer aux « vrais » défis : « De l'intellectualisme un peu naïf de leur éveil, mes petits gars en sont venus peu à peu à l'étude passionnée des problèmes nationaux. Ils sont rendus au seuil de la vie chrétienne, de la vie tout court. Ils s'avancent, confiants, vers ce que je me plais à nommer le beau risque[30]. » L'individualisme littéraire avait donc aussi son pendant social, et les suggestions des bons pères ne semblent pas avoir suscité chez Ferron et ses amis l'adhésion escomptée. Comme le fait remarquer Pierre Vadeboncoeur, « [nous étions] aussi individualistes par manque de préoccupations sociales, ce qui était sans doute un reflet de la condition de la majorité des étudiants du collège[31] ». Les esthètes de Brébeuf semblent donc avoir réagi aux appels du nationalisme par une certaine indifférence :

> Si on était de la trempe de Ferron, Trudeau et compagnie, *L'appel de la race*, ça nous semblait un appel de bas étage. On était antipatriotiques ; on disait même que c'étaient des

29. Catherine Pomeyrols, « La formation des intellectuels québécois dans l'entre-deux-guerres », *op. cit.*, p. 25.
30. François Hertel, *Le beau risque*, roman, Montréal et Paris, Fides, 18e mille, 1961, p. 134.
31. Pierre Vadeboncoeur à l'auteur, entrevue, 26 novembre 1992.

patriotards, ces gens-là. Notre esthétisme, notre valéryanisme tombaient à pic pour nous définir comme des esthètes, des artistes, des poètes[32].

Si d'aventure un homme politique obtenait quelque notoriété auprès de ces adolescents, c'était avant tout pour des raisons esthétiques. À en croire Ferron, le succès d'Henri Bourassa, par exemple, résidait dans la perfection de son langage — sans doute assez châtié pour obtenir l'aval des puristes brébeuvois ! — et non dans l'intérêt intrinsèque de son discours : « J'ai eu le bonheur de l'entendre une fois [à Brébeuf]. Il commençait une période et tu te demandais comment il arrivait au point final. Et hop ! il retombait sur ses pattes et sa phrase était bien faite, bien articulée. C'était une joie pour nous[33] ! »

Il ne faudrait cependant pas croire que ces goûts et ces traits de caractère vinrent aux jeunes Brébeuvois par génération spontanée. L'éducation dispensée par les jésuites, universellement reconnue, y fut sans doute pour beaucoup, et les anciens élèves sont les premiers à le reconnaître :

> On disait à l'époque que le Brébeuf produisait du meilleur et du pire. Du meilleur et du pire, c'est Pierre Trudeau, par exemple. [...] Je crois que Ferron, à sa façon, pouvait lui aussi réunir le meilleur et le pire. Les bons pères sortaient de nous tout ce que nous avions, que ce soit bon ou mauvais. Il y avait une ambiance intellectuelle qui favorisait la recherche et l'étude[34].

Deux professeurs, en particulier, eurent une influence sur le groupe d'étudiants que fréquentait Ferron. François Hertel, dont nous venons de parler, est assez bien connu du public ; il n'enseigna pas à Ferron mais son ascendant sur les

32. Pierre Trottier à l'auteur, entrevue, 13 novembre 1992.
33. JF et Pierre L'Hérault, « 9 entretiens avec le Dr Jacques Ferron », *op. cit.*, p. 103.
34. Pierre Trottier à l'auteur, entrevue, 13 novembre 1992.

élèves était tel que le jeune pensionnaire de Louiseville ne put faire autrement que d'être intrigué par ce jésuite hors du commun. Quelques années après sa sortie du collège, pour tromper la solitude de son exil gaspésien, Ferron écrira une « sotie » intitulée *La barbe de François Hertel*, dans laquelle il donne un portrait plein d'humour de cet homme singulier : « J'aperçus deux yeux ronds, une mèche de cheveux jaunes, un nez qui dégringole : c'était mon maître François Hertel, qui a le cœur d'un ange, l'esprit d'un démon, et qui remue comme la puce qui le chatouille ![35] » Un autre Brébeuvois de ces années-là, Paul Toupin, décrit ainsi, plus sobrement, le maître éclairé qu'il trouva en Hertel :

> Religieux déjà marginal, s'il stupéfiait ses collègues, il stimulait ses élèves. Personne n'était plus animé, vivant, rieur. Il aimait ses élèves et était aimé d'eux. Le grec, le latin, il n'en faisait pas des langues mortes, mais vivantes, intéressantes. Ses étudiants, ce qui est rare, étaient contents d'assister à ses cours, et, ce qui est rare aussi, peinés d'entendre la sonnerie en annoncer la fin[36].

L'un des principaux attraits de Hertel était son humour à toute épreuve, qu'il ne craignait pas de partager avec les élèves. À vrai dire, le futur auteur de *Pour un ordre personnaliste* semble avoir été un ami des collégiens, beaucoup plus qu'un mentor : « Hertel était accessible à tous, dit Pierre Trottier ; il suffisait que vous soyez le moindrement intellectuel, le moindrement intéressé aux idées, et vous aviez l'audience voulue. [...] Il réunissait chez lui tous les intellectuels en herbe[37]. » Il avait rassemblé autour de lui un certain

35. JF, *La barbe de François Hertel*, Montréal-Nord, VLB éditeur, 1981, p. 15.
36. Paul Toupin, cité par Jean Tétreau, *Hertel. L'homme et l'œuvre*, Montréal, CLF, Pierre Tisseyre, 1986, p. 63.
37. Pierre Trottier à l'auteur, entrevue, 13 novembre 1992.

nombre d'élèves — parmi lesquels Pierre Trudeau et Roger Rolland — et s'amusait à étonner la bonne société montréalaise avec son « Club des agonisants » dont Pierre Vadeboncoeur décrit ainsi la principale activité, qui survenait le plus souvent dans les salons huppés de la ville : « Agoniser, c'était un jeu, une mystification, une farce. [...] Ce jeu consistait à tomber comme une planche par en avant, soudain, d'une manière tout à fait inattendue. Les gens surpris, saisis, pouvaient croire à une attaque. C'est tout[38]. » Reconnaissons que ces étranges facéties, qui semblent sorties tout droit d'un esprit dadaïste, sont très peu compatibles, à première vue, avec l'onction ecclésiastique que l'on serait en droit d'attendre d'un père jésuite. Il ne faut pas se surprendre si, encouragés par un exemple venant de si haut, certains élèves aient poursuivi ces carabinades sur des tribunes plus sérieuses. Gérard Pelletier raconte à ce propos l'anecdote suivante, survenue alors que Trudeau participait à un débat à l'auditorium du Plateau :

> Cet exercice académique se termine sur un canular *hénaurme* quand Trudeau brandit soudain un révolver qu'il avait caché sous sa toge et tire en l'air quelques cartouches blanches, au grand émoi d'un ministre fédéral de l'époque qui préside la manifestation. [...] je me souviens que mon militantisme [...] refusait de trouver très drôles ces plaisanteries d'enfants gâtés[39].

Le mot « enfants gâtés » paraît en effet assez juste ; on peut y déceler un air du temps, une volonté peut-être, chez ces fils de bonne famille, de s'étourdir pour ne pas voir le monde difficile dans lequel ils s'apprêtaient à entrer. N'oublions pas que ces bouffonneries survenaient à une époque où une grande partie de la population montréalaise vivait dans la gêne !

38. Pierre Vadeboncoeur à l'auteur, lettre, 2 août 1993.
39. Gérard Pelletier, *Les années d'impatience*, *op. cit.*, p. 36.

Au collège, comment Ferron, ce jeune homme rêveur et plein d'orgueil, percevait-il François Hertel et son groupe de joyeux drilles ? « Si Hertel n'avait pas été mis à la porte de la compagnie, il serait encore jésuite, confie-t-il à Jean Marcel. C'est par dépit d'être renvoyé (et aussi parce qu'il n'avait pas la foi, d'où sa manie de la règle), qu'il est devenu je ne sais quoi[40]. » À Pierre L'Hérault, qui l'interviewe en 1982, Ferron déclare d'entrée de jeu : « Hertel ne m'a pas beaucoup impressionné. » Selon les dires de l'ancien Brébeuvois, la relation maître/élève, dans leur cas, était même carrément inversée ; rien de moins !

> [Hertel] me faisait lire ses textes, parce qu'il était impressionné par tout un noyau qu'il ne contrôlait pas, celui du Père Bernier, qui avait peut-être plus d'autorité que lui. Je me souviens d'avoir lu ses textes d'une façon négligente, lui, derrière mon épaule, qui reniflait pour me demander si je trouvais ça beau[41].

Mis à part l'attitude hautaine que Ferron décrit comme ayant été la sienne, nous voyons à l'œuvre, ici encore, la tendance manichéenne de sa mémoire autobiographique. Comme il oppose les Caron aux Ferron et l'oncle Jean-Marie à l'oncle Émile, l'auteur place ici dos à dos deux professeurs qui représentent pour lui les deux versants d'une même figure de l'intellectuel. L'un, accessible et drôle, lui semble aussi un peu ridicule, c'est pourquoi il se sentira autorisé à le « portraiturer » dans un livre. L'autre, dont nous allons maintenant faire la connaissance, incarne une haute idée de l'artiste, celle, toute valéryenne, que Ferron devait partager au collège.

---

40. JF à Jean Marcel, lettre, 22 octobre 1968.
41. JF et Pierre L'Hérault, « 9 entretiens avec le Dr Jacques Ferron », *op. cit.*, p. 27.

Originaire de Saint-Boniface, au Manitoba, le père Robert Bernier était, à l'époque où Ferron fréquenta le collège, professeur de Belles-lettres ; c'est donc en 1937 que le jeune homme fit sa connaissance. Ce religieux exerçait une grande fascination sur les collégiens, très différente de l'ascendant de François Hertel. D'après Jacques Lavigne, Bernier avait pour lui l'avantage de la jeunesse, ce qui le rapprochait beaucoup des préoccupations étudiantes[42] : issu de la bourgeoisie francophone du Manitoba (son père était juge), il était né en 1911, ce qui lui donnait à peine dix ans de plus que ses élèves[43]. Doté d'« une magnifique personnalité, sensible, séduisante[44] » et doué de surcroît pour l'éloquence, Bernier n'était pas sans percevoir la forte impression qu'il faisait sur les étudiants ; aussi calculait-il discrètement ses effets. Pierre Trottier se souvient de l'avoir vu écraser une larme en récitant le célèbre « Dormeur du Val » de Rimbaud ; Ferron et Vadeboncoeur furent eux aussi témoins du même phénomène, à un an d'intervalle : « [...] une fois ou deux dans l'année, Bernier en discourant était saisi d'émotion à ce point, soit à cause du sujet, soit à cause de son éloquence, pas facile de le savoir[45] ». Pierre Trudeau rendit lui aussi hommage, à maintes reprises, à cet éducateur, comme on ne manque pas de le rapporter fièrement dans la notice nécrologique du religieux :

> De tout son enseignement, avant ou après sa prêtrise, on peut dire qu'il marqua profondément ses élèves. Pierre-Elliot [*sic*] Trudeau, qui l'eut à Brébeuf, en a parlé souvent en public, particulièrement au « New Yorker » et au « Times » de New

42. Jacques Lavigne à l'auteur, entrevue, 7 septembre 1992.
43. Jean-Paul Labelle, s.j., « Le père Robert Bernier. 1911-1979 », *Nouvelles de la province du Canada français*, vol. 58, nº 2, mars-avril 1979, p. 70.
44. Pierre Vadeboncoeur à l'auteur, lettre, 9 mars 1993.
45. *Ibidem.*

York, où il décrit le père Bernier comme « l'homme qui a le plus influencé ma vie », « celui qui me donna le goût du beau et du noble dans la vie »[46].

Trudeau ajoute aujourd'hui que le père Bernier était un homme d'une grande classe et d'une grande émotivité, qui avait aussi « l'avantage d'enseigner une matière moins ingrate que d'autres[47] », c'est-à-dire la littérature.

Si Ferron partagea jamais quelque chose avec son condisciple Trudeau, ce fut cette admiration inconditionnelle pour le père Bernier. Devant le souvenir de ce religieux, la goguenardise ferronienne s'atténue, remplacée par une gratitude sans réserve. L'écrivain garda toute sa vie l'impression d'avoir une dette intellectuelle envers ce professeur, qui enseignait apparemment la littérature sans y mettre d'apologétique[48] : « il m'a fait connaître Alain, Valéry, la *NRF*... et Sartre dès 1938 ou 39[49] ». Cet homme qui, selon Vadeboncoeur aurait voulu être un écrivain connu, fut plutôt un remarquable éveilleur de consciences, et son influence sur les jeunes élèves est sans commune mesure avec les ouvrages qu'il a laissés[50] ; c'était somme toute « un homme chaleureux, communicatif, d'une grande élégance morale, qui me

46. Jean-Paul Labelle, s.j., « Le père Robert Bernier. 1911-1979 », *loc. cit.*, p. 70.

47. Pierre Elliott Trudeau à l'auteur, entretien téléphonique, 25 février 1993.

48. [Sans titre], manuscrit. BNQ, 2.95.1.

49. JF à Jean Marcel, lettre, 13 juin 1967.

50. Dans les années 1960, Ferron échangea quelques lettres avec son ancien professeur. L'une d'entre elles nous révèle que Bernier n'était pas doué pour l'écriture : « la moindre rédaction me pesait lourdement, écrit-il. Je me demande d'où peut venir la légende selon laquelle j'aurais écrit tous mes cours : je n'écrivais pas une ligne ! » (Robert Bernier à JF, lettre. BNQ, 1.1.25.12.) Notons toutefois que son livre le plus connu, *L'autorité politique internationale et la souveraineté des États* (Montréal, Institut social populaire, 1951, 201 p.) aurait, selon Jacques Ferron, influencé la pensée politique de Pierre Trudeau.

transmit son enthousiasme[51] », ajoute encore Ferron. C'est par son intermédiaire que l'écrivain découvrit des œuvres qui allaient être fondamentales pour la formation de son esprit. Bernier compte aussi pour beaucoup dans le rejet viscéral du nationalisme groulxien par Ferron. À cause de son origine franco-manitobaine, il était porté à se méfier du nationalisme *québécois* naissant et affichait un dédain à peine voilé à l'endroit des thèses de l'abbé Groulx : « [...] il disait avec une désinvolture pire qu'un assassinat : "Cet abbé Groulx est assurément un brave homme."[52] » Ce discours trouvait une audience particulièrement favorable dans le groupe de collégiens où évoluait Ferron, qui faisaient justement mine, on l'a vu, de se détourner de Groulx : « Le pauvre chanoine, le beau repoussoir qu'il nous offrait ![53] » dira plus tard Ferron, devenu entre-temps indépendantiste sans jamais avoir adhéré aux idées groulxiennes.

Mais voici que, derrière le père Bernier, se profile déjà un autre personnage qui exercera aussi une certaine influence sur le futur écrivain. Plus vieux que Ferron d'environ cinq ans (il était né en 1916), Pierre Baillargeon, qui étudia à Brébeuf jusqu'en 1938, était, à l'époque où le collégien le vit pour la première fois, un personnage assez connu dans les milieux littéraires. Il avait publié dans *La Nouvelle Relève* ; il avait séjourné à Paris, où il avait pu assister aux cours de Paul Valéry au Collège de France ; il avait publié un livre (*Hasard et moi*) et se préparait à fonder une revue littéraire (*Amérique française*). Voilà qui avait certes de quoi impressionner un apprenti-écrivain ! Aux yeux du jeune Ferron cependant, le plus haut fait d'armes de Baillargeon avait été de réussir à développer une amitié avec le père Bernier, au point même d'exercer une influence sur les

51. JF à Jean Marcel, lettre, 6 février 1966.
52. JF à Jean Marcel, lettre, 13 juin 1967.
53. *Ibidem.*

idées esthétiques du religieux. « [Baillargeon] s'était *imposé* à mon professeur de lettres[54] », dit Ferron avec ce qui semble bien être une pointe de jalousie. L'admiration passionnée des jeunes disciples pour leurs maîtres confine parfois à l'exclusivité ; Jacques Lavigne se souvient qu'un jour, alors que Ferron déambulait avec lui dans les couloirs du collège, il vit s'approcher Baillargeon, en grande conversation avec le père Bernier. « Regarde, lui aurait alors dit Ferron ; quand nous parlons avec Bernier, c'est nous qui écoutons ; quand Bernier parle avec Baillargeon, c'est Bernier qui écoute[55] ».

On a souvent glosé sur l'apparent détachement de Jacques Ferron face à sa propre œuvre. Selon certains de ses commentateurs, l'auteur avait en effet l'habitude de rédiger ses livres sans se préoccuper de leur mise en marché, se refusant à toute démarche mondaine et aux « salamalecs » qui auraient entaché sa liberté. Il est vrai que Ferron, à ses débuts, se faisait une idée très pure du métier d'écrivain ; mais cela ne l'a pas empêché de voir en Pierre Baillargeon une sorte de médiateur littéraire et, plus tard, de chercher à bénéficier de son influence pour « émerger » à son tour dans les milieux montréalais. Au lieu de prendre ombrage de l'influence de Baillargeon sur Bernier, il décida donc, en dernière analyse, d'en tirer leçon et d'agir en conséquence : « Je me suis rendu compte que Bernier avait son importance, mais que, derrière Bernier, il y avait Pierre Baillargeon. [...] Je suis entré en contact avec Baillargeon et je lui ai soumis mes premiers textes[56]. » Quelques années plus tard, au moment de l'exil gaspésien, cette relation s'intensifiera considérablement, alors que Baillargeon sera devenu,

54. JF à Jean Marcel, lettre, 6 février 1966. Le souligné est de nous.
55. Jacques Lavigne à l'auteur, entrevue, 7 septembre 1992.
56. JF et Pierre L'Hérault, « 9 entretiens avec le Dr Jacques Ferron », *op. cit.*, p. 26.

à cause de l'éloignement, le seul et unique relais institutionnel du jeune médecin. Plus tard encore, l'écrivain ne pourra s'empêcher d'ironiser sur la figure pathétique de Baillargeon, allant même jusqu'à laisser entendre que l'auteur des *Médisances de Claude Perrin* lui aurait volé certaines de ses idées. C'est souvent le sort que l'impitoyable Ferron réserve à ceux qui ont un jour le malheur de lui déplaire après avoir suscité son admiration.

Parmi les autres personnages qui, au collège, purent avoir un certain ascendant sur le futur romancier, il reste à faire plus ample connaissance avec deux de ses condisciples, qui sont présentés ici même si leur nom apparaît à peine dans l'œuvre publiée de l'auteur et s'ils ne figurent pas non plus comme personnages dans ses romans. Chez Ferron, la citation furtive d'un patronyme, au détour d'une page de roman ou d'article, est parfois aussi révélatrice que la présence d'un « héros » récurrent dont le nom réapparaît d'une œuvre à l'autre. Adrienne Caron, Hector de Saint-Denys Garneau ou Jérôme le Royer de la Dauversière font certes partie des « obsessions » de l'auteur, et leur nom circule abondamment dans ses textes ; mais d'autres personnages, qui font une apparition fortuite et que l'auteur cite comme par mégarde, sont aussi significatifs, et leur quasi-absence peut signifier trois choses. La première, que Ferron ne ressent pas le besoin de taquiner cette personne, ce qui pour lui est déjà le signe d'une certaine considération ; la seconde, qu'il éprouve de l'admiration pour la personne en question, au point de mentionner son nom, sinon avec déférence, du moins avec parcimonie ; il en sera ainsi, par exemple, pour Madeleine Parent, Norman Bethune, le Dr Daniel Longpré ou Pierre Vadeboncoeur. Frank Scott, quant à lui, illustre *a contrario* le même phénomène, puisqu'il ne surgit dans les textes ferroniens qu'au moment précis où il déçoit politiquement l'écrivain. Le silence de Ferron sur un individu peut aussi signaler que l'auteur, par coquetterie ou par souci de préserver la réputation des principaux intéressés, semble avoir voulu brouiller des pistes en escamotant certaines de ses influences les plus marquantes.

Jean-Baptiste Boulanger et Denis Noiseux, comme les pères Hertel et Bernier, représentent deux types humains qui ont frappé secrètement, mais durablement, l'imagination de Jacques Ferron. Ils incarnent deux réalités sociopolitiques qui influenceront par la suite la pensée sociale et politique du romancier. Ajoutons qu'ils étaient, comme Ferron, pensionnaires du collège, ce qui favorisait à coup sûr le développement de leur amitié : « Les cloisons entre les classes faisaient obstacle, sauf pour certains individus, surtout pensionnaires, qui peut-être se fréquentaient plus que nous, externes, ne le faisions[57] », dit Vadeboncoeur.

Le premier de ces amis pensionnaires, originaire d'Edmonton, était le fils du docteur Joseph Boulanger, fougueux défenseur des francophones albertains. Dans l'esprit de Ferron, Jean-Baptiste partageait, avec le père Bernier et quelques autres élèves[58], la particularité d'être un représentant de la diaspora francophone hors-Québec : « À Brébeuf, j'avais rencontré une classe d'étudiants cultivés et assez intéressants parce que venant de toutes les parties du pays[59] », dira-t-il à Jacques de Roussan. Venu tard au collège (il fut voisin de chambre de Ferron à partir de 1939 seulement), le jeune Jean-Baptiste arrivait auréolé d'une réputation extrêmement enviable : il détenait une « médaille

57. Pierre Vadeboncoeur à l'auteur, lettre, 5 juillet 1993.
58. Notamment Carl Dubuc, futur écrivain lui aussi, que Ferron ne présentera jamais autrement que comme « un des petits-fils de Sir Joseph Dubuc » (*Le contentieux de l'Acadie*, Montréal, VLB éditeur, 1991, p. 161). Rappelons que le juge Joseph Dubuc fut un bras droit de Louis Riel et qu'il défendit lui aussi les droits des Canadiens français de l'Ouest. Voir Charles Dufresne *et al.*, *Dictionnaire de l'Amérique française*, Ottawa, PUO, 1988, p. 127.
59. JF à Jacques de Roussan, entrevue, 9 septembre 1970.

de vermeil » que l'Académie française lui avait décernée « en reconnaissance de ses efforts en faveur de la pensée française[60] ». Dès l'âge de huit ans, il avait commencé à publier son propre journal à Edmonton, *Le Petit Jour*, grâce à son père qui lui avait acheté le matériel nécessaire. Qui plus est, un professeur de l'Université de Bordeaux, de passage dans la capitale albertaine, fut émerveillé par ce jeune homme précoce et fit éditer, en 1937, un texte qu'il venait de rédiger, *Napoléon vu par un Canadien*[61]. En fait d'exploits intellectuels, on pouvait difficilement imaginer mieux !

Inutile de dire que l'arrivée d'un tel prodige fit grand bruit à Brébeuf, comme s'en souvient Pierre Vadeboncoeur : « Quand Boulanger arriva au collège, il passait de ce fait pour un génie. [...] Ce n'était pas une fable, cette prouesse. D'où Ferron impressionné par le personnage, dont on nous avait à l'avance annoncé la venue. Quand on le vit enfin, c'était un peu une apparition[62]. » Ferron, à travers Boulanger, semble avoir été surpris par la qualité intellectuelle des Canadiens français venus de l'Ouest : « Le père de Jean-Baptiste Boulanger, qui était médecin, affichait : "Ici, on parle français, anglais et cri"[63] », dit-il, admiratif. La gloire de son voisin de chambre inspira aussi le jeune Louisevillois, qui campa plus tard une partie de l'intrigue de son *Ciel de Québec* dans les rues d'Edmonton, en n'oubliant pas bien sûr d'y faire figurer le docteur Boulanger.

Boulanger et son compatriote de l'Ouest, le père Bernier, illustrent à eux deux la profonde ambiguïté du natio-

---

60. René Cruchet, « Préface », dans Jean-Baptiste Boulanger, *Napoléon vu par un Canadien*, Bordeaux, Delmas, 1937, p. XLIX.
61. Voir note précédente.
62. Pierre Vadeboncoeur à l'auteur, lettre, 2 août 1993.
63. JF et Pierre L'Hérault, « 9 entretiens avec le Dr Jacques Ferron », *op. cit.*, p. 316. Selon son fils, le Dr Boulanger parlait en fait quatre langues ; au trois susnommées, il faut aussi ajouter l'ukrainien. (Jean-Baptiste Boulanger à l'auteur, entrevue, 29 juillet 1993.)

nalisme ferronien. Ces deux *Westerners* francophones semblent d'abord avoir directement contribué, par leur existence même, au rejet du nationalisme groulxien par Ferron. Pourquoi, en effet, se replier sur la province de Québec, alors que Bernier et Boulanger sont la preuve vivante que l'Amérique française est féconde? Il apparaît donc, par ricochet, que l'admiration de Ferron pour Henri Bourassa est beaucoup plus profonde qu'une simple fascination pour ses talents d'orateur; le fondateur du *Devoir* ne s'opposait-il pas à Groulx précisément sur l'importance à accorder aux minorités francophones du Canada? Son nationalisme pan-canadien, issu du grand rêve de l'Amérique française, était sans doute plus exaltant, pour les jeunes imaginations du collège, que les idées prônées par Groulx[64]. Par ailleurs, le souvenir des Bernier et Boulanger contribua, quelque vingt ans plus tard, à une prise de conscience inverse du même Ferron, qui crut voir rétrospectivement, dans la présence à Brébeuf de ces êtres exceptionnels, un symptôme de l'échec de l'Amérique française et un repli sur le Québec de ce que le Canada francophone avait produit de meilleur:

> Alors j'ai très bien compris qu'il n'y avait de salut pour nous que dans la province et que le bilinguisme [...] ne pouvait pas nous servir. C'est à la suite de ça que je me suis pour ainsi dire replié sur le Québec, acceptant d'être Québécois, acceptant difficilement d'être Québécois après avoir été Canadien[65].

---

64. Un indice supplémentaire des opinions politiques du père Bernier nous est sans doute donné par le nom de la revue *Amérique française* qui, par son côté «panaméricain», constitue presque un manifeste politique antigroulxien. Selon Roger Rolland, cofondateur de la revue, ce nom aurait été suggéré à Pierre Baillargeon par le père Bernier. (Roger Rolland à l'auteur, entrevue, 15 février 1996.)
65. JF et Pierre L'Hérault, «9 entretiens avec le Dr Jacques Ferron», *op. cit.*, p. 80.

Ferron avait aussi un autre camarade, plutôt mal connu du public parce qu'il ne fit pas carrière dans les lettres et parce que l'auteur n'en parle pas dans son œuvre. Il s'agit de Denis Noiseux, ce pensionnaire originaire de Sorel dont nous avons déjà fait, brièvement, la connaissance. Plus vieux que Ferron d'une année (« son amitié m'était d'autant plus précieuse[66] », écrit ce dernier), ce brillant élève semble avoir suscité une admiration unanimement partagée chez ses professeurs et ses confrères : « Noiseux, c'était un esprit remarquablement universel », dit par exemple Vadeboncoeur, en se rappelant les multiples champs d'intérêt du jeune homme[67]. Il convient d'achever ce « portrait de groupe » en évoquant ce personnage dont l'influence souterraine paraît avoir été déterminante dans l'évolution de l'écrivain. C'est, pour ainsi dire, l'exemple ultime de ces souvenirs brébeuvois qui soutiennent en secret l'armature intellectuelle de Jacques Ferron.

L'exil partagé, la relative proximité entre Louiseville et Sorel (ou à tout le moins la communauté de rives avec le lac Saint-Pierre) étaient certes des raisons suffisantes pour rapprocher Ferron et Noiseux ; ainsi, pendant l'été, le Sorelois pouvait facilement rendre visite à son ami en traversant le fleuve et en remontant la rivière du Loup jusqu'à la maison des Ferron. « Denis, avec une chaloupe Verchères et un petit moteur hors-bord, venait me relancer à Louiseville [...][68] », écrit l'auteur ; c'est ainsi que Noiseux eut lui aussi, comme Jacques Lavigne, le privilège des excursions sur les lacs de Saint-Alexis-des-Monts. Mais les deux amis avaient un autre intérêt commun. Dans le sillage de la parution récente de la *Flore laurentienne*, ils partageaient la même passion pour les sciences naturelles, ce qui étonnait certains de leurs

66. JF à Pierre Vadeboncoeur, lettre, 1er février 1979.
67. Pierre Vadeboncoeur à l'auteur, entrevue, 26 novembre 1992.
68. JF à Pierre Vadeboncoeur, lettre, 30 août 1980.

condisciples: « J'étais mystifié par son goût pour la botanique[69] », dit Pierre Trottier. Noiseux se souvient pour sa part qu'il lui arrivait d'avoir des différends amicaux avec son ami Ferron au sujet de la nomenclature scientifique des plantes: ce dernier recherchait les vieux noms français alors que Noiseux était plutôt strict sur les dénominations latines[70]. Le tout premier écrit paru sous la signature de Jacques Ferron porte d'ailleurs des traces de cette passion pour la botanique, même si l'auteur prétendra plus tard que ce texte n'était pas de sa plume[71]. Intitulé « Mon herbier », ce court récit évoque les beaux noms de végétaux que le naturaliste en herbe trouve dans sa collection: Sanguinaire du Canada, Bermudienne, Gant de Notre-Dame, Boutons d'or, Chèvrefeuille[72], etc. Il faudra attendre encore trois ans pour que la prose de Ferron paraisse à nouveau dans le journal du collège; cependant, « Mon herbier » sera repris, quelques semaines après sa première publication brébeuvoise, dans *L'Écho de Saint-Justin*, avec ce commentaire prémonitoire d'un rédacteur du journal:

> Cet écrit, qui dénote de belles dispositions littéraires, est du jeune fils du Notaire J.A. Ferron de notre ville, qui étudie présentement au Collège Jean de Brébeuf, chez les Jésuites de Montréal. Il nous fait plaisir d'y accorder la plus large publication, car ce jeune talent vaut d'être souligné et encouragé. Qu'il marche de succès en succès !... Cet écrit révèle un étonnant esprit d'observation[73].

69. Pierre Trottier à l'auteur, entrevue, 13 novembre 1992.
70. Denis Noiseux à l'auteur, entrevue, 14 octobre 1992.
71. « Mon premier texte paru dans le *Brébeuf* en 1935 n'était pas de moi, mais de mon professeur de Sciences naturelles, le père Desjardins, surnommé la "Mère Bibite", dont j'étais le protégé ou le Chat, comme on disait. » (JF à Pierre Cantin, lettre, 1er avril 1977.)
72. JF, « Poésie en herbe. Mon herbier », *Brébeuf*, vol. II, nº 10, 2 mars 1935, p. 2.
73. P.V., « Note de la rédaction », *L'Écho de Saint-Justin*, vol. XIV, nº 22, 28 mars 1935, p. 6. Il va sans dire que ce commentaire élogieux rendit

Denis Noiseux, mélomane averti, était aussi l'instigateur de soirées musicales qu'il organisait pour ses amis pensionnaires ; c'est par son entremise que Ferron fut initié aux beautés de la musique classique et moderne, qu'il fera à son tour partager à sa famille. Grâce à l'argent recueilli lors d'une souscription, Noiseux avait procédé à l'achat d'un tourne-disques et organisait des séances d'audition qui s'apparentaient presque à un rituel sacré. « Mais la musique, [...] vous en étiez frustrés, vous, les externes », écrit Ferron à Vadeboncoeur ; « C'étaient [d]es concerts clandestins, en réalité tolérés par les pères, que Denis Noiseux organisait pour nous, les internes, dans la cave[74]. » L'écrivain, qui ne revit jamais ce camarade après le collège, évoque son souvenir avec une véritable fascination :

> [Noiseux] était au collège un garçon remarquable, une figure de la Renaissance, touchant à tout avec bonheur : botaniste il a découvert une plante nouvelle au pays [...], venue du sud par le Richelieu, ce qui l'avait fait remarquer par le frère Marie-Victorin[75] ; il avait construit un phonographe dont l'aiguille était une pointe de cactus et avait fondé un club musical clandestin qui se réunissait dans la cave du collège où dans le noir le plus complet nous devions entendre les divins concerts[76].

---

le notaire très fier de son fils : « Je t'envoie sous pli un exemplaire de notre journal local, lui écrit-il ; [...] le rédacteur met un bon mot en ma faveur dont je me glorifie. » Joseph-Alphonse Ferron à JF, lettre, 1er avril 1935. BNQ, 2.1.1.96.

74. JF à Pierre Vadeboncoeur, lettre, 1er février 1979.

75. Cette plante, la Peltandre de Virginie, ne figurait pas dans la *Flore laurentienne*; Noiseux la découvrit en herborisant près de chez lui. Il signala sa découverte au collège, et le Frère Marie-Victorin organisa une « expédition » en sa compagnie pour aller l'observer dans son milieu naturel. (Denis Noiseux à l'auteur, entrevue, 24 novembre 1993.)

76. JF à Pierre Vadeboncoeur, lettre, 30 août 1980. Denis Noiseux poursuivit ses études au *Massachusetts Institute of Technology* (M.I.T.) où il se spécialisa en acoustique ; il vécut une trentaine d'années aux États-Unis avant de revenir s'installer à Montréal.

Ces prouesses semblent conformes à ce que nous savons de « l'esprit » brébeuvois, qui favorise chez les élèves de cette époque une grande volonté de se singulariser. Elles ont fortement marqué, en tout cas, l'imagination de Ferron: non seulement se souvient-il encore de ces concerts après quarante-cinq ans, mais une lettre de Madeleine nous apprend que le collégien tenta la même expérience d'audition musicale avec ses sœurs, à Louiseville: « [...] voilà qu'un bon jour, écrit-elle, tu deviens ce jeune Français de France qui comprend Mallarmé, qui nous donne à entendre le "Clair de lune" de Debussy, toute lumière éteinte, sur le gramophone à manivelle[77] ».

En plus de ses indéniables qualités, Noiseux avait aussi l'inestimable avantage d'être originaire d'une famille modeste et provinciale, ce qui, dans l'optique ferronienne, est un atout non négligeable: cela permettra à l'écrivain de forger, en esprit, un nouveau couple antithétique en opposant le brillant (mais modeste) Denis Noiseux à son illustre (mais riche) confrère de classe, Pierre Elliott Trudeau. La chose était facile, car ces deux collégiens étaient, selon les témoins, en rivalité pour le statut de premier de classe. Cependant, Trudeau se décrit lui-même comme un élève plutôt « scolaire[78] » alors que Noiseux faisait preuve d'un plus grand raffinement artistique, ce en quoi il plaisait à Ferron qui, comme on sait, détestait les bûcheurs: « Nous, petits seigneurs provinciaux, n'étions pas scribes à ce point[79] », dit-il, en associant sa propre expérience à celle de Noiseux. Le principal intéressé se souvient en effet avoir ressenti une certaine connivence avec Ferron, *contre* la superficialité prétentieuse de ce qu'il appelle les « milieux riches[80] » de Brébeuf.

---

77. Madeleine Ferron à JF, lettre, [mai 1955]. BNQ, 1.1.97.22.
78. Pierre Elliott Trudeau à l'auteur, entretien téléphonique, 25 février 1993.
79. JF à Pierre Vadeboncoeur, lettre, 1er décembre 1971.
80. Denis Noiseux à l'auteur, entrevue, 24 novembre 1993.

Il est vrai que Pierre Elliott Trudeau, de son propre aveu, dit avoir admiré au collège le groupe des « littéraires », ce qui revient à dire qu'il n'en faisait pas lui-même partie[81]. Était-ce suffisant pour le rendre détestable à Ferron ? À Brébeuf, dit Madeleine Ferron, Jacques « s'est aperçu que Pierre Elliott Trudeau et ses amis étaient des gens qui, en fait, étaient méprisables parce qu'ils étaient trop éloignés des réalités de la vie[82] » ; le duo idéologique Noiseux/Trudeau permettra à l'écrivain de détester rétrospectivement, sans trop de difficultés, le tâcheron Trudeau, qui demeurera, pour toute l'éternité, figé dans son rôle ferronien de parvenu méprisant : « Ce fut même en opposant Noiseux à Trudeau, que j'ai toujours eu un parti pris contre celui-ci[83] », finit-il par avouer. Cette trouvaille lui sera fort utile plus tard, alors qu'il ne fera pas bon avoir été le condisciple du premier ministre canadien. En vertu de son révisionnisme mnémonique, l'écrivain mettra autant de constance à « noircir » le souvenir du collégien Trudeau qu'il en met à discréditer la famille Caron. Sa figure, comme celle des autres collégiens dont nous venons de parler, s'ajoute à celles recueillies durant l'enfance ; cette galerie de portraits en viendra peu à peu à constituer une sorte de cosmogonie secrète, un système de référence, une *grille d'analyse* sociologique. Il nous reste maintenant à voir comment, à partir de ce bagage, le collégien Ferron est devenu écrivain.

81. « Il savait manier les mots mais sans facilité », dit son collaborateur et ami Gérard Pelletier. « Ses proses les plus limpides [...] exigeaient de lui des efforts pénibles. À la moindre de ses chroniques hebdomadaires pour le journal *Vrai*, il consacrait des heures. » (Gérard Pelletier, *Les années d'impatience*, *op. cit.*, p. 132.)

82. Madeleine Ferron à l'auteur, entrevue, 18 septembre 1992.

83. JF à Pierre Vadeboncoeur, lettre, 1er février 1979.

CHAPITRE X

Le carnet d'un belletrien

Stimulé par l'enseignement de grande qualité dispensé à Brébeuf, entouré de professeurs et de camarades d'une exceptionnelle valeur, prédisposé par l'atmosphère de tolérance qui régnait dans sa famille, Jacques Ferron avait de solides atouts pour s'épanouir intellectuellement. Au cours des huit années de son cours classique, il abusera même des libertés qui lui seront octroyées et réussira à se faire expulser deux fois du collège. Le jeune patricien un peu vantard que nous avons découvert dans les lettres à Madeleine prit très rapidement le dessus sur le provincial timide, à un point tel que rien ni personne ne pourra plus l'empêcher d'agir à sa guise, quelles qu'en soient les conséquences. « Ah ! je sais ce que tu penses : tu penses que je suis trop orgueilleux et qu'il faudrait me rabaisser — C'est raisonnable mais je ne me laisse pas rabaisser comme cela[1] », écrit avec superbe un Jacques Ferron devenu fantasque.

Les jésuites de Brébeuf avaient pourtant des idées assez larges pour leur époque. Ils laissaient aux élèves, même

1. JF à Madeleine Ferron, lettre, [1935-36 ?].

pensionnaires, une certaine liberté d'action[2], suffisante en tout cas pour que le futur écrivain ait eu la possibilité, avec l'assentiment ou non des bons pères, de développer des amitiés féminines. À ce sujet, nous nous contenterons simplement de noter, dans la mesure où cela peut avoir une incidence sur son œuvre à venir, que Ferron connaissait déjà « la femme » à l'époque de Brébeuf; « Jacques fut assez précoce en la matière[3] », déclare en effet sa sœur Madeleine. L'homme fut toujours extrêmement discret au chapitre de ses conquêtes, se contentant par exemple, au détour d'une lettre à Jean Marcel, de se décrire comme un jeune collégien « de bonne complexion, élevé à admirer les prouesses galantes, porté à plaire comme c'est normal [...][4] ».

Dans une lettre de 1938, il fait toutefois allusion à son amie du moment en des termes qui laissent transparaître une certaine impertinence de sa part: « Méchante es-tu [...] de te moquer de mes amours », écrit-il à Madeleine; « Pauvres amours qui agonisent, car je leur ai porté un coup de mort. Mademoiselle m'a montré une œuvre d'elle, que j'ai critiquée avec la dernière rigueur[5]. » Un peu plus loin, il raconte avoir fait étalage, « sans remords », de sa grande érudition devant sa chère Marguerite, « qui d'ailleurs la goûte plus que toute phrase savoureuse un peu sans prétention que j'intercalle [*sic*] parfois entre deux maximes pédantes[6] ». Cette légère misogynie, qui rappelle un peu le paternalisme

2. Selon Denis Noiseux, il était relativement facile, pour les pensionnaires, d'aller « en ville »: il suffisait de demander la permission et de se faire accompagner par un camarade. (Denis Noiseux à l'auteur, entrevue, 24 novembre 1993.)

3. Madeleine Ferron à l'auteur, lettre, 24 septembre 1993.

4. JF à Jean Marcel, lettre, 1er juin 1966.

5. JF à Madeleine Ferron, lettre, 4 mai 1938. Selon cette dernière, la « demoiselle » en question se nommait Marguerite Plourde; elle serait décédée quelques années plus tard alors que Jacques Ferron étudiait en médecine. (Madeleine Ferron à l'auteur, lettre, 24 septembre 1993.)

6. JF à Madeleine Ferron, lettre, 4 mai 1938.

avec lequel Ferron traite aussi sa sœur, découle bien évidemment d'une vision profondément littéraire des rapports amoureux ; les premiers écrits du jeune Ferron présenteront souvent, de la même manière, des personnages féminins plutôt frivoles.

Au point de vue religieux, il semble que les pères jésuites aient été, à Brébeuf en tout cas, plus tolérants qu'on ne pourrait d'abord le croire. Selon ce que Ferron en dit, il était même possible, pour les élèves de Philosophie qui le désiraient, de ne pas assister aux célébrations liturgiques[7]. La « faute » de Ferron aura toutefois été, sur ce plan comme sur beaucoup d'autres, de vouloir pousser la tolérance des professeurs jusqu'à ses extrêmes limites. Le processus d'auto-exclusion commença tout doucement, dit-il, par une innocente expression latine inscrite sur les travaux qu'il remettait :

> Mais je me souviens d'avoir dit au Père Bélanger [...], qui était le directeur de conscience en titre du collège : « Comment pouvez-vous vouloir me diriger ? Vous me connaissez à peine. Je suis beaucoup plus à même de me diriger moi-même. » [...] Dès la méthode, j'ai remplacé A.M.D.G. par « *Quid Mihi* ». Je commençais mes devoirs ainsi. On m'a laissé faire. Et à peu de temps de là, incapable de me leurrer du ferme propos de ne plus pécher, j'ai trouvé inutile de continuer la pratique religieuse[8].

Ces manifestations d'insubordination religieuse ne suffirent pas, à elles seules, à faire expulser Ferron du collège ; cependant, comme l'auteur le dit si bien : « Ça m'a désigné un peu à l'attention[9]. » Il est fort possible que les pères jésuites se soient mis à exercer une surveillance plus serrée

7. JF et Pierre L'Hérault, « 9 entretiens avec le Dr Jacques Ferron », *op. cit.*, p. 24. Information confirmée par Jean-Baptiste Boulanger, 29 juillet 1993.

8. JF à Jean Marcel, lettre, 1er juin 1966.

9. JF et Pierre L'Hérault, « 9 entretiens avec le Dr Jacques Ferron », *op. cit.*, p. 18.

sur ce fomentateur de troubles potentiel. Bien que, de l'avis général, Ferron n'ait jamais été un chahuteur, son influence sur les autres élèves était sans doute plus pernicieuse — et par là beaucoup plus dangereuse du point de vue des autorités. Le jeune homme sera donc puni par où il a surtout péché : non pas pour son impiété affichée, non pas pour ses fréquentations féminines, mais bien pour des raisons *intellectuelles.* « Jacques a été renvoyé du Brébeuf pour une histoire de livre qu'il avait fait entrer au collège[10] », se souvient son ami Lavigne ; la raison invoquée par les pères pour expulser Ferron sera en effet son choix de lectures illicites.

Il faut dire cependant, à la décharge du principal incriminé, que les jésuites étaient eux-mêmes responsables, jusqu'à un certain point, de la curiosité intellectuelle de leur élève. Les bons pères ne se contentaient pas de dispenser un enseignement classique solide : ils favorisaient aussi l'éveil intellectuel des collégiens en leur permettant de se plonger dans une certaine modernité de leur siècle. Malgré ses orientations jugées discutables aujourd'hui, la « Semaine sociale » de 1937, par exemple, avait au moins pour résultat louable de confronter les jeunes aux grandes questions de l'heure tout en leur offrant la chance de rencontrer des personnalités en vue. Le journal du collège permet en outre de constater que des conférenciers venaient régulièrement entretenir les élèves de sujets qui pouvaient les intéresser. Pierre Vadeboncoeur se rappelle qu'il eut la possibilité de suivre « les cours hors-programme que venait donner Maurice Gagnon, ex-étudiant de la Sorbonne, sur la peinture moderne[11] ». La musique occupait aussi une grande place dans la vie des collégiens : en plus de bénéficier de séances d'audition de disques, ils allaient régulièrement

10. Jacques Lavigne à l'auteur, entrevue, 7 septembre 1992.
11. Pierre Vadeboncoeur à l'auteur, lettre, 15 septembre 1993.

assister, accompagnés par un père[12], à différents concerts présentés en matinée à l'Auditorium du Plateau.

Un collégien intelligent ne pouvait rester indifférent à ces stimulations intellectuelles. Ferron, qui avait depuis longtemps acquis un goût immodéré pour la lecture, redoubla d'ardeur et se mit à dévorer tout ce qui lui tombait sous la main. Le modeste pécule que lui versait son père se révéla bientôt insuffisant pour combler sa boulimie culturelle; aussi entreprit-il rapidement de relancer ses proches: «Au Brébeuf, Jacques et moi, on ne se voyait pas beaucoup, dit son frère Paul; il venait parfois m'emprunter de l'argent, qu'il ne me remettait jamais[13] !» Madeleine eut aussi à subir, plus souvent qu'à son tour, le harcèlement fraternel: «Il venait nous voir à pied, au pensionnat de Lachine, pour nous emprunter de l'argent afin d'acheter des livres[14].» On retrouve effectivement des traces de ces emprunts dans une lettre de reproches que le Brébeuvois fit parvenir à sa sœur en mai 1938: «Méchante es-tu [...] de me refuser l'argent promis, car tu m'as dit, tu m'as offert toi-même de le joindre au mien [...]. Ton premier geste était certainement très beau, très généreux, mais que devient-il si tu le renies [...][15].» Le jeune homme, qui dit avoir en sa possession des disques de Debussy et de Bach, désire maintenant se procurer, avec cet argent, des œuvres de Beethoven et de Mozart. En plus de ses frères et sœurs, Ferron mettra aussi ses amis externes à contribution en leur confiant l'achat de certains ouvrages qu'il ne pouvait lui-même se procurer.

Parallèlement à cette passion accrue pour la littérature, l'intérêt du jeune homme pour ses études commence à décroître, de même que son application au travail. Ses

12. R.P. Lucien Sauvé à l'auteur, entrevue, 20 septembre 1993.
13. Paul Ferron à l'auteur, entrevue, 8 janvier 1993.
14. Madeleine Ferron à l'auteur, entrevue, 18 septembre 1992.
15. JF à Madeleine Ferron, lettre, 4 mai 1938.

résultats scolaires connaissent des ratés ; il ne se retrouve plus aussi souvent au premier rang de ses classes, comme on peut le deviner à la lecture des lettres qu'il continue à faire parvenir à son père pour le tenir au courant de ses progrès. « Je vous l'ai dit hier, mon rang du mois d'octobre est terriblement bas. [...] c'est [...] une petite malchance[16] », confie-t-il, déjà, en octobre 1935. « Mercredi quinze jours nous avons eu une composition en Version Grecque ; je suis arrivé le quatrième avec 52 », écrit-il en avril 1936, avant d'ajouter, laconique : « Je m'efforce de contenter mes professeurs. » Manifestement, le cœur n'y est plus. Dans la même missive, on apprend que ce jeune homme si tranquille éprouve aussi des problèmes disciplinaires : « Je me proposais à [*sic*] persévérer durant le mois de mars quand j'attrape une mauvaise note pour la conduite à l'étude ; c'était pour avoir quelque peu parlé[17]. »

Même s'il en fait peu mention, Ferron éprouva, surtout au cours de ses premières années de collège, un intérêt marqué — mais passager — pour une certaine image du romantisme tel qu'elle s'incarnait dans le trio Musset-Sand-Chopin ; on en trouve des traces un peu partout sur le parcours du « premier » Ferron, celui du théâtre. « Je me souviens d'avoir acheté pour lui, au collège, la *Confession d'un enfant du siècle* », dit Jacques Lavigne[18]. L'influence de Musset expliquerait la conception un peu surannée et littéraire que le collégien se fait de la femme, de même que les aimables badinages amoureux que constitueront ses premières pièces de théâtre. Alfred de Musset sera en tout cas la cause indirecte d'une première expulsion de Ferron, au trimestre d'automne de l'année 1936-37 : le jeune homme aurait été surpris en possession d'un ouvrage

16. JF à Joseph-Alphonse Ferron, lettre, 31 octobre 1935. BNQ, 1.2.3.
17. JF à Joseph-Alphonse Ferron, lettre, 16 avril 1936. BNQ, 1.2.3.
18. Jacques Lavigne à l'auteur, entrevue, 7 septembre 1992.

intitulé *Les amants de Venise*. Cet essai de Charles Maurras, dont la lecture était interdite par les pères, évoque les amours de Musset et de George Sand. Connaissant l'intérêt de Ferron pour l'auteur des *Comédies et proverbes*, il est douteux que l'achat de cet ouvrage ait été, comme il le laisse entendre, une simple étourderie, d'autant plus que, quelques mois plus tard, dans un autre collège, il prononcera avec beaucoup de succès devant sa classe un discours sur… Musset, George Sand et Chopin, ce qui suppose un intérêt de longue date pour ces amoureux romantiques[19].

La simple possession d'un livre défendu n'était pas nécessairement, au collège, un motif suffisant pour renvoyer un élève. *Les amants de Venise*, toutefois, représentait plus qu'un simple ouvrage répréhensible, comme pouvaient l'être, par exemple, les pièces de Musset lui-même ; cet essai biographique faisait partie d'un groupe de quatre livres de Charles Maurras que l'Église avait nommément prohibés en 1914. Cette interdiction avait été reconduite en 1926, alors que le Souverain Pontife avait ajouté à la liste le journal de Maurras, *L'Action française*[20]. On peut supposer que l'attitude de défi intellectuel du jeune homme avait conduit les pères à conclure que sa présence au collège pouvait exercer une influence néfaste sur les autres élèves.

---

19. JF à Jean Marcel, 13 juin 1967 ; JF à Madeleine Ferron, lettre, [février 1937].

20. « Tous les consulteurs furent unanimement d'avis que les quatre œuvres de Charles Maurras, *Le chemin du paradis*, *Anthinea*, *Les amants de Venise* et *Trois idées politiques*, étaient vraiment mauvaises et donc méritaient d'être prohibées […]. » Cette censure était jugée d'autant plus nécessaire qu'il était devenu « difficile d'écarter les jeunes gens de ces livres, dont l'auteur leur est recommandé comme un maître dans les questions politiques et littéraires […] ». Canali, assesseur, « Décret condamnant certaines œuvres de Charles Maurras et le journal "L'Action française" », *Le Devoir*, 24 janvier 1927, p. 8.

Quoi qu'il en soit, le notaire Ferron dut venir de Louiseville au beau milieu de l'année scolaire pour prendre « livraison » de son fils aîné et tenter de le placer dans une autre institution d'enseignement. Les expulsions de ce genre furent fréquentes dans la famille Ferron, aux dires de Madeleine, assez en tout cas pour qu'elle se souvienne du comportement de son père en pareille occasion : « il demeurait serein, devenait très efficace et le transfert du répudié ou [de la] répudiée se faisait sans passer par la maison[21] ». Le R.P. Lucien Sauvé, qui enseignait à Brébeuf en 1936, était présent lors de la première expulsion de Jacques ; il rapporte que le jeune fanfaron lisait calmement un recueil de poèmes pendant que son père discutait des modalités de son renvoi avec les autorités du collège[22].

S'il faut en croire l'écrivain, le notaire, cherchant où inscrire son fils, se serait d'abord présenté avec lui, sans succès, au Collège de Montréal. « Quand le Sulpicien a appris que j'étais un garçon des jésuites, il a dit : "Non !" C'était un petit peu insultant[23]. » Ferron ressentira ce rejet comme un véritable camouflet à son orgueil. Cette leçon d'humilité, jamais oubliée, offrira plus tard à l'écrivain une possibilité d'exercer des représailles littéraires contre les « Messieurs de Montréal » en faisant par exemple de leur fondateur, Jérôme le Royer de la Dauversière, un modèle du Tartuffe molièresque[24]. Au bout du compte, Ferron finit par se retrouver au collège Saint-Laurent où les pères de Sainte-Croix acceptèrent de le prendre ; et c'est de là qu'en novembre 1936 il envoie une lettre à sa sœur pour lui

---

21. Madeleine Ferron à l'auteur, lettre, 24 septembre 1993.
22. R.P. Lucien Sauvé à l'auteur, entrevue, 20 septembre 1993.
23. JF et Pierre L'Hérault, « 9 entretiens avec le Dr Jacques Ferron », *op. cit.*, p. 54.
24. L'hypothèse ferronienne est longuement détaillée dans le recueil des *Historiettes* (Montréal, Éditions du Jour, 1969, p. 60-86.)

décrire, avec beaucoup de désinvolture, sa nouvelle situation :

> Je t'écris de ma nouvelle résidence — car tu sais, j'ai déménagé — Pourquoi ? [...] Eh bien ! j'étais fatigué de vivre dans le moderne — alors j'ai déménagé tout simplement — je me suis trouvé assez facilement une nouvelle résidence, qui tout naturellement est une antiquité — elle est bâtie paraît-il depuis exactement quatre-vingt-dix années — alors tu comprends — je suis bien content[25].

L'écrivain adopte toutefois un tout autre ton lorsqu'il s'adresse à son père ; c'est en fils repentant qu'il s'efforce de faire amende honorable. Il a obtenu de bonnes notes en conduite, dit-il, et fait de son mieux pour réussir : « J'ai beaucoup pensé à Maman ces jours ici [*sic*] ; je me suis promis d'être ce qu'elle m'avait demandé d'être, la dernière fois que je la vis, après le souper du mercredi : "un bon petit garçon..." J'ai fait des folies, mais ne vaut-il passer par là, plus tôt que plus tard[26]. » Le séjour de Ferron dans cette institution semble avoir été assez heureux : « comme je m'étais fait donner des coups de bâton sur la tête, dit-il, je me suis appliqué, et finalement, ça allait bien [...][27] ». À l'époque où il s'y trouve, le théâtre collégial connaît une renaissance sans précédent : le père Émile Legault, qui est vicaire à Saint-Laurent, assume aussi la responsabilité des activités théâtrales au collège. Fervent admirateur du théâtre mystico-poétique d'Henri Ghéon, il monte, avec l'aide des paroissiens et de nombreux élèves, un grand « jeu marial » pour célébrer le bicentenaire de la paroisse. Cette œuvre, qui sera jouée sur le parvis de l'église en août 1937, connaîtra

25. JF à Madeleine Ferron, lettre, 20 novembre 1936. Fondé en 1847, le collège Saint-Laurent s'apprêtait effectivement à célébrer son quatre-vingt-dixième anniversaire.
26. JF à Joseph-Alphonse Ferron, lettre, 18 mars 1937. BNQ, 1.2.3.
27. JF à Pierre Cantin, entrevue, 20 septembre 1980.

un succès tel qu'elle sera reprise à l'église Notre-Dame ; c'est à la suite de ce spectacle que sera fondée, en septembre de la même année, la troupe des Compagnons de Saint-Laurent[28].

Même si Madeleine Ferron croit se souvenir que son frère s'est découvert une passion pour le théâtre durant cette période[29], on ne peut établir de façon certaine que Jacques participa de quelque manière aux activités théâtrales du collège Saint-Laurent. Cependant, comme son ami Jacques Lavigne fut membre des Compagnons, on peut quand même penser que l'effervescence engendrée par le père Legault fut pour quelque chose dans le goût ferronien de l'univers théâtral, puisque même des amis de Brébeuf se joignaient à cette expérience nouvelle. Chose certaine, Ferron se découvrit, à Saint-Laurent, un goût pour la parole publique : « je suis lancé dans l'éloquence, la déclamation — que sais-je — Qui aurait pensé cela de moi, eh bien ! j'aime beaucoup déclamer[30] ». Il remporte un succès d'estime devant ses condisciples avec le discours sur Musset et George Sand, auquel nous avons déjà fait allusion ; cette performance lui vaudra l'honneur de représenter sa classe lors d'un concours devant tous les élèves du collège. Hélas ! cette dernière prestation fut plutôt ratée, se souvient-il encore trente ans après : « j'avais choisi l'épopée d'Adam Dollard Des Ormeaux, en m'inspirant, bien sûr, du chanoine. Eh bien ! ce fut un un échec. Je ne l'ai jamais pardonné au dit Sieur Des Ormeaux [...][31]. » Autre mauvais souvenir, autre représaille littéraire : le vainqueur du Long-Sault subira lui aussi, on le sait, les foudres de l'écrivain...

28. Anne Caron, *Le Père Émile Legault et le théâtre au Québec*, Montréal, Fides, « Études littéraires », 1978, p. 26-32.
29. Madeleine Ferron à l'auteur, entrevue, 18 septembre 1992.
30. JF à Madeleine Ferron, lettre, 7 décembre 1936.
31. JF à Jean Marcel, lettre, 13 juin 1967.

Bien que son séjour chez les pères de Sainte-Croix ait été somme toute agréable, Ferron manifeste bientôt le désir de retourner au collège Brébeuf, sans doute pour retrouver les amis avec lesquels il avait partagé son existence durant plus de trois ans. La réadmission de l'enfant prodigue eut lieu à l'automne de l'année suivante et se déroula sans heurts, avec une simplicité qui, en notre fin de siècle bureaucratique, laisse rêveur: « [...] quand est revenu le moment de la rentrée, j'ai dit à mon père: "si on arrêtait au Brébeuf pour voir si on me reprendrait pas". Ils m'ont repris[32]. » On pourrait s'attendre à ce que Jacques, tirant les leçons de son exil forcé, ait gagné un peu de modestie; or il n'en est rien. Le Ferron qui se retrouve au collège Brébeuf en septembre 1937 est tout aussi orgueilleux que celui qui l'avait quitté en 1936: « C'est avec un peu de regret que je quitterai le Saint-Laurent, confie-t-il à Madeleine, car j'y ai un très beau nom: [...] en classe, si les élections se recommençaient (je n'étais pas là quand elles ont eu lieu) on m'élirait à coup sûr — On sent cela quand on est estimer [*sic*][33]. »

Chez les jésuites, Ferron recevra d'autres compliments qui le conforteront dans l'opinion qu'il a de lui-même. Son retour à Brébeuf coïncide en effet avec son entrée en classe de Belles-lettres; c'est à ce niveau qu'enseigne le père Robert Bernier, pour lequel Jacques éprouve déjà de l'admiration. Or il se trouve que ce professeur tant adulé reconnaît immédiatement dans l'élève Ferron l'étoffe d'un véritable auteur; homme de discernement, il se garde bien de louanger directement le travail de cet adolescent frondeur, tout en ne lui ménageant pas ses conseils. Dans un fragment autobiographique datant des années 1970 — qu'il jugea bon de ne pas publier — Ferron raconte comment le père Bernier venait le

32. JF et Pierre L'Hérault, « 9 entretiens avec le Dr Jacques Ferron », *op. cit.*, p. 19.
33. JF à Madeleine Ferron, lettre, [1937].

chercher en classe pour commenter avec lui les écrits qu'il avait soumis à son jugement ; comme cela lui arrive à l'occasion, l'écrivain parle de lui-même à la deuxième personne du pluriel, signe certain, chez lui, d'un récit à très forte charge émotive :

> Aujourd'hui vous vous rendez compte que vous écrivez (ce n'est sans doute qu'une raison parmi d'autres) parce qu'un jour un homme, pour lequel vous aviez de l'admiration, vous a mis au défi de le faire. Vous seriez porté à croire que, sans jamais vous complimenter, trouvant toujours mal ce que vous écriviez, il vous y poussait et que vous lui devez beaucoup [...][34].

Même si Bernier se fait avare de félicitations à l'endroit du principal intéressé, il ne se prive pas de confier aux amis de Jacques son admiration pour le talent naissant de leur jeune condisciple[35]. Ce sentiment était largement partagé, semble-t-il, par la plupart des collégiens, qui reconnaissaient eux aussi, d'emblée, la supériorité littéraire de leur confrère de classe : « Je me penchais moi-même sur les textes de Jacques avec la curiosité précise d'un apprenti, ou comme un musicien lit une partition et regarde comment c'est fait, pour apprendre. Je m'en rendais compte : j'avais affaire à ce qui s'appelle une écriture[36] », écrit Pierre Vadeboncoeur.

Voilà qui n'était pas pour déplaire à Ferron ! Stimulé par ces bons augures, il ne tarde guère à envisager la possibilité d'entreprendre une carrière dans les lettres. Si, dans son

---

34. JF [Sans titre], manuscrit. BNQ, 2.95.1.
35. À Ferron, qui lui écrit vers la fin des années 1940, Bernier confirme une fois de plus ce jugement sur son ancien élève : « Tu ne connais peut-être pas encore la joie que j'éprouvais à voir s'ouvir un jeune esprit, lui dit-il. Entre tous, je songe au tien, si tôt évolué, si délicat et résistant. » Robert Bernier à JF, lettre, [1948]. BNQ, 1.1.25.1.
36. Pierre Vadeboncoeur, « Préface », dans Jacques Ferron, *La conférence inachevée, op. cit.*, p. 10.

esprit, subsistaient quelques doutes quant à ses talents, les éloges de ses pairs — et les encouragements de Bernier — contribuèrent à les balayer. Cette nouvelle certitude transparaît quelque peu dans une lettre datant de cette période : Madeleine ayant eu, semble-t-il, l'outrecuidance de commenter l'un de ses écrits, le jeune homme se moque un peu d'elle et lui signifie gentiment qu'il n'a que faire de ses recommandations : « Si mon écriture si fière d'elle-même a plié devant la leçon, moi naturellement je l'accepte avec plaisir, et je fais de grands efforts pour écrire aussi bien que ma sœur[37]. » Il ne se prive pas non plus de prodiguer à sa cadette des conseils de lecture, avec le ton supérieur qu'il adopte encore parfois avec elle :

> [...] comme tu es intelligente, ton plaisir te mènera vers la meilleure littérature, et du Grand Meaulnes tu passeras à Baudelaire disons, et lorsque tu pensionneras avec moi, étudiants l'un et l'autre, tu seras une gentille lettrée qui fréquentera les meilleurs milieux, avec de charmants amis comme Jacques Lavigne qui t'expliquera alors la philosophie de Bergson et de Saint-Thomas [...][38].

Désormais, Jacques Ferron n'entend plus à rire avec la chose littéraire ; à partir du moment où ses pairs ont reconnu ses qualités, sa vie entière s'oriente vers la littérature, et toutes ses actions tendent, contre vents et marées, à favoriser cet objectif. « Au collège, je voulais être écrivain, mais je n'étais absolument pas sûr de pouvoir le devenir. Surtout, je ne pouvais pas le dire à mon père : ce n'était pas une façon de vivre[39]. » La très ancienne opposition — quasi archétypale ! — entre le Père bourgeois et son fils qui veut devenir artiste se reproduit donc, de façon prévisible, entre

37. JF à Madeleine Ferron, lettre, 22 février 1937.
38. JF à Madeleine Ferron, lettre, [juin 1939].
39. JF et Pierre L'Hérault, « 9 entretiens avec le Dr Jacques Ferron », *op. cit.*, p. 6.

Me Ferron et son rejeton, comme le montre cette lettre de 1940 où le notaire laisse éclater sa déception devant les piètres résultats scolaires de son garçon :

> Conduite générale médiocre, application en classe médiocre, points conservés 136 sur 300 [...]. Sois donc digne de ta bonne mère, dont la mémoire restera celle d'une personne pieuse, érudite, pleine de jugements et de bonté [...]. Si tes facultés ne te permettent pas plus de succès, j'en suis attristé, mais ce que je tolérerai plus [c'est] une conduite médiocre et une application médiocre. À quel titre tu ferais ta formation à ta guise lorsque je crois de mon devoir de te payer les frais d'un de nos meilleurs collèges de la province [...][40].

Dans le Québec des années 1930, ce type de désaccord entre les pères et les fils est rendu encore plus aigu par le fait que les exemples d'écrivains prospères sont pratiquement inexistants. Qui plus est, la conception que se fait Ferron de l'écrivain l'empêche d'envisager la possibilité même de concilier écriture et profession. La grande référence littéraire de Ferron, l'écrivain devant qui toute son ironie s'éteint, c'est Paul Valéry, nous le savions déjà. Devant le poète de *Charmes*, le persiflage ferronien disparaît pour laisser place à une totale et franche admiration :

> J'ai lu, relu, étudié « Le cimetière marin ». Je l'ai même déjà su par cœur, ce qui représente dans mon cas la plus complète acceptation. Il a été mon grand modèle, je n'ai jamais réussi à l'entamer. En sa présence tous mes esprits corrosifs étaient neutralisés. Je me suis formé dans son admiration[41].

Il est extrêmement rare que Ferron rende ainsi les armes sans aucune réserve. Valéry est d'ailleurs le tout premier auteur dont le nom soit cité dans les écrits ferroniens publiés[42].

---

40. Joseph-Alphonse Ferron à JF, [novembre 1940]. BNQ, 1.1.96.1.
41. JF à Jean Marcel, lettre, 9 mai 1967.
42. JF, « Je me rase en écoutant la messe en ré », *Brébeuf*, vol. VII, n° 2, 11 novembre 1939, [s.p].

Cette allusion inaugurale, assez significative, place l'œuvre entière sous le signe de l'esthétisme. On sait d'autre part que les collégiens de cette époque étaient éduqués dans le souci de la perfection stylistique. « Au collège, [...] l'écriture, en art, était considérée comme suprêmement importante. *L'écriture d'abord*: c'est ce que nous pensions tous[43]. » L'admiration de Ferron pour Paul Valéry trahit chez lui un souci encore plus exclusif, si c'est possible, pour la forme littéraire. Cette haute vision de la littérature est clairement visible dans ses premiers écrits « officiels », ceux qu'il publie dans le *Brébeuf* à partir de 1938 et qu'on peut lui attribuer de façon certaine. Ferron avoue aussi, du bout des lèvres, avoir été influencé par Pierre Baillargeon, qui fut pour lui une sorte de « truchement canadien[44] » de Paul Valéry : « une façon d'écrire serré, d'écrire une prose un peu plus dix-huitième siècle que la prose moderne[45] ». Cette influence connaîtra cependant son plein développement quelques années plus tard, au moment où Ferron étudiera à l'Université Laval, puis quand il exercera sa profession en Gaspésie. Pour l'instant, le prestige de Baillargeon lui vient surtout de son amitié avec le père Bernier et de sa situation avantageuse dans les milieux littéraires montréalais.

En dernier lieu, il est un autre auteur dont Ferron reconnaît volontiers l'influence. Il s'agit du philosophe Alain, dont l'œuvre lui fut révélée par le père Bernier : « J'ai eu la chance de connaître Alain qui est à mon avis, enfin pour mon niveau d'esprit, un penseur qui me suffit très bien. C'était, d'une certaine façon, un vulgarisateur de la très grande pensée[46]. » Cette influence se manifeste de deux

43. Pierre Vadeboncoeur, « Préface », dans JF, *La conférence inachevée*, *op. cit.*, p. 11.
44. JF à Jean Marcel, lettre, 15 janvier 1969.
45. JF et Pierre L'Hérault, « 9 entretiens avec le Dr Jacques Ferron », *op. cit.*, p. 123.
46. *Ibidem*, p. 200.

façons. D'abord sur les prises de position politiques de l'auteur: « [...] à vingt ans, j'avais fait mienne la morale d'Alain fondée sur le refus du pouvoir[47] », dit Ferron. Qu'est-ce à dire ? Cette morale a été résumée par Alain dans un petit ouvrage intitulé *Le citoyen contre les pouvoirs*; elle est basée sur l'idée que le citoyen doit s'abstenir d'exercer tout pouvoir s'il veut conserver sa liberté et son imagination :

> En l'action commune les forces s'ajoutent, mais les idées se contrarient et s'annulent. Il reste des moyens de géant et des idées d'enfant. Si nous voulons une vie publique digne de l'Humanité présente, il faut que l'individu reste individu partout, soit au premier rang, soit au dernier. Il n'y a que l'individu qui pense; toute assemblée est sotte[48].

Il faut reconnaître, en effet, que cette conception un peu élitiste de la vie politique dut trouver un terrain fertile dans l'esprit d'un jeune homme qui était déjà prédisposé, par tempérament, par goût et par formation, à l'individualisme. Et que dire de ces suggestions, où l'on voit presque se dessiner, en filigrane, le comportement politique à première vue erratique que Jacques Ferron adoptera tout au long de son existence :

> Il faudrait donc [...] des spectateurs qui gardent leur poste de spectateurs, sans aucun projet, sans aucun désir d'occuper la scène, car le jugement veut du champ aussi. Et que chaque spectateur soit autant qu'il se peut solitaire, et ne se préoccupe point d'abord d'accorder sa pensée à celle du voisin. [...] C'est plutôt par les conversations, en de petits cercles, que l'opinion se forme et s'éclaire; et je compterais plutôt sur l'écrit que sur la parole[49].

---

47. JF à Jean Marcel, lettre, 12 août 1970.
48. Alain, *Le citoyen contre les pouvoirs*, Paris, Éditions du Sagittaire, quatrième édition, 1926, p. 159-160.
49. *Ibidem*, p. 160.

L'ascendant d'Alain, « cet homme studieux » pour lequel Ferron éprouvait « une sorte de vénération[50] », se traduit aussi d'une autre manière dans l'œuvre de ce dernier. Ferron ne fut pas sans remarquer, en effet, que l'essayiste français avait écrit toute son œuvre par fragments, pour ainsi dire, par le biais de brefs « Propos » publiés au fur et à mesure de leur rédaction dans différents périodiques : « Il collaborait à des journaux populaires et en même temps, il enseignait dans les plus hautes écoles[51] », relève-t-il. Même les ouvrages les plus volumineux d'Alain (comme son *Système des beaux-arts*) parurent d'abord sous forme de courts articles, et leur structure générale s'en ressent grandement. La similitude avec la façon de procéder de Ferron est frappante : l'auteur n'a-t-il pas, lui aussi, publié plusieurs de ses livres sous forme de courts écrits dans *L'Information médicale et paramédicale* ou ailleurs ? Ferron eut, tout au long de sa carrière, le souci constant de se ménager une chronique dans un périodique ou dans un autre ; mieux qu'un banc d'essai pour ses futurs livres, ces pages régulières étaient de véritables tribunes d'où il pouvait, comme son modèle Alain, observer le monde et faire circuler ses idées.

C'est donc en grande partie sous l'influence de ces trois maîtres littéraires — Valéry, Baillargeon, Alain — que Jacques Ferron fait son entrée officielle dans le monde des écrivains. Il publiera ses écrits dans le *Brébeuf*, et lorsqu'il repensera plus tard à ces premiers essais de jeunesse, ils lui apparaîtront comme un inadmissible rejet de la culture de son pays :

> Au début de ma carrière, j'étais un Brébeuvois, dira-t-il à Jacques de Roussan. Nous étions des manières d'internationaux, et tout ce qui se passait ici était méprisable d'emblée.

---

50. JF à Jean Marcel, lettre, 8 novembre 1968.
51. JF et Pierre L'Hérault, « 9 entretiens avec le Dr Jacques Ferron », *op. cit.*, p. 200.

> Écrire « rue Sainte-Catherine » dans un texte m'aurait paru abject. Nous écrivions dans un style noble, où le pays n'avait pas de place. Ce qui fait que j'ai commencé par faire des trucs qui ne se passaient pas au pays[52].

Il est vrai que les premiers textes de Ferron sont, de prime abord, aussi éloignés qu'il est possible de l'être de la littérature du terroir ! Pourtant, Dieu sait si les incitations à la « pratique » du régionalisme littéraire se faisaient parfois pressantes ; témoin ce fameux « Concours intercollégial » organisé annuellement, à partir de 1938, par le père Blondin Dubé, s.j., en collaboration avec la revue *L'Action nationale.* Pour « mobilis[er] les collégiens à la cause nationale » et leur permettre, durant l'été, de « travailler au relèvement national », on leur proposait de préparer pendant leurs vacances des travaux de recherche — album photographique, récit de voyage, monographie de petite histoire locale, enquête sociale ou économique, ouvrage de sciences naturelles — dont les meilleurs seraient soumis à un jury et primés à l'automne suivant[53]. L'expérience connut un succès considérable et contribua même à encourager l'éclosion de talents littéraires dans la province. Jacques Lavigne, qui participa au concours dès la première année, se mérita une seconde place pour une étude sur les « Pêcheurs de Gaspésie » que la revue *Horizons* publia en partie[54].

Jacques Ferron lui-même s'inscrivit officiellement à ce concours à l'été de 1938 : « je raconterai le rôle de la rivière du Loup dans le développement de notre région — Ça va m'amuser durant les vacances », écrit-il à Madeleine avec son détachement habituel. Participa-t-il vraiment à cette

52. JF à Jacques de Roussan, entrevue, 29 septembre 1970.
53. Blondin Dubé, s.j., « Concours intercollégial pour les vacances prochaines », *L'Action nationale*, vol. XI, n° 4, avril 1938, p. 269-278.
54. Jacques Lavigne, « Pêcheurs de Gaspésie », *Le Mauricien*, [vol. III], n° 3, mars 1939, p. 15.

expérience? Étant donné ses dispositions littéraires du moment, on peut douter qu'il ait pu s'astreindre à rédiger, en plein cœur de l'été, un tel pensum régionaliste. « À la fin de chaque année j'attendais des vacances qu'elles me donnassent le loisir d'entreprendre une œuvre d'envergure. Hélas ! Mon projet fondait sous le soleil de Maskinongé[55]. » Au mois d'octobre suivant, on trouve toutefois sous sa plume, dans les pages du journal *Brébeuf*, un texte intitulé « Étape » dans lequel il relate une excursion en canot, sur le lac Sacacomie, avec l'un de ses amis[56]. Les détails de l'expédition sont à peine évoqués, et l'écrivain porte plutôt une attention exclusive à ses sensations du moment. On pourrait facilement imaginer que ce bref récit poétique, vaguement situé dans la forêt mauricienne, représente le plus haut degré du régionalisme littéraire dont était capable le jeune « belletrien » :

> L'onde m'avait mâté ; les veines gonflées s'étaient effacées de ma main, et je frissonnais ; je remis mes vêtements et me sentis bien ; mais j'étais très las [...]. Sans mot dire, je mangeai lentement et par de très petites bouchées dont j'analysais les moindres saveurs ; après quoi je m'allongeai auprès du feu et j'écoutai les récits du guide ; je comprenais très bien, mais je ne sentais en moi aucune réaction [...][57].

L'athlétique Ferron s'inspire donc, quoi qu'il en dise, de sa vie quotidienne, même si sa vision des choses s'applique au monde d'une façon qu'on pourrait qualifier de radicalement esthétique. Entreprend-il de parler du sport et de ses vertus, il le fait de manière telle que le lecteur doit s'y

55. JF, « Préface », manuscrit, [1950]. BNQ, 2.11.41.

56. Madeleine dit avoir été très impressionnée par ce texte de son frère, à cause d'une métaphore spectaculaire : « les veines sorties de leurs profondes maisons s'allongeaient sur nos mains, tels des lombrics un jour de pluie ». (Madeleine Ferron à l'auteur, entrevue, 18 septembre 1992.)

57. JF, « Étape », *Brébeuf*, vol. VI, n° 1, 8 octobre 1938, [s.p].

reprendre à deux fois pour bien saisir le thème de l'article: « Mais le jeu n'est pas sport; celui-ci est une manière d'être du corps dans l'amusement alors que dans le jeu tout est spirituel pour le triomphe de la tricherie[58]. » L'esprit analytique du jeune homme transfigure la moindre de ses réflexions en expérience esthétique fouillée, ce qui donne raison à Vadeboncoeur lorsqu'il écrit que « la vie ordinaire, les gestes, les gens, le travail, les attitudes, formaient pour lui, sans qu'il le veuille, mais sans qu'il le refuse, dans la réalité même, une matière d'art[59] ».

L'intérêt soutenu de Ferron pour la musique se devine aussi dans ces textes du *Brébeuf*, au point où l'étudiant consacre deux articles à cet art qu'il a appris à vénérer grâce aux bons soins de son ami Noiseux. Dans « L'audition de la musique », il fait part au lecteur des réflexions qui lui sont venues en assistant à un concert de musique classique dirigé par Sir Ernest MacMillan[60]. Encore ici, l'événement n'est que le prétexte à une fine auto-analyse de ses sentiments:

> Seuls vous êtes sans délicatesse, sans pudeur, avides; [...] dans l'audition de la musique, seul, devant votre radio vous prendrez un maigre intérêt à entendre le Mozart que vous aimez tant à un concert: car la foule des auditeurs compose une présence lourde dont vous vous gardez, délicats soudain par réaction [...][61].

Cette analyse du comportement de l'assistance rappelle étrangement un texte de Mallarmé dans lequel l'auteur se penche pareillement sur les sentiments des spectateurs:

---

58. JF, « Le sport et sa vertu », *Brébeuf*, vol. VII, n° 5, février 1940, [s.p].
59. Pierre Vadeboncoeur, « Préface », dans *La conférence inachevée*, *op. cit.*, p. 10.
60. Chef de l'Orchestre symphonique de Toronto.
61. JF, « L'audition de la musique », *Brébeuf*, vol. VI, n° 5, 24 février 1939, [s.p].

> La foule qui commence à tant nous surprendre comme élément vierge, ou nous-mêmes, remplit envers les sons, sa fonction par excellence de gardienne du mystère ! Le sien ! elle confronte son riche mutisme à l'orchestre, où gît la collective grandeur. Prix, à notre insu, ici de quelque extérieur médiocre subi présentement et accepté par l'individu[62].

Influence mallarméenne ou non, il est indéniable que, jeune, l'écrivain Ferron semble tout entier tourné vers lui-même. Nous sommes en présence d'un jeune homme attentif à ses moindres sensations physiques et à la nuance de ses sentiments. Ce regard constant sur soi-même influence la morale du « personnage » : dans « Le carnet d'un belletrien », chronique qui ne survivra que le temps de deux numéros, Ferron fait dire à son narrateur, qui vient de donner des cigarettes à un mendiant : « Je lis ce temps-ci des livres touchants [...] et je pose aux gestes touchants[63]. » Pour cet incurable esthète, la charité n'est qu'une attitude ; elle doit se soumettre, comme le reste du monde, à la tyrannie du Beau ; et, en cette période de crise, les occasions d'exercer la charité se font nombreuses :

> Dans la grande fatalité du monde, pour faire contre-poids à l'intérêt on a fabriqué la bonté. Ce pauvre petit, il ne se pouvait pas qu'il fût toujours blessé. Je n'ai eu aucun mérite à lui faire un peu de bien. Et si j'avais agi de façon contraire, j'eus posé un acte plus libre que celui-ci, simple corollaire de mon tempérament[64].

Ces exégèses sentimentales, inoffensives en soi, dégagent un certain malaise lorsqu'on sait qu'elles sont pratiquées au

62. Stéphane Mallarmé, *Œuvres complètes*, édition établie et annotée par Henri Mondor et G. Jean-Aubry, Paris, NRF, Gallimard, « Bibliothèque de la Pléiade », 1984, p. 390.
63. JF, « Le carnet d'un bellettrien », *Brébeuf*, vol. V, n°s 10-11-12, 16 avril 1938, [s.p].
64. *Ibidem.*

milieu de la misère ambiante ; on ne peut s'empêcher de penser que de telles réflexions esthétisantes trahissent une bonne dose d'inconscience sociale de la part du jeune auteur. Est-on si loin, ici, du portrait sévère que Ferron brosse du poète montréalais Saint-Denys Garneau, « prisonnier de sa caste, privilégié de la servitude, étranger dans sa ville, circulant dans son pays sans le voir, [...] tourné vers la France comme un chien vers la lune[65] » ? Il serait injuste de demander à un collégien d'avoir la compassion d'un adulte ; l'adolescence est, par définition, un âge où l'on se cherche, et Ferron, par ses autocritiques ultérieures, se chargera lui-même de rejeter violemment cet aspect de son propre passé brébeuvois. Il le fera cependant à sa manière, détournée et toujours ambiguë, en s'attaquant à des personnes (Saint-Denys Garneau, Pierre Elliott Trudeau) qu'il aura préalablement érigées en archétypes des fils de bonne famille.

Au terme de ce séjour au collège Brébeuf, force nous est de reconnaître que les préoccupations du jeune Ferron sont très loin de celles qui lui viendront quelques années plus tard. Sous l'influence de ses maîtres et de ses modèles littéraires, il semble être en voie de se forger un art poétique qui doit beaucoup à l'esthétique valéryenne : « Quand on fera des poèmes comme on fait un parapluie, on ne trouvera pas de plus beaux vers, mais on saura les composer, et cela seul importe[66]. » Il est devenu un jeune homme sûr de lui, conscient de ses talents, et qui a la ferme intention d'orienter ses énergies vers la carrière littéraire. Certains signes fugaces laissent toutefois à penser qu'il pourrait en être autrement dans un avenir prochain. De légers indices sont disséminés dans les textes du collégien, qui sont

65. JF, « Tout recommence en '40 », *Le Quartier latin*, vol. XLIV, n° 39, 27 février 1962, p. 8.

66. JF, « Dix lettres de Jacques Ferron à Pierre Vadeboncoeur », *loc. cit.*, p. 111.

comme la préfiguration émouvante des idées du Ferron que nous connaissons, réconcilié avec son pays. Malgré son irréductible individualisme et son goût pour une littérature à l'esthétisme appuyé, le jeune écrivain condescend, en février 1939, à se laisser attendrir par la civilisation grégaire de son peuple, et singulièrement par sa musique, en laquelle il voit un élément de cohésion sociale :

> Les paysans dont la culture individuelle est pauvre, font cependant de la musique le couronnement de la fête familiale (à laquelle notre climat les réduit ;) et pensée ne leur est point de l'utiliser à leur jouissance individuelle, pour la bonne raison qu'ils n'en jouiraient pas ; ils n'y parviennent que par la frénésie causée certes par de fréquentes libations, mais surtout par l'émulation que développe la société[67].

Quelques mois plus tard, il revient sur la question, cette fois pour déplorer les effets néfastes de la radio, cette invention récente qui a le tort de « verser » brutalement la musique sur la population rendue passive, « contrairement au temps révolu où la chanson naissait d'un membre du peuple, passait de bouche en bouche avant de s'être par elle-même propagée dans tout le peuple, de sorte que seules de savoureuses chansons sortaient de ce filtre[68] ».

Disant cela, à quoi pense donc le jeune Ferron ? Songe-t-il aux veillées familiales chez le grand-père Benjamin ? S'ennuie-t-il du Village des Ambroises ? Cette soudaine nostalgie pour la transmission orale du folklore, bien peu valéryenne, est comme la lointaine annonce de ce qui accaparera bientôt l'esprit de l'écrivain. Une chose est certaine : le tout premier texte qu'il publie *hors* du journal *Brébeuf* — mis à part la reprise de « Mon herbier » dans *L'Écho de Saint-Justin* en mars 1935 — est confié, comme on sait, à une revue trifluvienne, comme si Ferron voulait inaugurer

67. JF, « L'audition de la musique », *loc. cit.*
68. JF, « Je me rase en écoutant la messe en ré », *loc. cit.*

sa carrière « extra-collégiale » sous des auspices favorables. Clément Marchand, éditeur de ce premier écrit ferronien, occupa toujours une place un peu particulière dans la cosmogonie de l'écrivain. « J'étais pour Ferron », confie le poète trifluvien, « dépositaire d'un bien commun à nous deux, dans lequel nous puisions, c'est-à-dire ce coin de pays avec ses façons, et ses gens, géographiquement délimité, auquel il était strictement attaché[69] ». Prosateur régionaliste, il avait pourtant, à cette époque, la réputation d'être aussi — et avant tout — un grand styliste, ce qui n'était pas le cas de tous les écrivains du terroir. Comme Ferron a l'habitude de taire ses admirations et de rarement dévoiler ses influences *réelles*, la figure de ce poète-éditeur est pratiquement absente de son œuvre ; vers 1970, toutefois, il aurait confié au principal intéressé que la lecture de quelques-uns de ses contes, publiés vers 1934 dans *L'ordre* d'Olivar Asselin, avait exercé sur lui une forte impression et qu'il aurait, devant cet exemple convaincant, admis la possibilité de concilier la « vraie » littérature avec l'inspiration populaire[70].

En 1939, Marchand, alors directeur de la revue *Horizons*[71], tenait une chronique intitulée « Le censeur », grâce à laquelle il voulait rendre service aux écrivains de la génération montante en commentant leurs poèmes. Il reçut un jour un petit sonnet de Ferron, « Le reproche du duc de Montausier », dont il jugea la forme si parfaite qu'il pensa avoir affaire à l'œuvre d'un auteur expérimenté. En voici un extrait : « J'ai différé la jouissance / Avec une secrète ruse / De rabaisser votre décence / Aux souris des grâces infuses. // Mais fière, vous résistâtes / Aux lentes voix de ma licence

---

69. Clément Marchand à l'auteur, lettre, 31 janvier 1993.
70. Clément Marchand à l'auteur, entrevue, 9 février 1994.
71. Il semble que Ferron ait été un lecteur régulier de cette revue à laquelle il était abonné. (Pierre Cantin, « Un sonnet de Jacques Ferron », *RHLQCF*, n° 11, hiver-printemps 1986, p. 136.)

/ Et maladroitement laissâtes / L'âge altérer votre ascendance[72] ». Ce poème, signé Jacques *Fréron*, se réfère bien évidemment à la poésie mondaine du Grand Siècle et aux maximes d'amour si chères à cette époque galante. On voit que Tallemant des Réaux, échotier de la Cour et des salons, n'est pas loin ; Ferron lui empruntera d'ailleurs la notion d'« historiette » avec la constance que l'on sait. On peut aussi considérer ce sonnet inaugural comme une sorte de programme ou de manifeste, car il indique à quelle enseigne loge le jeune auteur. Pour lui, la *vraie* littérature, celle qui mérite d'être publiée à l'extérieur du journal *Brébeuf*, est d'abord *poétique* ; cette poésie est d'inspiration résolument et irréductiblement française, par la forme et par le fond. Comment aurait-il pu en être autrement chez un jeune homme frais émoulu du cours classique ?

Fils spirituel à la fois du Village des Ambroises et de l'Hôtel de Rambouillet, Jacques Ferron doit maintenant tenter d'unifier les deux aspects contradictoires de sa personnalité. Il s'agit pour le Brébeuvois de réconcilier son souci classique de la forme avec la source principale de son imaginaire. Pour le jeune francophile qu'il est devenu, la tâche n'est pas facile et il faudra encore un certain nombre d'années avant qu'il puisse envisager de parler du comté de Maskinongé sans rien perdre de son élégante « francité ». Qui plus est, pour renouer avec le terreau populaire de ses origines, il lui faudra aussi occulter tout un pan de sa formation, symbolisé par la famille Caron et par son passé de collégien dédaigneux de son pays. En 1938, dans une étonnante prémonition, il avait déjà prévu le vaste mouvement de retour aux sources qui s'emparera de lui :

72. JF, « Le reproche du Duc de Montausier », *Horizons*, vol. 3, n° 11, novembre 1939, p. 32. Le Duc de Montausier était l'époux de Julie d'Ancennes, inspiratrice de *La guirlande de Julie* ; quant à Fréron, il fut critique littéraire au début du XVIIIe siècle.

> Le découvert n'est pas une valeur pour l'insatisfait, mais l'inconnu à découvrir. Pourtant vient le temps où l'esprit se fixe, ordonne des conquêtes d'après un critère que je n'ai pas encore trouvé. — Je suis libre, mais faut-il le demeurer ? La règle est bienfaisante, et quand j'en serai harnaché, *je découvrirai mon passé* [...][73].

Au fil des pages de cette deuxième partie, on aura sans doute constaté que l'incidence des souvenirs brébeuvois, dans l'œuvre de Ferron, est beaucoup moins marquée que celle de ses récits d'enfance ou de son histoire familiale. Le romancier a en effet très peu reparlé, dans ses livres, de cette période pourtant capitale de son existence, et on ne retrouve pratiquement pas, dans ses récits, de passages *directement* autobiographiques inspirés de son adolescence. Sauf en ce qui a trait à son renvoi définitif du collège — à propos duquel, comme on le verra au prochain chapitre, il se fait plus disert — à peine l'écrivain daigne-t-il, dans certaines « Historiettes », effleurer cette période cruciale, pour évoquer au passage la figure du père Bernier ou, le plus souvent, pour condamner d'une façon générale les idées politiques et sociales qui circulaient alors. Huit années de cours classique auraient pourtant dû offrir à Ferron une riche matière à fiction ; d'autant plus que, selon ses propres dires, cette époque compte parmi les plus importantes de son existence : « Je garde de l'amitié pour les Pères qui ont veillé sur ma jeunesse, dit-il. J'avoue avoir trompé leur vigilance et plus tard suivi des voies qui ne sont pas les leurs. Quand même c'est auprès d'eux que j'ai pris le goût de la littérature[74]. »

On n'ose imaginer quel superbe roman d'apprentissage l'écrivain aurait pu rédiger à partir de ses souvenirs de

73. JF, « Le carnet d'un belletrien », *Brébeuf*, vol. V, nº 7-8-[9], 12 février 1938, [s.p]. Le souligné est de nous.
74. JF, « Préface », manuscrit, [1950]. BNQ, 2.11.41.

collège, et quels riches personnages il aurait pu créer à partir des figures attachantes qui croisèrent son chemin à ce moment. Or tout se passe comme si Ferron avait choisi d'escamoter cet épisode de sa vie pour plonger presque directement dans ses souvenirs de Gaspésie. Comment expliquer ce silence au moins aussi significatif que la présence envahissante, dans l'œuvre, des souvenirs d'enfance? L'hypothèse la plus plausible semble être que Ferron, toujours impitoyable avec lui-même, *n'aime pas celui qu'il a été au collège Brébeuf.* Dans la foulée de ses prises de position socio-politiques et littéraires d'homme adulte, il s'interdit toute complaisance et ne se sent plus le droit de montrer, sous un jour favorable, le jeune patricien orgueilleux qu'il fut pendant les années 1930.

Vu sous un certain angle, en effet, le *collégien* Ferron représente tout ce que le *docteur* Ferron condamne: enfant privilégié durant la Crise, il sera pensionnaire dans un collège bourgeois où l'élitisme fait partie de la vie quotidienne; l'éducation qu'il reçoit l'amène à (brièvement) succomber à des idées politiques suspectes, indéfendables lorsque mesurées à l'aune de ses prises de position ultérieures. Enfin, la culture qu'il privilégie à cette époque est essentiellement française, ce qui l'amène à adopter une attitude vaguement méprisante à l'endroit de ce qui pouvait venir de son pays. À peine s'autorisera-t-il parfois, dans *La charrette*, par exemple, à évoquer, par personnage interposé, la passion des livres qu'il développa à Brébeuf: «Son culte, ou sa manie, lui venait d'aussi loin que le collège [...]. C'était si vrai que les livres alors dégageaient une odeur troublante. Il se les procurait à tout prix, se privant sur le reste; il les prenait par besoin sensuel[75].» De la même manière allusive, il

75. JF, *La charrette*, préface de Ginette Michaud, avec la collaboration de Patrick Poirier pour les notes et l'établissement du texte, [Montréal], «Bibliothèque québécoise», 1994, p. 96.

révélera aussi, comme à regret, l'influence décisive que Paul Valéry aura sur lui à partir du moment où il fit sa découverte :

> La mode était à Valéry, prince lumineux et cruel auquel il s'était soumis, dont il avait remis les vers dans leur lumière originelle [...]. Par la suite jamais il ne rencontrera quiconque à qui parler de Monsieur Valéry. Cela marqua toutes ses lectures ; elles furent secrètes et restèrent profondes comme un beau verbe sacré dont la présence sous-jacente rendait sa parole incertaine et dérisoire[76].

Mais Jacques Ferron, homme habile, a quand même trouvé un moyen fascinant de régler ses comptes avec cette période trouble de sa vie : il choisit un bouc émissaire qui incarnera, sans trop en avoir l'air, ce que lui-même *aurait pu devenir* s'il avait suivi la pente « idéologico-culturelle » brébeuvoise. Cette victime expiatoire, on l'a déjà deviné, Ferron la trouvera en la personne de Saint-Denys Garneau. L'irritation bien connue du romancier face à ce poète n'est pas un effet du hasard. À bien y regarder, la situation de Ferron, à Brébeuf, apparaît étrangement semblable à celle de Garneau, ce fils de famille que l'écrivain détestera précisément parce qu'il fut élitiste, qu'il s'occupa peu (ou mal) de politique et qu'il fut tout entier tourné vers la culture française. On peut penser qu'une certaine identification sociale du romancier au poète a pu jouer ici.

C'est dans *Le ciel de Québec* que Ferron se libérera, à travers le personnage d'Orphée/Saint-Denys Garneau, de sa mauvaise conscience. L'auteur a campé l'action du roman à Québec, en 1937 et 1938, années où lui-même se trouve encore à Montréal, au collège Brébeuf, en train précisément de découvrir le corporatisme à la faveur de la Semaine sociale des pères jésuites. « D'une certaine façon, écrira Ferron à Jean Marcel en 1978, *Le ciel de Québec*, c'était une

76. *Ibidem*, p. 96-97.

grande machine pour régler le cas du Père Papin[77] », et aussi pour régler son compte à une période assez sombre de l'histoire. Nous verrons plus loin comment l'écrivain utilise ses propres souvenirs de la Vieille Capitale — où il séjournera, dans les faits, de 1941 à 1945 — pour y faire évoluer le poète des *Regards et jeux dans l'espace.* Par une curieuse interversion géographique et temporelle, l'écrivain *devance* sa propre mémoire, ce qui lui permet de brouiller les cartes autobiographiques. Il peut ainsi parler de lui-même tout en ayant l'air de parler de Saint-Denys Garneau et de ses amis de La Relève. Sans s'impliquer directement, l'écrivain critique durement le jeune présomptueux qu'il était devenu à la fin de son cours classique :

> Entretenus par leurs parents, ils sont disponibles les uns aux autres, écoutant de la musique quand ils ont fini de se saouler de littérature et de religion [...]. Ils se gonflent un personnage et de la sorte ne perdront pas trop leur temps tout en ne faisant jamais grand-chose. Privilégiés d'une société en perdition, gens de loisir et non pas de chômage, capables de s'accommoder de la nuance, trop jeunes pour s'affliger de la misère générale qui d'ailleurs ne fait que donner plus de valeur au peu d'argent dont ils disposent [...][78].

Même si Ferron garde un souvenir ému de ses années de collège, il s'est abstenu de puiser explicitement dans les souvenirs heureux de cette époque de sa vie, sans doute pour ne pas avoir l'air de cautionner la formation élitiste qu'on y dispensait. À première vue, il s'agit donc d'une sorte de « trou » autobiographique au cœur de l'œuvre. Pourtant — et c'est là un paradoxe de taille — l'écrivain a quand même réussi à consacrer aux années 1930 le roman le plus ambitieux de sa carrière.

77. JF à Jean Marcel, lettre, 11 mars 1978.
78. JF, *Le ciel de Québec*, Montréal-Nord, VLB éditeur, 1979, p. 171.

TROISIÈME PARTIE

Le fils du notaire

1941-1949

CHAPITRE XI

Tout recommence en 1940

À partir de 1941, et jusqu'au début des années 1950, la vie de Jacques Ferron semble subir une sorte d'accélération, tant les accidents de parcours et les coups de théâtre y sont nombreux. L'existence du jeune homme est dominée par les frasques estudiantines et par une série de « mauvais coups » dont il devra, à chaque fois, subir les conséquences. Mais ces écarts de conduite sont au fond assez normaux chez un garçon de vingt ans ; comment ne pas perdre un peu la tête lorsqu'on se retrouve libre de ses mouvements après huit années de pensionnat ? Bien des années plus tard, Madeleine se plaira à rappeler malicieusement à son frère aîné l'attitude hautaine qu'il avait adoptée à la fin de son cours classique : « je t'ai revu à ta sortie du Brébeuf, superbe, précieux, le genre cultivé que j'admirais beaucoup. Tu m'intimidais alors et me gênait aussi à cause de ton langage impeccable et serré [...][1]. »

À première vue, la trajectoire tout en ruptures du collégien n'est guidée par aucune logique interne, sinon par

1. Madeleine Ferron à JF, lettre, [1965]. BNQ, 1.1.97.138.

celle de la jeunesse ; mais en réalité, une grande cohérence se dessine derrière cette instabilité apparente. Depuis son année de Belles-lettres — et même avant — les faits et gestes de Jacques sont mus par un désir constant : celui de *devenir écrivain* et de favoriser cet objectif, malgré les obligations académiques ou professionnelles auxquelles il est par ailleurs tenu. Il faut dire que Ferron dut, à chaque fois qu'il en faisait un usage trop abusif, payer assez cher la liberté de parole et d'action qu'il s'était octroyée dès le collège. On se souvient que son indiscipline lui valut, en 1936, d'être renvoyé une première fois de Brébeuf et de séjourner un an au collège Saint-Laurent ; en 1941, son insubordination sera la cause d'une seconde expulsion, autrement plus grave que la première parce que, survenant à la toute fin de son cours classique (au second trimestre de l'année académique 1940-1941), elle lui interdisait pour toujours « l'honneur » de pouvoir se dire Brébeuvois de plein droit. L'écrivain prétendra par la suite avoir accueilli ce deuxième exil avec philosophie : « M'excluant moi-même, je devais m'attendre à être renvoyé du collège. Quand je l'ai été [...], je n'ai pas été surpris et j'ai accepté ces renvois sans amertume[2]. » En d'autres occasions, cependant, il fait montre d'une rancune mal dissimulée à l'endroit des pères jésuites, qui vient contredire sa mansuétude officielle. Les causes de cette seconde disgrâce sont assez bien connues, car l'auteur, sans aller jusqu'à se dire innocent de ce dont on l'accusait, tenta à plusieurs reprises d'expliquer ce bannissement.

Une précieuse lettre que Jacques écrivit à son père en cette période trouble nous permet de mieux comprendre l'état d'esprit contestataire du jeune homme à la toute fin de ses études classiques. Chose curieuse, en cet hiver de 1941, Jacques commence par réclamer au notaire le droit d'entreprendre une carrière... de skieur, avant de mettre en doute

2. JF à Jean Marcel, lettre, 1er juin 1966.

la validité même du diplôme qu'il se prépare à recevoir; après tout, ce papier, écrit-il, n'est qu'« un parchemin que des milliers d'imbéciles ont eu[3] ». Ensuite, l'élève fait une étonnante allusion à la chambrette qu'il occupe à titre de pensionnaire: par un sentiment de fraternité qu'on ne lui connaissait pas, voici que Ferron refuse dorénavant de se prévaloir de ce privilège réservé aux étudiants des niveaux supérieurs:

> Je m'entête [...] à ne point user de ma chambre; je ne crois pas que la solitude soit bonne aux jeunes gens; surtout en ces temps malheureux où le monde étant surpeuplé, la promiscuité est habituelle, où les entreprises industrielles et guerrières réunissent les hommes en troupeau au grand plaisir de ceux qui les conduisent. Le dortoir m'est salutaire [...]: c'est la solidarité humaine [...][4].

Que s'est-il passé pour que ce collégien, naguère imbu de lui-même et indifférent à tout ce qui n'était pas littérature, veuille soudain se joindre à l'humanité souffrante? S'agit-il simplement d'un subterfuge de potache qui veut retrouver ses copains du dortoir? Il est vrai que la guerre est déclarée depuis près de deux ans; le collège a mis sur pied une milice, qui oblige les élèves à subir un début d'entraînement militaire. On peut penser aussi que Ferron émet des idées vaguement subversives et « collectivistes » par pure bravade ou par volonté de choquer ses professeurs: car les jésuites, on le sait, figuraient parmi les plus ardents critiques du communisme. Or au début des années 1940, les Pères en étaient justement arrivés à développer le volet « social » de leur ministère et tentaient de sensibiliser leurs élèves à la misère générale; la revue *Relations*, qui remplace le pro-corporatiste *Ordre nouveau* — et dont la première livraison paraît précisément en janvier 1941 — témoigne de ce nou-

3. JF à Joseph-Alphonse Ferron, lettre, [janvier 1941]. BNQ, 1.2.3.
4. *Ibidem.*

veau virage, et délaisse le discours anticommuniste primaire pour aborder les problèmes urbains concrets : taudis, alcoolisme, tuberculose, maladies vénériennes, pauvreté, etc. Le père Bernier lui-même semble avoir contribué à ce mouvement de recentrement social : dès le second numéro de *Relations* (février 1941) il publie un article dans lequel il décrit le grand dénuement de certains quartiers défavorisés du nord de la métropole[5]. On peut penser que Ferron fut influencé par ce nouveau mot d'ordre, au point de vouloir lui aussi se montrer solidaire, à sa façon, du « troupeau » des hommes...

Cependant, la cause immédiate de l'irritation ferronienne, qui nous est révélée dans cette même lettre de janvier 1941, a peu à voir avec les raisons pompeusement invoquées par l'étudiant : il se trouve tout bonnement que le Père Recteur vient de lui refuser la permission d'aller voir la troupe des Ballets russes, alors de passage dans la métropole[6]. Ferron expliquera, dans un manuscrit resté significativement inédit, qu'il avait été témoin, quelques jours plus tôt, d'une injustice commise à l'endroit d'un condisciple, et qu'il avait osé critiquer ouvertement la décision des autorités du collège ; par conséquent, l'interdiction de sortie venait châtier cette insolence, jugée inadmissible[7]. Malgré ce refus sans appel des autorités, Ferron ira quand même assister au spectacle, ce qui lui vaudra d'être expulsé de Brébeuf à quelques mois de la fin de son cours classique.

En 1972, soit quelque trente ans après les faits, le souvenir de cette expérience le hante encore, au point où il ressent le besoin de présenter sa version des événements aux

5. Robert Bernier, s.j., « “La zone” du Sault », *Relations*, 1re année, nº 2, février 1941, p. 47-48.

6. Cette troupe — en réalité les Ballets de Monte-Carlo — présentait, du 3 au 8 février 1941, un spectacle au théâtre *Her Majesty's*.

7. Cet épisode est raconté en détail dans un manuscrit sans titre du fonds JF (BNQ, 2.94.2).

lecteurs de *L'Information médicale et paramédicale*. En cette occasion, il cite intégralement une lettre que le recteur du collège fit parvenir au notaire Ferron, à Louiseville, pour lui expliquer le renvoi de son fils. Voici un extrait de ce document, que l'écrivain semble avoir conservé pendant toutes ces années:

> Jacques est venu me voir pour me dire qu'il désirait [...] assister aux ballets russes. [...] Comme il insistait, je lui ai dit que la question avait été résolue et que je ne lui accordais pas la permission. [...] Malgré mon refus, Jacques est allé aux ballets russes. S'il avait eu le bon sens de ne pas s'en vanter devant ses amis, aurions-nous encore une fois, par pitié pour lui, fermé l'œil, peut-être! Mais nous ne pouvons pas indéfiniment l'aimer malgré lui. [...] Je vais donc dire à Jacques de faire ses malles[8].

D'après Ferron, le véritable artisan de son renvoi, celui par qui son escapade aurait été rapportée au recteur, fut le père Léon Langlois, professeur de philosophie qui apparemment ne prisait guère la contestation intellectuelle et l'ironie du jeune homme à son endroit[9]. Mais ce que Ferron cherche aussi à divulguer, c'est le mensonge grâce auquel il avait réussi à tromper la vigilance des religieux:

> Rien ne m'empêchait d'obtenir la permission de sortir sous un autre prétexte et j'en connaissais un, le passage de mon oncle le député à Montréal, en route vers Ottawa, qui aurait tenu à souper avec moi. [...] Pour le père Dragon, obséquieux envers tout ce qui touchait au pouvoir politique, il était

8. R.P. Antonio Dragon à Joseph-Alphonse Ferron, lettre, 16 février 1941. Citée par JF dans « La règle d'or du Sioux », *IMP*, vol. XXIV, n° 11, 18 avril 1972, p. 18.

9. L'année précédente, Pierre Vadeboncoeur avait lui aussi été expulsé du collège par ce professeur, titulaire de la classe de Philosophie II. « Dans cette affaire, tu avais été mon devancier, mon modèle », écrit plus tard Ferron à Vadeboncoeur; « je t'en suis resté toujours [...] reconnaissant ». (JF à Pierre Vadeboncoeur, lettre, 1er février 1979.)

> quasiment le bras séculier du bon Dieu. C'est avec un empressement ingénu qu'il m'accorda la permission de sortir [...]. On n'aime jamais être la dupe de ses complaisances pour le monde et ses pompes quand on a la prétention d'être un homme de Dieu[10].

En révélant ainsi au grand jour « cette flagornerie de certains jésuites pour tout ce qui touche au pouvoir politique[11] », l'écrivain croit ainsi tenir sa revanche et rendre la monnaie de sa pièce au père recteur d'autrefois. Ce faisant, il montre aussi que la présence d'un oncle député dans la famille pouvait lui être bien utile, à lui aussi ! C'est la première fois, mais non la dernière, que Ferron avoue — bien qu'indirectement — avoir profité de certains privilèges rattachés à son statut de fils de notable.

Les autorités, cette fois, se montrèrent inflexibles devant la nouvelle incartade ferronienne. Jacques ne fut pas réintégré au collège, comme en témoigne une autre lettre du père Dragon au notaire, qui lui demandait de faire preuve, une fois de plus, de clémence envers son garçon : « ce serait un précédent inacceptable que de le laisser venir comme externe, lui répond-il ; quant à l'admettre de nouveau comme pensionnaire, il n'y a pas à y songer davantage[12] ». L'élève devra donc terminer son cours classique ailleurs, en l'occurrence au collège de l'Assomption où il fera face à de sérieuses difficultés académiques. Son renvoi l'obligeait en effet à subir des examens auxquels il n'aurait pas normalement dû être soumis : à Brébeuf — autre singularité des collèges jésuites de Montréal — les notes de chaque semestre étaient accumulées au fur et à mesure, tandis que dans les autres institutions il fallait subir un examen final

---

10. JF, « La règle d'or du Sioux », *loc. cit.*, p. 18.
11. JF à Pierre Vadeboncoeur, lettre, 1er février 1979.
12. R.P. Antonio Dragon à Joseph-Alphonse Ferron, lettre, 18 février 1941. Coll. Pierre Cantin.

pour le baccalauréat : « C'était assez grave parce que chez les jésuites nous passions le bac année par année et, en me retrouvant à l'Assomption, j'étais obligé de passer le bac de l'Université de Montréal[13]. » Ferron devra travailler d'arrache-pied pour satisfaire à ces exigences imprévues ; dans un procès d'intention qui donne la mesure de son amertume, il avance même l'hypothèse que les jésuites avaient machiavéliquement prémédité son expulsion de manière à ce qu'il éprouve le plus de difficultés possible. On sait peu de choses de ce bref séjour de quelques mois à l'Assomption. À vrai dire, Ferron était trop occupé à préparer ses examens pour s'intéresser à quoi que ce soit d'autre, ou même pour songer à la littérature[14]. Dans une lettre à son père, qu'on peut dater de cette période héroïque, l'étudiant, sans doute pour prévenir les coups, confesse, dans un touchant euphémisme : « Je ne réussirai pas aussi bien que les autres années ; tu auras moins de plaisir à assister à la distribution des prix[15]. »

Malgré les examens imprévus auxquels il dut se soumettre, Jacques se tira sans trop de mal de ce mauvais pas académique puisqu'à l'automne de 1941, il est admis à la Faculté de médecine de l'Université Laval. Sur les raisons de ce choix de carrière, une certaine ambiguïté subsiste. Ferron se plaît à laisser entendre que sa décision fut prise à la suite d'une querelle familiale, son père ayant exigé qu'il soit notaire alors que lui-même n'en avait cure : « Mon père m'avait inscrit à la chambre des notaires, dit-il en 1975 au

13. JF et Pierre L'Hérault, « 9 entretiens avec le Dr Jacques Ferron (automne 1982) », transcription intégrale (document de travail), interview et transcription : Pierre L'Hérault, [s.l.], [s.é.], 1990, p. 20.
14. « Au Collège de l'Assomption, j'avais trop de mal à rattraper le bac de l'Université que je ne pensais même pas à écrire. » JF à Pierre Cantin, lettre, 1er avril 1977.
15. JF à Joseph-Alphonse Ferron, lettre, [hiver 1941]. Coll. Madeleine Ferron.

journaliste Pierre Paquette; Je me suis fâché contre lui et [...] j'ai été médecin pour ça[16]. » Est-il possible qu'un choix aussi déterminant que celui-là ait été exercé avec tant de légèreté ? C'est ce que tend à confirmer la lettre précédemment citée, dans laquelle l'élève manifestait le désir de se lancer dans une carrière de skieur. Une autre lettre, de Jacques à Marcelle, semble aussi indiquer que le notaire Ferron aurait aimé que son fils suive ses traces: « [...] me voici très sage comme toi, et décider [*sic*] de tirer mon bonheur de la philosophie et du notariat auxquels me lie [*sic*] le désir de Papa, et qui me donnent le plus de chances de réussir. J'avoue que je ne sais pas trop quoi faire; je n'ai pas précisément ce qu'on appelle une vocation[17]. » Ailleurs, Ferron présente les choses un peu différemment et laisse au contraire entendre qu'il rêvait depuis très longtemps d'exercer la profession paternelle: « J'avais été si constant dans cette vocation enfantine que mon père, avant même que je sois bachelier, en avait avisé la Chambre des notaires et payé mon inscription[18]. » Plus bizarrement encore, selon ce que rapporte Paul Ferron, c'est même le notaire Joseph-Alphonse qui aurait cherché à convaincre ses fils de *ne pas* prendre la même voie que lui: « Mon père ne voulait pas que nous soyons notaires, parce qu'il voyait venir la fin du notariat tel qu'il l'avait connu; tous les contrats que les notaires du village avaient jadis étaient en train de disparaître à cause des lois sociales. Il ne voyait donc pas d'avenir dans le notariat, et il a eu raison[19]. » Devant cette divergence de la mémoire entre les deux fils Ferron, leur sœur Madeleine tranche en faveur du cadet; elle se souvient elle aussi

16. JF à l'émission « Pierre Paquette » [émission radiophonique], Radio-Canada, 28 novembre 1975; réalisation d'André Hamelin.
17. JF à Marcelle Ferron, lettre, [1941].
18. JF, « Notaire par le nez », manuscrit. BNQ, 2.77.1.
19. Paul Ferron à l'auteur, entrevue, 8 janvier 1993.

que Joseph-Alphonse suggérait à ses fils de choisir une autre carrière. Et à propos de l'aîné elle ajoute ceci, qui est beaucoup plus significatif: « Jacques voulait s'inscrire en Lettres, et Papa lui a dit: "prends une profession, et après tu feras ce que tu voudras"[20]. »

Voilà qui explique en partie l'apparente désinvolture avec laquelle Ferron choisit la carrière médicale. Loin d'être une vocation, elle ne représentait alors pour lui qu'un pis-aller, une voie qu'il emprunte sans grand enthousiasme parce qu'il est encore financièrement sous l'autorité paternelle, parce qu'il faut bien se préparer à vivre et parce que les rêves de carrière littéraire sont irréalisables dans l'immédiat. « Jacques a dû choisir la carrière de médecin par souci de préserver son indépendance[21] », pense Paul; « il est devenu médecin parce que cela devait lui laisser suffisamment de temps libres pour écrire[21] », ajoute Marcelle. Jacques prétendra par la suite avoir choisi cette profession parce qu'il était trop peu sûr de ses talents littéraires et parce qu'il n'aurait pas eu l'audace de tout miser sur la littérature, comme l'avait fait son modèle de l'époque, Pierre Baillargeon. Plus prosaïquement, il semble plutôt avoir sagement obéi aux injonctions paternelles: Joseph-Alphonse Ferron, comme tous les notables du monde, voulait que son fils aîné se fasse d'abord une situation. À tort ou à raison, l'écrivain croit que la profession médicale lui permettra d'adopter un mode de vie assez souple pour pouvoir se consacrer à sa passion littéraire:

> Mon père ne s'opposait pas à ma liberté, bien au contraire, puisque c'est par elle que j'allais cesser d'être un crampon. Mais cette liberté ne passait pas par les sonnets et les épi-

20. Madeleine Ferron à l'auteur, entrevue, 18 septembre 1992.
21. Paul Ferron à l'auteur, entrevue, 8 janvier 1993.
22. Marcelle Ferron à l'auteur, entrevue, 25 janvier 1993.

thalames. Je pouvais écrire, mais ce n'est pas en écrivant que je me guérirais de ma dépendance. Il le savait. Je le savais[23].

Il nous faut admettre aujourd'hui, en considérant ce que fut la carrière de Jacques Ferron, que ce pari semble avoir été le bon : l'œuvre abondante et protéiforme de l'écrivain — l'une des plus considérables de la littérature québécoise — témoigne de ce que la pratique médicale fut pour lui une sorte de mécénat, une façon d'« entretenir » le littérateur en lui, comme le confirmera celle qui fut son épouse pendant 35 ans, Madeleine Lavallée : « La médecine, il l'a pratiquée honnêtement, intelligemment, mais ça a été son gagne-pain. Il ne la méprisait pas, sauf qu'il trouvait ça un peu ennuyant, parfois. Aller au Mont-Providence ou à Saint-Jean-de-Dieu, ça l'intéressait, mais prescrire du sirop pour la toux, ça ne l'intéressait pas du tout[24]. » La carrière médicale lui permet d'avoir les coudées franches et de ne dépendre de personne d'autre que de lui-même. Avec une grande franchise aussi, il avoue que cette profession ne fut jamais considérée par lui comme une mission, mais comme un *métier* grâce auquel il gagnait honorablement sa vie : « On parle de vocation : c'est faux. Il existe une possibilité d'adaptation. Après avoir pratiqué la médecine pendant trente ans, nécessairement vous êtes devenu médecin. [...] Je crois que, même sans vocation, j'ai pu devenir, disons, un honnête médecin[25]. »

Il reste maintenant à savoir pourquoi le notaire prit la peine d'envoyer son fils à l'Université Laval alors que ses enfants étaient déjà installés à Montréal : n'aurait-il pas été plus simple que l'aîné poursuive ses études à l'Université de Montréal, puisqu'il connaissait déjà la ville ? Apparemment,

23. JF, « Notaire par le nez », *op. cit.*
24. Madeleine Lavallée à l'auteur, entrevue, 3 juin 1993.
25. JF à l'émission « Pierre Paquette », *op. cit.*

Me Ferron sollicita d'abord l'avis d'un médecin de sa connaissance :

> Je suis du milieu de la province, à mi-chemin entre Québec et Montréal, écrit Jacques ; aussi lorsque je voulus me faire médecin, je pus choisir entre l'une et l'autre de nos facultés. Mon père demanda conseil à un orthopédiste de Montréal, qui avait déjà pratiqué à Québec, où l'on n'avait pas su reconnaître son mérite ; il nous recommanda quand même Laval[26].

La réputation de l'Université Laval, de même que son existence déjà ancienne et ses augustes coutumes françaises, contribuèrent sans doute aussi à faire pencher la balance en faveur de la Vieille Capitale. En 1942, dans un article paru dans *Le carabin* — journal étudiant auquel, comme il fallait s'y attendre, il s'est empressé de collaborer[27] — Ferron fait allusion, avec ironie, à cette décision paternelle : « on nous envoya à l'Université... de Montréal ? "de Montréal", opinaient discrètement nos sœurs... de Québec ? "de Québec", décidèrent nos parents qui estimaient les traditions, les faux-cols et les pantalons étroits[28]. » On peut aussi penser que le notaire, devant le comportement assez imprévisible de Jacques, se dit que la taille relativement modeste de la capitale lui permettrait d'exercer un contrôle plus serré des faits et gestes de son rejeton : « Québec, pour mon père, était plus recommandable », dit Marcelle, qui fut peu après inscrite à l'école des Beaux-Arts de la même ville ; « Laval était une bonne université, c'était un milieu plus petit, il croyait que nous serions moins perdus[29]. » Mais la principale raison de ce choix tenait probablement à la durée du

26. JF, « Les oiseaux et les hommes », inédit. BNQ, 2.15.
27. *Le Carabin*, « Organe officiel des étudiants de Laval », publia son premier numéro en septembre 1941.
28. JF, « Les provinciaux à Québec », *Le Carabin*, vol. I, nº 9, 7 février 1942, p. 4.
29. Marcelle Ferron à l'auteur, entrevue, 25 janvier 1993.

programme d'études, plus court à Québec. La Faculté de médecine de l'Université de Montréal était affiliée à la Fondation Rockefeller, qui finançait en partie les installations de l'institution montréalaise. Or, vers cette époque, les Américains jugèrent que la préparation scientifique des étudiants était insuffisante ; c'est pourquoi les autorités de l'Université crurent bon d'ajouter une année supplémentaire au cours de médecine[30], ce qui portait la durée totale des études à cinq ans. Il est fort possible que le notaire, voyant que le programme était plus court d'un an à Québec, ait tout simplement décidé d'inscrire l'aîné à Laval.

Toujours est-il que l'écrivain s'installe dans la capitale à l'automne de 1941. Il écrit à son père pour lui annoncer qu'il vient de dénicher, dans la vieille ville, « la plus belle petite chambre du monde[31] ». À l'époque où Jacques entreprend ces études, le Canada est en guerre, on le sait, depuis deux ans ; cette situation a un impact certain sur la vie quotidienne des citoyens de Québec, ville de garnison. Pour les étudiants insouciants qui, comme Ferron, ne s'intéressent guère à autre chose qu'à la littérature, cette présence de l'armée s'impose avant tout par la séduction qu'exerce l'uniforme militaire sur la gent féminine, comme en fait foi l'image suivante : « Nous [...] avons vu la pudique Québécoise ; elle se laisse prendre à la taille par son ami l'aviateur ; honni soit qui mal y pense, c'est tout simplement qu'elle voudrait l'empêcher de monter se casser le cou en l'air ; elle appuie sur lui de tout son petit poids[32]. » Plus sérieusement, la guerre et la participation canadienne aux

30. Cette année pré-médicale, appelée « P.C.N. » (pour Physique-Chimie-Sciences Naturelles) visait précisément à accroître le niveau de préparation scientifique des étudiants. (Dr Guy Lamarche à l'auteur, entrevue, 26 janvier 1994.)

31. JF à Joseph-Alphonse Ferron, lettre, [1941]. BNQ, 1.2.3. La chambre se trouve au 402, rue Saint-Jean.

32. JF, « Les provinciaux à Québec », *loc. cit.*, p. 4.

combats outre-mer suscitent des débats passionnés dans l'opinion publique, qui se cristallisent autour de la fameuse question de la conscription. La province est gouvernée par le Parti libéral d'Adélard Godbout qui, avec l'aide des libéraux fédéraux, s'est fait élire en 1939 sur la promesse de *ne pas* procéder à l'enrôlement obligatoire. Depuis ce temps, le gouvernement fédéral, avec l'appui du gouvernement provincial, a réussi à imposer une conscription par étapes, ce qui est perçu par la population en général, mais surtout par les intellectuels nationalistes, comme une trahison et comme un inadmissible rejet des traditions autonomistes de la province: «Les libéraux, maîtres du gouvernement fédéral, le sont devenus du gouvernement provincial», écrit André Laurendeau, l'un des plus fervents animateurs du mouvement anticonscriptionniste; «créature, presque au sens propre, des fédéraux, le régime Godbout acceptera toutes les formes de collaboration[33]». Cette apparente démission devant Ottawa vaudra au parti de Godbout de subir une cinglante défaite aux élections de 1944. L'acrimonieux débat sur la conscription sera aussi à l'origine d'un long malentendu entre les deux nations fondatrices du pays, comme le remarque Laurendeau:

> On se détestait dans les deux camps, avec une égale sincérité, le mépris et la haine s'exprimaient. Les Anglo-Canadiens nous regardaient comme des traîtres, qui n'avaient pas le courage de combattre. Nous voyions en eux l'horrible raison du plus fort, nous étions des rebelles en face d'un gouvernement que dans nos cœurs nous ne reconnaissions plus [...][34].

En 1940, à la suite de la spectaculaire avancée allemande en Hollande et en France, le parlement canadien avait

33. André Laurendeau, *La crise de la conscription*, Montréal, les Éditions du Jour, «14», 15e mille, [1962], p. 48.
34. *Ibidem*, p. 101.

adopté la « Loi de la mobilisation des ressources nationales », selon laquelle « tous les hommes et les femmes de 16 à 60 ans [étaient] tenus de s'enregistrer[35] ». Cette loi autorisait aussi le gouvernement à conscrire et à entraîner des hommes « *as may be deemed necessary for [...] the defense of Canada, the maintenance of public order, or the efficient prosecution of war*[36] ». Même si, dans les faits, cette première conscription pour usage « domestique » ne constituait pas à proprement parler un acte de mobilisation générale (il n'était pas encore question d'envoyer des soldats outre-mer), il n'en reste pas moins que les jeunes hommes valides de 21 ans devaient subir un entraînement militaire estival : « *In October 1940 the first draft of men of twenty-one years of age was called to enter newly organized Militia Training Centers for thirty days' training*[37] .» Peu après, au printemps de 1941, on annonça que ces jeunes gens seraient maintenus dans les forces armées pour assurer la défense du territoire canadien[38].

Jacques Ferron, à ce moment, n'a pas encore ses 21 ans ; il les aura en janvier 1942. Son dossier, conservé aux Archives nationales du Canada, indique cependant qu'il est inscrit comme membre du *Canadian Officers Training Corps* (COTC) dès son arrivée à Québec, en septembre 1941[39]. Implanté à McGill et à Laval depuis 1913, le COTC était un corps de milice qui visait à former de futurs officiers pour

35. Paul-André Linteau *et al.*, *Histoire du Québec contemporain*, t. 2, *Le Québec depuis 1930*, Montréal, Boréal, 1986, p. 137.
36. Cité dans George F.G. Stanley, *Canada's Soldiers. The Military History of an Unmilitary People*, Toronto, The MacMillan Company of Canada Limited, édition révisée, 1960, p. 383.
37. *Ibidem.*
38. *Ibid.*
39. [Anonyme], « Record card », 23 septembre 1941. ANC, Direction des documents gouvernementaux, Centre des documents du personnel, n° E-104695. En français, cet organisme portait le nom de « Corps-école des officiers canadiens », mais c'est l'abréviation anglaise qui semble avoir été retenue par les étudiants francophones.

l'armée canadienne[40]. En temps normal, on y subissait deux fois la semaine — contre modeste rémunération — un entraînement militaire de base tout en s'exerçant au maniement et à l'entretien des armes; c'est du moins ce dont se souvient le Dr Maurice Beaulieu, confrère de Jacques Ferron à la Faculté de médecine de Laval[41]. À l'époque où l'écrivain s'y présenta, il fallait subir en plus l'entraînement d'un mois pendant l'été. Ce qu'il fit en compagnie d'un nouvel ami, Robert Cliche, étudiant de droit qui allait devenir l'époux de sa sœur Madeleine[42]. Contre ces quelques concessions à la défense du pays, les étudiants pouvaient tranquillement poursuivre leurs études.

La faculté de médecine de l'Université Laval, durant les années 1940, était depuis longtemps reconnue; on y comptait 62 professeurs et 20 chargés de cours ou assistants. Avec ses sept hôpitaux affiliés, elle formait depuis plusieurs décennies des générations de médecins francophones[43]. Sa sphère d'influence s'étendait surtout aux régions à l'est de Montréal (Mauricie, Abitibi, Gaspésie, Saguenay-Lac-Saint-Jean), mais elle recrutait des étudiants jusque dans l'Ouest canadien et dans les régions francophones des États-Unis. Connaissant l'intérêt modéré que le jeune Ferron éprouvait pour sa future profession, on ne sera pas surpris d'apprendre que son séjour à la faculté n'a pas laissé beaucoup de traces, même si, dit-il, « [...] j'ai été un très bon étudiant la première année à Laval[44] ». Son renvoi du collège Brébeuf avait eu pour effet de lui faire adopter, un temps, un

---

40. George F.G. Stanley, *Canada's Soldiers*, *op. cit.*, p. 291.
41. Maurice Beaulieu à l'auteur, entrevue, 10 décembre 1992.
42. Madeleine Ferron à l'auteur, entrevue, 18 septembre 1992.
43. *Annuaire de la Faculté de médecine. 1940-1941*, [Québec], [s.é.], 1940, *passim*.
44. JF et Pierre L'Hérault, « 9 entretiens avec le Dr Jacques Ferron », *op. cit.*, p. 21.

comportement plus sage[45]. Les lettres qu'il adresse alors à son père témoignent de sa bonne volonté et de ses efforts pour se familiariser avec les bizarreries de son nouvel apprentissage. « Mes études vont bien, écrit-il vers 1941 : nous avons à ce qu'il paraît des machabés [*sic*] pour jusqu'à la fin de l'année[46]. » Ailleurs, il décrit avec force détails la journée épuisante d'un jeune étudiant en médecine :

> Je suis entré ce matin à l'hôpital, non pas pour me coucher mais pour passer l'avant-midi debout à regarder. Je suis le médecin, il lève la jaquette du malade, il regarde, je regarde, il hoche la tête, je hoche la tête et nous passons à un autre lit ; ici on ausculte, là on tape sur le ventre et quand on a bien ausculté, bien tapé, on sort de l'hôpital à moitié abruti et l'on va manger sans appétit[47].

En somme, on devine bien que le jeune homme ne déborde pas d'enthousiasme pour ses études, et l'application toute scolaire qu'il y apporte semble témoigner *a contrario* d'un esprit quelque peu distrait. D'après Pierre Cantin[48], Ferron aurait bien participé, à titre de secrétaire puis de président, aux activités du Cercle Laënnec, ce groupe d'étudiants en médecine qui se réunissaient tous les mois et qui voulaient « s'instruire au contact des leurs et développer leur sens critique en présentant des travaux ou en participant à la discussion[49] ». Mais la fréquentation de ces camarades ne semble pas avoir plu longtemps à l'écri-

45. Les résultats scolaires de sa première année oscillent entre 69 % (en biologie) et 86 % (en biochimie), pour une moyenne générale de 75 %. JF à Joseph-Alphonse Ferron, lettre, [1941]. BNQ, 1.2.3.
46. JF à Joseph-Alphonse Ferron, lettre, [1941]. BNQ, 1.2.3.
47. JF à Joseph-Alphonse Ferron, lettre, [1941]. BNQ, 1.2.3.
48. Pierre Cantin, *Jacques Ferron polygraphe. Essai de bibliographie suivi d'une chronologie*, préface de René Dionne, Montréal, Bellarmin, 1984, p. 440.
49. *Annuaire de la Faculté de médecine. 1944-1945*, [Québec], [s.é.], [1945], p. 135.

vain, puisqu'il les jugea par après très sévèrement: «je me suis trouvé au milieu de condisciples tout à fait incultes[50] », dit-il avec hauteur, en évoquant ses années d'études médicales. Ferron, à vrai dire, ne fréquenta pratiquement jamais les autres étudiants de sa faculté. «On avait des réunions sociales entre médecins (à Noël, au Jour de l'an, etc.) et je ne l'y ai jamais vu, dit Maurice Beaulieu; il ne se mêlait pas aux autres étudiants en médecine[51]. » Ce qui ne l'empêchait pas, comme on l'a vu, de se soumettre aux exigences du programme avec un certain sérieux: «La médecine me vieillit extrêmement, écrit-il à Madeleine; je parle au monde profane avec condescendance, car je ne puis regarder personne sans penser qu'elle [*sic*] ne forme qu'un amas d'os [...][52]. »

Jacques fut particulièrement avare de commentaires sur cette période de sa vie, pourtant riche en péripéties de toutes sortes, au cours desquelles il mena la vie d'un authentique bohème estudiantin. Sans doute jugea-t-il que ses carabinades ne méritaient pas de passer à la postérité: «il fallait apprendre à vivre — c'est le temps des aventures — et en même temps apprendre la médecine. Autrement dit, courailler et étudier. Je me suis passé très bien de la culture[53]. » Sur ce dernier point, il nous faudra cependant le contredire puisque, comme nous le verrons, il ne cessa jamais d'être littérairement actif, même au milieu des sollicitations les plus diverses. Mais le fait est que, dans son œuvre connue, on trouve très peu d'allusions à la période de ses études médicales.

50. JF à Jacques de Roussan, entrevue, 23 septembre 1970.
51. Maurice Beaulieu à l'auteur, entrevue, 10 décembre 1992. Il semble que, devenu médecin, Ferron n'ait jamais aimé non plus la fréquentation de ses collègues. (Madeleine Lavallée à l'auteur, entrevue, 3 juin 1993.)
52. JF à Madeleine Ferron, lettre, [1942].
53. JF à Jacques de Roussan, entrevue, 23 septembre 1970.

Parmi les professeurs que Ferron fréquenta à la faculté, un seul est nommément identifié (et encore est-ce à propos d'une seule anecdote, toujours la même) : il s'agit du docteur Louis Berger, anatomo-pathologiste pour lequel l'écrivain éprouva une grande admiration. Ce maître très exigeant, aux dires de Maurice Beaulieu, était professeur titulaire de pathologie générale et d'anatomie pathologique. Alsacien d'origine, il avait été formé à l'Université de Strasbourg et enseignait à Laval depuis 1924[54]. Le respect de Ferron pour ce savant a quelque chose à voir avec la fascination générale qu'il éprouve pour les scientifiques ; elle est de même nature que l'admiration qu'il ressentait à Brébeuf pour son condisciple Noiseux, étudiant à l'esprit universel qui avait réussi à étonner le frère Marie-Victorin lui-même. « La science, je la respecte, mais je n'en suis pas : mon plaisir d'abord[55] », dit Ferron à Jean Marcel, avant de décrire ainsi le docteur Berger :

> C'était un homme que j'aimais bien que ce professeur et que j'ai franchement admiré. Il me fournissait un modèle d'humanité, le type de ces nouveaux aristocrates que sont les savants. Et je l'ai plaint : il était bien seul à Québec, entouré de médecins qui lui faisaient des mines d'enfants d'école, menacé aussi par la vilenie provinciale, rampante et guettant l'occasion de mordre[56].

Ailleurs il nous le montre enfermé dans son laboratoire, « plus intéressé par la pathologie que par la médecine », en train d'examiner « les morceaux de viande qu'on lui envoie des hôpitaux de Québec, chaque matin. Cela dure depuis des années, cela durera jusqu'à sa mort. [...] Un jour peut-être il découvrira une maladie nouvelle[57]. » Les lecteurs de

54. *Annuaire de la Faculté de médecine. 1940-1941*, *op. cit.*, p. 11.

55. JF à Jean Marcel, lettre, 3 avril 1966.

56. *Ibidem.*

57. JF, « Julio mensis, anno 1945 », *IMP*, vol. XXX, n° 18, 1er août 1978, p. 19.

Ferron connaissent tous l'épisode, maintes fois rapporté, selon lequel Berger, décelant chez Ferron un talent particulier pour l'anatomie[58], aurait convoqué ce dernier dans son bureau pour lui proposer d'entreprendre une carrière dans ce domaine, qui était aussi le sien propre. L'étudiant, sans doute flatté de cette distinction, n'en répondit pas moins au professeur: « Merci, Monsieur, mais j'ai déjà choisi la littérature[59]. » L'anecdote, véridique ou non, indique bien le choix définitif que l'écrivain a fait.

Même lorsqu'il semble s'intéresser à la médecine, Jacques le fait d'une manière telle que son intérêt prédominant pour les lettres transparaît malgré lui: dans le tout premier texte publié où Ferron daigne parler de son futur métier, il trouve le moyen de mettre Paul Valéry à contribution par le biais d'une citation apocryphe, supposément tirée d'un dialogue intitulé « Socrate et son médecin[60] ». De plus, il est extrêmement révélateur que cet article traite, en s'en moquant un peu, de la médecine à travers la figure emblématique du docteur Knock. Ce personnage de médecin, créé par Jules Romains, réussit à persuader les habitants d'un village qu'ils sont tous malades, se créant ainsi une clientèle régulière; l'intérêt amusé que Ferron prend à ce personnage est la preuve que sa propre conception de la médecine, profondément « non-interventionniste », se précisa dès le début de ses études: « Il est un art de convaincre tout homme que le songe qu'il eut est l'indice d'un mal; il

58. Au cours de sa première année d'études médicales, Ferron avait remporté un prix en anatomie. JF et Pierre L'Hérault, « 9 entretiens avec le Dr Jacques Ferron », *op. cit.*, p. 21.

59. JF à Jean Marcel, lettre, 3 avril 1966.

60. « Socrate et son médecin » était paru dans le tome F des *Œuvres* de Valéry, publié en 1936. Détail intéressant, ce texte sera réédité dans la revue *Amérique française* (1re année, no 2, 24 décembre 1941, p. 29-34) au moment même où Ferron faisait paraître son pastiche dans *Le Carabin.*

est un art de lui ôter cette assurance qui fait de lui un détestable petit jars. Quand tous les hommes seront patients et doux, seul le docteur Knock sera le jars, en lui seul vivra l'inoubliable Perrin Dandin[61]. » D'une certaine manière, Ferron, dans sa pratique professionnelle, semble avoir été un « anti-Knock » ; après la guerre, les pages des journaux montréalais commenceront d'ailleurs à résonner des redoutables attaques ferroniennes contre certains collègues jugés trop cupides. Si Ferron n'aimait pas beaucoup le milieu médical, on suppose que ce dernier le lui rendait bien : il est rare, en effet, qu'un professionnel se moque ainsi de la corporation à laquelle il appartient. En 1943, il fourbit ses armes et exerce contre sa propre profession une ironie déjà alerte :

> La famille soulagée reprend son sens et se félicite que son cher défunt soit mort sous la direction d'un habile médecin ; grâce aux soins de cet ami de l'humanité, la mort était fatale ; tandis que s'il ne les avait pas reçus, même s'il avait trépassé beaucoup plus tard, la famille éplorée aurait cru verser ses pleurs sur un pauvre suicidé. [...] ce côté de la médecine [...] en fait une agence de voyage ; elle donne le passeport pour l'au-delà, et seule délivre le permis de mort[62].

Le professeur Berger est pratiquement le seul membre de la communauté universitaire médicale à susciter quelque intérêt chez Ferron ; l'étudiant préfère — et de loin — fréquenter ses véritables amis, qui sont pour la plupart inscrits à la faculté de droit. Ces derniers participent régulièrement aux débats oratoires qui sont sans doute des compléments

61. JF, « La défense du docteur Knock », *Le Carabin*, vol. I, n° 5, 22 novembre 1941, p. 11. Perrin Dandin est un personnage de la comédie *Les plaideurs* de Racine ; il s'agit d'un juge obsédé par sa profession au point d'en devenir fou.

62. JF, « Une agence de voyage : la médecine », *Le Carabin*, vol. III, n° 2, 16 octobre 1943, p. 4.

à leur formation d'avocats. Ferron qui, on le sait, éprouve aussi depuis longtemps, une curieuse fascination pour l'éloquence, se lance aussitôt dans cette aventure, qui le mènera à composer des discours et à participer lui-même aux débats. On peut se rendre compte, à la lecture du *Carabin*, que ces concours oratoires furent l'un des passe-temps favoris des étudiants de l'époque. En septembre 1941, par exemple, on annonce la tenue prochaine d'une joute éliminatoire dans le but de choisir des candidats « aptes à représenter l'Université dans les différents débats qui auront lieu au cours de l'année, tant ici qu'à l'étranger[63] ». Ces concours sont destinés aux étudiants de première et deuxième années, de toutes les facultés, et les sujets débattus sont au choix des orateurs. Quelques jours plus tard, un autre débat est annoncé[64], mettant en vedette trois grands amis de Jacques Ferron : Pierre Boucher, qui deviendra plus tard un comédien bien connu, parle de la « civilisation pan-américaine » ; Robert Cliche, pour sa part, traite de « l'individualisme » ; François Lajoie, ce Trifluvien qui, depuis le Jardin de l'enfance, est l'ami de Ferron, entretient son auditoire du « Statut de Westminster ». D'autres rencontres sociales ont lieu à l'« École des sciences sociales, politiques et économiques » ; on y chante et on y lit des poèmes. Lors de l'une de ces soirées culturelles, qui eut lieu le 2 octobre 1941, les mêmes Pierre Boucher et Robert Cliche prirent encore une fois la parole, accompagnés cette fois par un certain Doris Lussier[65].

Ferron ne semble pas avoir participé, comme orateur, à ces trois soirées de 1941 ; il est difficile, par ailleurs, de

63. Paul-Étienne Bernier, « Débat oratoire », *Le Carabin*, vol. I, nº 1, 27 septembre 1941, p. 2.
64. [Anonyme], « Débat éliminatoire », *Le Carabin*, vol. I, nº 2, 11 octobre 1941, p. 7.
65. Louis-Laurent Hardy, « Ce qu'ils font dans leur "coin" », *Le Carabin*, vol. I, nº 2, 11 octobre 1941, p. 5.

déterminer avec exactitude les dates où il prit la parole. Ces débats étaient, dit-il, « des choses très frivoles, mais qui avaient lieu devant un auditoire sympathique ; c'était au Palais Montcalm, et on remplissait la salle[66] ». Il se souvient, pour sa part, avoir débattu de thèmes aussi graves que « L'amour : remède ou maladie ? » ou « L'amour est-il enfant de bohème ? » Le texte dactylographié de cette dernière conférence a pu être retrouvé dans les papiers de l'écrivain ; on y constate qu'en effet, le jeune homme avait l'esprit occupé de tout autre chose que de médecine. Dans ce document inédit se retrouve tout entier le Ferron « première manière », rêveur, attendri, précieux, encore mal affranchi de ses influences livresques :

> Une fleur est une chose extraordinaire, l'amour est une même chose, et les deux, ils enchantent les cœurs enfantins. La Bohême, c'est l'enfance prolongée dans l'âge adulte, l'enfance insouciante et sans loi, [...] éblouie parce qu'émerveillée. Tout homme qui se sent poète, qui devient amoureux ou qu'il est l'un et l'autre [...], qu'il le veuille ou non, qu'il dilapide ses sous ou qu'il les thésaurise, tout amoureux est du pays de Bohême et qui part pour Cythère s'embarque en Bohême[67].

Les duels oratoires avaient lieu une première fois à Québec, puis il arriva à quelques reprises que la « troupe » allât reprendre ces soirées en province. Voilà des activités bien frivoles, en effet, mais qui permirent à Ferron de développer de solides amitiés, entre autres avec Robert Cliche qui fut son rival et deviendra son beau-frère.

Malgré cette existence somme toute assez légère, l'étudiant connaît certaines frustrations parce qu'il n'est pas encore tout à fait libre de ses mouvements : « J'ai été dépendant, j'étais entretenu par mon père et ça a duré jusque vers

---

66. JF à Pierre Cantin, entrevue, 20 septembre 1980.
67. JF, « L'amour est enfant de Bohême », manuscrit. BNQ, 2.11.30.

les années 42-43 [...][68] ». Ce jeune individualiste accepte difficilement d'avoir encore à répondre de ses actes devant le notaire qui, à Louiseville, tient toujours fermement les cordons de la bourse. À ce propos, une lettre de Jacques à son père montre que Me Ferron fit usage, au moins une fois, d'une astuce vieille comme le monde pour que son fils lui donne enfin de ses nouvelles : « Mais ce qui m'a bien fait rire, c'est ton chèque non signé, j'ai failli rire moins car peu s'en fallu [*sic*] que je me présente à la banque ; j'aurais eu l'air intelligent. [...] je te renvoi [*sic*] le chèque ; mais de grâce n'oublie pas de me le renvoyer[69]. » Ailleurs, on apprend que le jeune homme doit aussi justifier ses dépenses : « Quoi qu'il en soit [écrit-il à Madeleine], remets à Papa, ces reçus : $ 25. (2 livres d'anatomie). L'autre cinq dollars passe en livres moins considérables pour lesquels on ne donne pas de reçus[70]. » Ces petites tracasseries devaient paraître bien importunes ; par la suite, à mesure que Ferron vieillira, cet agacement se muera en une sorte de remords d'avoir profité si longtemps de la générosité paternelle, alors que d'autres, autour de lui, avaient plus de difficultés : « J'ai été entretenu jusqu'à l'âge de 24 ans [...]. Après ça j'ai gagné ma vie. Difficilement, parce que vous savez, quand on est entretenu pendant 24 ans, on ne connaît pas beaucoup la valeur des choses[71]. » Cette culpabilité rétrospective est liée, comme toujours, à la mauvaise conscience aiguë d'avoir été un jeune homme privilégié :

> [...] je suis resté enfantin plus longtemps que d'autres. Je ne saurais comparer ma jeunesse à celle des jeunes gens de nos jours qui partent vite, et qui ont des idées claires sur tout.

---

68. JF et Pierre L'Hérault, « 9 entretiens avec le Dr Jacques Ferron », *op. cit.*, p. 238.
69. JF à Joseph-Alphonse Ferron, lettre, [1941]. Coll. Madeleine Ferron.
70. JF à Madeleine Ferron, lettre, [1942].
71. JF à l'émission « Pierre Paquette », *op. cit.*

> Moi j'étais assez confus et mystifié, mais au fond, assez heureux de l'être pour pouvoir justement m'occuper de ma petite popote personnelle[72].

Comme nous le verrons au prochain chapitre, l'occasion de se libérer de la tutelle paternelle surviendra pour l'écrivain en 1943, de la façon la plus inattendue qui soit.

72. JF à Jacques de Roussan, entrevue, 23 septembre 1970.

CHAPITRE XII

Julio Mensis, anno 1945

Au plus fort de la guerre, au moment où l'armée canadienne prévoyait avoir besoin d'un nombre accru de médecins, elle conclut une entente avec l'Université Laval afin que le cours de médecine soit accéléré. Comme l'explique le Dr Beaulieu : « L'armée nous a dit, en 1943 : "Nous paierons vos études si vous acceptez de faire du service militaire" ; on pensait alors que la guerre durerait beaucoup plus longtemps. On nous a dit : "nous paierons vos études et nous demanderons aux universités d'accélérer votre cours ; vous serez alors disponibles pour aller au front"[1]. » Ce système, qui fut en vigueur durant deux ans, fonctionnait de la façon suivante : l'année scolaire, qui se terminait habituellement en mai, fut prolongée, en 1943 et 1944, jusqu'au 15 juin ; après deux semaines de vacances, les cours reprenaient dès le 1er juillet. En échange de ces « études-marathon », les étudiants de médecine, qui dès 1943 étaient automatiquement intégrés au service actif de l'armée, recevaient une solde d'environ 90 $ par mois[2] ; dans le cas de Ferron, qui

1. Maurice Beaulieu à l'auteur, entrevue, 10 décembre 1992.
2. *Ibidem.*

n'habitait pas chez ses parents ni ne vivait en garnison, on ajoutait à ce montant des frais de subsistance de 1,50 $ par jour[3]. Pour l'époque, ces sommes constituaient un pécule assez respectable, suffisant en tout cas pour assurer une relative autonomie financière à un étudiant en mal d'affranchissement familial. C'est ainsi que, le 1er juillet 1943, le soldat Jacques Ferron prête serment d'allégeance à Sa Majesté le roi George VI et est intégré dans le *Royal Canadian Army Medical Corps*[4]. À la fin de son cours de médecine, il devra servir son pays sous les drapeaux, mais pour le moment, il n'a qu'à continuer ses études et à profiter de la liberté providentielle que lui procure cette situation imprévue : « nous étions payés, comme soldats, avec les frais d'entretien, ce qui me permettait de me passer de mon père, de faire ce que je voulais, de me marier...[5] »

Pendant son séjour à Québec, Ferron fréquenta plusieurs jeunes femmes et cohabita même avec certaines[6] ; il faillit même renoncer à ses études pour suivre l'une d'entre elles, Muguette Jobin[7], qui retournait à Montréal : « Je lui offris de laisser la médecine pour l'aviation (Saint-Exupéry venait de passer à Québec), moyen de l'épouser. Elle accepta, grave erreur[8]. » D'après Madeleine Ferron, cette histoire rocambolesque serait survenue vers 1941 ou 1942, au début des études de Jacques. L'étudiant aurait un jour fait

3. [Anonyme], « Record of Promotions, Reductions, Transfers, Casualties, Reports, etc. », 1er décembre 1944. ANC, Direction des documents gouvernementaux, Centre des documents du personnel, no E-104695.

4. [Anonyme], « Armée canadienne. Formation et unités actives. Formule d'enrôlement », 1er juillet 1943. ANC, *Ibidem*.

5. JF et Pierre L'Hérault, « 9 entretiens avec le Dr Jacques Ferron », *op. cit.*, p. 22.

6. Madeleine Ferron à l'auteur, lettre, 26 juin 1993.

7. Muguette Jobin épousera en 1944 le poète André Pouliot, dont l'unique recueil de poèmes, *Modo pouliotico*, sera publié à titre posthume, en 1957, par les soins de Ferron lui-même.

8. JF à Jean Marcel, lettre, 20 mars 1967.

irruption chez son père, en provenance de Québec, pour lui annoncer qu'il abandonnait la médecine ; « Respecte ta liberté, mais à tes dépens », lui aurait en substance répondu le notaire. Ferron aurait ensuite poursuivi son chemin vers Montréal et passé deux nuits au Carré Viger[9]. Ce n'est qu'après ce salutaire séjour à la belle étoile qu'il aurait décidé de revenir à Québec : « Rendu à Montréal, après avoir fait mes adieux à mon père [...] j'ai trouvé que Muguette m'en demandait trop. [...] Finalement j'étais venu reprendre mes études[10]. »

Le salaire que lui versait l'armée permit à Ferron de s'affranchir d'une autre manière de la tutelle paternelle ; cet argent lui permettait en effet de se marier, ce qu'il fit le 22 juillet 1943, vingt jours à peine après s'être enrôlé[11]. Cette première épouse, Magdeleine Thérien, était inscrite comme étudiante en droit depuis septembre 1942[12] ; elle semble avoir fait partie du tout premier contingent féminin inscrit à la faculté de droit de l'Université Laval. Ferron l'avait connue lors des fameux débats oratoires auxquels il participait en compagnie de ses amis avocats. Originaire de Nicolet, Magdeleine était la fille d'un vétéran de la Première Guerre mondiale qui travaillait comme agent de douanes au bureau de poste de cette ville. Sa mère, Irlandaise d'origine,

---

9. Madeleine Ferron à l'auteur, entrevue, 26 septembre 1993. Jacques Lavigne se souvient que Ferron se présenta chez lui, à ce moment, pour lui emprunter de l'argent. (Jacques Lavigne à l'auteur, entrevue, 30 novembre 1993.)

10. JF et Pierre L'Hérault, « 9 entretiens avec le Dr Jacques Ferron », *op. cit.*, p. 56.

11. « Extrait du registre des baptêmes, mariages, sépultures et confirmations de la paroisse St-Jean-Baptiste de Nicolet, Comté de Nicolet, P. Qué. L'an mil neuf cent quarante-trois. »

12. [Anonyme], « Élèves de la Faculté en 1942-1943 », dans *Annuaire de la Faculté de droit de l'Université Laval pour l'année académique 1943-1944*, n° 12, Québec, Ateliers de *L'Action catholique*, 1943, p. 45.

se nommait Ida McCaffrey; on s'exprimait surtout en anglais dans la famille. Gérard Pelletier, qui étudia au Séminaire de Nicolet, a bien connu les Thérien; selon lui, le père était un homme très libre d'esprit, presque un libre penseur: « Il fallait être fonctionnaire fédéral pour avoir la liberté d'afficher des convictions comme les siennes dans un endroit comme Nicolet[13] », ajoute-t-il. Tous les témoins s'accordent pour dire que sa fille avait une personnalité hors de l'ordinaire. Femme frivole pour les uns, féministe pour les autres[14], son image est auréolée de mystère et semble n'avoir laissé personne indifférent. Jacques Lavigne, qui l'a connue lui aussi, prétend qu'elle avait en elle la volonté de « changer des choses », et s'étonne que la petite ville de Nicolet — qui après tout est un évêché — ait pu produire une telle créature[15]. Madeleine Ferron ne partage pas du tout cette opinion sur celle qui fut sa belle-sœur durant quelques années; elle avoue même avoir tenté de dissuader son frère de l'épouser:

> Moi, je trouvais que ce n'était pas la femme qu'il fallait à Jacques, parce qu'elle était frivole. Elle aimait la vie mondaine. Je m'étais crue obligée d'aller les voir à Québec et de leur dire: « Je pense que vous faites une erreur en vous mariant. » Il m'a répondu: « Tu sais, je pense que c'est le temps. Il faut se marier un jour. » Et elle ne m'a jamais pardonné cette stupide candeur[16].

---

13. Gérard Pelletier à l'auteur, entrevue, 16 septembre 1993.
14. Un détail tendrait à confirmer cette dernière impression. Dans l'*Annuaire de la Faculté de droit de l'Université Laval* pour l'année 1944-1945, Magdeleine Thérien est inscrite sous le nom de « Mme Jacques Ferron » (p. 45); dans l'annuaire de l'année suivante (1945-46), son nom de jeune fille a été rétabli, et elle figure sous le nom de « Mme Magdeleine Thérien-Ferron » (p. 47).
15. Jacques Lavigne à l'auteur, entrevue, 21 septembre 1992.
16. Madeleine Ferron à l'auteur, entrevue, 18 septembre 1992.

Sur ses relations avec cette première épouse — dont il devait se séparer six ans plus tard et divorcer officiellement en 1952 — Jacques Ferron a toujours été d'une remarquable discrétion ; tout au plus pouvons-nous suivre, dans ses écrits, l'évolution métaphorique d'un certain désabusement domestique, qui peut se laisser deviner dans de fines allusions glissées dans les textes du *Carabin* : « Et dans le fond de ton verre, j'ai versé la grande ivresse, l'extraordinaire, la prodigieuse qui se dresse, qui chancelle, qui va tomber, qui tombe et te ramène vers la terre, car après tout, mon cher, ta femme t'attend[17]. » Les relations tourmentées de Ferron avec cette épouse seraient même à l'origine de la destruction de tous les manuscrits ferroniens rédigés avant 1944, comme l'explique un « Testament » retrouvé dans les archives de l'écrivain :

> Il convient que je mette de l'ordre et de la décence dans mes papiers. Voilà le but de mon ouvrage. Ma tâche est simplifiée : je les ai déjà brûlés en 43 ou 44 pour montrer à ma première femme mon désespoir de l'avoir quelque peu trompée. [...] Elle ne comprit pas la peine que je me causais en brûlant toute la paperasse accumulée depuis le collège[18].

Même si, au premier coup d'œil, l'œuvre de Ferron — celle qu'il a *voulu* rendre publique — peut sembler parfois pleine d'allusions désobligeantes, elle demeure toujours, malgré les apparences, relativement discrète au chapitre de la famille immédiate. Ses sœurs Marcelle et Madeleine, de même que son beau-frère Robert Cliche, sont des person-

---

17. JF, « Moralités III », *Le Carabin*, vol. III, n° 13, 15 avril 1944, p. 2.
18. JF, « Testament », manuscrit, [1962]. BNQ, 2.39.3. Il n'y a aucune raison de douter de cette explication : aucun manuscrit antérieur à cette époque n'est en effet parvenu jusqu'à nous. Par ailleurs, comme Ferron semble avoir conservé la quasi-totalité de ses manuscrits depuis la guerre, on imagine mal pourquoi il aurait négligé de le faire pour ses écrits des années 1930. On n'est pas fils de notaire pour rien !

nalités publiques; aussi l'écrivain ne s'est-il pas privé de faire allusion à leurs activités, mais toujours dans la stricte mesure où elles avaient une importance dans son *propre* cheminement intellectuel. La première femme de Jacques Ferron, comme bien d'autres héros de la cosmogonie ferronienne, est présente dans l'œuvre de l'auteur à cause d'*un* événement, toujours le même, dont elle est la seule à pouvoir témoigner; après avoir été convoqué pour cette unique raison, le *personnage* de Magdeleine Thérien retourne aussitôt à l'oubli. Il faut dire que ce détail revêt une importance capitale, puisqu'il explique en partie l'engagement politique de l'écrivain. À l'époque où il est devenu indépendant de son père, « par une sorte d'amalgame, dit-il, c'est à ce moment-là que, par ma première femme, j'ai été en contact avec le Parti communiste[19] ».

Il est très difficile d'établir avec exactitude où, quand et par l'intermédiaire de qui Magdeleine Thérien fut mise en rapport avec les communistes. D'autant plus que Ferron, volontairement ou non, se montre particulièrement évasif à ce sujet:

> Ma femme était devenue communiste, je ne sais pas trop pourquoi, peut-être parce qu'à Nicolet était passée la famille Grenier, l'avocat Grenier. [...] Ces Grenier-là, durant la guerre, à Nicolet, étaient devenus communistes et, revenus à Québec, ça m'avait bien épaté quand j'avais été les voir, sur la rue Saint-Cyrille, de trouver dans le salon, à la place du portrait de l'évêque, le portrait du maréchal Staline[20] !

---

19. JF et Pierre L'Hérault, « 9 entretiens avec le Dr Jacques Ferron », *op. cit.*, p. 238.

20. JF à Pierre Cantin, entrevue, 20 septembre 1980. Gérard Pelletier, qui a bien connu cette famille à l'époque où il étudiait au Séminaire de Nicolet, prétend que la réputation que lui fait Ferron est bien surfaite: « C'était une maison où il y avait des gens intelligents et des belles filles; alors il y avait beaucoup de monde qui y allait. » (Gérard Pelletier à l'auteur, entrevue, 16 septembre 1993.)

Il faut dire que l'adhésion au communisme d'une jeune personne idéaliste, durant les années 1940, était un peu moins mal vue que d'habitude. La guerre, en effet, fut une période heureuse pour les mouvements de gauche au Québec, qui obtinrent, à cause de la conjoncture politique internationale, une audience sans précédent parmi les Québécois :

> Quand l'URSS devint notre alliée (juin 1941), les Russes eurent la cote au Canada, et l'on sentit que la guerre prenait un nouveau tournant. [...] Le communisme lui-même devenait presque sympathique, on parla du camp des « démocraties ». La bourgeoisie, et sauf erreur, quelques membres du haut clergé, entrèrent chez les Amis de la Russie[21].

Même s'il fut illégal jusqu'en 1943, année où il prit le nom de Parti ouvrier progressiste[22], c'est durant la décennie de 1940 que le Parti communiste connut sa plus forte expansion au Québec et que, par conséquent, ses idées influencèrent le plus de Canadiens français. Gui Caron, alors secrétaire du Parti, a bien connu Magdeleine Thérien dans ces circonstances ; même s'il ne se souvient pas exactement du moment de son adhésion, il croit pouvoir la situer vers cette époque, et dans la foulée de cette nouvelle popularité des mouvements de gauche : « Étant donné que l'URSS était notre alliée, le parti a recruté sérieusement. Durant la guerre, il a fait des progrès dans le milieu canadien-français chez les ouvriers syndiqués, chez les chômeurs, et chez les intellectuels[23]. » Il est fort possible aussi

---

21. André Laurendeau, *La crise de la conscription*, *op. cit.*, p. 62.
22. Bernard Dionne et Robert Comeau, « Le Parti communiste canadien au Québec pendant la Seconde Guerre mondiale 1939-1945 », dans Bernard Dionne et Robert Comeau (dir.), *Le droit de se taire. Histoire des communistes au Québec de la Première Guerre mondiale à la Révolution tranquille*, Outremont, VLB éditeur, « Études québécoises, 11 », 1989, p. 92-93.
23. Gui Caron à l'auteur, entrevue, 31 octobre 1992.

que, dans les milieux étudiants de l'Université Laval, les idées véhiculées par les militants communistes aient fini par trouver un terreau fertile.

Une seule chose semble assurée : c'est bien Magdeleine Thérien qui introduisit son mari dans les milieux de gauche. « Je l'ai connu [Ferron] quand il est sorti de l'armée, dit encore Gui Caron ; Je connaissais sa "Magdeleine" de l'époque, sa première femme[24]. » Ce n'est cependant que quelques années plus tard que Jacques Ferron lui-même prendra officiellement position en faveur de l'extrême-gauche. À vrai dire, l'auteur, au temps de l'Université Laval, ne semble pas d'abord avoir apprécié à sa juste valeur les activités et les idées avant-gardistes de sa femme ; non par conservatisme, mais bien par une nostalgie toute littéraire pour ce qu'on pourrait appeler l'« éternel féminin ». Les temps changent, en effet : les femmes du Québec ont eu le droit de vote en 1940, l'industrie de guerre et le manque de main-d'œuvre les amènent à quitter leur foyer pour travailler en usine, bref le féminisme est dans l'air ; aussi Ferron déplore-t-il en 1942, les avancées récentes de ce mouvement :

> Les étudiantes, nos condisciples, nous font réfléchir sur le féminisme. Et voici ce que nous en avons conclu : les femmes sont mieux douées que nous le sommes : en plus d'une intelligence qui vaut la nôtre, elles ont le charme. Malheureusement, à nous imiter, elles peuvent nuire à leur charme, témoins les amazones qui, pour tirer de l'arc, durent se rendre semblables au dromadaire[25].

L'étudiant fait quand même preuve, à l'occasion, de bonne volonté. Son épouse participe-t-elle à un débat contradictoire sur le thème « Femmes de carrière », il s'empresse de rédiger le texte de son allocution ; mais les arguments

24. *Ibidem.*
25. JF, « Les provinciaux à Québec », *loc. cit.*, p. 4.

qu'il présente en faveur des avocates, exposés avec tous les ressorts de la rhétorique, ont bien vieilli et feraient frémir aujourd'hui la plupart des féministes :

> Un homme d'affaires angoissé choisit comme défenseur une femme qui écoutera plus patiemment qu'un homme sa longue confidence. [...] Il la sollicitera au besoin de faire certains déplacements qu'il n'osera pas demander à un homme, tel que d'aller voir son enfant malade [...]. [Un client victime d'accident] exigera de son avocate ce qu'on attend de l'infirmière qui vous soigne [...] et cela l'avocate le donnera avec grand cœur car, comme toute autre femme de carrière, elle ne marquera pas au coin de la piastre ses heures de labeur, et cela s'explique car l'ambition n'existe généralement pas chez elle[26].

Mais les efforts touchants de Ferron sur la voie du féminisme ne sont, pour l'instant, guère concluants. Plus tard, quand il aura, à titre de médecin, vécu dans la complicité de ses clientes et pratiqué des centaines d'accouchements à domicile, il développera une pensée profondément originale sur la question. Mais au temps de ses études, ce sont surtout les idées plus spécifiquement *politiques* de son épouse qui retiennent son attention : « Hélène a pour étrangeté d'être étrangère à son sexe : à la moindre distraction de ma galanterie, elle me parle de politique internationale[27] », écrit-il dans *Le Carabin*. Les idées défendues par Magdeleine Thérien semblent avoir peu à peu fait leur chemin dans l'esprit de son époux, déjà prédisposé, par atavisme familial, à la compassion. Au collège, on s'en souvient, Ferron, encore mal dégagé de ses influences livresques, s'était quand même laissé intéresser à la charité, mais d'un point de vue *esthétique*, si l'on peut dire. De même, on avait pu remarquer chez lui, à l'occasion d'une querelle épistolaire avec son

26. JF, « Femmes de carrière », manuscrit. BNQ, 2.11.45.
27. JF, « Moralités III », vol. III, n° 13, 15 avril 1944, p. 2.

père, les manifestations d'une vague conscience sociale et un souci nouveau pour la « solidarité humaine ». On retrouve des préoccupations très similaires dans une lettre que Ferron envoie, de Québec, à son camarade Pierre Vadeboncoeur ; mais cette fois, Ferron attribue la cause de son intérêt pour la charité à l'influence d'une « amie », qu'on peut facilement identifier comme étant Magdeleine :

> Je suis fort enclin à la charité [...] je suis porté à croire que ceux qui ne sont pas bons ne sont pas responsables, et que nous sommes impolis d'être meilleurs qu'eux, car après tout, de quel droit le sommes-nous ? [...] Je te dis ces choses, non pour arriver à la parabole du pharisien et du publicain, mais à une amie qui n'aime en fait d'animaux que les plus pitoyables, les chiens qui mordent lorsqu'on les flatte, les chats sales, et moi ; rendu dans cet [*sic*] arche, je me suis trouvé à même d'avoir des idées sur la charité ; c'est pourquoi j'y suis venu sans à propos[28].

En somme, une empathie nouvelle pour les malheurs du monde s'insinue lentement en lui ; est-ce l'effet de son nouveau savoir de médecin, qui l'oblige, en quelque sorte, à côtoyer la souffrance de ses frères humains ? Si tel est le cas, l'auteur ne semble pas, en 1943, avoir encore tout à fait tiré les conclusions *sociales* de cette compassion : « Je n'avais pas de préoccupations politiques, dira-t-il à Jacques de Roussan en 1970 ; je n'avais que des avantages héréditaires, et comme j'étais un heureux garçon, bourgeois comme sont tous les jeunes, je me laissais porter[29]. » Malgré cette mauvaise conscience rétrospective, des nuances importantes peuvent être apportées à cette prétendue désinvolture, et le comportement politique de l'étudiant fut beaucoup plus complexe qu'il ne veut bien l'admettre.

28. JF, « Dix lettres de Jacques Ferron à Pierre Vadeboncoeur », *Études littéraires*, vol. 23, n° 3, « J. Ferron en exotopie », hiver 1990-1991, p. 119.
29. JF à Jacques de Roussan, entrevue, 23 septembre 1970.

Est-il possible, en effet, qu'au beau milieu de la guerre et au cœur même des débats houleux qui préoccupaient la population québécoise, un jeune homme dans la vingtaine, même indifférent, ait pu passer à côté des grandes questions de l'heure sans s'y intéresser ? Gérard Pelletier, dans ses mémoires, est pourtant de cet avis, et croit même que cette inconscience était la norme chez les étudiants : « C'était une époque de très faible conscience politique, sur les campus universitaires. À ce moment-là, manifester voulait dire s'amuser. Après mille facéties [...] on finissait par aboutir dans une taverne [...][30]. » L'extrait suivant (1943), dans lequel Ferron se moque des étudiants nationalistes en pastichant La Bruyère, paraît avoir été tout spécialement écrit pour corroborer le jugement de Pelletier ; notons au passage le coup de griffe à l'abbé Groulx, éternelle tête de Turc ferronienne depuis l'époque du Jardin de l'enfance :

> Le jeune Orgon a de l'appétit, mais le sort a voulu qu'il soit nationaliste. Il assiste à la conférence de l'abbé Groulx et, naturellement, il en sort affamé de revendications. De revendications en revendications, il en arrive à celles de son estomac et il va boire de la bière en compagnie des camarades. Le climat, les rudes métiers ont fait que nos ancêtres furent de solides buveurs. Orgon, quelle allégresse pour son nationalisme ! retrouve dans la bouteille la vertu des ancêtres[31].

L'écrivain, toutefois, confesse avoir lui-même participé, par inconscience ou étourderie, à une manifestation politique qui lui laissera un goût amer, un peu comme l'avait fait son adhésion fugace au mouvement corporatiste. En juillet 1944, le général de Gaulle, chef de la France libre,

---

30. Gérard Pelletier, *Les années d'impatience. 1950-1960*, [Montréal], Stanké, [1983], p. 28.
31. JF, « Trois tableaux en forme de cœur », *Le Carabin*, vol. III, nº 1, 2 octobre 1943, p. 5.

débarque au Canada et passe par la Vieille Capitale. Cette visite officielle n'eut pas l'heur de plaire à tout le monde, parce que de Gaulle, comme le dit Ferron, paraissait avant tout lié à l'Angleterre ; or l'Angleterre n'était-elle pas la cause indirecte des maux conscriptionnistes du Canada ? « Il me semble qu'on souhaita la fin de la guerre, dit André Laurendeau, que de Gaulle fut à peine entendu, que, surtout, la résistance anglaise fut jugée déraisonnable[32]. » Dans ces conditions, il ne faut pas trop s'étonner que l'accueil reçu par le grand homme ait été, cette fois-là, assez tiède ; avec quelques-uns de ses collègues, Ferron prétend même avoir crié « Vive Pétain ! » sur le passage de l'illustre militaire. « De Gaulle ne pouvait rien contre l'Angleterre dont il semblait ainsi la créature. Les apparences le desservaient et nous ne cherchions pas à voir plus loin[33] », dira-t-il plus tard pour justifier ce comportement jugé aujourd'hui irréfléchi.

En 1944 aussi, des élections provinciales eurent lieu au Québec, et Ferron fut réquisitionné, dit-il, pour aller faire des discours en faveur du Parti libéral :

> Sans s'enquérir de mes opinions parce que j'étais de famille libérale, le Club de réforme m'avait envoyé dans Monmagny [*sic*]. Je n'avais même pas demandé à y être envoyé. C'était beaucoup plus simple ainsi, d'autant plus que je n'avais aucune opinion politique. Toutes dépenses payées, j'avais vingt dollars du discours. [...] après cette équipée [...] j'étais devenu libéral[34].

Évidemment, la perspective de gagner un peu d'argent supplémentaire devait séduire l'étudiant Ferron, surtout s'il pouvait mettre en valeur ses talents d'orateur ; encore fallait-il que ce jeune homme ait *déjà* ses entrées au Club de

32. André Laurendeau, *La crise de la conscription*, *op. cit.*, p. 55.
33. JF, « Tout recommence en '40 », *Le Quartier latin*, vol. XLIV, n° 39, 27 février 1962, p. 8.
34. JF à Jean Marcel, lettre, 17 mai 1966.

Réforme pour qu'on l'invite à prononcer des discours au nom du Parti libéral; encore fallait-il aussi qu'on soit en mesure de faire confiance à son « orthodoxie » libérale, surtout lorsqu'il s'agissait d'aller prononcer des discours dans la région natale du premier ministre Godbout lui-même.

Bien que Jacques Ferron, à Québec, ne paraisse guère plus intéressé à la politique provinciale qu'il ne l'était au collège, certains textes du *Carabin* laissent à penser que le jeune homme, sans trop savoir ce qu'il voulait vraiment, savait à peu près *ce qu'il ne voulait pas.* Ses positions — du moins ce qu'il nous en laisse deviner — sont antinationalistes; c'est ce qu'on peut conclure par exemple de sa tenace détestation de l'abbé Groulx. Encore que ce dernier subisse aussi la moquerie ferronienne à cause du caractère régionaliste de son œuvre littéraire, peu compatible, on l'a vu, avec les goûts élevés d'un ancien élève de Brébeuf: « [...] tous disent, quand un roman d'Alonié de Lestres les a rasés: "Voilà un barbier qui se mêle de littérature"[35] ! » écrit insolemment le jeune auteur. Mais des propos comme les suivants, qui égratignent les jésuites sans les nommer, sont on ne peut plus clairs sur les opinions politiques de Jacques:

> Dans les collèges où j'ai fait mon cours classique, il ne nous était permis de recevoir qu'un journal: *Le Devoir.* Nous avions des prix de faveur et une propagande habile nous invitait à le lire. Malheureusement pour quelques-uns d'entre nous, ce journal avait le défaut de soutenir des opinions *différentes de celles que nous avions l'habitude d'entendre dans nos familles.* Ce qui fit que nous fûmes portés à le critiquer [...] On nous fit donc anticléricaux et voltairiens parce que nous n'étions pas d'accord avec les religieux qui donnaient avec une insouciance difficile à justifier, le prestige de leur autorité à un journal contestable [...][36].

35. JF, « La défense du docteur Knock », *loc. cit.*, p. 11.
36. JF, « L'éternelle duplicité », *Le Carabin*, vol. III, n° 10, 1er mars 1944, p. 12. Le souligné est de nous. À propos du *Devoir*, Catherine Pomeyrols

Nous savons à quelles opinions l'écrivain fait ici allusion : avec, dans ses rangs, un organisateur libéral chevronné — son père — et un député libéral — l'oncle Émile —, la famille Ferron de Louiseville devait en effet être assez connue dans la capitale, surtout pendant ces brèves années où les libéraux provinciaux étaient au pouvoir. Il ne faut donc pas se surprendre si l'un des rejetons de la « tribu », étudiant à Québec, ait été en quelque sorte préparé aux idées libérales et ait été au moins « passivement » libéral, comme il le dit si bien.

Toutefois, malgré la légèreté dont il accuse rétrospectivement le jeune homme qu'il fut, l'adhésion ferronienne aux idées libérales est tout de même plus profonde que s'il s'était agi d'un simple automatisme familial. L'étudiant croyait aux idéaux progressistes ; et ces idéaux, pour lui, ne coïncidaient pas avec la pensée nationaliste du moment : « L'autonomie provinciale me semblait une invention rétrograde contre des mesures sociales qui ne manquaient pas d'audace, écrit-il. On annonçait déjà l'Assurance-Santé[37]. » Pendant son mandat, le gouvernement libéral avait effectivement créé une commission d'étude sur l'assurance-santé, système que le futur docteur Ferron approuve et

note : « La plupart des *Prospectus* des collèges précisent que les journaux sont interdits. Malgré ces interdictions, les collèges tolèrent en règle générale la lecture du journal nationaliste de Bourassa [...] ». (Catherine Pomeyrols, « La formation des intellectuels québécois dans l'entre-deux-guerres », thèse de doctorat sous la direction de Mme Sylvie Guillaume, UFR Histoire, Université de Bordeaux III-Michel de Montaigne, janvier 1994, p. 332.) Ce texte de Ferron semble avoir causé quelques problèmes à l'étudiant : trois semaines après sa parution, il confie en effet à sa sœur Thérèse : « [...] j'ai écrit dans *Le Carabin* des choses qui ont déplu aux autorités, lesquelles autorités m'ont fait tremblé [*sic*] ; j'ai peur des autorités, parce que je ne leur plais pas, parce qu'elles m'ont toujours considéré comme une mauvaise tête. » (JF à Thérèse Ferron, lettre, [21 mars 1944].)

37. JF à Jean Marcel, lettre, 17 mai 1966.

continuera d'approuver lorsqu'il aura commencé à pratiquer. Mais les innovations sociales du régime Godbout ne s'arrêtèrent pas là : en plus d'accorder le droit de vote aux femmes, les libéraux, dès leur prise du pouvoir en 1939, avaient mis en chantier plusieurs autres réformes : fonction publique, assurance-chômage, école obligatoire jusqu'à 14 ans, création d'Hydro-Québec[38], etc. Par contraste, l'Union nationale, qui était le parti des nationalistes, faisait figure de mouvement rétrograde ; Ferron, qui se souvient de ses camarades brébeuvois originaires du Manitoba et de l'Alberta, perçoit encore le nationalisme provincial comme un recul du Canada français :

> En 1941, on pouvait continuer de rêver au Canada, même si la réalité nous renvoyait au Québec. Je crois que nous le concevions comme une diminution. Alors que nous y étions mis, j'ai entendu bien des gens déclarer : « Allons-nous nous laisser mettre dans le Québec comme dans une réserve ? Sommes-nous des sauvages[39] ? »

L'indifférence politique que Ferron dit avoir pratiquée au cours de ses années d'études semble donc devoir être remise en perspectives. Même si ses convictions ne sont pas encore fermement assurées, nous savons maintenant que, mise à part la question du nationalisme, l'écrivain porte déjà en lui les idées progressistes qui le caractériseront bientôt ; et s'il n'est pas nationaliste, c'est précisément parce qu'à cette époque, les idées réformistes étaient surtout dans le camp adverse. Aussi faut-il prendre avec beaucoup de circonspection ses déclarations ultérieures au sujet de ses opinions pendant cette période. D'autant plus que, toujours selon ses propres dires, il en vint finalement à souscrire aux idéaux du communisme vers 1945, sans toutefois adhérer

38. Paul-André Linteau *et al.*, *Histoire du Québec contemporain*, *op. cit.*, p. 142-143.
39. JF à Pierre Cantin, lettre, 3 novembre 1972.

officiellement au Parti. Mais pour comprendre ce moment crucial de l'évolution ferronienne, il faut anticiper un peu sur les années à venir.

C'est apparemment en 1948 que Ferron demandera officiellement son admission, par une lettre qu'il adresse au secrétaire du Parti ouvrier progressiste (POP). Ce document est assez important, puisque le jeune médecin y résume sa pensée politique et jette rétrospectivement un peu de lumière sur son évolution au cours de la période 1941-1945. Dans cette missive, qui tient de la confession, l'auteur explique son cheminement vers le communisme par la conscience qui lui vint, durant ses années d'études, des horreurs de la guerre ; il se serait alors demandé comment empêcher la répétition de ce fléau « qui de l'une à l'autre fois devient plus destructeur ». Il en serait vite venu à la conclusion qu'« un même esprit » devait régner sur le monde parce que le progrès rendait nécessairement les hommes solidaires ; par conséquent, il fallait les inciter à penser d'une même manière. Après avoir examiné deux « philosophies », le christianisme (jugé caduc) et le capitalisme (qui « consiste à abandonner le monde à lui-même, advienne que pourra »), l'étudiant aurait finalement opté pour la philosophie de Karl Marx, « par élimination des deux autres et à cause de sa diffusion rapide ».

Voilà comment, conclut Ferron, « en l'an de grâce 1945, Rodrigue Villeneuve étant Cardinal, je devins communiste. Je le devins, oui, mais sans aucun enthousiasme, à contrecœur [*sic*] et maugréant contre le monde entier[40]. » Si l'on en croit l'auteur, c'est donc avant tout par pure *détestation de la guerre* qu'il se serait rapproché des communistes. Il est vrai que le ton revendicateur de certains textes du *Carabin* laisse à penser que Jacques a pu être, non seulement anticonscriptionniste, comme on l'était à cette époque au

40. JF à Gui Caron, lettre, [1948]. BNQ, 2.11.1.

Canada français, mais aussi *pacifiste*, ce qui implique une perception différente, plus large, des enjeux politiques internationaux[41]. Cette adhésion au communisme, consentie de justesse et à son corps défendant, ressemble bien à la manière ferronienne : s'il est une constante dans le parcours politique de cet intellectuel, c'est en effet la méfiance face aux regroupements idéologiques, quels qu'ils soient[42]. Ferron reste en cela étonnamment fidèle à la pensée de son vieux maître, Alain. Il est d'ailleurs significatif que le médecin n'ait finalement décidé de joindre officiellement le POP qu'en 1948, soit *trois ans* après avoir adopté ses principes ; et encore, cette adhésion officielle n'eut peut-être même pas lieu, comme on le verra plus loin.

Le pacifisme, qui semble donc s'enraciner chez Ferron durant ses études, constituera aussi une autre valeur quasi immuable de son engagement politique ultérieur. Après la guerre, il militera dans différents mouvements pacifistes et antinucléaires[43] ; il semble même que le célèbre Parti Rhino-

41. Dans un article de 1944, par exemple, Ferron assimile les militaires à des singes dressés par les nations pour se battre entre eux à la place des hommes... (JF, « Moralités II », *Le Carabin*, vol. III, n° 9, 14 février 1944, p. 5.)

42. Ferron éprouvera les mêmes réticences lorsque, plus tard, il se rapprochera de la mouvance indépendantiste : « Cela ne veut pas dire que je suis né nationaliste, écrit-il en 1981 ; je le suis devenu toute honte bue, en cherchant à [le] mettre à gauche. » JF, *Les lettres aux journaux*, colligées et annotées par Pierre Cantin, Marie Ferron et Paul Lewis, préface de Robert Millet, Montréal, VLB éditeur, 1985, p. 467. Lettre parue originellement dans *Le Devoir* (31 octobre 1981, p. 18) sous le titre : « Des idées aujourd'hui malvenues ».

43. Au cours des années 1950 et 1960, Ferron sera membre du bureau de direction du Congrès canadien pour la paix, puis d'un mouvement en faveur du désarmement nucléaire (Pierre Cantin, *Jacques Ferron, polygraphe*, *op. cit.*, p. 442, 445). On trouve d'ailleurs, dans le fonds Jacques Ferron de la Bibliothèque nationale, le texte dactylographié (non daté) d'une conférence prononcée par l'écrivain sur le thème : « le point de vue d'un médecin sur les armes atomiques » (BNQ, 2.11.29).

céros aurait d'abord été conçu, en 1963, comme un dérivatif à la violence, permettant de stigmatiser le fédéralisme tout en désamorçant le terrorisme felquiste alors naissant[44]. On peut bien sûr relier cette tendance ferronienne à la « ligne officielle » du Parti communiste qui, après la guerre, sera résolument pacifiste. Il n'est pas non plus interdit de penser que le pacifisme de Jacques Ferron possède des origines littéraires : il a pu être influencé par celui de Paul Valéry qui, dans ses *Regards sur le monde actuel* de 1931, s'élevait à sa manière feutrée contre la nécessité des conflits internationaux.

La même prudence est de mise lorsque l'écrivain parle de sa production littéraire de la période 1941-1945. À l'en croire, le cours de médecine accéléré accaparait la majeure partie de son temps, si bien qu'il n'aurait pour ainsi dire pas pu écrire durant ces années de rude apprentissage. La production ferronienne de cette époque, quantitativement parlant, n'a rien de comparable, il est vrai, avec celle des années subséquentes, alors que le docteur Ferron, à l'abri de son cabinet de consultation longueuillois, édifiera l'œuvre que l'on sait. Mais l'étudiant Ferron, qui trouve le temps de courir les filles, de faire de la politique, de participer à des débats oratoires et de se marier, trouvera aussi, on s'en doute, le temps d'écrire et de faire connaître ses écrits. N'est-ce pas là son ambition première ?

Le silence que Ferron a maintenu sur la production littéraire de ses années d'études est rendu plus opaque par le fait que l'auteur a plus ou moins renié les œuvres publiées durant cette période. En vérité, c'est tous ses écrits antérieurs à 1948 — ceux qui ont été conservés — que l'écrivain semble avoir voulu laisser tomber dans l'oubli : les textes du *Brébeuf*, ceux du *Carabin*, les premiers récits parus dans

44. JF, « Historiette. Le Rhinocéros », *IMP*, vol. XVI, n° 24, 3 novembre 1964, p. 26.

Amérique française, n'ont jamais été repris en volumes de son vivant. Cela peut donner un indice de plus sur la conception ferronienne de la littérature. Malgré son apparent détachement éditorial, en effet, l'écrivain entendait léguer aux générations futures *une certaine idée* de son œuvre qui ne tenait pas compte des textes antérieurs à la période gaspésienne.

Ferron, en bon admirateur de Paul Valéry, aspira d'abord à devenir poète, et il est possible que l'échec de cette tentative l'ait amené à « oublier » ses premiers essais littéraires : « [...] j'étais un peu ligoté par ce maître trop exigeant », dit-il. « D'autant plus que j'ai essayé de faire de la poésie, mais ça ne marchait pas [...][45]. » Pour lui, comme pour bien des écrivains débutants, la poésie représentait sans doute un genre littéraire noble, celui par lequel il fallait passer à la postérité. Son « échec » dans le domaine le laissa longtemps nostalgique, puisqu'il dit n'avoir jamais tout à fait renoncé à publier quelques beaux vers à la fin de sa vie :

> [...] je me serais fort bien contenté d'être poète si j'avais pu le devenir, mais voilà, tous les poèmes que j'ai écrits étaient médiocres. Je fus assez perspicace pour m'en rendre compte et dorénavant, faute de poésie, j'errerai dans tous les genres, humoriste désinvolte et quelquefois amer. D'ailleurs en ai-je fait mon sacrifice, comme on dit ? Pas du tout ! Il me plairait, en effet, de réussir quelques beaux poèmes qui constitueraient en quelque sorte mon testament[46].

Force nous est d'admettre que les poèmes de l'auteur datant de la période de l'Université Laval ne brillent pas particulièrement par la nouveauté de leur style ni par l'originalité de leur thématique, même s'ils révèlent une con-

45. JF et Pierre L'Hérault, « 9 entretiens avec le Dr Jacques Ferron », *op. cit.*, p. 30-31.
46. JF, *Du fond de mon arrière-cuisine*, Montréal, Éditions du Jour, « Les Romanciers du Jour, R-105 », 1973, p. 245.

naissance intime de la prosodie française classique. Tout se passe comme si l'auteur tenait la poésie en si haute estime qu'il se juge indigne, lorsqu'il pratique ce genre, de quitter les formes antiques et éprouvées[47]. Les poèmes ferroniens sont de charmantes piécettes qui, comme le « Reproche du Duc de Montausier », imitent avec grâce les aimables badinages poétiques du XVIIe siècle : « Je fus avec douceur l'âme de ce dessein ! / Il était qu'un soupir soulevât votre sein / Et qu'un sourire fît votre bouche plus belle. / Vous fûtes, plus que moi, à vos charmes rebelle[48] ». D'autres sont plus amusantes que jolies et penchent dangereusement du côté de la farce : « Qu'elle soit blonde, brune ou blanche / Ou qu'en vert elle se soit teinte, / Qu'elle ait de petites hanches, / De grands pieds, une grosse gorge, / Dès qu'une femme me dit "Georges !" / Je roule dans un grand vertige [...][49] ». Le thème principal en est invariablement l'amour, comme c'est aussi le cas de plusieurs autres petites évocations en prose du *Carabin* qui montrent que l'étudiant en médecine avait la tête ailleurs :

> Agnès, c'est un brave petit nez retroussé, une bouche sérieuse que l'on voudrait instruire et deux grands yeux pâles qui servent à sa parure, à son expression et quelque peu à sa vision, mais si peu qu'elle est myope. Cette myopie fait sa vertu, car elle voit clair dès qu'on la courtise de trop près[50].

47. Il s'y essaiera pourtant, beaucoup plus tard, dans les curieux passages « versifiés » des *Contes*, de *La nuit* et de *L'amélanchier*.

48. JF, « L'ingénu », *Le Jour*, 5e année, no 29, 28 mars 1942, p. 7. Cette pièce offre le tout premier exemple connu du célèbre procédé de « repiquage » que l'auteur utilisera abondamment par la suite — et qui cause de nombreux maux de têtes aux éditeurs de Ferron : deux strophes de « L'ingénu » ont en effet été reprises et forment, à elles seules, un nouveau poème paru dans *Le Carabin* et intitulé « Caprice » (vol. III, no 5, 1er décembre 1943, p. 9).

49. JF, « Métamorphose », *Le Jour*, 6e année, no 27, 13 mars 1943, p. 6.

50. JF, « Trois tableaux en forme de cœur », *loc. cit.*, p. 5.

Parallèlement à cette activité d'écriture, Ferron a entrepris des démarches visant à « percer » dans les milieux littéraires. Malgré ses études accélérées, son mariage et ses devoirs militaires, il trouve encore le temps de « courtiser » certains critiques pour rejoindre un public plus vaste que celui, sympathique mais artificiel, des publications étudiantes. Après avoir essuyé un refus d'un journal de Québec, il envoie à quelques reprises des textes à Charles Hamel, critique littéraire au quotidien libéral *Le Jour*, en lui disant : « Tartuffe ne baigne pas dans l'encre de votre journal : savez-vous que c'est chose unique en notre province ? je vous en estime bien[51]. » Le critique montréalais ayant apparemment refusé de publier ce premier envoi, Ferron lui répond avec beaucoup de gentillesse et en le remerciant de ses commentaires :

> Ce que vous m'écrivez est très aimable et je ne peux qu'y être sensible. Qu'un homme en place prenne la peine de remarquer ceux qui ne le sont pas, je trouve qu'il pose là un geste qui parle : il dit que cet homme garde sa souplesse et son attention, que l'habitude ne l'a pas durci comme il advient souvent à ceux qui sont en place[52].

Comme il était à prévoir, c'est cependant vers la « confrérie » de Brébeuf que le jeune homme finira par se tourner ; c'est probablement le seul groupe qui peut lui assurer une légitimité suffisante. En 1941, Pierre Baillargeon avait fondé, en compagnie de Roger Rolland, *Amérique française*, une élégante revue essentiellement littéraire que d'autres

51. JF à Charles Hamel, lettre, 11 mars 1942.

52. JF à Charles Hamel, lettre, 20 mars 1942. Apparemment, Hamel finit quand même par se laisser attendrir puisque le poème intitulé « L'ingénu » parut dans *Le Jour* (*loc. cit*). En décembre de la même année, il s'excuse de devoir refuser un autre texte, « L'anneau » (BNQ, 2.12.6), parce que le censeur du journal, « qui craint les foudres de l'archevêché, nous a prié de ne pas publier votre conte, selon lui immoral ! » (Charles Hamel à JF, lettre, 15 décembre 1944. BNQ, 1.1.139.)

anciens du collège (Paul Toupin et François Hertel) dirigeront par la suite[53]. On sait que Baillargeon fut le mentor de Ferron, le « truchement » canadien par lequel il eut accès à la littérature ; il était donc normal que Ferron tente sa chance auprès de lui. L'une des premières lettres qu'il envoie à ce prestigieux aîné date probablement de 1942 ; on y voit un Ferron obséquieux, qui n'a pas encore adopté le ton doucement moqueur dont il ne se départira que rarement dans ses correspondances ultérieures :

> Je n'entendais pas faire la critique de votre livre, mais simplement le nommer pour que ceux qui me sont attachés, voyant l'estime que j'ai pour lui, songent à la partager. [...] la moelle de votre livre, à mon sens, c'est ce ton délicieux où le désabusement est dépassé par une espèce d'ironie si délicate qu'elle semble se jouer [...][54].

Amérique française publiera deux textes de Ferron en 1942. Le premier, simplement intitulé « Récit », est émouvant parce qu'on y devine la conception encore toute scolaire que Ferron se fait de la « vraie » littérature. Les écrits du *Carabin*, destinés avant tout à une clientèle de « copains », ne prêtaient pas à conséquence ; l'écrivain pouvait s'y permettre des réflexions goguenardes sur la médecine et l'air du temps, ou même quelques innocentes facéties comme cet « Épigramme » adressé à un ami futur avocat : « Duval a fait son droit, / Mon Dieu quel écart est le sien ! / Pour verser au mal méphitique / La vertu de l'antisceptique / Que ne s'est-il mis pharmacien[55] ! » Mais publier dans *Amérique française*, c'était une tout autre affaire ; c'était recevoir la bénédiction des pairs et entrer de plain-pied

53. André Gaulin, *Entre la neige et le feu. Pierre Baillargeon, écrivain montréalais*, [Québec], PUL, « Vie des lettres québécoises, 18 », 1980, p. 30-31.
54. JF à Pierre Baillargeon, lettre, [1942]. Ferron fait probablement allusion au premier livre de Baillargeon, *Hasard et moi* (Montréal, Beauchemin, 1940, 52 p.).
55. JF, « Épigramme », *Le Carabin*, vol. III, n° 3, 30 octobre 1943, p. 8.

dans la *véritable* littérature. Il fallait donc se montrer au public sous son meilleur jour.

Comme pour le premier poème publié, on s'en souvient, dans la revue *Horizons* en 1939, c'est encore et toujours la Norme classique française qui intervient quand arrive le temps des choses sérieuses. Dans ce bref « Récit » (qui est le tout premier texte ferronien assimilable à un « conte » ou une « fiction »), les personnages ont pour nom Alceste et Célimène, comme dans le théâtre moliéresque ou les *Caractères* de La Bruyère. Mis à part le coup de griffe prévisible au bouc émissaire de prédilection (« Comme ramoneur je manifestais une rare aptitude pour la petite histoire et l'abbé Groulx m'encourageait[56] »), l'action est tout à fait intemporelle et se situe dans un vague château et une forêt indéterminée ; on peut voir dans ces indications une lointaine préfiguration du décor de *L'ogre*, premier livre publié de l'auteur.

Comment résumer en quelques mots ce que fut, littérairement parlant, la période québécoise de Jacques Ferron ? À la lecture des textes de cette époque, on est d'abord ému de retrouver, au détour d'un article du *Carabin*, l'ébauche maladroite d'une intuition, d'une image qui se retrouvera plus tard dans tel écrit ferronien de la maturité ; ainsi cette bizarre idée d'une intelligence inversement proportionnelle à la longueur des cheveux[57], que l'écrivain récupérera dans *La barbe de François Hertel* ; ou encore, cette évocation attendrie du « Printemps québécois[58] » dans laquelle on croit

56. JF, « Récit », *Amérique française*, 1re année, no 3, février 1942, p. 18-21.
57. « Tes cheveux boivent leur vigueur dans le sang. Ce sang leur vient d'artères intimement liées à celles qui se rendent au cerveau. Il s'ensuit que si tu te fais raser la tête, le sang qui nourrissait ton cheveu, refluant vers ton cerveau, y stimulera la production d'idées. » (JF, « Moralités », *Le Carabin*, vol. III, no 8, 31 janvier 1944, p. 7.)
58. JF, « Printemps québécois », *Le Carabin*, vol. III, no 14, 1er mai 1944, p. 6.

entendre de lointains accents du premier chapitre du *Ciel de Québec*. Ce sont à coup sûr des années d'apprentissage au cours desquelles l'écrivain forge les outils qui seront les siens durant toute sa carrière. « [...] je crois que la vérité se donne après bien des efforts vains pour l'exprimer », écrit-il à Vadeboncoeur en 1942 ; « je ne crois pas au "frappe-toi le cœur, c'est là qu'est le génie..." Il est peut-être là, mais si tu ne travailles pas comme un bureaucrate, il restera là [...][59]. »

Voilà une attitude de saine modestie qui sied bien mal au jeune homme ! Est-ce bien le même individu qui déclare qu'« [u]n homme a donné tout ce qu'il avait d'original avant [quarante ans] ; il ne continue de vivre que pour se répéter et pour embêter les plus jeunes[60] » ? Le patient travail de perfectionnement formel se trouve pourtant parfaitement illustré par les tâtonnements littéraires de l'auteur, qui se plie aux règles du classicisme à défaut d'avoir *encore* quelque chose de nouveau à apporter : « Je voulais écrire, mais je ne savais pas quoi dire. Et il a fallu que je me ressource à même mon expérience personnelle, à même mon expérience de la Gaspésie et à même mes aventures subséquentes[61]. »

En juillet 1945, après quatre années d'études intensives, le jeune lieutenant Ferron reçoit enfin son diplôme de médecin. Cet individualiste, malheureux d'avoir eu à dépendre financièrement de son père durant toutes ces années, espère enfin pouvoir jouir d'une certaine indépendance : « j'en arrive à une démarche qui me remplit de

---

59. JF, « Dix lettres de Jacques Ferron à Pierre Vadeboncoeur », *loc. cit.*, p. 113.
60. JF, « Il faudra donc les pendre ! », *Le Carabin*, vol. IV, n° 1, 2 octobre 1944, p. 8.
61. JF et Pierre L'Hérault, « 9 entretiens avec le Dr Jacques Ferron », *loc. cit.*, p. 30-31.

joie, car c'est la dernière fois que je la fais, écrit-il à son père. C'est la démarche qui consiste à t'enlever un peu d'argent. Il me faut en effet $60 pour prêter le serment d'Hypocrate [*sic*][62]. » La cérémonie a lieu le 3 juillet, par une radieuse journée d'été :

> C'était les vacances, sauf pour les pigeons de la corniche des toits et sauf à la Faculté où l'on fabriquait des médecins à la chaîne des mois de l'année longue, à cause de la guerre qui sévissait encore et dont on se souciait peu, surtout par un jour comme celui-là, si calme, au terme de nos études[63].

Ferron semble avoir gardé toute sa vie un agréable souvenir de ses années de jeunesse à Québec. Même si, par un louable souci de préserver la quiétude des personnes qui le côtoyèrent, il n'a jamais divulgué le détail de ses activités durant cette période, le plaisir qu'éprouve l'écrivain à évoquer la Vieille Capitale se ressent à chacune des pages du *Ciel de Québec*, ce roman qui met en scène quelques-uns des personnages que Ferron a rencontrés au cours de ses études. Monseigneur Camille Roy, par exemple, « de la lignée humaniste des prélats québecquois, homme bon, discret et de bonne compagnie [...][64] », dont l'écrivain s'inspirera pour créer son inoubliable Monseigneur Camille, était, dans les années 1940, recteur de l'Université Laval ; nul doute que le futur auteur eut à le côtoyer, ne fût-ce que de loin. On se souvient que les élèves de Brébeuf, pétris de culture française, affectaient un mépris hautain pour l'œuvre de cet aimable ecclésiastique ; or voici que Ferron est amené

62. JF à Joseph-Alphonse Ferron, lettre, [juin 1945]. BNQ, 1.2.3. Ferron ajoute que son épouse « a passé avec succès sa licence [de droit] ; c'est presqu'un événement car elle est la première femme à le faire à Québec ».
63. JF, « Julio mensis, anno 1945 », *loc. cit.*, p. 19. Ferron se mérite à cette occasion la mention « *Cum laude* ». ([Anonyme], « 58 étudiants ont réussi les examens de Médecine », *L'Action catholique*, 23 juin 1945, p. 1.)
64. JF, *Le ciel de Québec*, Montréal-Nord, VLB éditeur, 1979, p. 9.

à réviser ses positions lorsqu'il fait la connaissance de l'homme :

> [Mgr Camille Roy] me fit bonne impression [...]. Et cela devint de la franche admiration lorsque je vis cet homme amaigri, qu'un chirurgien avait ouvert et refermé sans plus, le déclarant inopérable, lorsque je vis cet homme condamné à mourir bientôt[65] [...] continuer d'assurer ses fonctions académiques avec correction et amabilité, comme si rien n'était ; il y avait dans son attitude une sorte de coquetterie sublime, une noblesse, si vous voulez, dont je garde le plus grand souvenir[66].

Cette réévaluation du personnage incitera Ferron à se pencher un peu plus attentivement sur les écrits de Mgr Roy : « Et par la suite j'ai lu son œuvre avec attention et respect », écrit-il. Cette lecture eut-elle pour effet de mieux disposer Ferron à l'endroit de la littérature canadienne ? En tout cas, il reconnaît au religieux son courage de pionnier, qui « avait accordé [à notre littérature] un commencement de vie[67] ».

Monseigneur Cyrille Gagnon, dont Ferron fera un double négatif de Camille, était, vers la même époque, responsable du cours de morale professionnelle à la Faculté de médecine[68] ; l'étudiant eut vraisemblablement à suivre ces enseignements. Le père Joseph-Papin Archambault, qui dans le roman se retrouve en fâcheuse position au Club de réforme, enseignait à la Faculté des sciences sociales du père Georges-Henri Lévesque ; l'étudiant dut apprendre la présence à Québec de ce religieux (auquel, comme on sait, il avait déjà eu affaire à Brébeuf pendant la Semaine sociale de 1937) par l'intermédiaire de ses amis qui fréquentaient cette institution. Mais la galerie de personnages québécois de

---

65. Mgr Camille Roy devait mourir en juin 1943.
66. JF, « Les oiseaux et les hommes », *op. cit.*
67. *Ibidem.*
68. *Annuaire de la Faculté de médecine. 1940-1941*, *op. cit.*, p. 21.

Ferron ne comporte pas que des ecclésiastiques catholiques : l'écrivain put même croiser, sur la Grande-Allée, l'illustre Frederick George Scott, archidiacre de la paroisse anglicane de St. Matthews et héros de la Première Guerre mondiale. Chapelain de la Citadelle de Québec, poète renommé et surtout père de Frank R. Scott, le vieil homme, alors retraité, était une figure bien connue de la capitale[69] ; Ferron put l'observer et en faire le Bishop Scot de son roman. Enfin, un autre Québécois anglophone, d'origine irlandaise, eut aussi l'honneur de figurer comme personnage de la grande chronique ferronienne : il s'agit de Charles Gavan Power, mieux connu sous son pseudonyme de « Chubby » Power. Député fédéral du comté de Québec-Est et ministre des Postes, il passa à l'histoire en démissionnant du cabinet, en 1944, pour protester contre l'imposition de la conscription générale. Cette prise de position ferme en faveur des Canadiens français le rendit sympathique à Ferron, qui lui réserva une place honorable dans son récit.

C'est donc la tête pleine de souvenirs et muni d'une singulière expérience de vie que l'écrivain se prépare à entrer dans l'âge adulte. Malgré ses frasques estudiantines, Ferron a mûri ; on peut le constater par une émouvante lettre qu'il adresse à son père en janvier 1945. Au moment de célébrer son premier quart de siècle, dans l'euphorie de la fin prochaine de ses études, il éprouve soudain le besoin de manifester sa gratitude au notaire. Il semble avoir pris conscience des qualités humaines de son père et du riche héritage moral que ce dernier lui a légué :

> Je suis fier que tu sois mon père, écrit-il ; je pense même que ce que j'ai de meilleur, je le tiens de toi. Par exemple, j'ai beaucoup de facilité à être bon pour les malades [...], à compatir à leur malheur ; or je sais que cette facilité, tu l'as

69. Sandra Djwa, *The Politics of the Imagination : A Life of F.R. Scott*, Toronto, McClelland and Stewart, 1987, p. 207-208.

> toujours eu[e] ; tu as toujours été bon pour les pauvres diables. Cette humanité est à mon sens, la qualité la plus grande qui soit et je ne saurais trop te remercier de me l'avoir fait comprendre[70].

Nous verrons plus loin comment Jacques Ferron se réclamera à nouveau de cette bonté paternelle pour justifier certaines de ses prises de position politiques ; mais pour le moment, il doit s'acquitter d'une dette, celle contractée auprès de l'armée qui a défrayé le coût de ses deux dernières années d'études à la condition que le futur médecin aille servir sous les drapeaux pendant une année. Mais voilà, la guerre, en Europe, est terminée depuis deux mois...

70. JF à Joseph-Alphonse Ferron, lettre, [juin 1945]. BNQ, 1.2.3.

CHAPITRE XIII

Le bouddhiste

À la fin de la guerre, en mai 1945, l'armée canadienne se retrouve avec près d'un million de conscrits devenus soudainement inutiles. Les forces militaires, qui se chercheront bientôt une nouvelle vocation pour le temps de paix, doivent dans l'immédiat rendre leur liberté d'action à ces innombrables soldats qui refluent vers les bases où ils furent naguère enrôlés. Malgré ce contexte de démilitarisation massive, Jacques Ferron, qui termine ses études à ce moment précis, doit quand même servir dans les forces actives pour respecter le contrat qui le lie à l'armée. Les multiples déplacements qu'il connaîtra — il change d'affectation au moins huit fois en un an — disent bien le désarroi des autorités militaires, qui ne savent plus trop quoi faire de ces nouvelles recrues bien encombrantes. Qui plus est, dans le cas précis de Ferron, le problème se complique du fait que le jeune homme prétend ne pas connaître l'anglais: « [...] je leur ai dit: "C'est dommage, je ne sais pas connaître l'anglais." On m'a envoyé [...] à droite, à gauche, au camp Utopia et, surtout, à Fredericton[1]. »

1. JF et Pierre L'Hérault, « 9 entretiens avec le Dr Jacques Ferron », *op. cit.*, p. 6. On aurait pu penser que ce refus manifestait de la mauvaise

De juillet 1945 à juillet 1946, la principale tâche — mais non la seule — qui a été assignée au lieutenant Ferron sera d'effectuer des démobilisations, c'est-à-dire rendre à la vie civile les soldats qui reviennent du front comme ceux qui n'ont pas eu à s'y rendre. Ce sera pour lui « une belle année de voyagement, d'errance et d'extravagances par tout le Canada [...]. Cette année sabbatique, la seule que nous ayons jamais eue, complétera notre premier quart de siècle, marquant la fin d'une longue dépendance, où nous nous étions sentis libres tout en étant entretenus [...][2]. » Essayons de suivre l'écrivain dans ses multiples déplacements, dans la mesure évidemment où les documents nous permettent de le faire. Cette année bénie sera cruciale pour l'évolution de la pensée ferronienne, puisque c'est la toute première fois — et peut-être la seule — que Ferron aura à côtoyer de si près le Canada anglais ; les quelques renseignements qu'il a bien voulu laisser filtrer de cette période sont, de toute manière, souvent présentés sous l'éclairage d'une opposition entre francophones et anglophones.

Après l'obtention de son diplôme, le jeune médecin est envoyé à Vernon, en Colombie-Britannique, où se trouve un camp militaire spécialement destiné au *Basic Training*, entraînement de base pour les jeunes officiers. Après un voyage de plusieurs jours en train[3], il s'y trouve dès le 9 août 1945, soit un mois à peine après la fin de ses études. Vernon est une petite ville du sud de la Colombie-Britannique ; c'est

---

volonté, mais l'épouse du docteur Ferron confirme le fait que son mari ne parlait pas la langue de Shakespeare. (Madeleine Lavallée à l'auteur, entrevue, 3 juin 1993.)

2. JF, *Gaspé-Mattempa*, Trois-Rivières, Éditions du Bien Public, « Choses et gens du Québec », 1980, p. 10-11.

3. Le train fait escale à Calgary, « ville outrageusement anglaise, écrit Ferron, où pour me faire comprendre je dois gesticuler comme un sourd-muet ». JF à Joseph-Alphonse Ferron, lettre, [août 1945]. BNQ, 1.2.3.

le chef-lieu commercial d'une région « vouée, à la fin du XIXe siècle, à l'élevage et devenue par l'irrigation une des plus riches régions agricoles de la province[4] ». L'écrivain sera impressionné par la beauté de cette agglomération qu'il qualifiera plus tard, dans son conte « Le bouddhiste », de « tranquille et verdoyante, fort britannique, au fond d'une vallée qui sur ses deux versants reste libre et sauvage [...][5] ». Cette description bucolique de Vernon ne l'empêche pas de constater aussi qu'il s'agit d'une petite ville au climat aride, « où il ne pleut jamais et où il fait chaud à faire frire un œuf dans sa main[6] ». Ferron, comme toujours, ne peut s'empêcher d'être critique à l'endroit du jeune homme écervelé qu'il prétend avoir été à cette époque. Bien sûr, il commet quelques incartades, comme le laisse entendre une lettre au notaire : « Il y a l'armée et l'armée, ça représente une journée qui commence à 6 hres et qui finit à 8 hres p.m. Ça représente l'engueulade et parfois, comme ça m'est arrivé hier soir, le lavage des planchers[7]. » Au moment où la guerre prend fin définitivement avec la tragédie d'Hiroshima et la capitulation du Japon — dont il aura connaissance grâce aux célébrations organisées par la communauté chinoise de Vernon — il avait, dit-il, bien autre chose en tête : « J'étais futile, j'étais en dehors de toutes ces choses-là, je pensais à vivre, à avoir des aventures[8]. » L'auteur paraît certes exagérément sévère à son propre endroit, comme s'il avait été possible, dès cette époque, de mesurer toutes les implications de la bombe atomique et qu'il avait *refusé* de le faire.

---

4. Michel Veyron, *Dictionnaire canadien des noms propres*, Montréal, Larousse Canada, 1989, p. 723.
5. JF, *Contes. Édition intégrale. Contes du pays incertain, Contes anglais, Contes inédits*, préface de Victor-Lévy Beaulieu, Ville de LaSalle, Éditions Hurtubise HMH, 1985, p. 111.
6. JF à Joseph-Alphonse Ferron, lettre, [16 août 1945]. BNQ, 1.2.3.
7. *Ibidem.*
8. JF à Jacques de Roussan, entrevue, 9 septembre 1970.

Le cours de *Basic Training*, pour les officiers, durait environ trois semaines au cours desquelles la recrue se familiarisait avec les divers aspects de la vie d'un soldat au front. Le programme prévoyait, entre autres exercices, une initiation aux techniques d'orientation et à l'interprétation des cartes géographiques militaires ; cette circonstance conduira indirectement Ferron, par un fascinant processus créatif, à composer l'un de ses plus célèbres contes qui, même légèrement transposé, restera comme le principal souvenir littéraire de Vernon. Voici d'abord comment Ferron, dans une « historiette », décrit les faits :

> [...] à Vernon, Bici, je faisais mon basic training, j'aperçois sur la mappe, durant le cours de map reading, un point marqué — indian village. Je devins aussitôt un fervent de la topographie militaire. Avec une règle et un compas je calcule la distance : dix milles, c'est peu. Le dimanche suivant je loue une bicyclette et m'y dirige[9].

Bien que la région de Vernon soit fertile, certaines des collines qui surplombent la ville ne sont pas entièrement irriguées, si bien qu'il s'y trouve des « chaînes arrondies, criant sécheresse, soleil, sauterelles et faucons [...][10] ». Le village indien repéré par Ferron sur la carte se trouve précisément sur l'un de ces plateaux arides, et l'écrivain s'y rend aussitôt. « Mais qu'est-ce qui m'attendait en bas, dit-il ? Un crâne de vache, quelques poutres calcinées, un étang desséché : le vestige de l'indian village[11]. »

L'écrivain sera tellement fasciné par ce paysage qu'il voudra d'abord en faire un poème. Le texte, resté inédit, existe en plusieurs versions, comme si l'auteur avait longtemps tâtonné avant de finalement renoncer à le publier ; il

9. JF, « Ce bordel de pays. D'un amour inquiétant », *Parti pris*, vol. 2, nº 7, mars 1965, p. 60.

10. *Ibidem.*

11. *Ibid.*

tente d'y reconstituer le « drame » qui a pu se jouer sur ces hauteurs désolées :

Une bête marche vers un dernier espoir.
Ses pas crépitent et l'herbe croule.
La mort tournoie de ses mille soleils.
Et la bête étourdie, plus lente,
Est en retard : son squelette la devance.
Au lieu de son espoir,
Au fond de la fontaine,
Quelques ossements l'attendent[12].

Voilà, sans nul doute possible, une première mouture « poétique » du conte « La vache morte du canyon », que Ferron publiera huit ans plus tard. L'histoire saisissante de cette pauvre vache, qui meurt sans s'en apercevoir, a été transposée dans le récit, à la différence près que l'écrivain situe l'histoire à Calgary, et que les vestiges du village indien sont devenus les restes pathétiques d'une tentative d'enracinement en sol canadien par un colon originaire « du rang Trompe-Souris, à Saint-Justin de Maskinongé[13] ». Le crâne de bovin, qui semble avoir fortement impressionné le cycliste, est transformé, par la magie de l'imaginaire ferronien, en un fantôme nostalgique qui beugle tristement en direction de la terre des ancêtres, devenue inaccessible. La « greffe » du malheureux colon québécois en sol canadien n'a pas tenu ; après son départ, il ne reste, pour témoigner de sa tentative avortée, que le squelette pathétique de cette vache morte de soif. Comme métaphore de l'échec de l'Amérique française, on pouvait difficilement trouver mieux. Paru pour la première fois en 1953 — comme par hasard dans la revue *Amérique française*[14] —, ce récit est

12. JF, « Sécheresse », manuscrit. BNQ, 2.9.3b.
13. JF, *Contes*, *op. cit.*, p. 79.
14. JF, « La vache morte du canyon » parut en trois parties dans *Amérique française*, vol. XI (nº 1, janvier-février 1953, p. 3-13 ; nº 2, mars-avril 1953, p. 21-29 ; nº 3, mai-juin 1953, p. 16-32).

particulièrement important puisqu'il remet en cause, pour l'une des premières fois dans l'œuvre ferronienne, la possibilité pour les Canadiens français de recréer, ailleurs au Canada, un pays qui ressemble au leur. « La vache morte du canyon » est une actualisation littéraire des inquiétudes de l'auteur, qui depuis le collège a pu constater que le rêve pancanadien n'existe plus.

Après avoir rempli les exigences du *Basic Training* à Vernon, Ferron doit franchir l'étape suivante, celle de l'*Advanced Training* qui lui permettra d'atteindre le grade de capitaine (qui permet de pratiquer la médecine dans l'armée) et d'obtenir une substantielle augmentation de solde[15]. Le 17 septembre 1945, on le retrouve donc à Borden en Ontario, où se trouve, depuis 1913, l'un des principaux camps d'entraînement du Canada. Cette gigantesque base militaire (50 milles carrés), qui pouvait abriter jusqu'à 33 000 soldats, présentait la particularité d'abriter aussi le centre d'entraînement du corps médical de l'armée canadienne (*Royal Canadian Army Medical Corps*), aussi connu sous le nom de *A-22 School*[16] ; on y assurait de plus l'entraînement avancé des officiers en général. Il y a peu à dire sur cet épisode de trois semaines, sinon que Ferron y vécut en compagnie de sa femme (venue le rejoindre à son retour de Vernon[17]) et qu'il fit une mauvaise blague dont il aura à se repentir au moment où il s'y attendra le moins. Il n'a pas été possible de retracer des témoins de l'épisode, mais la feuille

15. « Être capitaine, dit-il, ça représente une augmentation de 2.00 par jour. » JF à Joseph-Alphonse Ferron, lettre, [17 septembre 1945]. BNQ, 1.2.3.

16. Colonel G.W.L. Nicholson, *Seventy Years of Service. A History of the Royal Canadian Army Medical Corps*, Ottawa, Borealis Press, 1977, p. 221.

17. Ferron écrit à son père que Magdeleine « réside à Barrie, à 10 milles du camp. Je peux la voir facilement ». JF à Joseph-Alphonse Ferron, lettre, [17 septembre 1945]. BNQ, 1.2.3.

de route militaire de l'écrivain semble corroborer ses dires. Voici donc l'anecdote telle que Ferron l'a racontée à Pierre Cantin en 1980:

> Quand nous étions à Borden, il est arrivé ceci que les Canadiens français formaient la majorité. Tous les officiers étaient Canadiens français. Le Colonel a voulu voir qui nous étions. On boit beaucoup dans l'armée: à la fin, le Colonel commençait à être un peu saoul, et les gens étaient fatigués de lui payer à boire, et ils se sont mis à ramasser dans la salle les fonds de verres qu'ils lui donnaient. Et là, ça s'est su[18].

Ferron ne subira son «châtiment» que quelques mois plus tard (comme nous le verrons), alors qu'il ne pensait plus à cette histoire. Notons quand même que cette farce dénote toujours chez lui un certain esprit d'insubordination; elle est aussi présentée comme le résultat d'une sourde opposition entre les soldats francophones et leur colonel anglophone.

À la fin des trois semaines réglementaires de son entraînement avancé, Ferron est muté à Longueuil, où il se rapporte à ses supérieurs le 20 octobre. Il sera affecté à la démobilisation de soldats pendant quelques semaines; après quoi il apprend qu'un poste de médecin est disponible à Grande-Ligne, près de Saint-Jean, dans une région qui a la particularité d'avoir été le berceau du protestantisme francophone au Canada: «Personne n'en voulait, raison de plus pour le convoiter. Je n'eus qu'à le demander pour l'avoir[19].» À Saint-Blaise subsiste encore, à cette époque, un établissement d'enseignement qui porte le nom de la fondatrice de cette enclave baptiste en territoire catholique: l'Institut Feller. Les premiers missionnaires, venus de Lausanne au XIXe siècle, avaient décidé de s'installer un peu à l'écart, dans ce qui était alors un territoire de colonisation, après avoir

---

18. JF à Pierre Cantin, entrevue, 20 septembre 1980.
19. JF, [Sans titre], manuscrit. BNQ, 2.22.

essuyé bien des vexations de la part du clergé catholique de Montréal. Mais Ferron n'est pas envoyé à Grande-Ligne pour y discuter de religion, bien que, curieux de la petite histoire, il ait appris par la suite que l'Institut Feller est « un collège rare fondé en 1836 par ce qu'il y a de pire au monde, les séides de Calvin venus de la Suisse française [...][20] ». Pendant la guerre, l'édifice avait été réquisitionné par l'armée et transformé en prison pour des officiers allemands ; c'est à titre de nouveau médecin des prisonniers de guerre que Ferron se présente donc, avec son épouse, à la fin de décembre 1945[21].

> [...] je suis le médecin du « N° 44 internment Camp », écrit-il fièrement au notaire, en janvier 1946. J'ai un sergent, un caporal et trois soldats sous mes ordres : quand je leur parle, ils se mettent à l'attention ; je leur dis : Faites ceci, et ils le font. Au Mess, j'occupe un rang enviable ; si le Colonel joue au bridge, je suis le premier à être invité à sa table[22].

La présence de prisonniers de guerre au Canada s'explique par la crainte, à partir de 1940, d'une invasion possible de l'Angleterre par l'Allemagne ; des soldats allemands, détenus en terre britannique, auraient constitué, dans un tel cas, une menace sérieuse : « *The personnel constituted a real danger to England that should an invasion occur and these persons be released they would be able to aid the invasion force*[23]. » Par conséquent, le gouvernement britan-

---

20. JF, « Maski », dans Ginette Michaud (dir.), avec la collaboration de Patrick Poirier, *L'autre Ferron*, Montréal, Fides — Cetuq, « Nouvelles études québécoises », 1995, p. 280.
21. [Anonyme], « États de service du n° E-104695 », 19 juillet 1946. ANC, Direction des documents gouvernementaux, Centre des documents du personnel, n° E-104695.
22. JF à Joseph-Alphonse Ferron, lettre, [janvier 1946]. BNQ, 1.2.3.
23. David J. Carter, *Behind Canadian Barbed Wire. Alien, Refugee and Prisoner of War Camps in Canada 1914-1946*, Calgary, Tumbleweed Press, 1980, p. 66.

nique demanda au Canada de garder ces personnes en lieu sûr pour toute la durée de la guerre ; les premiers prisonniers arrivèrent au pays en juin 1940, et ils furent détenus en une quinzaine de lieux éparpillés sur le territoire canadien[24]. L'établissement de Grande-Ligne fut opérationnel de juin 1943 jusqu'à mai 1946 ; il pouvait abriter plus de 700 prisonniers[25], mais Ferron se souvient qu'au moment où il y séjourna, se trouvaient environ 400 détenus. Les officiers allemands étaient placés sous la surveillance de *Veteran's Guards*, corps militaire créé en 1940 et formé d'anciens soldats de la Première Guerre mondiale. Ces vétérans, qui avaient l'avantage de ne nécessiter que peu d'entraînement, pouvaient eux-mêmes entraîner de nouvelles recrues et assurer une certaine protection du pays : surveillance des édifices, inspection des ponts, etc. Leur savoir-faire était tout indiqué pour des tâches comme celle de la surveillance de prisonniers.

Mis à part les clôtures et les barbelés, Grande-Ligne n'avait rien d'une sombre geôle. Un ancien prisonnier du camp, interviewé en Allemagne après la guerre, garde même de son « séjour » un souvenir quasi agréable :

> *We had lot of activities, sports, baseball, tennis, soccer and cultural events. We invited a man from McGill University in Montreal to come down to instruct us in Canadian History. It was a fairly happy camp. There was voluntary works on the school farm and we worked because it was good exercise and we could also eat the produce as additional food rations*[26].

---

24. En tout, environ 67 000 prisonniers de guerre séjournèrent ainsi au pays. *Ibidem.*
25. Yves Bernard et Caroline Bergeron, *Trop loin de Berlin. Des prisonniers allemands au Canada (1939-1946)*, Sillery, Septentrion, 1995, p. 17.
26. David J. Carter, *Behind Canadian Barbed Wire, op. cit.*, p. 98.

On croirait presque lire la description d'une colonie de vacances ! C'est aussi l'impression que gardera Ferron des quelques semaines passées dans ce décor un peu figé, en dehors du monde ; la description ferronienne du camp, en tout cas, complète et précise celle de l'officier allemand :

> Il y a d'une part l'Institut Feller, genre séminaire de province, la grand'maison pour un général et trois colonels, plus les bâtiments d'une terre ordinaire, étable, écurie, grange, remise, atelier, le tout entouré de barbelés, une tour de guet aux quatre coins, d'autre part nos baraquements en dehors et la terre que cultivent une cinquantaine d'Allemands, doués pour l'agriculture, tous gantés[27].

Il est difficile de savoir si Ferron eut beaucoup de travail durant cette période ; sur ce point précis, en effet, le jeune Ferron et le « vieux » se contredisent. « J'ai beaucoup d'ouvrage ici, dit le médecin en février 1946, nos prisonniers doivent partir bientôt ; cela signifie une série interminable d'examens médicaux[28]. » « Je loge dans une grand'baraque nommée hôpital ; jamais d'malades, trois caporaux, un sergent qui n'a rien d'autre à faire que de m'éveiller le matin[29] », écrit le romancier vers la fin de sa vie. Avec le commandant du camp, il est le seul à pouvoir fréquenter les prisonniers comme bon lui semble : « La vie de château parce que je me plaisais des deux côtés, au mess des Veterans Guards et chez les Allemands[30]. » Les vieux militaires anglophones appréciaient sa compagnie, dit-il, parce qu'il

---

27. JF, « Maski », *op. cit.*, p. 280-281. Dans une lettre à John Grube, il précise aussi que les Allemands avaient fait de l'Institut Feller « une manière d'université pour passer le temps ». (JF, *Une amitié bien particulière. Lettres de Jacques Ferron à John Grube*, suivi d'*Octobre en question* de Georges Langlois, Montréal, Boréal, 1990, p. 91.
28. JF à Joseph-Alphonse Ferron, [février 1946]. BNQ, 1.2.3.
29. JF, « Maski », *op. cit.*, p. 284.
30. JF à Jean Marcel, lettre, 21 décembre 1965.

était d'un tempérament plus calme que la plupart des soldats canadiens-français :

> Je m'accordais très bien avec le colonel des Veterans Guards parce que je n'étais pas bruyant, contrairement à mes compatriotes qui sont très bruyants. Ça ennuyait beaucoup ces vieux Anglais. [...] J'étais le *partner* du colonel, je jouais au bridge aussi follement que lui. J'étais accepté par ce milieu anglais à cause de mon flegme[31].

De l'autre côté des barbelés, il s'est fait de bons amis parmi les détenus : « Je m'entends très bien avec eux, écrit-il au notaire. [...] Deux à trois fois par semaine, ils m'invitent à prendre le café[32]. » L'un d'entre eux, doué pour le dessin, fait son portrait[33]. Ferron entreprendra même des démarches pour aider l'un de ces officiers qui cherche à immigrer au Canada[34]. Dans « Le pas de Gamelin », ce grand livre inachevé sur lequel l'auteur besogna durant la dernière partie de sa vie, il rapporte que ses conversations avec les officiers allemands se déroulaient en français ; avec les vieux militaires anglophones, il n'avait besoin que de quelques mots d'anglais, qui lui permettaient d'annoncer son jeu au bridge, le soir venu[35].

Ce régime dura presque deux mois. Au bout de cette période, une bien mauvaise nouvelle attendait le médecin : on lui apprit qu'il avait échoué son *Advanced Training* et qu'il devait donc retourner en Ontario. D'après Ferron,

31. JF à Jacques de Roussan, lettre, 9 septembre 1970.
32. JF à Joseph-Alphonse Ferron, lettre, [janvier 1945]. BNQ, 1.2.3.
33. Ce dessin a été reproduit dans la seconde édition de *Jacques Ferron malgré lui* de Jean Marcel (Montréal, Parti pris, « Frères chasseurs, 1 », édition revue et augmentée, 1978, p. 1). On trouvera par ailleurs un témoignage de cet artiste, nommé Hans Berthel, sur sa captivité au Canada, dans Yves Bernard et Caroline Bergeron, *Trop loin de Berlin*, *op. cit.*, p. 322-325.
34. Anton Stangl à JF, lettre, 9 février 1947. BNQ, 1.1.296.
35. JF, « Maski », *op. cit.*, p. 233.

c'était là la vengeance tardive du colonel anglophone de Borden, qui entre-temps avait appris le mauvais traitement que lui avaient fait subir les officiers québécois, un soir de beuverie du mois d'octobre précédent. Nous retrouvons donc le *lieutenant* Ferron — il a été rétrogradé — au Camp Borden, en février 1946[36] ; non seulement doit-il reprendre son cours, mais il est aussi tenu de remettre l'argent reçu en trop depuis qu'il porte le grade immérité de capitaine[37]. Le 2 mars, il écrit à son camarade Vadeboncoeur, sur le ton du constat ethnologique : « Mes camarades sont des Anglais et les Anglais sont émoussés ; on glisse sur eux sans rien toucher, point d'angles qui accrochent, des billes qui roulent les unes sur les autres. Ils ont une qualité : quand tu ne dis pas un mot, ils n'en ajoutent pas un non plus[38]. » On reconnaît bien là l'espèce d'attendrissement que ressentira Ferron devant certains représentants de l'« autre solitude ». Pris un à un, les anglophones du Canada sont acceptables ; c'est collectivement qu'ils deviendront peu à peu des adversaires politiques.

Après ce nouveau séjour bien involontaire à Borden, Ferron, qui a laissé son épouse à Montréal[39], est envoyé au Nouveau-Brunswick, d'abord dans un camp militaire perdu dans la nature appelé *Utopia*, situé sur les bords de la baie de Fundy entre Saint-John et Saint-Stephen. Ce camp avait été créé de toutes pièces au beau milieu d'un champ en 1942[40], pour défendre la côte entre Saint-John et l'État du Maine ; on y avait aussi assuré l'entraînement des nouvelles

36. [Anonyme], « États de service du n° E-104695 ». ANC, *op. cit.*
37. JF à Pierre Cantin, entrevue, 20 septembre 1980.
38. JF, « Dix lettres de Jacques Ferron à Pierre Vadeboncoeur », *loc. cit.*, p. 117.
39. JF à Joseph-Alphonse Ferron, lettre, [avril 1946]. BNQ, 1.2.3.
40. Major H.M. Logan, « History of A-30 CITC (CA)—Camp Utopia », Ottawa, Quartier général de la Défense nationale, Service historique, 1947, p. 1.

recrues. Depuis la fin de la guerre, on y effectuait surtout des démobilisations de soldats originaires des Maritimes. Un hôpital militaire se trouvait sur place ; Ferron y fut affecté à son arrivée, dans les tout premiers jours d'avril 1946. « Le camp Utopie où je suis actuellement, est entouré de profondes forêts, écrit Ferron à son beau-frère Robert Cliche ; personne ne s'y aventure à moins d'avoir un ami parmi les cerfs, un frère parmi les orignaux ; la nuit, les loups hurlent d'angoisse parce que jamais la main humaine ne les caresse [...][41]. »

L'écrivain garde-t-il rancune à l'armée canadienne de l'avoir obligé à reprendre son entraînement avancé ? Entre Grande-Ligne et Utopia, sa position face aux autorités militaires s'est radicalisée : désormais, il met un point d'honneur à ne faire aucun effort pour parler anglais, ce qui met ses supérieurs dans l'embarras : « À Utopia, je leur disais : "Je ne parle pas l'anglais. Vous ne parlez pas français [donc] je ne parle pas l'anglais." Ils ne savaient pas quoi faire de moi, alors ils m'ont envoyé à Fredericton[42]. » Le médecin ne risquait pas grand-chose avec cette légère insubordination puisque, de toute manière, le camp Utopia fut officiellement fermé le 31 avril 1946, soit un mois à peine après l'arrivée de Ferron, qui n'y séjourna que 15 jours[43]. Il faut donc attribuer le départ de l'écrivain à cette fermeture plutôt qu'à sa mauvaise volonté linguistique. Cette escale fut si brève que Ferron se demandera par la suite s'il n'avait pas rêvé l'existence du camp Utopia, personne ne semblant en avoir entendu parler[44]. Ce qui ne l'empêche pas, bien sûr, de poursuivre sa petite étude ethnographique sur les mœurs

41. JF à Robert Cliche, lettre, avril 1946.
42. JF à Pierre Cantin, lettre, 20 septembre 1980.
43. Major H.M. Logan, « History of A-30 CITC (CA)—Camp Utopia », *loc. cit.*, p. 6.
44. JF, *Gaspé-Mattempa*, *op. cit.*, p. 10.

canadiennes-anglaises, comme le montrent certains textes restés inédits dont celui-ci, daté de « Fredericton, 1946 », qui ressemble déjà par son ton ironique aux futures « historiettes » :

> Les Anglais sont des êtres inoffensifs ; pourvu qu'ils mangent du bifteck de l'Atlantique au Pacifique, ils sont contents. Vous adressent-ils la parole, si vous ne pouvez leur répondre dans leur langue, ils s'étonnent car vous leur servez un plat qui n'est pas du bifteck. Ils ne vous en gardent pas rancune ; dès qu'ils vous ont laissé voir leur désapprobation, ils vous sourient, comme ils s'empressent de dénaturer tout ce qu'ils mangent avec une sauce piquante. [...] Je les aime bien. J'éprouve à être parmi eux une torpeur heureuse[45].

À Fredericton, où il se retrouve dès la mi-avril avec son épouse, les jours s'écoulent paisibles et sereins, malgré l'animosité que certains anglophones éprouvent à l'endroit des Canadiens français. En juin, Ferron écrit à son beau-frère : « Nous avons ici une petite vie des plus agréables, quoique les gens soient des plus têtes carrées, loyalistes, orangistes, tout ce que tu voudras en fait de francophobie[46]. » C'est à ce moment que surviennent deux épisodes qui seront très importants dans l'évolution de la pensée sociale et politique du médecin. La capitale du Nouveau-Brunswick, dit-il, « est une petite ville dont toute l'industrie consiste en une douzaine d'églises, industrie propre, sans fumées, sous de grands arbres séculaires. Une petite ville dans le genre Caroline du Nord, absolument distinguée et quelque peu surannée[47]. » En face de cette cité proprette, de l'autre côté de la rivière Saint-Charles, se trouve à cette époque un petit hameau amérindien du nom de Devon[48]. D'après W. Austin

45. JF, « Pastorale », manuscrit. BNQ, 2.11.23.
46. JF à Robert Cliche, lettre, [juin 1946].
47. JF, « Ce bordel de pays. D'un amour inquiétant », *loc. cit.*, p. 61.
48. Selon Pierre Cantin, ce village « a été englobé dans les limites de la ville de Fredericton. Seul, semble-t-il, le nom a survécu : c'est celui d'une

Squires, historien de la capitale néo-brunswickoise, il semble effectivement qu'une implantation autochtone (plus précisément malécite) eut lieu en face de Fredericton dès 1847 : « *In the ensuing years other Indian families settled around [the first family] and so was formed the St. Mary's Band*[49]. » En termes à peine voilés, W. Austin Squires reproche par la suite à ses concitoyens leur attitude méprisante à l'endroit de ce groupe : « *For more than a century this band has held a special place in the community although, regrettably, it has been less regarded recently than formerly*[50]. »

Ferron dit avoir été vivement intéressé par le village de Devon, qu'il fréquenta durant son séjour à Fredericton ; il y rencontra une population métissée, réunissant les individus inclassables que la capitale réprobatrice, de l'autre côté de la rivière, traitait avec hauteur. C'est à ce moment qu'il eut une soudaine « illumination » sociale et qu'il fit un rapprochement entre ce hameau et celui des Magouas de Louiseville, y voyant, par-delà les frontières provinciales, un même mépris des notables nord-américains pour les déclassés de la société. « Ce fut [...] à Fredericton que j'ai compris le Louiseville de mon enfance[51] », écrira-t-il :

> [...] j'ai compris la structure manichéenne grand-village/petit-village, propre à l'Amérique du Nord, par le couple Fredericton-Devon. Grand-village puritain, de formation européenne, lieu du bien ; petit-village à noyau amérindien, lieu du mal. [...] de Devon on apporte son travail à Fredericton, de Fredericton, on apporte ses péchés à Devon, ou tout simplement on les projette[52].

---

toute petite rue ». (JF, *Le contentieux de l'Acadie*, édition préparée par Pierre Cantin, Marie Ferron et Paul Lewis avec la collaboration de Pierre L'Hérault, préface de Pierre Perrault, Montréal, VLB éditeur, 1991, p. 53.)

49. W. Austin Squires, *History of Fredericton. The Last 200 Years*, Fredericton, Edited by J.K. Chapman, 1980, p. 10.

50. *Ibidem.*

51. JF, « Ce bordel de pays. D'un amour inquiétant », *loc. cit.*, p. 61.

52. JF, *Le contentieux de l'Acadie, op. cit.*, p. 51.

Nous verrons que Ferron aura bientôt, en Gaspésie, une confirmation définitive de cette intuition, et qu'il prendra alors parti, après une nouvelle révélation, pour tous les « petits-villages » de la terre. Mais le séjour à Fredericton occasionne aussi une prise de conscience d'un autre type chez l'écrivain, avant son retour à la vie civile.

Dans le cadre de son travail, Ferron avait à prendre connaissance des dossiers médicaux des soldats dont il procédait à la démobilisation ; depuis 1943, chaque militaire était évalué, sur ces documents, selon un nouveau système de classement des aptitudes physiques et mentales composé de sept critères fonctionnels distincts, désignés pour la commodité par l'acronyme PULHEMS (*Physique, Upper extremities, Lower extremities, Hearing, Eyesight, Mental capacity, Stability*). Dans son évaluation de la recrue, le médecin devait tenir compte de chacune de ces composantes : « *Each of the 250 types of employment in the army has its own physical, mental and emotional requirements, and if a soldier was to be allocated to a task in which he could operate with the maximum efficiency, it was essential that his functional assets be fully determined*[53]. » À Fredericton, Ferron eut à consulter de la sorte les papiers médicaux de nombreux soldats acadiens qui venaient se faire démobiliser ; or il constata que ces jeunes francophones avaient été classés, pour la plupart, au plus bas niveau (« M3 ») au chapitre de leurs aptitudes mentales : « les soldats acadiens, qui ne parlaient pas anglais, étaient presque tous des M3, c'est-à-dire déclarés idiots par les médecins anglais qui les avaient examinés. Cette injustice m'avait paru effarante ; je ne l'ai pas encore digérée[54] », dira-t-il en 1960.

53. Colonel G.W.L. Nicholson, *Seventy Years of Service*, *op. cit.*, p. 139.
54. JF, *Les lettres aux journaux*, *op. cit.*, p. 141. Lettre parue originellement dans *la Presse* (2 septembre 1960, p. 4) sous le titre : « Robichaud à la rescousse de Durelle ».

C'est sur cette colère bien légitime que se termine le séjour néo-brunswickois de Jacques Ferron — et avec lui son passage mouvementé dans l'armée canadienne. Après lui avoir décerné à nouveau le grade de capitaine, on le rapatrie à Montréal, puis à Québec où il est démobilisé à son tour à la fin de juillet 1946. Même si, comme l'a noté Ginette Michaud, l'expérience militaire de Jacques Ferron ne trouve nulle part sa « pleine élaboration littéraire[55] » dans son œuvre (encore que l'épisode de Grande-Ligne, longuement relaté dans le manuscrit du « Pas de Gamelin », indique sans doute la volonté tardive de l'auteur d'exploiter enfin cette riche matière autobiographique), il est indéniable que ce périple canadien marque pour lui le début d'un lent cheminement idéologique qui le conduira à adhérer ouvertement, quelque douze ans plus tard, au nationalisme québécois. Le silence relatif qui entoure, dans l'œuvre ferronienne, cette année militaire, a sans doute quelque chose à voir avec le jugement implacable que l'auteur porte sur son comportement de l'époque, jugé beaucoup trop futile à son goût, à l'aune de ses prises de position ultérieures.

Cette évolution vers le nationalisme ne se fera pas sans douleur, on s'en doute bien, car dans les années 1940 et 1950, le mouvement avait pour porte-parole principal l'abbé Lionel Groulx et pour flambeau politique Maurice Duplessis. En un sens, Ferron se retrouve comme les rédacteurs de la revue *Cité libre*, dans une opposition obligée au nationalisme tel que personnifié par ces deux figures du traditionalisme. Un indice de la forte charge symbolique accordée par Ferron à son aventure militaire se trouve dans un document qui indique que l'auteur, en 1959, retourna au ministère de la Défense la médaille militaire (*War Medal*)

55. Ginette Michaud, « De Varsovie à Grande-Ligne : l'œuvre in extremis », *Littératures*, nº 9-10, « Présence de Jacques Ferron », 1992, p. 87.

qui lui avait été attribuée une douzaine d'années plus tôt, lors de sa démobilisation[56]. Est-il nécessaire de rappeler que cette date coïncide avec la rupture de l'auteur avec le Parti social démocrate (PSD) ? Ferron, dans le secret de ses souvenirs, aura voulu sceller à l'insu de tous, par ce geste significatif, son rejet définitif du Canada. Mais en 1946, il n'en est pas encore là ; pour tout dire, son environnement politique immédiat, on l'a vu, serait même, sur l'échiquier politique de l'époque, à l'exact opposé du nationalisme. Ferron, au sortir de l'armée, circule surtout dans les milieux communistes et fait la connaissance de militants qui auront de l'influence sur sa pensée.

Littérairement parlant, les activités de Jacques Ferron, durant son année de pérégrinations militaires, semblent à première vue avoir été considérablement réduites ; sauf erreur, en effet, aucun texte ferronien ne paraît dans les périodiques québécois de 1945 et 1946. Il ne faudrait pas croire que l'écrivain a pour autant renoncé à son rêve : pendant les longs mois de quasi-inactivité auxquels, dit-il, sa méconnaissance de la langue anglaise l'avait confiné, il en avait profité pour rédiger — ô surprise ! — un roman. Est-ce l'échec de ses tentatives poétiques qui l'incita à tenter sa chance dans un autre genre littéraire ?

> Je suis revenu aux lettres [...] quand, reçu médecin en 1945, j'ai été versé dans l'armée canadienne [...]. Ne parlant pas anglais — et tout s'y faisait en anglais — j'ai eu beaucoup de loisirs, et c'est à ce moment-là que j'ai écrit mon premier roman [...] qui est extrêmement peu canadien, dans le genre Anatole France [...][57].

56. [Anonyme], « Campaign Medal », 28 décembre 1959. ANC, Direction des documents gouvernementaux, Centre des documents du personnel, n° E-104695. Cette médaille était accordée à tous les soldats qui avaient participé, de près ou de loin, à la guerre.
57. JF à Jacques de Roussan, entrevue, 23 septembre 1970.

Ferron y travaille encore à l'hiver de 1946, alors qu'il se trouve à l'Institut Feller en compagnie des détenus allemands : « Ça épatait bien le colonel de Grande-Ligne que j'écrive un roman. Les Anglais ont une espèce de respect pour les choses littéraires[58] », dira-t-il à Pierre Cantin. En juin, une lettre à Robert Cliche nous apprend que le jeune auteur vient de mettre la dernière main à son récit ; pressé de le publier, il quitte momentanément Fredericton, séance tenante, pour aller le proposer à un éditeur montréalais[59]. « Je le portai à monsieur Parizeau, expliquera-t-il par après. [...] Je n'eus pas de chance : deux semaines plus tard, monsieur Parizeau fermait son temple[60]. » Dès qu'il revient à la vie civile, l'écrivain entreprend de nouvelles démarches pour percer dans le « milieu » : il propose cette fois son manuscrit à Paul Péladeau, directeur des Éditions Variétés ; ce dernier lui répond « que le livre manquait de fond[61] ». Il fera, sans plus de succès, au moins une autre tentative de publication quand il sera en Gaspésie.

Jamais édité, ce mystérieux récit fut plus ou moins renié par son auteur, qui le présenta par la suite comme un simple exercice visant à se prouver qu'il pouvait devenir un écrivain : « Pour moi, la grande affaire, c'était avant tout de faire un livre, peu importe ce que je pourrais y dire[62]. » Après trois tentatives infructueuses pour publier son œuvre, on peut facilement imaginer que ce détachement apparent cache un peu de dépit. « La gorge de Minerve » est aussi un roman à clés, comme le montre cet extrait d'une lettre expédiée par Ferron (qui se trouve alors à Borden) à Pierre Vadeboncoeur :

---

58. JF à Pierre Cantin, entrevue, 20 septembre 1980.
59. JF à Robert Cliche, lettre, [juin 1946].
60. JF, « Préface », manuscrit, 22 mai 1949. BNQ, 2.34.3a.
61. *Ibidem.*
62. JF, entrevue, émission « Délire sur impression », 3 novembre 1978, CKRL-FM (Université Laval).

> Ce fut d'abord une blague que ce roman. À Québec, quand un professeur ou un curé me déplaisait, je disais à mes amis : « Je le punirai dans mon roman. » Mes amis annoncèrent le projet à leurs amies qui s'informèrent si souvent de sa gestation que j'en vins à le prendre au sérieux. L'été dernier, en retard de deux ans, je commençai ce récit. Quelques chapitres sont écrits[63].

L'existence de ce manuscrit, auquel il manque, dans son état actuel, plusieurs chapitres[64], nous permet de constater entre autres choses que l'auteur en avait entrepris la rédaction dès l'Université Laval, puisqu'on en trouve de courts fragments dans le journal des étudiants[65] : ils sont la timide annonce de ce que deviendra la « manière ferronienne ». L'auteur, dès cette époque, prend des habitudes d'écriture auxquelles il ne dérogera pas durant tout le reste de sa carrière ; c'est ainsi qu'il commence à procéder à une sorte de prépublication de ses livres dans les périodiques. On sait l'ampleur que cette pratique prendra plus tard, quand l'auteur disposera d'une chronique régulière. Il lui faudra cependant attendre quelques années encore avant de se retrouver « chez lui », pour de bon cette fois, dans les pages bi-hebdomadaires de *L'Information médicale et paramédicale*. À l'époque du *Carabin*, il ne disposait malheureusement pas encore de la tribune de ses rêves qui lui aurait permis, comme son maître Alain, de livrer régulièrement ses « propos » au public ; d'ailleurs en aurait-il eu le temps ?

---

63. JF, « Dix lettres de Jacques Ferron à Pierre Vadeboncoeur », *loc. cit.*, p. 116.
64. Le manuscrit comporte 125 feuillets. Je remercie M. Jean-Marcel Paquette de m'avoir laissé le consulter.
65. Trois textes du *Carabin* se retrouvent, sous une forme plus ou moins différente, dans « La gorge de Minerve » : « Les provinciaux à Québec » (vol. I, n° 9, 7 février 1942, p. 4), « Promenade » (vol. III, n° 6, 16 décembre 1943, p. 8) et « Le garçon d'ascenseur » (vol. III, n° 7, 13 janvier 1944, p. 6).

« La gorge de Minerve », en autant qu'on en puisse juger, est effectivement, d'un strict point de vue romanesque, un livre un peu affecté. On y suit les tribulations et les conquêtes féminines d'un héros libertin du nom de Jérôme Salvarsan, patronyme prédestiné s'il en fut : Jean-Pierre Boucher a en effet découvert que *Salvarsan* était « un nom commercial, celui d'une marque déposée, par les laboratoires Winthrop, d'arsphenamine, un médicament antisyphilitique utilisé avant la pénicilline[66] ». L'œuvre comporte des passages assez truculents qui ont pu effrayer les éditeurs du temps, comme par exemple cette épouse insatisfaite « rêv[ant] d'un prince qui la percerait si profondément qu'il éveillerait une amoureuse endormie dans ses chairs intactes[67] », au moment même où son mari, Commandeur du Saint-Sépulcre et mari impuissant, cherche par tous les moyens à procréer : « Il eut recours aux prières de l'Église, des nonnes jeûnèrent pour lui, des cénobites se flagellèrent. L'aphrodisiaque était aléatoire, néanmoins [il] crut en ressentir de bons effets et, assez souvent, il s'amenait au lit conjugal avec une belle frénésie[68]. » Pour les amis de Jacques Ferron, la lecture de ce manuscrit devait être particulièrement amusante, puisque s'y trouvent, selon l'auteur, de nombreuses allusions autobiographiques, compréhensibles seulement par les initiés. Malheureusement, nous avons bien oublié, aujourd'hui, les serrures que pouvait ouvrir ce roman à clés ; tout au plus pouvons-nous faire un rapprochement entre un personnage du récit nommé « Papou » et Magdeleine Thérien, que la famille Ferron avait affublée de

66. Jean-Pierre Boucher, « Martine... et ensuite », dans Marcel Olscamp (dir.), *Le premier Ferron. Jacques Ferron et son œuvre avant 1960*, Québec, Nuit blanche éditeur, à paraître. Faut-il voir dans ce patronyme « médical » un reflet des préoccupations immédiates du soldat Ferron, ou l'ironie caractéristique de l'écrivain ?

67. JF, « La gorge de Minerve », manuscrit, p. 9.

68. *Ibidem*, p. 9.

ce surnom. Il faut aussi retenir le fait que l'écrivain, dès ce premier ouvrage, avait adopté une autre tendance qui ne le quittera plus, celle de multiplier dans ses récits les petites énigmes et les « clins d'œil aux amis ».

Comme dans les articles du *Carabin*, on trouve dans « La gorge de Minerve » des thèmes et des motifs littéraires que l'auteur reprendra dans des œuvres ultérieures ; en voici trois exemples. La ville de Québec, où se déroule en partie l'intrigue du roman, est encore une fois associée à l'arrivée hâtive du printemps. Dans l'esprit de l'auteur, le souvenir de la Vieille Capitale est indissociable des premiers beaux jours du mois de mars ; et dans l'extrait suivant, on devine, en gestation, les éléments du « décor » romanesque qui servira de toile de fond aux inoubliables premiers chapitres du *Ciel de Québec*. À vrai dire, il n'y manque que l'irruption inopinée de Mgr Camille pour que la ressemblance soit frappante ; même la célèbre corneille s'y trouve déjà :

> Au commencement de mars, la neige démasque ses trésors : une myriade de cristaux scintilla ; un sourire flotta dans l'air — le sourire du printemps. [...] Un grand jour lumineux se fit, où l'on vit poindre, venant de l'Arche, la corneille. Salvarsan en sortant de chez lui, trouva son chapeau pesant ; il s'en demanda la raison. Le chien eut envie de lui crier : c'est le printemps[69] !

Un peu plus loin, Ferron relate les circonstances qui entourent la naissance de son héros Jérôme. Hercule Savarsan, le père, se ronge les sangs dans la salle d'attente pendant que son épouse est en travail. Il semble s'agir ici de la naissance de Jacques Ferron lui-même, telle que racontée dans « La créance[70] », dont on croit discerner les principaux

69. *Ibid.*, p. 13.
70. JF, *Les confitures de coings et autres textes*, Montréal, Parti pris, « Paroles, 21 », 1972, p. 233-260.

éléments ; il suffirait de changer quelques noms pour arriver à la même situation :

> Hortence se lamentait. De la salle dite des maris, Salvarsan prêtait l'oreille : la moindre plainte le troublait comme une accusation. Il baissait la tête, il se sentait coupable. [...] Quand Hortence cria, il blêmit : sa complice le pointait du doigt, le dénonçait ; atterré, il recula, ne prit garde à un fauteuil, y tomba[71].

Enfin, indice extrêmement significatif de la mutation que l'œuvre ferronienne est en train de connaître, il est fait mention dans ce manuscrit du désormais célèbre comté de Maskinongé, cet espace originel et mythique auquel, on l'a vu, Ferron reviendra inlassablement dans ses livres subséquents, principalement à partir de 1965. Dans « La gorge de Minerve », ce coin de pays natal ne constitue guère qu'un nom propre lancé au passage, et sa description demeure assez timide ; elle apparaît quand même hautement symbolique. Il a fallu que l'écrivain vive en exil pendant un certain temps pour que s'émousse sa conception un peu hautaine, « brébeuvoise » de la littérature, qui lui interdisait jusque-là de situer son œuvre dans les paysages de son enfance.

En mars 1946, dans un accès de découragement, Ferron avait écrit à Pierre Vadeboncoeur : « Depuis deux ou trois mois je n'avance guère [...], ne sachant pas où je vais et surtout n'ayant aucun goût pour mon œuvre ; elle est désertique, sans âpreté, sans originalité, bonne à brûler[72]. » « La gorge de Minerve », récit « très peu canadien » dans sa forme et son intrigue, est tout de même situé au Québec, et constitue par là un maillon invisible, mais capital dans l'évolution de l'écrivain. Dans les années qui suivront,

71. JF, « La gorge de Minerve », *op. cit.*, p. 16.
72. JF, « Dix lettres de Jacques Ferron à Pierre Vadeboncoeur », *loc. cit.*, p. 116.

Jacques Ferron sortira progressivement de l'impasse créatrice dans laquelle il se trouve en approfondissant l'enracinement de son imagination littéraire; l'emprise des grands modèles français se fera moins étouffante au fur et à mesure que le romancier prendra de l'assurance.

Parallèlement à cette évolution littéraire, les idées sociales de Ferron connaissent des changements notables, dont témoigne aussi, dans une certaine mesure, « La gorge de Minerve ». Les premières pages du roman sont à cet égard surprenantes, et annoncent les bouleversements à venir :

> Les parents avaient trois idées, cent manies et un rang social : ils ne manquèrent pas de nous passer leur petit bagage. Nous étions pris au piège de cette tête, de ces manies, de ce rang social ; nous étions grimés avant d'avoir choisi un personnage. [...] nous ne sommes pas les complices de la destinée dont on nous a pourvu ; rien au contraire n'est plus doux que de la tromper[73].

La Gaspésie, prochaine étape dans le parcours du jeune Ferron, sera le creuset grâce auquel il tentera de résoudre les contradictions qui l'animent ; nous verrons bientôt comment l'écrivain entend tromper son destin de notable et renier une bonne partie de ce qu'il fut auparavant.

73. JF, « La gorge de Minerve », *loc. cit.*, p. 1 et 2.

CHAPITRE XIV

Cotnoir

Dans une lettre qu'il expédie à son ami Pierre Baillargeon, à l'automne de 1946, Jacques Ferron précise qu'au moment où il quitta l'armée, il avait « pour tout capital 500 dollars[1] » ; ainsi prenaient fin — un peu abruptement ! — les années faciles de sa jeunesse : il lui faut maintenant faire face aux dures réalités de l'existence. « J'entends exercer ma profession de médecin », avait-il répondu, au mois de juillet précédent, à l'officier de démobilisation qui lui demandait ce qu'il prévoyait faire dans la vie civile[2]. Pour quelle raison un médecin, écrivain de surcroît, décide-t-il de s'installer en Gaspésie, loin de sa famille, de ses amis, et des milieux intellectuels ou littéraires ? Pourquoi ce jeune professionnel, rejeton d'une bonne famille de la Mauricie, n'a-t-il pas cherché, comme beaucoup de notables provinciaux ont tendance à le faire, à ouvrir un cabinet de consultation dans sa ville natale, à Louiseville, au cœur du « beau pays serein

1. JF à Pierre Baillargeon, lettre, 2 octobre 1946.

2. [Anonyme], « Department of Veterans Affairs - W.D. 12 », 25 juillet 1946. ANC, Direction des documents gouvernementaux, Centre des documents du personnel, n° E-104695.

et catholique» qu'il opposera justement aux côtes inhospitalières et sauvages de la péninsule gaspésienne[3]? Tout y aurait été tellement plus simple : une population nombreuse et prospère vivant à proximité des grands centres, des routes praticables, un climat supportable. Le nom «Ferron» était, dans le comté de Maskinongé, un patronyme avantageusement connu qui aurait pu inciter les éventuels clients à reporter sur le fils médecin la confiance qu'ils avaient accordée au notaire, son père. Une autre possibilité se présentait aussi à lui. Robert Cliche qui, après avoir épousé Madeleine Ferron, était revenu s'installer en Beauce, proposait à son beau-frère de venir s'établir dans le village de Sainte-Justine. L'écrivain, tout en appréciant le geste de son ami, déclina poliment son offre, sans pour autant expliquer ce refus : «Ton unité sanitaire est comme un sein que l'on refuse, mais dont l'offrande enchante infiniment[4].»

La principale raison invoquée par le médecin pour justifier son exil à Rivière-Madeleine ne semble guère convaincante à prime abord. Ferron aurait rencontré, pendant son année d'internat à l'Hôtel-Dieu de Québec, un vieil homme originaire des Îles-de-la-Madeleine dont il admira «la verve française, [...] la franche cordialité [et] la politesse surannée» ; ce Madelinot s'exprimait apparemment d'une manière si extraordinaire que l'étudiant aurait par la suite éprouvé le désir irrépressible de s'installer dans cet archipel éloigné : «[Il] avait appris que la verve et le plaisir de l'entretien commençaient en bas de Québec, que les hauts n'étaient pas parlables et qu'il irait s'établir, [...] c'était dit, décidé, dans les îles[5].» Au début de l'automne de 1946, après avoir emprunté un fort montant d'argent à son père[6] — lui

3. JF, *Contes*, *op. cit.*, p. 225.
4. JF à Robert Cliche, lettre, [été 1946].
5. JF, *Gaspé-Mattempa*, *op. cit.*, p. 19-20.
6. Cet emprunt était de l'ordre de 900 $. JF à Joseph-Alphonse Ferron, lettre, 3 septembre 1946. BNQ, 1.2.3.

qui rêve depuis si longtemps d'autonomie, voici qu'il se retrouve, plus que jamais, débiteur du notaire —, il aurait rempli son automobile de matériel médical et de produits pharmaceutiques, dans le but de rouler sans arrêt jusqu'aux îles de ses rêves. Hélas ! C'est seulement au moment de partir, dit-il, « qu'il apprendra que son archipel québécois est au bout du monde, inaccessible, invraisemblable, aussi invraisemblable que son ignorance[7] ».

Difficile à croire, en effet ! Cette méconnaissance de la géographie élémentaire du pays paraît peu crédible chez cet homme cultivé, déjà féru de botanique et de cartographie. Qui plus est, Ferron a beau donner de lui l'image d'un jeune homme impulsif, on a peine à imaginer qu'une décision aussi lourde de conséquences ait été prise pour de simples motifs esthétiques. Devant l'irréalisme de sa décision, il aurait finalement décidé de se diriger à tout hasard vers la Gaspésie, espérant sans doute y trouver un *langage* et un art de vivre qui se rapprocheraient de celui des Madelinots. Le soir venu, il se serait tout bonnement arrêté à Rivière-Madeleine pour y passer la nuit, et le lendemain matin, le curé du village, apprenant que ce jeune étranger était médecin de son état, lui aurait dit, avec force exclamations, que la paroisse avait justement besoin de lui :

> Alors le ciel s'ouvre. Messire le curé de la Madeleine [...] lève les yeux [...]. Ensuite il ouvre ses plumeaux, ses deux mains rouges, présente son sac noir majestueusement [...], imitant Jésus quand il découvre son Sacré-Cœur, et dit d'une voix apprise, avec beaucoup de simplicité quand même et d'une façon définitive, à Maski qui se croit un grand mécréant, à Maski plutôt flatté, il dit :
>
> — C'est le bon Dieu qui vous envoie[8].

7. JF, *Gaspé-Mattempa*, *op. cit.*, p. 20.
8. *Ibidem*, p. 19.

L'écrivain laisse donc entendre que le choix de son lieu de résidence, comme celui de sa carrière médicale, fut pratiquement laissé au hasard ou guidé par des préoccupations esthétiques : quoi de plus romanesque que de vouloir faire carrière aux Îles-de-la-Madeleine parce que la population y parle un français savoureux ? De même, s'arrêter à Rivière-Madeleine alors qu'on voulait d'abord aller aux Îles-de-la-Madeleine, cela paraît aussi très joli et dénote un comportement bohème, vaguement surréaliste.

En réalité, certains indices tendent à démontrer que l'établissement du Dr Ferron à Rivière-Madeleine ne relève pas tout à fait du hasard. Mme Anne-Marie Lévesque, qui fut servante au presbytère de ce village, se souvient que vers cette époque, « son » curé avait déjà fait des démarches pour qu'un médecin vienne pratiquer dans la paroisse : « Comme il n'y avait pas de docteur à Madeleine et que les plus près étaient de 60 milles d'un côté et 70 milles de l'autre, [...] M. le curé Vaillancourt s'est adressé auprès du ministère pour les services d'un médecin. C'est à ce moment que le docteur Jacques Ferron a fait surface[9]. » D'autre part, on trouve dans une lettre de Ferron à Clément Marchand ce commentaire significatif : « Monique Bureau, la sœur de Jean-Marie, [...] fut plus bénéfique lorsque je m'installai à la Madeleine [...] : elle avait de grandes connaissances ecclésiastiques et rassura la famille en se portant garante du curé Vaillancourt[10]. » Monique Bureau était l'assistante de l'abbé Albert Tessier qui, depuis 1937, était responsable des 24 écoles ménagères de la province. Le rôle de cette visiteuse était de sillonner le

9. Anne-Marie Lévesque à l'auteur, lettre, 8 novembre 1992.
10. « Correspondance de Jacques Ferron et Clément Marchand », présentation et notes de Marcel Olscamp, dans Ginette Michaud (dir.), avec la collaboration de Patrick Poirier, *L'autre Ferron*, *op. cit.*, p. 330. Lettre de JF datée du 23 avril 1980. Cette lettre (sauf le passage concernant Monique Bureau) servit de préface (« avant-dire ») à *Gaspé-Mattempa*, que Ferron publia aux éditions du Bien public en 1980.

territoire québécois, « avec charge d'orienter et de contrôler les programmes d'enseignement ménager. Elle était très au fait des dernières nouveautés en tissus, matériaux de tricot, art culinaire, articles de ménage, etc.[11] », explique le prêtre-cinéaste dans ses *Souvenirs en vrac*. Il est donc vraisemblable que Monique Bureau ait appris, lors de ses voyages en Gaspésie, que le curé Vaillancourt recherchait un médecin ; elle a pu par la suite en informer le neveu de son frère Jean-Marie.

Quoi qu'il en soit, Ferron n'a pas changé d'avis quant à sa décision de devenir écrivain ; qui sait ? peut-être même chercha-t-il à se retirer du monde pour pouvoir concilier la pratique des lettres et celle de la médecine. Mais d'autres circonstances militèrent sans doute en faveur du choix gaspésien. L'une d'entre elles tient précisément aux difficultés professionnelles éprouvées à Louiseville par le père du romancier : il semble en effet que les affaires du notaire aient été de mal en pis depuis de nombreuses années ; par conséquent, écrit Jacques : « Nous pouvions mener une existence modeste partout excepté dans la Mauricie[12]. » Cette triste déchéance paternelle pourrait donc apporter une explication supplémentaire à l'exil du fils. En fait, l'installation de Ferron en Gaspésie fut fort probablement motivée avant tout par des raisons économiques. Le ministère de la Colonisation consentait alors une aide financière mensuelle de cent dollars aux médecins qui acceptaient de pratiquer leur art dans les régions éloignées de la province ; le Dr Ferron bénéficia de cette subvention, qui lui permit de survivre dans un coin de pays où les habitants n'avaient pas toujours les moyens de payer les soins médicaux reçus. « Cent dollars par mois, ça partait bien la carrière, dit le

11. Albert Tessier, *Souvenirs en vrac*, Sillery, les Éditions du Boréal Express, « Témoins et témoignages », 1975, p. 200.
12. JF à Pierre Cantin, lettre, 24 avril 1972.

docteur Maurice Beaulieu ; parfois, les gens d'un village qui voulaient avoir un médecin lui offraient une maison. Alors le médecin pouvait s'installer, ouvrir un bureau et attendre la clientèle. Parfois même, c'était au presbytère[13]. » C'est, à peu de chose près, cette trajectoire que suivit Jacques Ferron. Sans aller jusqu'à prêter sa propre demeure, le curé Vaillancourt, qui tenait à son médecin paroissial, se montra compréhensif. On mit d'abord à la disposition du jeune docteur une maison, juste en face du presbytère, pour qu'il puisse y entreprendre sa nouvelle pratique.

Une enquête réalisée par la Faculté des sciences sociales de l'Université Laval précise que la municipalité de Sainte-Madeleine-de-la-Rivière-Madeleine regroupe trois villages côtiers : Manche-d'épée, Petite-Madeleine et Rivière-Madeleine. On y trouve une école (deux classes), une salle paroissiale, deux hôtels, un magasin général, un restaurant. La paroisse compte cent douze familles au total ; elle comprend, en plus des trois villages susmentionnés, une « mission » desservie par le curé de Madeleine[14]. Dans les années 1920, le village avait pu croire qu'un avenir prospère s'ouvrait devant lui : on avait aménagé, en 1917, une centrale électrique sur la rivière, de même qu'une usine de pâte à papier[15]. Ces nouvelles industries attirèrent une nouvelle population venue de l'extérieur ; un médecin, le docteur Adélard-Bernardin Cotnoir (et non Augustin, comme le prénommera Ferron dans ses livres), vint même se fixer à Rivière-Madeleine en 1917[16].

---

13. Maurice Beaulieu à l'auteur, entrevue, 10 octobre 1992.
14. Thérèse Légaré, *Conditions économiques et sociales des familles de Gaspé-Nord*, Québec, Université Laval, Faculté des sciences sociales, « Documents du Centre de recherches, Service social : document 1 », mai 1947, p. 28-31.
15. Jules Bélanger *et al.*, *Histoire de la Gaspésie*, Montréal, Boréal Express, 1981, p. 373-374.
16. Guy W. Richard à l'auteur, lettre, 22 janvier 1993.

Au moment où Ferron séjourne en Gaspésie, ce docteur Cotnoir est décédé depuis plusieurs années[17], mais sa mémoire est toujours vivace dans la région. En fait, il avait acquis un statut presque légendaire : médecin extrêmement dévoué et généreux, il avait pratiqué son métier dans des conditions héroïques, « depuis Mont-Louis jusqu'à Saint-Yvon et Grand-Étang[18] », répondant aux appels de détresse qu'on lui faisait parvenir par le biais du télégraphe. Médecin lui-même, Ferron se trouvait, en quelque sorte, à chausser les bottes du docteur Cotnoir ; il héritait de sa clientèle et connaîtra, à peu de choses près, la même existence que lui. Le séjour gaspésien de l'auteur paraît avoir été hanté par la présence de cet illustre devancier, et un certain phénomène d'identification se produisit : « [...] le plus beau compliment que se méritera Maski, sera de s'entendre dire qu'il était un nouveau Cotnoir[19] ». Ce vieux docteur restera toujours, dans l'œuvre ferronienne, la personnification du bon médecin compatissant et usé par la tâche. Dans le bref récit éponyme que Ferron fera paraître en 1962, le Dr Cotnoir réside, comme l'auteur, à Longueuil ; dans *Le ciel de Québec*, il pratique à Sainte-Catherine-de-Fossambault, et décide, sur un coup de tête, d'acheter un plein wagon de chevaux sauvages, tout comme le père de l'écrivain l'avait fait dans les années 1930. Ce syncrétisme entre deux personnages permet de croire que Ferron, jusqu'à un certain point, a transformé le Dr Cotnoir en une fascinante figure paternelle.

En 1946, donc, la prospérité de Rivière-Madeleine est bel et bien chose du passé. Après bien des péripéties — dont

17. Le Dr Cotnoir « mourut à Rivière-Madeleine, après vingt ans de service, le 24 novembre 1938, et fut inhumé en sa paroisse natale de Saint-Germain-de-Grantham ». Cécile Richard, « La famille Richard à Rivière-Madeleine », *Gaspésie*, vol. XVIII, nº 70, avril-juin 1980, p. 8.

18. *Ibidem.*

19. JF, *Gaspé-Mattempa*, *op. cit.*, p. 14.

un incendie — la pulperie avait fermé ses portes en 1923 pour être rachetée à bas prix, concessions forestières comprises, par une autre compagnie, la Brown Corporation. Cette dernière entreprit des travaux pour ressusciter la manufacture, mais « Rivière-Madeleine ne devait jamais voir d'autre moulin, la crise économique faisant avorter le projet[20] ». Au temps de Ferron, les installations de la Brown ne servaient plus que de camp de pêche au saumon pour les invités de la compagnie américaine[21]. Le retrait progressif de la Brown survenait à une époque où la Gaspésie, pour résoudre ses problèmes économiques, tentait d'appliquer les principes du coopératisme à plusieurs sphères d'activité ; on trouvait par exemple, dans la péninsule, des coopératives de pêche, d'agriculture, d'aqueducs, d'électricité, de téléphone, de loisirs, etc. La région était même devenue, vers la fin de la guerre, une sorte de laboratoire social, « un des principaux leaders de la formule coopérative, un exemple à suivre[22] ». Sous la férule d'Esdras Minville, directeur de l'école des Hautes Études commerciales (HEC) et natif de Grande-Vallée, les vastes concessions forestières inutilisées que le gouvernement provincial avait accordées à la Brown Corporation furent mises à profit grâce à l'implantation de coopératives forestières, d'abord à Grande-Vallée puis dans une quinzaine d'autres villages. Les idées de Minville n'étaient pas tout à fait inconnues au Dr Ferron, qui aura à soigner des patients dans ces colonies de l'arrière-pays : à Brébeuf, on s'en souvient, il avait été initié à ces notions nouvelles par l'intermédiaire des jésuites et des « Semaines sociales ». Beaucoup plus tard, il se laissera émouvoir par le souvenir de ces expériences communautaires pleines d'idéalisme et les baptisera, non sans humour, les « kolkhozes du bon Dieu » :

---

20. Jules Bélanger *et al.*, *Histoire de la Gaspésie*, *op. cit.*, p. 538-539.
21. Guy W. Richard à l'auteur, lettre, 22 janvier 1993.
22. Jules Bélanger *et al.*, *Histoire de la Gaspésie*, *op. cit.*, p. 638-639.

> La Brown Corporation avait échangé ses concessions forestières dans Gaspé-Nord contre d'autres, en haut de La Tuque, pour alimenter son moulin, et Duplessis, qui n'était pas un ennemi de la Foi, les avait distribuées aux villages gaspésiens pour que chacun d'eux puisse constituer son kolkhoze forestier. Et le curé Vaillancourt était l'aumônier de cette fédération quasi-soviétique[23].

Même si, par ce commerce de concessions, l'entreprise américaine n'y perdait pas au change, les négociations furent assez ardues, comme le rapporte justement le dynamique curé Vaillancourt, qui était aussi gérant de la caisse populaire du village et responsable de la coopérative forestière de Rivière-Madeleine :

> Ce n'était pas chose facile. Les limites forestières inexploitées qui se trouvaient à notre portée appartenaient à la Brown Corporation. Nous demandâmes d'abord un permis de coupe. Cela nous fut refusé. Mais après quelques interventions auprès du Ministère des Terres et Forêts, [...] nous obtenions au mois de juin 1943, l'échange des limites entre la Brown Corporation et le Gouvernement [...][24].

C'est donc dans le contexte de ce retrait progressif de la compagnie américaine que Jacques Ferron arrive en Gaspésie. Il bénéficiera lui aussi, indirectement, de ce départ, puisqu'il pourra acheter à crédit, quelque temps après son arrivée, une grande demeure appartenant à l'ancien gérant de l'entreprise[25]. À titre de soldat récemment démobilisé, il tentera d'obtenir, pour ce faire, une aide financière du ministère des Anciens Combattants.

Au début, l'écrivain paraît assez satisfait de sa nouvelle existence, qui lui permet effectivement de consacrer du

---

23. « Correspondance de Jacques Ferron et Clément Marchand », *loc. cit.*, p. 330. Lettre de JF datée du 23 avril 1980.
24. Abbé Raoul Vaillancourt, « Le syndicat coopératif de Ste-Madeleine », *Ensemble !*, vol. VI, n° 4, avril 1945, p. 14.

temps à la littérature. Seule ombre au tableau : il se sent tenu de rendre des comptes à son père — qui se trouve aussi à être son créancier, tout comme au temps de ses études à Brébeuf et à l'Université Laval. « Les affaires vont assez bien, écrit-il à la fin août 1946. J'espère pouvoir payer mon premier billet[26]. » Quelques semaines plus tard, le voici à nouveau au rapport : « Mon bureau marche assez bien, mieux de semaine en semaine. Mon mois de septembre sera d'environ $ 400[27]. » Cette relative aisance lui permet, durant un certain temps, de renouer avec la vie facile qu'il avait connue dans l'armée : « Bien logé, ayant chambre pour amis, bien chauffé (la paroisse me paye mon charbon) ayant pratique qui ne me tient pas jour et nuit sur le chemin, assuré par ailleurs d'une aide de $ 100 par mois de la part du gouvernement, [...] je renoue contact avec la vie, la littérature et tout le pataclan[28]. » Il se plaît même assez à Rivière-Madeleine pour y faire des projets d'avenir ; on peut d'ailleurs penser que l'achat d'une immense demeure, beaucoup trop grande pour deux personnes, est lié au fait que l'écrivain jongla un temps avec l'idée de fonder un établissement de villégiature, comme il s'en ouvrit à Madeleine :

> Une chose est certaine : c'est que je finirai sûrement ma vie avec un hôtel. Soit que j'achète le « Club House » [...] soit que je transforme ma maison en hôtel. Si je n'achète pas le Club House, j'entreprends la transformation ; dans trois ou quatre [ans] la chose sera faite, j'aurai organisé un revenu qui

---

25. JF et Pierre L'Hérault, « 9 entretiens avec le Dr Jacques Ferron », *op. cit.*, p. 10. Le brouillon d'une lettre de Jacques Ferron à un notaire gaspésien, conservé par Madeleine Ferron, précise que la demeure en question compte « trois salles de bains » et que l'écrivain s'est engagé à l'acheter « pour la somme de $ 5000 ». JF au notaire Langelier (Sainte-Anne-des-Monts), lettre, [1946].
26. JF à Joseph-Alphonse Ferron, lettre, [26 août 1946]. BNQ, 1.2.3.
27. JF à Joseph-Alphonse Ferron, lettre, 9 septembre 1946. BNQ, 1.2.3.
28. JF à Pierre Baillargeon, lettre, 2 octobre 1946.

pourra profiter à toute la famille, et qui me permettra, si le cœur m'en dit, d'aller plus loin, et toujours avec ma profession et mon salaire du gouvernement, d'organiser une autre affaire[29].

En attendant la réalisation de ce vaste projet, Ferron s'est acheté un bateau de pêche de 26 pieds de longueur, « ayant bon moteur et bonnes voiles. C'est vous dire que je ne rêve que de navigation[30] », écrit-il à sa sœur au printemps de 1947. Cette dernière se souvient que son frère passait beaucoup de temps en mer, au point où les pêcheurs devaient parfois actionner la corne de brume pour appeler le médecin lorsque ses services étaient requis[31].

Ferron apprécie donc sa nouvelle vie ; c'est aussi ce que laissent entendre ses premières lettres à Pierre Baillargeon, pleines d'humour et de fantaisie : « Je cultive mon curé, car il est le seul homme à dix lieues à la ronde à pouvoir me fournir d'œufs ; et pour la première fois de mon existence, les poules me maintiennent dans la religion[32]. » Il s'entend d'autant mieux avec l'abbé Vaillancourt que, selon une théorie médicale typiquement ferronienne, la médecine serait un recours de seconde instance face aux insuffisances de la religion. Le pasteur du village, par son comportement expéditif, lui amène sans le savoir des clientes insatisfaites : « Il se démène à la messe comme un diable dans l'eau bénite ; il confesse au galop ; il donne l'absolution comme un coq fait l'amour. » Les paroissiennes, peu habituées à ce rythme... infernal, se tournent alors vers le médecin :

---

29. JF à Madeleine Ferron, lettre, [1947].
30. JF à Madeleine Ferron, lettre, 1er mai 1947.
31. Madeleine Ferron à l'auteur, lettre, 18 mars 1994.
32. JF à Pierre Baillargeon, lettre, 16 décembre 1946. En 1980, dans une lettre à Clément Marchand, il se souviendra être allé, certains dimanches, manger des « patates frites » en compagnie de son curé. (« Correspondance de Jacques Ferron et Clément Marchand », *loc. cit.*, p. 330. Lettre de JF datée du 23 avril 1980.)

> À défaut de péchés véniels, elles se trouvent des malaises et viennent me les dire. Je dois les écouter, leur sourire, attendre qu'elles parlent vite, que les larmes leur montent à l'œil. Alors je me lève et leur dis : « c'est deux piastres ». Un peu à regret, cependant, comme la fille qui y est allée de bon cœur, mais dont le métier l'oblige à demander une rémunération[33].

En somme, Jacques Ferron se coule si naturellement dans son nouveau milieu qu'on le dirait, d'une certaine manière, *revenu chez lui*, dans un coin de pays qu'il viendrait tout juste de quitter. La vérité pressentie naguère semble se vérifier : la langue parlée « en bas de Québec » s'avère d'une incroyable richesse, et l'auteur est d'emblée fasciné par le riche langage vernaculaire des Gaspésiens. À la manière des écrivains régionalistes d'antan, qui recueillaient précieusement les vieux canadianismes pour les glorifier dans leurs évocations du terroir, Ferron attrape au vol les savoureuses expressions de ses nouveaux voisins de Rivière-Madeleine et les transmet, émerveillé, à Pierre Baillargeon : « Quelques mots qui sont courants ici : ginguer, casaque, escrouelles. On dit d'une fille qui n'est pas sérieuse : "elle ne pense qu'à ginguer". » Plus loin : « Les pêcheurs, mes amis, ne disent pas dériver, mais "aller à la drive". Quand le soir vient, fumant et "se faisant des ripostes" d'une barque à l'autre, ils se laissent aller à la drive : c'est ainsi qu'ils prennent le hareng[34]. » Chose plus étonnante encore, l'admirateur de Paul Valéry, qui chez Ferron n'est jamais bien loin, trouve aussi matière à admiration en Gaspésie, et salue en connaisseur certaines trouvailles prosodiques de ses clientes. Ainsi, parlant des nombreux accouchements auxquels il assiste, il aura ce mot émouvant :

> C'est toujours un bel enfant, et rien ne me plaît davantage, le travail fini, la femme anéantie et souriante, que d'écouter la

33. JF à Pierre Baillargeon, lettre, [février 1947].
34. JF à Pierre Baillargeon, lettre, 23 février 1947.

> vieille qui le lave; elle lui parle, et une fois, son monologue commença par un alexandrin: «Te voici donc enfin dans ton pays natal...» Les illettrés sont des gens exquis, mon cher Pierre[35].

Mais son admiration va beaucoup plus loin que la simple cueillette de perles langagières: elle s'étend aussi à l'art de *raconter*, que l'auteur avait appris à apprécier dans son enfance et qu'il retrouve intact dans ces modestes villages de la péninsule. Lui-même orateur malheureux, il semble éprouver un brin de jalousie et un complexe d'infériorité devant la faconde des pêcheurs, comme il s'en ouvrira, en 1975, au journaliste Pierre Paquette:

> Vous savez, l'analphabète, il n'hésite pas pour savoir quel mot dire; il le dit vite, il le dit bien, il conte bien. Moi, j'étais un Brébeuvois, vous savez. [...] J'arrive dans la classe dite «populaire»; je trouve des gens qui ont beaucoup plus d'esprit que moi, je ne peux pas répéter, je ne peux pas tenir la conversation, je ne peux pas conter: je les écoute[36].

Mais cette écoute attentive des anciens n'est-elle pas, elle aussi, une attitude qu'ont depuis longtemps adoptée les écrivains régionalistes, ces auteurs naguère jugés rétrogades par les jeunes poètes de Brébeuf? Cette pieuse cueillette des vieux mots n'a-t-elle pas d'abord été encouragée — suprême ironie — par l'abbé Groulx dans ses *Rapaillages*? En somme, qu'est-il donc en train d'arriver à notre distingué valéryen?

Il ne faudrait pas croire, cependant, que la vie quotidienne du docteur Ferron était toujours rose et qu'il

35. JF à Pierre Baillargeon, lettre, 15 novembre 1947. Ferron n'oubliera jamais cet alexandrin fortuit, au point où, vingt ans plus tard, racontant la même anecdote, il dira: «je me demande parfois s'il ne vaut pas plus que tout ce que j'ai écrit». (JF, «Le mythe d'Antée», *La barre du jour*, n° 10, vol. 2, n° 4, automne 1967, p. 29.)
36. JF à l'émission «Pierre Paquette», entrevue, Radio-Canada, 28 novembre 1975.

consacrait ses journées à écouter converser ses voisins ; très rapidement, il se rendra compte que la pratique de la médecine, en Gaspésie, nécessitait une bonne dose d'abnégation. D'abord en raison du climat, qui sur la côte est plus rigoureux qu'ailleurs, et des voies de communications, encore assez rudimentaires dans les années 1940. En hiver, le médecin voyageait comme il le pouvait, à pied, en voiture ou « dans les gros Bombardier anciens avec les sacs de la poste [...][37] ». Une lettre à Baillargeon, datée du 16 décembre 1946, révèle que, deux jours auparavant, sa voiture ne pouvant monter une côte à cause du mauvais état de la route, le médecin dut parcourir nuitamment quatre milles à pied « dans un défilé de montagne, sans une maison, sans une cabane[38] », pour aller soigner une patiente. Autre difficulté de la pratique médicale en Gaspésie : la population était assez clairsemée, si bien qu'il fallait se déplacer souvent — et assez loin — pour répondre aux besoins des malades. Ferron tenait souvent à rappeler que son métier l'avait amené, en Gaspésie, à couvrir un assez vaste territoire ; sa clientèle s'étendait « de Mont-Louis à Cloridorme, sur cinquante milles de côte[39] ». Chaque semaine, il faisait la tournée des dispensaires avoisinants pour superviser le travail des infirmières qui s'y trouvaient. Il faisait aussi des consultations dans les villages, se rappelle Paul Ferron, qui séjourna plusieurs semaines chez son aîné ; le médecin s'installait alors dans les presbytères ou chez des gens qu'il connaissait[40].

Les relations professionnelles de Ferron avec sa clientèle semblent aussi avoir été la plupart du temps au beau fixe et

37. JF et Pierre L'Hérault, « 9 entretiens avec le Dr Jacques Ferron », *op. cit.*, p. 9.
38. JF à Pierre Baillargeon, lettre, 16 décembre 1946.
39. JF, [Sans titre], manuscrit. BNQ, 2.19.43.
40. Paul Ferron à l'auteur, entrevue, 8 janvier 1993.

empreintes de cordialité. « Il m'arrive de faire de la médecine, écrit-il à Baillargeon ; le plus souvent c'est la routine, vendre des toniques, arracher des dents. Toute la côte est édentée, la dyspepsie est florissante ; j'ai des remèdes pour la chose, et comme on m'aime bien, on en ressent de bons effets[41]. » Malgré son jeune âge, l'écrivain dit avoir été traité avec beaucoup de déférence par les habitants de Gaspé-Nord. « [...] je suis un notable des lieux, Monsieur le docteur de la Madeleine, et les écoliers ont reçu la consigne de me saluer comme le curé[42] ». Bien entendu, le notaire, à Louiseville, se montre extrêmement sensible à cette nouvelle respectabilité, signe indubitable de la belle carrière qui s'annonce pour son fils : « Prends ton rôle au sérieux c'est très important car pouvoir obtenir qu'un enfant innocent enlève sa casquette pour nous saluer est déjà une marque de supériorité[43]. » L'écrivain, quant à lui, attribue simplement cette sorte de respect au fait que les habitants de la région, privés de médecin pendant trop longtemps, redoublaient d'amabilité à son endroit pour s'assurer que ce médecin-là ne soit pas tenté de faire ses valises.

La prévenance des Gaspésiens à l'endroit du jeune docteur ne va cependant pas sans une imperceptible dose de moquerie, une légère goguenardise que Jacques, beau joueur et lui-même ironiste talentueux, appréciera à sa juste valeur. L'anecdote suivante, tirée d'une autre lettre de l'écrivain à sa sœur, montre l'esprit moqueur des Gaspésiens en même temps qu'elle révèle l'origine apparemment autobiographique d'un conte ferronien bien connu :

> Or donc, Monsieur le Docteur de la Madeleine, dans sa grande capote militaire qui lui traîne sur les talons, coiffé de son bonnet de castor et pénétré de son importance, s'en allait

41. JF à Pierre Baillargeon, lettre, 16 décembre 1946.
42. JF à Madeleine Ferron, lettre, [1947].
43. Joseph-Alphonse Ferron à JF, lettre, 8 février 1947. BNQ, 9.3.

> aux malades. [...] Chemin faisant, il entend du bruit derrière lui ; il se retourne : c'est un gros cochon hilare qui le suit. Le bruit augmente : au premier un second cochon s'est joint, et un troisième, et un quatrième. L'un après l'autre, la bouche fendue jusqu'aux oreilles, ils s'attachent aux pas augustes de Monsieur le Docteur de la Madeleine. Celui-ci se raidit dans sa dignité. Les rideaux se soulèvent et l'on regarde passer le cortège[44].

Dans le conte « Une fâcheuse compagnie », le médecin finit par entrer chez son client sans que les farceurs du lieu n'aient senti le besoin d'ajouter au ridicule de sa situation par des observations moqueuses : « On me reçut avec une politesse exquise. Les cochons restèrent dehors[45] », déclare avec soulagement le narrateur. Dans la réalité cependant, le médecin ne put se tirer de cette situation embarrassante sans essuyer au moins un commentaire ironique : « Les cochons vous aiment parce que vous mettez tout le monde au régime ! » Et Ferron de conclure, à l'intention de sa sœur : « Il faut rire, un peu jaune, et continuer suivi de quatre cochons éternels[46]. »

C'est d'abord en Gaspésie que le docteur Ferron se verra attribuer une réputation de « médecin des pauvres », réputation qu'il rejettera d'ailleurs plus tard avec agacement, disant qu'il avait toujours très bien vécu de son métier. Le fait est pourtant que, comme médecin, il laissa là-bas un excellent souvenir, au point où même la servante du curé Vaillancourt devra reconnaître ses qualités médicales : « Je n'ai rien à redire côté sa profession[47] », confie-t-elle. D'autres, comme le premier curé de Gros-Morne, l'abbé Fidèle Coulombe, disent que le jeune homme avait laissé le sou-

44. JF à Madeleine Ferron, lettre, [1947].
45. JF, *Contes, op. cit.*, p. 41.
46. JF à Madeleine Ferron, lettre, [1947].
47. Anne-Marie Lévesque à l'auteur, lettre, 9 novembre 1992.

venir d'un médecin très humain[48]. Le Dr Paul Pothier, qui fut médecin en Gaspésie peu après le départ de l'écrivain, rapporte que les habitants de la région n'avaient que des éloges à adresser à l'endroit de son prédécesseur. Ferron avait adopté, en particulier avec ses clientes, certaines pratiques qui les rassuraient : quand une femme accouchait, il s'installait chez elle le temps qu'il fallait, même si le travail de la parturiente durait vingt-quatre heures ; il se faisait assister par des sages-femmes de la région[49], ayant même l'humilité de reconnaître, au début de sa carrière, la supériorité évidente de ces spécialistes devant ses propres maladresses de médecin débutant :

> Au début, évidemment, je n'avais pas tout à fait la main, parce que, précisément, l'accouchement à domicile, ce n'était pas l'accouchement que j'avais appris à l'hôpital [...]. En Gaspésie, je suis arrivé dans une maison ; j'ai sorti mon petit masque, éther, chloroforme. La dame a dit : « Non. Remettez ça dans votre portuna. Nous autres on accouche sans douleur. » Alors je me suis dit qu'avec notre façon d'endormir toutes les patientes, on passait à côté des cas où les patientes accouchent sans douleur[50].

Au fil des ans, le docteur Ferron se fit une sorte de spécialité des accouchements à la maison, et développa une habileté particulière en ce domaine : « C'est une chose qui m'a parue intéressante, où j'ai eu l'impression d'être utile à la société en pratiquant l'accouchement à domicile[51]. » On trouve des traces littéraires de cette activité de prédilection

---

48. Propos rapportés par l'abbé Paul Joncas. (Lettre à l'auteur, 5 décembre 1992.)
49. Paul Pothier à l'auteur, entrevue, 25 février 1993. La présence de ces sages-femmes était souvent réclamée par la parturiente ; elles assistaient alors le médecin. C'est souvent elles qui procédaient à l'anesthésie.
50. JF à l'émission « Pierre Paquette », *op. cit.*
51. JF et Pierre L'Hérault, « 9 entretiens avec le Dr Jacques Ferron », *op. cit.*, p. 255.

dans les nombreux récits qui présentent des scènes d'accouchement. En 1951, il fit même paraître, avec deux autres collègues — mais le style et les événements relatés semblent indiquer que le texte est dû à la seule plume ferronienne — un article à caractère scientifique sur la question ; cette étude, basée sur l'expérience, montre que l'accouchement sans douleur est possible à la condition que le médecin soit attentif aux antécédents gynécologiques de la parturiente et qu'il revienne à des pratiques plus naturelles :

> L'accouchement n'est pas douloureux en soi. Il est ridicule de le pratiquer sous anesthésie. Le rôle de l'obstétrique nouvelle sera de revenir à la nature. [Le pronostic] déterminera la conduite obstétricale à adopter, d'après le principe suivant : l'accouchement le moins douloureux avec la technique la plus simple.

Et l'écrivain-médecin de conclure sa savante démonstration, comme il se doit, par une allusion littéraire : « Ainsi l'obstétrique [...] participera au seul progrès humain, qui, comme l'écrivit Baudelaire, consiste à diminuer les marques du péché originel[52]. »

Deux événements importants viendront ponctuer, à un mois d'intervalle, la vie relativement paisible du médecin de campagne. D'abord, son père, le notaire, s'éteint le 5 mars 1947 — seize ans jour pour jour après le décès de sa chère Adrienne — dans des circonstances nébuleuses qui ont toutes les apparences d'un suicide. « [L]e soir lorsque je me couche je suis satisfait de mon passé », écrivait à sa fille aînée, quelques semaines avant sa mort, ce vieil homme malheureux ; « j'espère dans l'avenir, qui m'a paru dangereux à certains moments, mais aujourd'hui non : mes cinq enfants ont eu du succès, ils auront un avenir heureux, ils sont tout

52. Arthur Tardif, Roland Marcil et Jacques Ferron, « Les douleurs de l'accouchement », *IMP*, vol. III, nº 10, 3 avril 1951, p. 7.

mon amour[53] ». Sur cette tragique histoire, contentons-nous de rapporter ce que Jacques laisse sous-entendre dans « L'appendice aux confitures de coings », à l'effet que son père mourut comme il l'entendait :

> [...] calculant bien son acte et choisissant son jour, le cinq mars, celui-là même où ma mère était morte et qui, comme par hasard, se trouvait être la date d'une échéance qu'il ne pouvait rencontrer et où il allait être mis en banqueroute. Il n'y eut pas de banqueroute, sa vie était assurée comme on dit par un curieux euphémisme, c'est-à-dire échangeable pour le montant d'argent qu'il lui manquait pour faire honneur à ses affaires[54].

À quelque temps de là, Magdeleine Thérien donna naissance à un premier enfant, une fille prénommée Josèphe-Anne mais que la famille n'appellera jamais autrement que « Chaouac ». Ce surnom serait d'origine micmaque, et Ferron prétend l'avoir recueilli à Rivière-Madeleine. Cet heureux événement contribua sans doute à atténuer le deuil encore récent du père, qui note peu après, dans un cahier :

> Vous êtes née le 15 avril, vers 7 hres du soir à l'hôpital de Ste-Anne-des-Monts. [...] Je vous vis dès la première heure ; vous me semblâtes de bon aloi : noiraude, l'œil déjà ouvert, regardant l'entourage sans paraître impressionner [*sic*], et mettant toute votre âme à vous étirer, à bâiller, à sucer votre langue. Vous étiez une petite bête fort gentille[55].

Même au plus fort de ces événements, Jacques Ferron ne perd cependant jamais de vue ses ambitions littéraires. Les nombreux manuscrits de cette époque attestent que le séjour gaspésien fut pour lui une période d'introspection sans précédent, au cours de laquelle, par tâtonnements successifs, il s'essaya à plusieurs genres. On reste étonné de

53. Joseph-Alphonse Ferron à Madeleine Ferron, lettre, 8 janvier 1947.
54. JF, *Les confitures de coings et autres textes*, *op. cit.*, p. 315.
55. JF, [Sans titre], manuscrit. BNQ, 2.10.3.

constater l'étendue et la variété du registre que, déjà, il explore : contes, poèmes, aphorismes, récits autobiographiques, notations « ethnographiques » sur la Gaspésie, rien n'échappe à ce jeune auteur qui fait ses « gammes » littéraires avec application. La légende d'un Ferron désinvolte, rédigeant au fil de la plume des œuvres déjà toutes prêtes pour la publication, en prend pour son rhume : les écrits de la période 1946-1948 nous révèlent au contraire un écrivain laborieux qui, cent fois sur le métier, remet modestement son ouvrage. « Il m'importe peu d'être inconnu ; je le trouve même avantageux : je mûris sans effort et j'accumule dans mes tiroirs des réserves qui me seront précieuses plus tard[56] », écrit-il à Robert Cliche. L'avocat beauceron est d'ailleurs devenu, par la force des choses, le tout premier lecteur des écrits de Jacques Ferron, puisque ce dernier lui envoie ses manuscrits afin qu'il les fasse dactylographier par sa secrétaire.

À Rivière-Madeleine, les distractions sont assez rares et Jacques, pour se tenir au courant de l'actualité culturelle, en est réduit à lire les journaux qui lui parviennent de la métropole. Il lit *Le Canada*, « de la première à la dernière ligne[57] », ainsi que le journal communiste *Combat*. Son lien principal avec les milieux littéraires demeure cependant Pierre Baillargeon, à qui il envoie de longues missives qui nous permettent aujourd'hui de suivre, de façon assez détaillée, ses activités d'écriture et l'évolution de sa pensée. L'écrivain poursuit ses lectures de prédilection (les classiques, Madame de Sévigné et Alain[58]), mais il s'intéresse aussi aux œuvres des auteurs contemporains que son ami lui envoie : c'est ainsi qu'il découvre l'*Électre* de Giraudoux et *Les mouches* de Sartre, pièces parues quelques années plus

56. JF à Robert Cliche, lettre, 12 janvier 1948.
57. JF à Pierre Baillargeon, lettre, 16 décembre 1946.
58. JF à Pierre Baillargeon, lettre, [février 1947].

tôt. Dans la même lettre, on apprend aussi que, sitôt installé à Petite-Madeleine, il s'est mis aux corrections de « La gorge de Minerve », ce roman qu'il a déjà soumis, sans succès, à deux éditeurs : « j'y retranche, j'y ajoute ; il viendra à avoir de l'allure où je ne suis qu'un maître sot[59] ! » écrit le tenace jeune homme. Ferron fera au moins une troisième tentative d'édition — tout aussi infructueuse — auprès de l'éditeur Brousseau qui, après quelque hésitation, finit lui aussi par refuser le roman[60].

À l'époque où Ferron lui adresse ses longues missives gaspésiennes, Pierre Baillargeon est un écrivain un peu amer qui connaît des difficultés professionnelles et domestiques de toutes sortes. Homme de lettres sensible, doté d'une vaste érudition, il a souvent l'impression de ne pas être traité à sa juste valeur ; voici comment, plus tard, il décrira ses occupations d'alors :

> Pour une rétribution minime, je travaillais à *La Patrie*, au-dessus de la grosse presse [...]. Mon bureau était éclairé par deux vitres sales et, par temps sombre, par une ampoule pendant au bout d'un fil, qui semblait flotter dans la poussière. Je le partageais avec une brute, qui était mon supérieur. [...] Ma tâche consistait, du matin au soir, à traduire les stupides *comics* américains qui faisaient le succès du journal[61].

C'est pourtant cet homme mélancolique que Ferron a choisi comme maître à penser, avec une constance et une régularité qu'on a peine à imaginer aujourd'hui. « Je lui ai toujours marqué du respect, écrit-il dans une historiette de 1975. Me téléphonait-il que j'accourais. Il en fut toujours ainsi[62]. » À Jean Marcel, il déclare être un jour « monté de la

59. JF à Pierre Baillargeon, lettre, 15 novembre 1947.
60. JF à Pierre Cantin, entrevue, 20 septembre 1980.
61. Pierre Baillargeon, *Le choix*, essais, Montréal, HMH, « Constantes, 21 », 1969, p. 132-133.
62. JF, « Historiette. Pierre Baillargeon », *IMP*, vol. XXVII, n° 16, 1er juillet 1975, p. 8.

Madeleine à Montréal, en 1947, dans le seul but d'assister à une conférence de Pierre Baillargeon, au Cercle universitaire[63] ». Cette indéfectible fidélité repose d'abord sur une admiration véritable pour *l'attitude* que Ferron, à tort ou à raison, croit déceler chez Baillargeon. Ce dernier représente pour lui le type de l'écrivain « pur » auquel lui-même aspire encore de toutes ses forces : « [...] j'ai été frappé durant les années tendres de son intransigeance, de son absolutisme littéraire. [...] Évidemment c'est une attitude devant la vie qui venait de Mallarmé et Valéry [...][64].» Toutefois, Ferron semble s'être un peu mépris sur le comportement de son ami. Ce dernier vécut toute sa vie d'expédients et aurait bien voulu être mieux intégré à la société, mais il souffrait apparemment de graves problèmes de santé qui l'empêchaient de donner sa pleine mesure[65]. « Hors la langue, la façon de dire, la façon d'écrire, rien ne lui semblait important[66] », dit encore de lui Ferron, qui éprouvera plus tard — et pour les mêmes raisons — une admiration semblablement ambiguë pour Claude Gauvreau, cet autre écrivain incorruptible qui conduisit jusqu'à la folie son refus des concessions. Ce grand respect pour les auteurs qui furent écrivains uniquement trahit, chez le médecin, un désir lancinant de « ne faire que ça » lui aussi. La nostalgie d'écrire lui vient à la fois de sa conception « absolutiste » et esthétisante du métier d'écrivain, et d'un complexe sentiment de regret pour n'avoir pu, lui aussi, tout risquer dans son

63. JF à Jean Marcel, lettre, 20 janvier 1970.
64. JF à Jean Marcel, lettre, 15 janvier 1969.
65. Selon André Gaulin, qui cite le journal inédit de Baillargeon, ce dernier « éprouve, certains jours, le sentiment de son inutilité. Que sait-il faire sinon des livres : "Je n'ai pas de diplômes ni de titres, et ni d'expérience en quoi que ce soit, sauf en littérature. La pensée que tel confrère accumule tout ce qui me manque me fait mal". » (André Gaulin, *Entre la neige et le feu*, *op. cit.*, p. 31.)
66. JF, « Historiette. Pierre Baillargeon », *loc. cit.*, p. 8.

aventure littéraire, acceptant plutôt, en bon fils de notable, de mettre un bémol à son rêve et de se faire une situation au détriment de son œuvre. L'épisode gaspésien apparaît important précisément parce qu'il représente, comme on le verra, le dernier effort de Jacques pour remettre en question la primauté du médecin sur l'homme de lettres ; et ce n'est sans doute pas un hasard si cette tentative survient peu après la disparition du père.

L'admiration de Ferron pour Baillargeon, quoique sincère, était aussi un peu intéressée parce que l'auteur de *Hasard et moi* représentait à lui seul toute l'institution littéraire que le jeune écrivain-médecin, confiné à Rivière-Madeleine, ne pouvait pleinement investir. Dans un premier temps, Ferron redouble donc d'attentions à l'égard de son aîné. Tout en corrigeant « La gorge de Minerve », il relit le roman de Baillargeon, *Les médisances de Claude Perrin* (paru en 1945), et écrit à l'auteur qu'il y cherche « une citation que je plante au début de mon livre[67] », comme pour bien marquer son respect filial. Deux mois plus tard, dans une autre lettre, il lui déclare : « Vous êtes le plus fin lettré que je connaisse, le seul du pays qui écrive. Donnez-moi vos moyens et je regarderai l'univers avec condescendance, ironie. [...] Quand votre royaume sera établi, souvenez-vous de moi qui, depuis mes belles-lettres, vous suis avec la foi d'un apôtre[68]. » Mais voici que sur ces entrefaites, le jeune écrivain se découvre de l'intérêt pour un genre littéraire qu'il n'a pas encore pratiqué. Après avoir essuyé un échec en poésie et en roman, Ferron, qui suit de loin l'actualité culturelle de la métropole, s'intéresse soudain à Gratien Gélinas, qui connaît un grand succès avec ses *Fridolinades*. Il n'en faut pas plus pour que l'auteur décide de se vouer à la

67. JF à Pierre Baillargeon, lettre, 2 octobre 1946.
68. JF à Pierre Baillargeon, lettre, 16 décembre 1946.

carrière de dramaturge. « Notre époque est théâtrale », dit-il, dénonçant l'Église qui, humant l'air du temps, multiplie « les apparitions, les pèlerinages et les congrès, tous d'effarantes sottises, mais répondant au besoin populaire ». Il n'en tient qu'aux écrivains de l'imiter :

> La littérature canadienne se révélera par le théâtre. Fridolin a fait un premier pas, qui est peut-être plus important que le vôtre, historiquement parlant. La littérature français[e] s'est révélé[e] à elle-même par Racine, Corneille, Pradon. Avant eux, la supériorité des anciens étaient [*sic*] incontestée. Après, Perreault commença le débat. Ainsi en sera-t-il ici : nous détrônerons les Français quand vous aurez donné votre Andromaque, mon cher Pierre[69].

Ailleurs, Ferron dit aussi être venu au théâtre après que Baillargeon eut exprimé l'avis que son jeune ami avait un don particulier pour les dialogues. Peu sûr de son talent, Ferron croyait aussi, un peu naïvement, qu'au théâtre, le succès pouvait advenir à l'auteur même si la pièce était mauvaise[70] ! Marcel Sabourin, qui le premier, en 1958, mettra en scène une pièce de Ferron, rappelle par ailleurs, avec beaucoup d'à-propos, qu'à la fin des années 1940, le théâtre était un genre à la mode chez les intellectuels de l'avant-garde montréalaise :

> Par sa sœur Marcelle, [Jacques Ferron] connaissait le *Refus global* et le milieu des automatistes. Dans ce milieu, il y avait Claude Gauvreau, qui avait écrit du théâtre et dont deux pièces avaient été montées. On parlait beaucoup de théâtre chez les automatistes. [...] Mousseau a fait beaucoup de décor de théâtre. Pierre Gauvreau aussi. Ça faisait pas mal de monde qui parlait de théâtre autour de lui[71] !

69. JF à Pierre Baillargeon, lettre, [avril 1948].
70. JF à Jacques de Roussan, entrevue, 23 septembre 1970.
71. Marcel Sabourin à l'auteur, entrevue, 15 juillet 1993.

Selon Jean-Marcel Paquette, la toute première pièce de Ferron, écrite en 1947, serait *Le licou*[72]. Cette curieuse comédie, toute pétrie de réminiscences classiques (les trois personnages se prénomment Camille, Grégoire et Dorante), possède la particularité d'être composée en partie d'alexandrins « camouflés » sous forme de prose. Discret comme toujours, Ferron laisse cependant entendre que *Le licou* serait une sorte de métaphore illustrant son état d'esprit conjugal à cette époque de sa vie :

> Évidemment, il y a les pièces de théâtre — et tout ce que j'ai écrit — sous le régime de ma première femme, et ce que j'ai écrit sous le régime de ma deuxième femme. Sous le régime de ma première femme, évidemment, c'est *Le licou.* Le type qui se fait prendre au licou. Et le régime de ma deuxième femme, c'est, disons, *La charrette,* qui est une tout autre conception de la femme[73].

L'intrigue de la pièce est très simple et parle par elle-même : un jeune homme, Dorante, décide de s'enlever la vie par pendaison, pour prouver son amour à sa maîtresse Camille. Grégoire, son serviteur, survient à temps pour détacher la corde, mais Camille s'en empare, transformant ainsi l'instrument du trépas en un licou qui lui assure le « contrôle » sur son amant :

> DORANTE : Vous voulez bien être ma femme, Camille ?
> CAMILLE : Je préfère que tu sois mon homme, Dorante. Tu viens ?
> Elle l'entraîne.
> CAMILLE : Comme c'est une bête simple ! Tu tires la corde et elle suit.

---

72. Jean-Marcel Paquette, « Jacques Ferron ou le drame de la théâtralité », dans *Archives des lettres canadiennes,* t.V, *Le théâtre canadien-français,* Montréal, Fides, 1976, p. 582. *Le licou* fut cependant publié en 1951, soit deux ans après *L'ogre,* pièce rédigée en 1948 et éditée en 1949.
73. JF à Jacques de Roussan, entrevue, 29 septembre 1970.

Elle se tourne vers Dorante.
CAMILLE : Heureusement que tu es un homme !
DORANTE : Pourquoi, Camille ?
CAMILLE : Parce qu'autrement tu serais une sorte de veau.
DORANTE : Camille !
CAMILLE : Allons, viens !
La secousse est trop brusque, Dorante tombe à quatre pattes. Camille lui caresse les cheveux.
CAMILLE : Un pauvre petit veau[74] !

Ferron compose aussi, à Rivière-Madeleine, une « comédie héroïque en cinq actes » intitulée *Les rats*. Cette pièce, jamais publiée, est intéressante à plus d'un titre. L'auteur la rédige au cours de l'année 1947 et la fait dactylographier par les soins de son beau-frère vers la fin de la même année[75] ; il tentera par la suite de la faire éditer aux Éditions Variétés, sans plus de succès que son premier roman[76]. L'intrigue, qui tient à la fois du pur marivaudage et de la fantaisie dadaïste, se déroule dans les couloirs de l'Université Laval et met en scène des personnages aussi divers que deux rats, deux étudiants, Sacha Guitry et... la statue de Samuel de Champlain. Elle comporte une très moderne « mise en abyme » grâce à laquelle l'auteur lui-même, Messire Blanchi Blanchon, fait irruption sur scène pour commenter le récit. Vers la fin de la pièce, il proteste ainsi contre un incendie qui, à l'acte précédent, vient de détruire la ville de Québec, transformant du même coup son œuvre en une grotesque pochade :

> Nos actes nous suivent [...], mais c'est surtout le quatrième qui me talonne, qui me harasse, qui m'extermine ; cet incen-

74. JF, *Le licou*, Montréal, Éditions d'Orphée, 1958, p. 102-104.
75. Robert Cliche à JF, lettre, 26 février 1948. BNQ, 2.1. Cette lettre se trouve parmi les manuscrits de la pièce ; voir *infra*, note 77.
76. L. Archambault à JF, lettre, 25 mars 1948. BNQ, 1.1.90. Un extrait de la pièce est toutefois paru, quelques années plus tard, dans *Amérique française* (vol. XII, nº 5, novembre-décembre 1954, p. 326-335).

die sans propos, sans mesure, qui dépare ma comédie. Elle eût été sans lui tendre et suave. La voilà devenue burlesque, tapageuse et fatigante d'autant que cet incendie de malheur fut nocturne[77].

Plus encore que dans « La gorge de Minerve », on croit lire, dans cette pièce inédite de Ferron, une préfiguration de ce que sera son roman le plus ambitieux, *Le ciel de Québec*. À cause bien sûr du décor, qui se situe aussi dans la Vieille Capitale, mais aussi grâce à la structure même de la comédie, dont l'économie générale est bouleversée par l'irruption soudaine de personnages étrangers à l'action. Au troisième acte, c'est-à-dire au centre exact de l'œuvre, le personnage de Cyrano de Bergerac intervient pour rappeler aux comédiens qu'ils se trouvent sur une scène de théâtre ; vingt ans plus tard, il surgira un peu de la même manière dans *Le ciel de Québec*, interrompant de façon inattendue le déroulement de l'intrigue pour bavarder, du haut du purgatoire, avec Paul-Émile Borduas. Le très célèbre « archétype » ferronien des deux évêques antagonistes, personnifiés dans *Le ciel de Québec* par Mgr Camille et Mgr Cyrille, est déjà présent dans *Les rats*, à l'état embryonnaire, sous la forme de deux toiles représentant Mgr Turquetil et le cardinal Villeneuve ; ces deux prélats figurent d'ailleurs aussi dans le roman de 1969. Enfin, les rats de la pièce éponyme, tout comme le Narcisse du *Ciel de Québec* — coup de chapeau à Paul Valéry — sont présentés comme des messagers du mal, des *guides* qui accompagnent ceux qui veulent passer du ciel aux enfers de la rue Saint-Vallier :

> Nous circulions dans les murs des antiques maisons [...] et reliant par nos avenues la Basse à la Haute-Ville, le seigneur et sa servante, le Séminaire à la rue St-Vallier, L'Archevêché aux tavernes du Port, la litanie et les ritournelles, nous maintenions entre ces éléments épars, hostiles, contradictoires,

77. JF, « Les rats », manuscrit. BNQ, 2.1.

une entente secrète, des liens invisibles dont les siècles en passant éprouvèrent la puissance[78].

Au fil de ses correspondances, Ferron prend l'habitude d'envoyer à son ami Baillargeon de courts textes dans l'espoir qu'il les fasse publier dans *Amérique française*[79]. En janvier 1947, par exemple, il lui soumet un bref récit, « L'amour médecin », qui met en scène deux personnages féminins, Ninon et Ninette, inspirés d'une comédie de Musset intitulée *À quoi rêvent les jeunes filles.* On y retrouve le Ferron badin et francophile qui publiait d'aimables bluettes dans le journal des étudiants de l'Université Laval :

> Si Ninon a de l'esprit, il est charmant, et je n'ai qu'à le goûter. Si Ninette n'en a pas, je lui donne du mien. Ainsi va la conversation des femmes. Quand elle languit, rien n'est plus facile que de la tourner en galanterie. C'est un avantage qui prévient l'ennui, et que n'a pas la conversation des hommes[80].

Mais la veine des écrits livresques et d'inspiration exclusivement française est en voie de se tarir. Dans un autre registre, on apprend, en mai 1948, que Baillargeon vient de parcourir avec beaucoup de plaisir le manuscrit de *La barbe de François Hertel*, cette malicieuse « sotie » que Ferron lui a fait parvenir quelque temps auparavant. Au mois de janvier précédent, Ferron lui avait aussi fait lire une petite « fable sans apprêt » intitulée « Pierre Baillargeon », dans laquelle il brossait, à la manière de La Bruyère, un portrait somme

78. *Ibidem.*
79. Baillargeon ne dirige plus la revue depuis 1943, mais il y a encore ses « entrées » ; Andrée Maillet, qui fut directrice pendant quelques années, se souvient en effet que c'est Baillargeon qui lui apportait les textes de Ferron. (Andrée Maillet à l'auteur, entrevue, 25 octobre 1992.)
80. JF à Pierre Baillargeon, lettre, [janvier 1947]. « L'amour médecin » sera finalement publié quatre ans plus tard (*IMP*, vol. III, n° 11, 17 avril 1951, p. 9).

toute assez flatteur de son ami, n'hésitant pas à le comparer aux plus grands :

> Comme Boileau et Baudelaire, il ignore la campagne et la nature pour lui est un jardin de ville [...] Il court le risque de tout classique, d'être pédant, mais il a pour l'en préserver [...] cette flamme pure qu'il y avait dans les yeux de Shelley et de Mallarmé, qui, comme lui, vécurent en réclusion et n'eurent pour s'évader qu'une feuille blanche devant eux [...].

Dans la même lettre (ce qui n'est sans doute pas innocent), Ferron formule une demande qui semble de la plus haute importance pour lui, et qui montre que l'écrivain que nous connaissons aujourd'hui est en pleine gestation à ce moment : « [...] je vous demanderai de m'accorder, mon cher Pierre, une chose qui me plairait beaucoup : celle d'écrire un Bulletin du mois (genre *NRF*) dans votre revue[81] ». L'écrivain rêve donc maintenant de disposer d'une *tribune*, qui lui permettrait de livrer ses réflexions au public de façon régulière. Cette requête est à mettre en relation avec une autre lettre, rédigée l'année précédente, dans laquelle, découragé par le peu de succès de « La gorge de Minerve » auprès des éditeurs, le médecin racontait qu'il était en train de « morceler » son roman après en être venu à la conclusion que, dit-il, « mon envergure n'a pas plus de trois pages[82] ». La remarque, à première vue anodine, est pourtant très éclairante : elle trahit d'abord une influence de Baillargeon lui-même sur son émule, décelable dans la manière très caractéristique de « faire bref » qui consiste à diviser le récit en très courts chapitres — souvent d'un seul paragraphe — précédés d'un titre, comme dans *Les médisances de Claude Perrin*. On retrouvera par exemple cette façon de faire dans le conte ferronien de 1948 intitulé « Martine ». Ce nouvel intérêt pour les textes courts indique

81. JF à Pierre Baillargeon, lettre, 18 janvier 1948.
82. JF à Pierre Baillargeon, lettre, [janvier 1947].

aussi que l'écrivain, sans doute forcé à la brièveté par les servitudes de sa vie professionnelle[83], est en train de développer, presque à son insu, un *modus vivendi* littéraire adapté à sa situation. Son œuvre s'édifiera par des formes brèves, contes, « historiettes » et feuilletons qui, après avoir été mis à l'épreuve dans des périodiques, seront peu à peu réunis en recueils ou en livres. Enfin, la conjoncture voulant que Ferron se trouve dans un milieu où le conte traditionnel est encore vivace, c'est tout naturellement qu'il se « coulera » dans cette forme taillée pour lui sur mesure. La rédaction de textes brefs, qui seraient par la suite publiés dans le cadre d'une chronique mensuelle, permettrait ainsi à l'écrivain de s'assurer d'une « visibilité » dans les milieux littéraires montréalais. N'est-ce pas là ce que l'écrivain réussira à faire, quelques années plus tard, dans *L'Information médicale et paramédicale*?

À l'instar de Voltaire — et aussi de Louis Fréchette — le jeune écrivain considère cependant ses récits brefs comme des œuvres mineures, des amusettes sans conséquences destinées tout au plus à alimenter des chroniques littéraires ou journalistiques : « Ces contes-là, confie-t-il, je les ai écrits d'abord pas tellement en pensant à faire des livres, d'abord pour les publier en revue [...][84]. » La preuve en est qu'il se résoudra assez tard à réunir ces textes en volumes — en 1962, apparemment sur les instances de sa sœur Madeleine[85] — non sans avoir *d'abord* fait paraître, au cours des

83. « Mon écriture était là pour boucher les trous, parce que je n'ai jamais eu de clients à jet continu, [...] il fallait que je sois sur place pour les recevoir [...]. » (JF et Pierre L'Hérault, « 9 entretiens avec le Dr Jacques Ferron », *op. cit.*, p. 196.)

84. *Ibidem*, p. 119.

85. « Et pourtant si tu voulais relever ton défi [...] : tu n'as qu'à faire publier tes contes, lui écrit Madeleine en 1961. Tu ne veux pas les lâcher tes contes, c'est ta réserve, ton bas de laine. Tu devrais t'en séparer, ça te serait un précieux stimulant. » Madeleine Ferron à JF, lettre, [1961]. BNQ, 2, 1.1.97.

années précédentes, six ou sept pièces de théâtre. Comme ses deux illustres prédécesseurs, Jacques Ferron prévoyait connaître le succès grâce à ses talents de dramaturge. La chose n'est guère surprenante : formé par le cours classique, il était naturellement porté à privilégier les genres littéraires « nobles ». Qui plus est, le théâtre avait aussi un côté populaire qui lui permettrait, croyait-il, de rejoindre plus rapidement son public et d'entreprendre une carrière littéraire fructueuse. Tel ne fut pas le cas : même si Ferron écrivit en tout une vingtaine de pièces, c'est comme romancier et polémiste qu'il passera à la postérité, et non comme homme de théâtre. D'après Madeleine Lavallée, sa seconde épouse, il fut particulièrement déçu de ne pas avoir réussi à s'imposer comme dramaturge : « Il a toujours eu le goût du théâtre, il a toujours voulu faire du théâtre, et ça a certainement été une grande déception pour lui de ne pas y réussir[86]. » Marcel Sabourin croit que la principale raison de cet échec relatif tient justement au fait que le théâtre ferronien, trop littéraire, passait difficilement la rampe lorsqu'il était mis en scène :

> [Ferron] connaissait le théâtre, mais pas les mécanismes du théâtre, les connaissances techniques. [...] À cette époque, le manque d'outils (au niveau dramatique) était incroyable. Quelques auteurs seulement avaient saisi ce que c'était que de construire une pièce « dramatiquement ». [...] Ferron était un auteur qui avait un « langage ». Si ce langage avait été amalgamé à un sens de la construction dramatique, ça aurait fait des pièces extraordinaires. Je pense qu'il a été déçu[87].

Par contre, le séjour gaspésien aura aussi pour effet d'incarner et de « nationaliser » progressivement l'œuvre ferronienne. Parallèlement à son théâtre, Ferron explore en effet un tout autre univers, celui dont il a justement com-

86. Madeleine Lavallée à l'auteur, entrevue, 3 juin 1993.
87. Marcel Sabourin à l'auteur, entrevue, 15 juillet 1993.

mencé à rendre compte dans ses récits brefs. La citation suivante, prémonitoire, nous permet de mesurer le chemin parcouru depuis que le médecin vit au milieu d'une population modeste et fruste, mais profondément humaine et irrésistiblement pittoresque. Voici que le jeune Ferron devient moins catégorique dans sa condamnation du régionalisme depuis qu'il en a lui-même adopté certaines pratiques : « [...] il convient d'être prudent, car le régionalisme pourrait vous jouer le tour de donner des œuvres de valeur, confie-t-il à Baillargeon. Il faut s'entendre, car il y a régionalisme et régionalisme. Balzac et tous les grands romanciers en sont. Je suis contre les "Rapaillages", sans plus. » Et puis, quelques instants plus tard, l'écrivain se ravise et déclare tout de go : « Non, je ne suis même pas contre les "Rapaillages" qui m'émerveillent souvent[88]. » Intellectuellement livré à lui-même pendant près de deux ans, l'auteur n'a d'autre choix que de s'inspirer de sa propre expérience et de se défaire peu à peu de ses tendances livresques. Le contact avec la population gaspésienne semble avoir sur son œuvre un effet libérateur ; c'est comme si Ferron renouait soudain avec lui-même, avec un monde qu'il connaissait déjà depuis très longtemps.

88. JF à Pierre Baillargeon, lettre, 15 novembre 1947.

CHAPITRE XV

Les Méchins

En mars 1948 — par désœuvrement peut-être ou par souci de manifester sa présence sur la scène littéraire montréalaise — Jacques Ferron fait pour la première fois un geste qu'il répétera très souvent par la suite : il adresse une lettre ouverte à un journal, *Le Canada* en l'occurrence. Ce procédé, par lequel il « essaie » publiquement ses idées avant de les approfondir dans des livres, deviendra chez lui l'habitude de toute une vie ; les redoutables épîtres du médecin longueuillois contribueront grandement à bâtir sa réputation de pamphlétaire et d'ironiste. Cette lettre inaugurale, parue le 27 mars 1948, est capitale parce qu'elle constitue la toute première prise de position clairement politique du jeune intellectuel. Jusque-là, ses écrits publics ont été largement littéraires ; dorénavant, le romancier prendra régulièrement parti dans les débats de son temps, et ce, d'une manière non équivoque.

La plus grande surprise que réserve cette missive tient à la teneur des idées que Ferron y défend. Il était déjà un peu étonnant que ce littéraire prît soudain position en faveur d'un mouvement politique ; à la rigueur, on aurait pu s'attendre, à cause de ses antécédents, à ce qu'il manifeste du bout des lèvres un attachement raisonnable aux idées libérales ; après tout, ne venait-il pas d'une famille « rouge » ? N'avait-il pas lui-même milité en faveur de Godbout aux élections provinciales de 1944 ? Or, contre toute attente, c'est un bouillant sympathisant communiste qui, du fond de la Gaspésie, s'élève contre l'obscurantisme du parti au pouvoir à Québec :

> L'Homme est le dieu des communistes : ils situent son bonheur sur la Terre. Ils sont peut-être matérialistes, mais il n'y a pas lieu de les mépriser. [...] j'estime avoir le droit de défendre [mes idées] contre l'étroitesse d'esprit et la stupidité qui ont libre cours en notre province et que symbolise l'ineffable Cadenas[1].

L'auteur fait ici référence à la célèbre « loi du Cadenas », qui donnait depuis 1937 au gouvernement le pouvoir de condamner tout édifice soupçonné de servir à la propagation du communisme. Le mois suivant, Ferron revient à la charge, toujours dans *Le Canada*, et cette fois encore, on croirait entendre le propos d'un militant du Parti ouvrier progressiste :

> Le monde évolue de nos jours. Si beaucoup de nos bons esprits optent pour la révolution et le communisme, c'est que notre pays n'évolue pas. Le cadenas, les congrès, la fleur de lys et l'exhaltation [*sic*] de notre passé sont des masques de notre incurie : ils enveniment la révolution. Celle-ci ne s'endigue pas, elle se canalise[2].

Comment expliquer que le jeune écrivain décide soudain de proclamer bien haut ses opinions communistes, à

1. JF, *Les lettres aux journaux*, *op. cit.*, p. 25. Lettre parue originellement dans *Le Canada* (6 avril 1948, p. 6) sous le titre : « Réponse à M. Georges Bergeron ».

2. *Ibidem*, p. 27. Lettre parue originellement dans *Le Canada* (20 avril 1948) sous le titre : « Réponse du docteur Ferron à M. Georges Bergeron ».

un moment particulièrement mal choisi, c'est-à-dire au plus fort de la Guerre froide ? Depuis l'armistice, l'URSS, après avoir été une alliée, était redevenue l'adversaire de l'Occident ; toute velléité de sympathie envers les communistes était impitoyablement condamnée par les autorités.

Encore, si Ferron s'était contenté de radicaliser ses opinions politiques ; mais voilà qu'il s'en prend aussi à la médecine telle qu'elle se pratique à l'époque. En 1943, les allusions ironiques de l'étudiant dans les pages du *Carabin* pouvaient encore passer la rampe, car il ne s'agissait, précisément, que de carabinades. Venant d'un médecin en exercice, et publiées dans un quotidien, de telles attaques devenaient autrement plus lourdes de conséquences. Et l'écrivain ne se borne pas à lancer de vagues anathèmes : il pousse l'audace jusqu'à dénoncer nommément quelques-uns de ses confrères dont il désapprouve la conduite. Il s'oppose à la présence du Dr Marc Trudel à la tête du Collège des médecins ; ce dernier étant aussi ministre dans le cabinet de Duplessis, Ferron voit dans cette nomination une inadmissible intrusion du politique dans la corporation à laquelle il appartient. Plus précisément encore, il avait porté plainte à deux reprises[3] contre un médecin de Gaspésie qui pratiquait, selon lui, des interventions chirurgicales inutiles sur certaines de ses patientes : « On avait à Sainte-Anne-des-Monts la maison du Dr Rioux qu'on appelait le Château des ovaires, parce qu'il enlevait beaucoup d'ovaires. [...] on charcutait plus facilement les femmes que les hommes[4]. »

On pourrait dire en caricaturant un peu que si tout avait fonctionné comme prévu à Rivière-Madeleine, Jacques Ferron aurait été appelé à devenir une sorte de Nérée

3. *Ibid.*, p. 39.
4. JF et Pierre L'Hérault, « 9 entretiens avec le Dr Jacques Ferron », *op. cit.*, p. 267.

Beauchemin gaspésien : un paisible et dévoué médecin de province, respecté par ses concitoyens, qui s'adonne à la littérature pour se détendre de ses tâches professionnelles. Mais voilà que le scénario bifurque et que derrière cette image bucolique se lève un docteur Ferron inattendu ; tout se passe comme si la vie gaspésienne, naguère si agréable et féconde, ne lui suffisait plus. De toute évidence, *quelque chose* est survenu en Gaspésie, vers le début de 1948, qui transforma le jeune docteur en défenseur des opprimés, au risque même d'avoir à se dresser contre ses propres collègues.

Assez curieusement, Jacques Ferron a souvent cherché à minimiser la portée de ses prises de position intempestives de 1948, comme s'il voulait atténuer l'importance de ce choix radical. Les communistes, explique-t-il en substance, avaient été violemment attaqués dans *Le Canada* ; or Magdeleine Thérien — Madame Jacques Ferron — était communiste ; par conséquent, le galant médecin s'était senti tenu, par une sorte de solidarité conjugale, de défendre publiquement les opinions de son épouse. Il racontera cette histoire en plusieurs occasions, par exemple dans *Du fond de mon arrière-cuisine*, ou lors d'une entrevue avec Suzanne Giguère en 1978 : « Il est arrivé que des gens ont dit que les communistes étaient des bandits [...] ; je me suis trouvé obligé de prendre la défense de mon épouse en me disant moi-même communiste[5]. » Il répétera l'anecdote à Pierre Cantin en 1980 : « J'avais lu un jour dans *Le Canada* que les communistes étaient des bandits ; alors là, j'avais dit non. Je m'étais déclaré communiste alors que je ne connaissais pas grand-chose. Et comme ils en manquaient de communistes canadiens-français, ils étaient bien contents[6]. » Cette explication démontre certes que le jeune Ferron était doté d'un

5. JF, entrevue, émission « Délire sur impression », 3 novembre 1978 CKRL-FM (Université Laval).

6. JF à Pierre Cantin, entrevue, 20 septembre 1980.

esprit chevaleresque, mais elle peut sembler insuffisante à ceux qui s'intéresseront à ce mystérieux intermède de sa carrière.

Jacques Ferron était-il membre en règle du parti? Cette irritante question n'a pas fini de susciter la discussion parmi les exégètes de son œuvre autobiographique; le romancier semble d'ailleurs avoir pris un malin plaisir à brouiller les cartes à ce propos. Pour Anne-Marie Lévesque, la bonne du curé Vaillancourt, il ne fait aucun doute que le docteur Ferron prônait déjà, dès son arrivée au village, des idées de gauche: «je peux vous dire que lorsqu'il est arrivé à Madeleine en 1946, il était déjà du rang des communistes[7] ». Mais, comme le rappelle avec raison Paul Ferron, cette épithète, dans les années 1940, était souvent agitée comme un épouvantail pour stigmatiser tous les comportements déviants; il est fort possible que, dans la petite communauté de Gaspé-Nord, un être un peu excentrique, comme pouvait l'être l'auteur de *La barbe de François Hertel*, ait mérité, faute de mieux, le titre de communiste avant même de l'avoir revendiqué. Sa sœur Madeleine, en tout cas, se montre catégorique sur un point: «Jacques m'a toujours dit qu'il n'avait jamais eu sa carte de membre du parti[8].» Il existe pourtant, dans les archives ferroniennes, une lettre à l'attention de Gui Caron dans laquelle, on l'a vu, l'auteur sollicite le privilège d'être admis au PC[9]; la présence de ce document *dans les papiers de Ferron* indique peut-être qu'il s'agit d'un brouillon, mais elle peut vouloir dire aussi que la lettre ne fut jamais postée. D'autant plus que, dans une autre lettre au statut tout aussi incertain — à Robert Cliche, cette fois — l'auteur affirme n'avoir jamais adhéré au parti[10]. En 1972,

7. Anne-Marie Lévesque à l'auteur, lettre, 8 novembre 1992.
8. Madeleine Ferron à l'auteur, entrevue, 18 septembre 1992.
9. JF à Gui Caron, lettre, [1948]. BNQ, 2.11.1.
10. JF à Robert Cliche, lettre, [s.d.]. BNQ, 2.11.22.

il prétendra au contraire avoir bel et bien signé sa carte de membre[11] ; ailleurs, il laisse simplement entendre qu'il suivit mollement, avec la distance ironique qui le caractérise, les activités politiques de son épouse (« Ça m'amusait qu'elle soit communiste[12] ») sans y participer activement.

Gui Caron, qui dirigeait les destinées du parti à la fin des années 1940, ne se souvient pas que Ferron ait jamais adhéré officiellement au mouvement ; il ajoute cependant que les communistes étaient très heureux de pouvoir compter, parmi leurs *sympathisants*, des notables francophones ; ils apportaient une sorte de légitimité, une caution morale à un mouvement qui avait bien besoin de redorer son image auprès des Canadiens français. Pourquoi aurait-il absolument fallu les embrigader ? « Chez les intellectuels, on ne cherchait pas à structurer ça ; une personne était sympathique, partageait nos idées, on était bien content de l'avoir dans les parages ; on ne tenait pas beaucoup à lui faire signer sa carte de membre ; on n'était pas aussi sectaires qu'on l'a dit[13]. » Au fond, les apparentes contradictions de Ferron sont un reflet exact de sa position ambivalente face à tous les partis politiques ; elle est typique de l'attitude que cet irréductible individualiste adopte devant tout groupement idéologique. L'écrivain, ne pouvant honorablement se désolidariser des jeunes idéalistes du POP, ne peut non plus laisser planer la rumeur selon laquelle il souscrivit un jour au dogmatisme marxiste. En d'autres termes, il lui *fallait* avoir été de gauche (puisque c'est à gauche, malgré tout,

11. « Comment aurais-je rendu ou déchiré ma carte de membre ? Pierre Gélinas, après nous l'avoir fait signer, nous avait dit, le bon apôtre : "Je pense qu'il est plus prudent que je garde vos cartes moi-même." Et je ne doute pas qu'elles aient été bien conservées. Mon Dieu ! il faut toujours payer pour apprendre. » (JF, « Historiette. Le placard du Freq », *IMP*, vol. XXIV, n° 7, 15 février 1972, p. 21.)

12. Cité dans Pierre Cantin, *Jacques Ferron polygraphe*, *op. cit.*, p. 460.

13. Gui Caron à l'auteur, entrevue, 31 octobre 1992.

que se situaient les véritables forces du changement), mais légèrement en retrait, sans succomber à la naïveté des véritables militants qui s'apercevront un peu tard de leur erreur avec l'invasion de la Hongrie en 1956.

C'est dans la Gaspésie elle-même, et dans l'éloignement de l'écrivain, qu'il faut chercher la source ou le déclencheur du communisme ferronien — et d'une façon plus générale, l'origine de sa compassion pour les gens modestes. Le moment et la cause précises de cette conversion ne peuvent être déterminés avec exactitude; les textes de l'époque — de même que les commentaires parcimonieux que le romancier eut par la suite sur cet épisode — permettent cependant d'identifier une conjonction de facteurs qui paraissent avoir influé sur son comportement. L'un des contes ferroniens les plus significatifs, à ce propos, s'intitule « Les Méchins »: le narrateur en est un jeune médecin de Gaspésie qui se rend compte, soudainement, que sa pratique médicale avait été jusque-là sans sympathie aucune pour ses clients. Il procède alors à un touchant *mea culpa*, repentir sincère d'un égoïste qui découvre la commisération:

> [Les habitants] attendaient la nuit pour venir me chercher et m'employer à des besognes de croque-mort ou aux accouchements dont la sage-femme n'avait pas voulu. Que de misères! Mais aucune ne m'arrachait à la mienne. Je soignais correctement comme il est dit de soigner dans les livres, sans toutefois y mettre du mien, sans pitié, sans amour. Je ne me rendais pas compte que je soignais mal[14].

Un après-midi d'hiver, on vient chercher le médecin pour un accouchement; il monte dans une carriole « traînée par un vieux cheval blanc pelé à la saillie des os, l'échine comme une arête[15] ». On l'amène dans une cabane misérable où une femme est en travail. Après la naissance de

14. JF, *Contes*, *op. cit.*, p. 36.
15. *Ibidem*, p. 36.

l'enfant, il se met en colère lorsqu'il apprend que les pêcheurs sont trop pauvres pour lui verser ses honoraires. Au retour, une tempête de neige fait rage et le vieux cheval blanc, affolé, épuisé, renverse la carriole; c'est alors que le jeune docteur égocentrique a la soudaine révélation d'une détresse plus grande que la sienne:

> [...] j'éprouvai pour la première fois une pitié qui ne fût pour moi. Ce cheval, je l'aimai comme un frère. Il a été mon rédempteur. Jusque-là, égoïste et méchant, j'aurais mérité mille fois d'être foudroyé au milieu des Méchins. [...] Depuis, je ne pense plus à moi, j'en rends grâce à Dieu. Il ne m'a pas guéri, il m'a sauvé. [...] Le cheval est cerné par toute la méchanceté du monde. Il faut que je le soulage[16].

Voilà, transposée sur un mode métaphorique, une expérience que pourrait avoir vécue le docteur Ferron lui-même, et qui le conduira à défendre, à l'avenir, les plus démunis. La rude existence des Gaspésiens avait de quoi frapper l'imagination d'un jeune homme qui n'avait connu jusque-là que l'aisance. En avril 1948, quelques jours à peine après sa première lettre au *Canada*, le médecin répond à une lettre de Madeleine, alertée par les déclarations fracassantes de son grand frère dans les journaux. Cette missive montre que le communisme de l'auteur est directement inspiré par la misère gaspésienne: son choix politique, mûrement réfléchi, est beaucoup plus profond qu'un simple geste galant posé pour défendre les convictions de son épouse:

> Évidemment un bon esprit représente son milieu et il est impossible d'être révolutionnaire dans une riche campagne[...]. La Gaspésie est différente; la misère y est endémique. Je pourrais faire quelque argent, payer mes dettes, mais il faudrait que j'exploite les gens tout comme mes prédécesseurs l'ont fait. Je m'en épargne la bassesse et je demeure du côté des misérables. Si je suis communiste, c'est

16. *Ibid.*, p. 37.

qu'il existe dans leurs cœurs, nourris par un siècle de malheur, un désir de vengeance auquel je me voue[17].

Dans la région où il pratiquait, Ferron avait, de plus, l'occasion de côtoyer une indigence rendue encore plus pénible par le mépris qu'elle engendrait chez les bien-pensants. Il retrouvera, tout près de chez lui, une situation étrangement semblable à celle qu'il avait côtoyée dans son enfance, alors que les Magouas de sa ville natale marquaient pour toujours son imagination enfantine. Près de Rivière-Madeleine se trouve le hameau de Gros-Morne, qui à cette époque n'avait pas encore été érigé en paroisse autonome ; la localité, qui « dépendait au municipal de Mont-Louis, au paroissial de la Madeleine[18] » (tout comme la « Mission » de Yamachiche dépendait à la fois de la municipalité machichoise et de la paroisse de Louiseville), faisait partie du territoire médicalement desservi par le docteur Ferron. En 1948, un certain Pierre Laplante, étudiant de l'École de Service social de l'Université Laval, se présente au village pour y effectuer une enquête sociologique ; il note dans son rapport que tous les habitants sont parents et que 80 % des mariages sont contractés entre natifs du lieu ; cette situation explique en partie, dit-il, « la dégénérescence de la population [...]. Le village est infesté par la tuberculose et la syphilis. On y rencontrerait de nombreux cas de débilité mentale[19]. » Le sociologue rapporte aussi que les habitants du village portent trois ou quatre noms de famille seulement : Daraîche, Goupil, Robinson, Campion. Il observe que les

17. JF à Madeleine Ferron, lettre, 18 avril 1948.

18. JF, « Historiette. Le Québec manichéen », *IMP*, vol. XXII, n° 7, 17 février 1970, p. 45.

19. Pierre Laplante, « Les conditions de vie de St-Antoine de Gros Morne (comté de Gaspé Nord) », mémoire présenté pour l'obtention du baccalauréat à l'École de Service social, Faculté des sciences sociales, Université Laval, juin 1948, [p. 2].

filles se marient très jeunes (entre quinze et dix-neuf ans) et que 70 % de la population a moins de vingt-cinq ans[20].

Aujourd'hui, le document qui rend compte de cette enquête nous semble révélateur, non seulement pour les renseignements qu'on y trouve, mais aussi parce qu'il est lui-même devenu un document sociologique ; il reflète sans doute assez fidèlement l'opinion générale et donne une bonne idée du mépris dans lequel la population de Gros-Morne pouvait être tenue par le reste de la population. À travers les commentaires moralisateurs de cet étudiant, on croit appréhender les raisons de l'indignation ferronienne :

> Gros Morne, qui est un petit hameau isolé d'une soixante de familles, constitue une véritable plaie sociale qui fait honte à un pays soi-disant civilisé comme le nôtre. L'histoire peu édifiante de cette localité remonterait à une centaine d'années, avant même que les habitants du Bas du Fleuve descendent coloniser la côte gaspésienne[21].

Au fil des pages, on apprend aussi que le village est formé, selon l'expression de l'auteur, d'un amas de taudis ; il se demande d'ailleurs « comment ces petites bicoques délabrées peuvent abriter quelquefois 2 ou 3 familles ensemble ; et comment on peut y "parquer" une dizaine d'enfants pour la nuit[22] ». Laplante propose bien quelques solutions aux problèmes de Gros-Morne, mais ces remèdes, qui donnent aujourd'hui froid dans le dos, semblent venir d'un autre âge :

> Il faudrait pratiquement arracher les enfants à leurs familles... ou mieux encore, il faudrait disperser la population du village, après l'avoir immunisée contre la contagion ; et après cela on brûlerait toutes les maisons de ce misérable village. Quelqu'un de plus pessimiste allait même jusqu'à dire qu'il

20. *Ibidem*, [p. 8-10].
21. *Ibid.*, [p. 7].
22. *Ibid.*

> vaudrait mieux brûler la population avec les maisons pour en finir une fois pour toutes[23] !

Malgré la grande discrétion qu'il a toujours observée par la suite à ce sujet, le docteur Ferron ne pouvait que constater l'indigence où se trouvaient ces personnes. « Jacques était conscient de la misère de certains Gaspésiens, surtout à Gros-Morne[24] », dit son frère Paul. Et ce n'est pas le moindre paradoxe de cet auteur : terriblement disert lorsqu'il s'agit de dénoncer les petits travers et les manies de ses confrères notables (politiciens, écrivains, etc.), il sera toujours respectueux et d'une extrême délicatesse à l'endroit des gens modestes auxquels il aura affaire dans sa vie professionnelle.

On peut dire, sans exagérer, que la découverte de ce hameau constitua pour le jeune médecin un véritable choc sociologique. « Gros-Morne : il est étonnant que ce village méprisé ait plus de charme pour moi que le reste de la Gaspésie[25] », note-t-il alors dans un carnet. Le mot « charme » semble d'ailleurs assez faible en regard de la profonde fascination que trahissent les écrits ferroniens de ces années-là. Les observations sur le village se multiplient, et certains manuscrits montrent même que l'auteur envisagea de rédiger un roman — ou à tout le moins une étude — sur l'histoire de l'agglomération :

> Un poste de pêcheurs dans une anse isolée que coincent des falaises crayeuses. Quelques cabanes où grouillent la paresse et l'inceste. Fort naturellement d'ailleurs. L'hiver dure huit mois et la promiscuité ne cesse pas.
>
> Ce poste se nomme « Gros-Morne ». Le nom dit tout[26].

---

23. *Ibid.*, [p. 4].
24. Paul Ferron à l'auteur, entrevue, 8 janvier 1993.
25. *Carnet médical. 1er semestre 1948*, manuscrit, entrée du 22 janvier. BNQ, 3.1.
26. JF, « Engloutissement », manuscrit. BNQ, 2.11.20.

L'œuvre connue de Jacques Ferron ne donne pas une idée très juste de l'importance qu'a eue Gros-Morne sur la formation de son imaginaire. Il subsiste quand même des traces, ici et là dans ses livres, de ses visites au hameau, par exemple dans l'utilisation de certains noms de famille communs aux villageois — comme Goupil, par exemple. On retrouve d'ailleurs ce dernier nom dans un autre important conte gaspésien, « Les têtes de morues », qui se déroule précisément à Gros-Morne. Un soir d'hiver, le médecin est mandé au village, chez un nommé Horace Goupil, au chevet d'une jeune femme en couches. Voici comment le narrateur décrit l'intérieur de cette demeure :

> Au plafond, simple envers du toit au pignon obtus, et aux deux poutres transversales, sont attachés les provisions, les bottes, les raquettes et les harnais des chiens. [...] Et si rien ne bouge, ne vire, ni ne danse, quel vertige ! J'en suis plus étourdi que si je m'étais heurté la tête au chambranle. Et quelle odeur ! Un mélange de sueur, de tabac, de bois brûlé et de hareng fumé. Une odeur trop ancienne pour moi, trop humaine peut-être[27].

Loin de présenter les habitants du village comme un troupeau de dégénérés, il *illumine* et transfigure leur pauvreté en les montrant comme des êtres mystérieux, plus grands que nature.

C'est la troisième fois, dans sa courte vie, que le jeune Ferron est confronté à une situation sociale où des villageois se donnent une bonne conscience au détriment d'une population métissée et indigente. Dans le comté de Maskinongé, les Magouas formaient un groupe antithétique commode qui permettait à la société louisevilloise de se conforter dans son bon droit ; en 1946, alors que Ferron était

---

27. JF, *La conférence inachevée, Le pas de Gamelin et autres récits*, préface de Pierre Vadeboncoeur, édition préparée par Pierre Cantin, Marie Ferron et Paul Lewis, Montréal, VLB éditeur, 1987, p. 110.

dans l'armée, la même structure « grand village / petit village » se présenta à lui sous la forme d'un mépris ouvert des citoyens de Fredericton pour le village amérindien de Devon. Voici que le phénomène se reproduit en Gaspésie, comme l'a aussi observé le sociologue Laplante, qui note au passage le dédain des édiles municipaux pour cette enclave peu attirante : « la municipalité de Mont-Louis ne s'est jamais désâmée pour le relèvement de Gros Morne[28] ». Ferron n'est pas sans remarquer ces similitudes, qui trahissent, quel que soit le pays, un mépris quasi universel des bien-pensants pour les gens différents d'eux-mêmes :

> En Gaspésie, entre Grande-Vallée et Mont-Louis, plusieurs villages s'étaient confédérés sans qu'il n'en paraisse, dans la tête de leurs villageois, pour se partager un petit-village, en l'occurrence Gros Morne, non pas tant dans le but d'exploiter que pour s'identifier en se différenciant de lui, comme s'ils n'avaient pas pu le faire autrement[29].

Mais l'écrivain ne se contente pas de prendre note de la supériorité frauduleuse que certains Gaspésiens s'octroient à peu de frais sur le dos des « Gros-Mornois » ; il oriente toute son existence en fonction d'un combat contre cette fraude sociale. Au bas d'un feuillet manuscrit, à la suite d'une série de considérations sur l'historique de la localité et sur les maux dont les villageois sont affligés — tuberculose, syphilis, mariage entre parents — il inscrit un mot d'ordre laconique mais très significatif : « Restaurer foi en eux-mêmes. Aider les gens à s'aider eux-mêmes[30]. »

Beaucoup plus qu'une simple profession de foi marxiste, les lettres ouvertes que l'écrivain, au même moment, envoie aux journaux expriment le choix existentiel d'un notable

28. Pierre Laplante, « Les conditions de vie de St-Antoine de Gros Morne », *op. cit.*, [p. 7].
29. JF, « Historiette. Le Québec manichéen », *loc. cit.*, p. 45.
30. JF, « Gros-Morne », manuscrit, BNQ, 2.6.

qui, désormais, prend parti pour les malheureux et refuse de se glorifier à leurs dépens : « La bassesse de l'homme se déclare au moment précis où il abuse d'un autre homme, et c'est à ce moment même, toujours, qu'il commence à se croire supérieur, écrit-il à Pierre Baillargeon ; dans le but de se justifier, il méprise le pauvre diable qu'il exploite[31]. » Au-delà de ses positions antinationalistes et égalitaires dans les débats de son temps, Ferron développe donc, en Gaspésie, une sorte de morale de la générosité, selon laquelle chaque citoyen bénéficiant de quelque privilège est tenu de se mettre au service de ceux qui n'ont pas eu cette chance :

> Les hommes sont égaux, Pierre, et tu es supérieur par injustice ; ton génie t'impose une dette envers le dernier des malheureux. Crois-tu être grand pour t'en glorifier et regarder autour de toi avec mépris ? Tu n'es pas un dieu, tu es le frère du dernier des hommes ; tu ne peux l'abandonner sans lâcheté, sans te classer avec les profiteurs, les inutiles, les monstres [...][32].

Ferron n'est cependant pas dupe de lui-même ; il sait bien que ses origines bourgeoises et son éducation l'empêcheront toujours de se joindre totalement à ceux qu'il veut ainsi aider. « Je n'y étais pas à ma place, aujourd'hui je le sais[33] », dira-t-il en parlant de la demeure fruste et du mode de vie archaïque d'Horace Goupil. C'est pourquoi il cherche sincèrement à rallier ses idoles, ses maîtres à penser littéraires — Baillargeon et le père Bernier, qui ne sont pas précisément des plébéiens ! — du côté qui est maintenant le sien : « Il est vraiment triste de voir les meilleurs des hommes se perdre dans la vanité, sur un pinacle absurde, abandonnant aux pires la révolution de l'humanité. Si tu

31. JF à Pierre Baillargeon, lettre, 16 mars 1948.
32. *Ibidem.*
33. JF, *La conférence inachevée*, *op. cit.*, p. 111.

étais communiste, si Bernier l'était, ne crois-tu pas que l'avenir serait plus rassurant[34] ? »

Est-ce aussi la raison pour laquelle, devant sa sœur Madeleine qui s'inquiète de ses frasques, l'écrivain explique son comportement en invoquant la figure paternelle ? Pour légitimer sa propre action politique, voici en effet qu'il cherche à l'inscrire dans le prolongement des convictions du notaire : « D'une certaine façon, en étant tout à fait amoral, je n'ai pas trahi la moralité de notre père, car j'ai la même bonté que lui, le même goût de la noblesse et si je suis communiste aujourd'hui, c'est parce qu'il préférait à la compagnie des puissants celle des plus humbles gens[35]. » C'est la troisième fois que le jeune écrivain pare ainsi le souvenir de son père d'une aura de populisme. Déjà, en 1945, on se souvient qu'il l'avait remercié, dans une lettre, de lui avoir légué sa compassion et son humanité. C'est aussi en mémoire de sa générosité qu'il avait déclaré vouloir adhérer au parti, comme s'il cherchait une approbation familiale posthume pour son propre comportement politique ; de façon extrêmement significative aussi, il avait nommément évoqué, à cette occasion, l'affection que Joseph-Alphonse éprouvait pour les Magouas : « il leur trouvait mille qualités et mille excuses[36] ».

On ne saurait être plus clair : Ferron veut reproduire avec les habitants méprisés de Gros-Morne la relation cordiale que son père entretenait avec les malheureux Magouas. Dans quelques années, l'écrivain finira tout bonnement par réécrire l'histoire de sa famille — et même sa généalogie — à la lumière de cette générosité paternelle ontologique. De nombreux indices laissent aussi à penser que l'écrivain, sur ce chapitre, fut influencé par les idées véhiculées dans

34. JF à Pierre Baillargeon, lettre, 16 mars 1948.
35. JF à Madeleine Ferron, lettre, 18 avril 1948.
36. JF à Gui Caron, lettre, [1948]. BNQ, 2.11.1.

Combat, organe officiel du Parti ouvrier progressiste, que le couple Ferron lisait à l'époque. Il est probable que Ferron se soit senti sollicité par les grandes causes défendues par ce journal. Vers 1946-1948, *Combat* s'élevait ouvertement contre le régime Duplessis — comme l'auteur le fera un peu plus tard dans ses lettres aux journaux ; certains écrivains communistes, comme le romancier Pierre Gélinas, proposaient même une union exaltante entre le prolétariat et les intellectuels du pays :

> Il est temps que les intellectuels canadiens-français réagissent. Il ne faut pas qu'on puisse étouffer toute expression de pensée libre qui ne plaît pas au Premier Ministre de la province en lui collant l'étiquette « rouge ». Il nous faut sauvegarder une liberté de parole chèrement acquise, et composer autour de la défense de la classe ouvrière un front commun des écrivains, artistes et journalistes canadiens-français[37].

Ferron se montra particulièrement sensible à ce genre d'appel ; c'est en tout cas la même parenté d'esprit que l'on retrouve dans ses premières lettres. *Combat* proposait aussi à son admiration des modèles concrets d'action sociale : le journal avait par exemple lancé une vaste campagne en faveur de la libération de la syndicaliste Madeleine Parent, emprisonnée à cause de ses activités syndicales à Valleyfield. Madame Parent, alors âgée de vingt-huit ans, était « née dans une famille très à l'aise de Montréal[38] » ; après ses études à l'Université McGill, elle épouse la cause du syndicalisme et met sur pied plusieurs syndicats d'entreprises, dont ceux des ouvriers du tabac et celui de la Dominion Textile à Montréal et à Valleyfield. On sait la durable admi-

37. Pierre Gélinas, « Arts et lettres. De nombreux courants dans la littérature canadienne », *Combat*, vol. I, n° 2, 30 novembre 1946, p. 2.
38. [Anonyme], « Madeleine Parent, symbole de lutte », *Combat*, vol. I, n° 30, 21 juin 1947, p. 1.

ration que Ferron éprouvera toujours pour l'action de cette femme. Dans un tout autre ordre d'idées, *Combat* avait entrepris vers la même époque de remplacer, comme héros national des Canadiens français, le personnage de Dollard Des Ormeaux; on proposait plutôt d'honorer la mémoire des Patriotes de 1837-38, et l'historien visé dans l'extrait suivant est nul autre que l'abbé Groulx, ardent promoteur et défenseur de Dollard:

> Il ne nous appartient pas de rouvrir le procès de ceux à qui, à défaut de mieux, on a décerné le nom d'historiens. Le temps les jugera. Mais il nous est possible de constater, après tant d'autres, que nos politiciens qui jouent le plus de la corde «nationalisante» et «autonomisante» sont précisément ceux-là qui ont renié le plus cyniquement les véritables traditions démocratiques et révolutionnaires des Canadiens français[39].

Cette idée sera reprise par Ferron au début des années 1960; avec quelques amis, il participera même à une manifestation contre le mythe de Dollard et s'opposera enfin ouvertement à Lionel Groulx en personne.

L'influence la plus aisément décelable est cependant celle du Dr Daniel Longpré, membre du bureau de direction de *Combat* et journaliste très prolifique dans le même journal. Ce médecin est l'une des figures les plus attachantes du communisme québécois; Ferron le connaissait assez bien, et semble avoir été marqué par son exemple et ses actions. En 1962, il lui dédia, en signe de respect, ses *Contes du pays incertain*. «Je ne saurais vous dire combien je suis franchement touché par l'admiration que vous dites, de nouveau, avoir pour moi[40]», lui répond le vieux docteur. D'origine modeste, Longpré avait réussi à terminer ses études de

39. [Anonyme], «Peuple sans histoire», *Combat*, vol. I, nº 1, 23 novembre 1946, p. 2.
40. Daniel Longpré à JF, lettre. BNQ, 1.1.102.

médecine en travaillant comme employé des tramways. Au début des années 1930, la compagnie forestière McCormick l'engage comme médecin auprès des bûcherons ; il est alors témoin des conditions de travail effroyables imposées à ces hommes[41]. De retour à Montréal, il décide de se spécialiser en pédiatrie et fréquente pour ce faire les milieux anglophones du Children's Hospital et du Royal Victoria. C'est ainsi qu'il est peu à peu amené à sympathiser avec les militants communistes : « Mon père avait connu Bethune à Sacré-Cœur, au Royal Victoria, dans les regroupements de gauche, avant que Bethune n'aille en Espagne », dit son fils, Bernard Longpré. « À ce moment-là, ses contacts, sur le plan social, étaient avec le groupe anglophone[42]. » Directeur du département de pédiatrie de l'hôpital Saint-Luc, il était aussi le médecin attitré de la « crèche » d'Youville, dirigée par les Sœurs grises.

Le docteur Longpré avait aussi une clinique personnelle, rue Jean-Talon, à Montréal, à partir de laquelle il allait soigner des enfants dans les quartiers défavorisés de la ville. « Il venait d'un milieu pauvre, il fallait qu'il rende ça d'une façon ou d'une autre au groupe auquel il appartenait jadis[43] », explique son fils. Dans *Combat*, le médecin rend compte de ses visites et se montre indigné des conditions dans lesquelles vivent les familles qu'il examine. Devant les très nombreux cas de tuberculose qu'il découvre, il réclame des mesures médicales préventives contre les taudis et les logements insalubres, tout en s'opposant au gouvernement Duplessis qu'il juge responsable de ces problèmes :

> Que ces messieurs [...] aillent visiter, comme je le fais moi-même chaque jour comme médecin, les quartiers où le taux

---

41. Danièle Cuisinier, « Il ne suffit pas de comprendre, mais il faut agir ! », *Combat*, vol. II, n° 1, 6 décembre 1947, p. 1.
42. Bernard Longpré à l'auteur, entrevue, 29 décembre 1992.
43. *Ibidem*.

de mortalité par la tuberculose est le plus élevé, et ils verront ce que fait notre régime bourgeois dont ils se font les défenseurs passionnés ; ils verront ce que notre « saine démocratie » fait de notre « survivance nationale » et de la « dignité de la personne humaine »[44].

Ferron, lisant les plaidoyers du docteur Longpré et édifié par son audace, se sentit autorisé à prendre lui aussi la parole pour défendre les plus défavorisés. Dans une lettre au *Clairon* de Saint-Hyacinthe, journal du vieux démocrate T.-D. Bouchard, l'écrivain, pour expliquer l'opposition de certains de ses confrères à toute forme de médecine d'État, prétend que les médecins, « comme toutes les classes privilégiées, [...] abhorrent la justice sociale : le progrès de l'humanité leur donne une sainte frousse [...][45] » ; or cette question avait été auparavant abordée par le Dr Longpré dans les pages de *Combat* :

> Monsieur Duplessis s'oppose à une loi « centralisatrice », comme il dit, d'assurance-maladie obligatoire. En plus d'être une idée « communiste », selon lui, elle enfreindrait les droits provinciaux ! ! ! Mais, en plein vingtième siècle, le droit le plus élémentaire et le plus inaliénable, n'est-ce pas le droit de pouvoir se faire soigner convenablement quand on est malade[46] ?

De même, Ferron fustigera, en termes on ne peut plus clairs, la cupidité de certains de ses collègues : « Les médecins ont deux soucis », dit-il ; « l'un d'avoir un gros revenu, l'autre, moindre, beaucoup moindre, de guérir la mala-

---

44. Dr D[aniel] Longpré, « "Survivance" et tuberculose », *Combat*, vol. I, no 2, 30 novembre 1946, p. 4.
45. JF, *Les lettres aux journaux*, *op. cit.*, p. 35. Lettre parue originellement dans *Le Clairon* (26 novembre 1948, p. 2) sous le titre : « Il faut le blanchir ».
46. Dr Daniel Longpré, « Le droit à la santé », *Combat*, vol. I, no 12, 15 février 1947, p. 4.

die[47] ». Longpré avait bel et bien débattu de cette question deux années plus tôt, alors qu'il déplorait précisément le manque de compassion des médecins : « [la médecine] a cessé d'être ce qu'elle était autrefois, un sacerdoce, pour devenir, à cause du régime même, un "commerce qui devient de plus en plus lucratif"[48] ». On remarque donc une convergence certaine entre les opinions médicales de Ferron dans les journaux et celles du pédiatre montréalais.

Voilà donc, tel qu'il est possible de le rétablir en l'état actuel de nos connaissances, le parcours de la pensée ferronienne à cette époque. Loin de n'être qu'une simple étourderie de jeune homme oisif, la position communiste de Ferron s'enracine très profondément dans ses expériences et dans ses réflexions sur son métier. Il ne s'agit pas d'un caprice — comme la très réelle modestie de l'auteur veut nous le faire croire — mais bien d'un authentique « chemin de Damas » social. Ce n'est pas minimiser sa générosité, toutefois, que de mentionner d'autres événements qui ont pu l'influencer ; à plus forte raison quand Ferron lui-même s'ingénie à trouver des causes extra-politiques à ses opinions ! L'écrivain a souvent évoqué une autre cause pour expliquer ses choix de 1948 : son incursion dans le communisme aurait simplement été provoquée... par la tuberculose, maladie dont, à cette époque, il souffrait à son insu. « Un jour, sans que j'en sache rien, une araignée fit sa toile dans un de mes poumons. [...] À peine avais-je le souffle plus court. "Je vieillis", me disais-je. Et mon humeur changea. J'éprouvais une pitié plus grande pour mes patients[49]. »

47. JF, *Les lettres aux journaux, op. cit.*, p. 35.

48. Dr Daniel Longpré, « Action catholique et profits dentaires », *Combat*, vol. I, n° 1, 23 novembre 1946, p. 4.

49. JF, [Sans titre], manuscrit, [1948]. BNQ, 2.2.11.

La vie d'un médecin, au milieu de cette population clairsemée, n'était pas toujours de tout repos ; certains prédécesseurs, comme le docteur Cotnoir, s'y étaient usés à la tâche. Pendant un certain temps, la relative rareté de la clientèle parut supportable à Ferron, mais bientôt, il lui fallut aller de plus en plus loin pour gagner sa vie, et dans les conditions que l'on devine, sans pour autant avoir l'assurance qu'il serait adéquatement payé pour ses services :

> Rivière-Madeleine était un tout petit village [...] alors il me fallait sortir pour gagner mon sel. Je desservais la côte de Mont-Saint-Pierre à Grand-Étang ; à peu près soixante milles. [...] C'est très fatigant, dans une seule journée, par exemple, de faire un accouchement à Cloridorme, d'en faire un autre à Petite-Madeleine et en faire un troisième à Mont-Louis[50].

Au bout d'un certain temps, même ces voyages incessants ne suffirent plus à assurer un revenu suffisant à la famille. Après la naissance de sa fille, le jeune médecin dut s'installer à demeure à Mont-Louis, car la clientèle y était plus abondante, pour revenir à Rivière-Madeleine dès qu'il avait un moment de libre. « Papou garde le feu du foyer, écrit-il à Robert Cliche ; elle est fort raisonnable ; je ne l'ai pour ainsi dire pas vue depuis deux mois. Théoriquement je me rends à Rivière-Madeleine un jour par semaine, mais la médecine ne me laisse pas le loisir de sacrifier au culte conjugal[51]. » Comme si cela ne suffisait pas, le médecin, depuis qu'il est en Gaspésie, fait face à de nombreux tracas pécuniaires dont il a peine à se sortir. Pour financer l'achat de sa grande maison de Rivière-Madeleine, il comptait sur un octroi du gouvernement qui tarde à venir ; il soupçonne que ce retard est imputable à la « coloration » politiquement marquée de la famille Ferron : « Si l'affaire traîne, c'est peut-

50. JF à Jacques de Roussan, entrevue, 9 septembre 1970.
51. JF à Robert Cliche, lettre, [janvier 1948].

être qu'on me dit libéral[52]. » Factures de pharmaciens, intérêt des hypothèques, problèmes avec la succession du notaire, tout semble se liguer pour lui rendre la vie de plus en plus pénible. Il y avait là de quoi épuiser les plus fortes constitutions, même celle de l'athlétique docteur Ferron[53].

Quant à la tuberculose, il suffira de mentionner que, selon une estimation du sanatorium de Mont-Joli, 80 % de la population du village de Gros-Morne était atteint de cette maladie[54] ; il n'est donc pas étonnant que le médecin de l'endroit ait pu contracter le virus. Ce qui l'est plus, c'est l'étrange théorie concoctée par le médecin pour relier son option communiste à la maladie : selon lui, en effet, la tuberculose est un mal en grande partie psychosomatique qui se déclare au moment où une personne se trouve brimée d'une façon ou d'une autre : « En réalité, ce n'était pas la contagion de la tuberculose qui menaçait l'ordre établi, mais ses équivalents psychiques grâce auxquels d'instinct certains tuberculeux parvenaient à guérir, qui les soulevaient contre les contraintes et la contention, ferment de révolte et de libertinage[55]. » L'auteur veut-il laisser entendre, une fois de plus, qu'il n'avait pas toute sa tête et que ses choix du moment ne doivent pas être pris au sérieux ? Dans son cas, la maladie se serait déclarée au moment précis où le séjour en Gaspésie était devenu pour lui un cul-de-sac ; ses professions de foi communistes auraient été une sorte de réaction nerveuse, presque involontaire, engendrée par l'état tuberculeux où il se trouvait et inconsciemment destinée à

52. JF à Joseph-Alphonse Ferron, lettre, [14 février 1947]. BNQ, 1.2.3.
53. D'autant plus que le médecin a commis d'autres types d'excès, comme semble l'indiquer, au détour d'une lettre, la confidence suivante : « Durant six mois, j'ai été morphinomane : jeu abrutissant que j'ai remplacé par les lettres. » JF à Pierre Baillargeon, lettre, [avril 1948].
54. Pierre Laplante, « Les conditions de vie de St-Antoine de Gros Morne », *op. cit.*, [p. 8].
55. JF, *Les confitures de coings et autres textes, op, cit.*, p. 285.

faire bouger les choses pour le sortir, de gré ou de force, de cette situation sans issue :

> Pour ma part [...], ce fut en devenant communiste, plutôt en me déclarant tel, que je me rétablirai. D'autres, avant de mourir, avaient de belles flambées. La fébrilité nerveuse, le tempérament excessif précédaient la consomption et pouvaient donner, surtout quand le mal n'atteignait pas les hémisphères cérébraux, des personnes de cœur d'une grande séduction[56].

Fidèle à lui-même et à son érudition, l'écrivain trouve dans la littérature un exemple de ce qu'il avance : dans *L'immoraliste* de Gide, dit-il, « vous voyez comment un bonhomme se délivre de la tuberculose, tout simplement en se libérant de ses contraintes[57] ». Ferron se trouve ainsi à révéler que l'existence était devenue pour lui (comme pour le personnage gidien) contraignante.

Mais le véritable malaise de Ferron, au bout du compte, demeure assez facile à diagnostiquer : sans trop vouloir se l'avouer, le jeune docteur de Rivière-Madeleine s'ennuie, tout simplement. La chose était à prévoir, de la part de ce médecin qui, après tout, est aussi un intellectuel. Au début de son séjour, plein de bonne volonté, il s'était sincèrement intéressé à la langue et aux contes gaspésiens ; sous leur influence, son œuvre littéraire a même subi une profonde mutation qui l'apparente maintenant, sinon dans son idéologie, du moins dans son mouvement général, à celle des régionalistes. Mais voici que la société des Gaspésiens ne lui suffit plus : il lui tarde de revenir en ville, de se mêler aux débats politiques et littéraires de la Métropole. « Deux ans de mutisme, sans conversation. Ce que j'ai hâte de vous allez [*sic*] voir ! Et de parler si je le peux encore[58] », écrit-il à

---

56. *Ibidem.*
57. JF à l'émission « Pierre Paquette », entrevue, Radio-Canada, 28 novembre 1975.
58. JF à Pierre Baillargeon, lettre, [avril 1948].

Baillargeon au printemps de 1948. Cet apparent désintérêt pour la Gaspésie était d'ailleurs prévisible depuis longtemps, si l'on se fie à certains commentaires qui échappèrent à l'auteur dès 1946 :

> Seule la mer me mécontente ; sa rumeur est monotone et quand je me prends à regarder ses vagues, j'y reste stupide et je perds mon temps. Le danger de la campagne c'est la fainéantise ; je m'y débats de mon mieux, je me stimule, je me pousse, je m'entretiens dans un mouvement souvent factice [...][59].

Entre s'inspirer de la campagne et *y passer sa vie*, il y a une marge. N'oublions pas que Ferron, quoi qu'il en dise, a surtout vécu en citadin heureux, à Montréal et à Québec, depuis 1933 ; comment s'étonner dès lors que, tôt ou tard, le fruste pays gaspésien finisse par ennuyer ce jeune patricien distingué ? Dès janvier 1947, il ne tente même plus de donner le change à son correspondant et, dans une lettre pleine d'amertume — ce qui est rarissime chez lui —, il laisse éclater sa colère et avoue son ennui :

> [...] sans aucune conversation, sans revenu appréciable, au bout du monde, au milieu de la médiocrité [...], je ne connais pas deux personnes qui y resteraient deux mois. [...] Je me suis gelé les oreilles : c'est l'événement de ma semaine ; je vais l'écrire à mon père et à mes sœurs et ils diront : comme il est chanceux de se geler les oreilles[60].

Par ailleurs, Ferron est mis au courant, par les journaux qu'il lit, des idées nouvelles et intéressantes qui circulent à Montréal. Il a eu vent des succès de Gratien Gélinas sur les scènes montréalaises ; il brûle déjà, lui aussi, de voir ses pièces interprétées par les troupes de la métropole. Il assiste de loin aux débats qui font rage autour d'un nouveau mou-

59. JF à Pierre Baillargeon, lettre, 16 décembre 1946.
60. JF à Pierre Baillargeon, lettre, [janvier 1947].

vement appelé « automatisme », auquel appartient sa sœur Marcelle, et qui fait résonner les pages des journaux : « L'automatisme est survenu alors que j'étais en Gaspésie. "Qu'est-ce que c'est ça ? qu'est-ce que c'est ça ?" Je ne comprenais rien[61] », avouera-t-il des années plus tard à Pierre L'Hérault. Les lettres que Marcelle expédie à Jacques nous montrent, à ce propos, que le rôle de la jeune artiste-peintre dans l'évolution de son aîné fut sans doute décisif. Pour une rare fois au sein de la famille, les rôles sont inversés : à cause de son éloignement, le grand frère a perdu, aux mains de sa sœur cadette, ses prérogatives de mentor familial et de dispensateur de la Culture. « Même si la gloire est au bout, il ne faut pas brûler les étapes de la vie, écrit-il sentencieusement à Marcelle un jour. Le génie — ou pour parler français, la réussite — est une longue patience[62]. » Mais la jeune artiste-peintre, qui participe fébrilement à l'odyssée automatiste, est pressée de parvenir à la gloire : « [...] loin de suivre tes conseils, je me compromets à plaisir avec les gens qui me plaisent. C'est peut-être enfantin, mais fameusement rigolo et excitant[63]. » Un peu plus tard, elle lui annonce triomphalement que le groupe auquel elle appartient s'apprête à rédiger un manifeste — *Refus global*, bien sûr — qui fera beaucoup de bruit : « au bout de tout ça, j'entrevois la prison[64] », ajoute-t-elle, exaltée. Elle propose à son aîné, par la même occasion, de faire « éditer » l'une de ses œuvres chez le même imprimeur[65]. Enfin, l'effervescence intellectuelle à laquelle participe Marcelle lui permet de se moquer doucement de son grand frère, provincial croupissant dans sa lointaine Gaspésie :

---

61. JF et Pierre L'Hérault, « 9 entretiens avec le Dr Jacques Ferron », *op. cit.*, p. 55.
62. JF à Marcelle Ferron, lettre, 15 février 1947. BNQ, 2.10.4.
63. Marcelle Ferron à JF, lettre, [mars 1947]. BNQ, 1.1.98.6.
64. Marcelle Ferron à JF, lettre, 5 février 1948. BNQ, 1.1.98.7.
65. Marcelle Ferron à JF, lettre, [janvier 1948]. BNQ, 1.1.98.3.

> À Montréal, des philosophes de la trempe de Bergson par exemple — ça *n'existe* pas — alors il faut bien faire le travail nous-mêmes — ce qui n'est pas agréable — ce qui prend du temps, ce qui va faire ficher Borduas en dehors de l'École du meuble — qui est son gagne-pain. Naturellement, tu ne peux pas réaliser ça[66].

Pour combler cette absence de stimulation intellectuelle, Ferron entretient une abondante correspondance, qui deviendra bientôt vitale pour lui. Il se fait insistant auprès de ses correspondants, à la manière d'un Rimbaud qui, de son lointain Charleville, exigeait de ses amis parisiens qu'ils lui envoient de longues missives: «Ma vieille Merluche, écrit-il à Madeleine, tu n'es pas [...] encline à m'écrire. On peut s'ennuyer de vous. Tu m'écriras quand tu sauras que le courrier est le grand événement de la journée; on l'attend avec hâte[67].» «Pourquoi ne t'en viens-tu pas dans le monde civilisé?[68]» rétorque judicieusement la Merluche, qui a bien compris, comme Marcelle, que son frère se morfond à Rivière-Madeleine. L'écrivain tente de reprendre un contact épistolaire avec son ami Lavigne, mais ce dernier ne daigne pas répondre. Ferron, ulcéré, prononce alors ces paroles lourdes de menace: «[Lavigne] n'a jamais répondu à une lettre que je voulus bien lui écrire. Ce dont je me vengerai, croyez-m'en, et de jolie façon[69].» La revanche ferronienne éclatera quelques mois plus tard dans les pages du *Clairon* de Saint-Hyacinthe: l'auteur y publie, *sous la signature de Jacques Lavigne*, trois lettres violemment «subversives». Dans la première, il se moque de l'abbé Groulx et de sa conception de l'histoire. Dans la seconde, il proclame sa haine de la religion: l'au-delà, dit-il, est un mensonge que

66. Marcelle Ferron à JF, lettre, [janvier 1948]. BNQ, 1.1.98.5.
67. JF à Madeleine Ferron, lettre, [1947].
68. Madeleine Ferron à JF, lettre, [1947]. BNQ, 1.1.97.4.
69. JF à Pierre Baillargeon, lettre, 8 mars 1948.

Satan fait croire aux hommes pour les obliger à se mortifier au milieu même du paradis. Quant à la troisième, très brève, elle tourne en ridicule le directeur de l'École du meuble montréalaise, qui vient de congédier Paul-Émile Borduas à la suite de la publication de *Refus global*[70]. Voilà un châtiment assez terrible, qui montre bien l'état d'esprit qui motivait le médecin, et l'importance qu'il pouvait accorder à ses correspondances.

Pour les mêmes raisons, les lettres à Pierre Baillargeon se font de plus en plus longues, pressantes ; Ferron exige de son correspondant qu'il fasse un effort pour lui envoyer des missives plus étoffées : « Je suis fantasque et je peux attacher de l'importance à ce qui n'en a pas ; pour les lettres, elles en ont, elles en ont beaucoup, car même si je vis avec de délicieuses gens, ces gens sont ignorants des goûts que je cultive [...][71]. » Malheureusement, Baillargeon n'est guère en mesure de répondre de façon satisfaisante aux attentes de son ami. L'auteur des *Médisances de Claude Perrin*, à cette époque, songe à quitter son pénible emploi à *La Patrie* pour s'exiler en France. Les rares lettres laconiques qu'il poste à Ferron nous montrent un être à la santé fragile, qui a tendance à confier ses problèmes à son correspondant : « Tu vas me trouver braillard, mais j'ai pris l'habitude de t'écrire quand ça ne va décidément pas. Maintenant je pense que c'est parce que je te sais médecin[72]. » À son jeune ami et admirateur, qui lui soumet avec ferveur ses derniers écrits, il répond : « Je suis désolé, mais je n'ai presque plus le temps de m'occuper de mes propres affaires. [...] c'est un travail

70. JF, « Marie Bambin ou les embûches de l'Histoire », *Le Clairon*, vol. XXXVII, no 44, 29 octobre 1948, p. 2 ; « La genèse de la farce », *Le Clairon*, vol. XXXVII, n° 45, 5 novembre 1948, p. 6 ; « Borduas s'humanisera », *Le Clairon*, vol. XXXVII, n° 47, 19 novembre 1948, p. 3.
71. JF à Pierre Baillargeon, lettre, 8 mars 1948.
72. Pierre Baillargeon à JF, lettre, [31 janvier 1947]. BNQ, 1.1.9.

qui demande du loisir et de la réflexion ; or, je ne vis plus, je ne pense plus[73]. » Ces excuses sont bien la dernière chose que Ferron a envie d'entendre, lui qui brûle de parler d'art et de littérature ; déçu par son maître d'écriture, il le tance vertement :

> Vous êtes triste à lire et d'aucun réconfort. Si je voulais jouer de malheur, je ne pourrais ; de toute façon, vous me dameriez le pion. Si la postérité vous juge par les lettres que vous m'écrivez, vous serez pour l'éternité un génie pitoyable, martyre de la sinusite et de la pénicilline [...], malheureux entre les malheureux et martyre d'une variété particulièrement décevante : les martyres gras, qui ne sont pas reconnus par l'Église[74].

Le Ferron acrimonieux et vindicatif que nous laissent entrevoir ces correspondances souffre manifestement de son éloignement et de sa solitude morale ; il a peu à voir avec le poète amusé que nous avons appris à connaître jusqu'à présent. Il est donc possible, diront les psychanalystes, que les prises de position communistes de l'auteur aient été guidées par un désir plus ou moins conscient de provoquer son départ de Gaspésie, de *s'expulser* lui-même, en quelque sorte, de ce coin de pays qui ne lui convenait plus. La révolte devant la misère gaspésienne, liée au surmenage professionnel, aux tracas financiers et aux frustrations intellectuelles avaient amplement de quoi susciter, chez ce personnage, une réaction comme celle qu'il eut durant cette année 1948.

Il est assez difficile de reconstituer, aujourd'hui, le film des événements tels qu'ils se sont vraiment déroulés. De deux choses l'une : ou bien les documents dont nous disposons trahissent un comportement politique totalement irrationnel, ou bien les stratégies de Ferron sont d'une subtilité telle qu'il nous est devenu impossible d'en connaître le

73. Pierre Baillargeon à JF, lettre, [juin 1948]. BNQ, 1.1.9.
74. JF à Pierre Baillargeon, lettre, 8 mars 1948.

fin mot. Qu'on en juge : à la fin de février ou au début de mars 1948, le jeune médecin écrit à son oncle Émile Ferron ; il envisage de se présenter... comme candidat *libéral* dans le comté de Gaspé-Nord, et il veut connaître l'opinion de son parent, ancien député et homme influent dans les cercles libéraux. Malheureusement, l'oncle se montre plutôt tiède dans ses encouragements :

> Quant à tes velléités politiques, j'en ai parlé à l'hon. Gariépy qui doit s'en occuper tant au fédéral qu'au provincial. [...] Mais je pense que les élections auront lieu de bonne heure ce printemps. Si tu es disposé à entreprendre la bataille — ce dont je ne te blâme nullement — tu ferais bien de t'informer auprès de Godbout ce qu'il entend faire pour son candidat dans la région[75].

Les élections provinciales seront finalement convoquées pour le 28 juillet, et les libéraux de Gaspé-Nord choisiront comme candidat l'ex-maire de Sainte-Anne-des-Monts, J.-Robert Lévesque. Ferron en éprouva-t-il quelque dépit ? Toujours est-il qu'il semble avoir par la suite considéré très sérieusement la possibilité de se présenter aux élections comme candidat *communiste*. Il rédigea même un discours en ce sens, dans lequel il fait preuve d'une étonnante connaissance des problèmes économiques de son comté. « Le profit du travail ne doit pas enrichir quelques millionnaires », écrit le médecin, qui propose une série de mesures ambitieuses destinées à assurer la prospérité de ses concitoyens : aménagement par l'État de moulins à papier et de conserveries de poissons ; construction d'usines pour le raffinement du minerai ; harnachement des rivières et de leur riche « pouvoir d'eau » ; installation de nouveaux quais et achat de bateaux pour le ravitaillement des pêcheurs. Il exige aussi des gouvernements qu'ils distribuent sans délai

75. Émile Ferron à JF, lettre, 10 mars 1948. BNQ, 1.1.95.5.

des terres cultivables aux Gaspésiens pour que ces derniers puissent rapidement fonder de nouvelles coopératives agricoles ; c'est l'occasion pour lui de clamer bien haut son admiration pour les syndicats agro-forestiers mis en place depuis les années 1930 par le grand Esdras Minville :

> Et surtout il faut, il faut absolument, et pour cela nous recourrons aux moyens violents si les autres sont inutiles, il faut que les terres fertiles que nous avons soient ouvertes à la colonisation. Il est scandaleux qu'une colonie aussi fertile que celle de Grande-Vallée n'ait été ouverte à la colonisation qu'en 1935. Et encore a-t-il fallu le dévouement inlassable d'un homme à qui il faudra élever un monument un jour[76].

L'auteur termine ce discours électoral de façon fort convaincante en déclarant que le comté de Gaspé-Nord, somme toute, est *déjà* socialiste puisqu'une bonne partie de ses citoyens vivent depuis longtemps sous un régime collectiviste : « Les pêcheurs [...] se sont groupés en coopératives : ils sont devenus par le fait même socialistes. Les bûcherons se sont groupés en syndicats : c'est du socialisme encore[77]. » Par conséquent, demande-t-il, pourquoi ne pas élire un député libéré des « vieux partis », qui propose simplement d'accélérer des réformes dont les effets bénéfiques sur le comté se font sentir depuis longtemps ?

> Je ferai la lutte seul, conclut-il enfin. Une lutte pacifique qui consiste à exposer mon programme. Je ne suis financé par personne, je n'ai donc pas les moyens de faire davantage. Je n'aurai personne à récompenser à même les deniers publics et je n'aurai pas d'autre maître que le peuple, la masse des pauvres gens, si je suis élu[78].

Il ne semble pas que Ferron eut jamais l'occasion de prononcer ce discours : le 25 mars — soit deux jours avant

---

76. JF, [Sans titre], manuscrit. BNQ, 2.10.15.
77. *Ibidem.*
78. *Ibid.*

sa première lettre au journal *Le Canada* — il écrit à nouveau au chef du POP, Gui Caron, pour l'avertir que stratégiquement, les élections surviennent une année trop tôt: « Gaspé-Nord ne pourra faire l'hommage à la législature provinciale d'un premier député communiste ». Le médecin, qui connaît personnellement chacun des Gaspésiens résidant sur « son » territoire, est cependant convaincu que « la révolution est dans tous les cœurs [et qu'il] ne faut pas, par des manœuvres précipitées, l'avorter ». Suivant cette logique, il se propose donc de favoriser *par stratégie*, pour cette élection-ci, le candidat... de l'Union nationale:

> Actuellement dans le comté, des deux partis le plus redoutable — la chose vous paraîtra paradoxale — est celui de Duplessis. [...] Ma conduite, à moins d'imprévus, sera la suivante: sans me compromettre, favoriser l'élection du candidat national, afin que dans cinq ans, son parti soit aussi méprisé que l'est actuellement le parti libéral[79].

Entre-temps, ce qui devait arriver arriva: à force de s'agiter et de faire parler de lui dans les journaux, le docteur Ferron finit par attirer l'attention des autorités. Le 17 mai, il reçoit un télégramme laconique de Québec: « L'Honorable Ministre de la Santé me prie de vous aviser que votre allocation mensuelle est cancellée [*sic*] à compter d'aujourd'hui même[80]. » Le 7 juin, il écrit à Pierre Baillargeon: « Il est survenu à Rivière-Madeleine quelques incidents, j'ai perdu ma pension, je ne me prive plus de rien et je vis de mes dettes; existence éphémère qui me plaît[81]. »

C'est dans ce contexte qu'il faut comprendre les activités électorales auxquelles l'écrivain se livrera durant les semaines précédant l'élection du 28 juillet. À cause de sa situation financière devenue soudain très précaire, Ferron

79. JF à Gui Caron, lettre, 25 mars 1948. BNQ, 2.11.3.
80. Dr Jean Grégoire à JF, télégramme, 17 mai 1948. BNQ, 1.1.132.1.
81. JF à Pierre Baillargeon, lettre, 7 juin 1948.

sait qu'il devra bientôt quitter la Gaspésie : il n'a donc plus rien à perdre. Plus question non plus de favoriser, même par stratégie, l'élection du candidat unioniste : comment pourrait-il contribuer à reporter au pouvoir un parti qui vient de lui couper les vivres ? Il fera donc campagne, finalement, pour le candidat libéral. Étant donné l'état d'esprit survolté dans lequel il se trouve à cette époque — tel que nous avons essayé, du moins, de le reconstituer —, il est fort possible qu'il se soit livré à quelques excès : c'est pourquoi on le croit sans peine lorsqu'il confie à Jean Marcel, plusieurs années plus tard : « les élections de 1948 eurent lieu dans un esprit d'émeute et j'ai dû alors prévenir l'honorable Duplessis que nous comptions barrer la route de Gaspésie[82] ». Paul Ferron, qui était sur place à ce moment, raconte ainsi l'un des épisodes principaux de cette campagne, digne des plus folkloriques mœurs électorales québécoises :

> Aux élections de 1948, Jacques avait participé à la campagne libérale très activement. Il y avait des assemblées contradictoires. La journée du vote, il y a eu un mandat d'arrestation émis contre Jacques pour l'empêcher de travailler à l'élection. Il a sauté dans son bateau et il est allé s'ancrer devant sa maison ; les policiers n'ont pas pu l'arrêter[83].

Jamais, dans son œuvre publique, Ferron ne raconta ces événements. Jugea-t-il par la suite que ce militantisme ne correspondait pas aux idéaux qu'il prônait alors ? Il est vrai que cette participation à la campagne d'un candidat libéral peut sembler une incohérence ; elle cadre mal avec les positions communistes que l'écrivain défendait simultanément dans les journaux. Mais ce comportement n'est contradictoire qu'en apparence. Il est probablement le reflet d'une attitude de rejet total : peu importe les chemins que prend l'opposition, il s'agit de manifester qu'on est absolument et

82. JF à Jean Marcel, lettre, 8 février 1974.
83. Paul Ferron à l'auteur, entrevue, 10 juillet 1996.

inconditionnellement « contre ». Au fond, il s'agit d'une sorte de *Refus global* en actes. Par ailleurs, le silence ferronien sur cet épisode peut aussi s'expliquer par le fait qu'il est — comment dire ? — plus « séduisant » et valorisant d'avoir été chassé de Gaspésie à cause de ses idées communistes plutôt que par militantisme au Parti libéral... Quoi qu'il en soit, le médecin aurait pu se vanter d'avoir collaboré à une victoire particulièrement remarquée : au soir de l'élection du 28 juillet 1948, le seul gain libéral, dans toute la province, fut obtenu dans le comté de Gaspé-Nord, avec la victoire du candidat Lévesque ! Mais il s'agissait là d'une bien piètre consolation : le reste du Québec, pendant ce temps, subissait un balayage unioniste sans précédent. Si Ferron avait parié sur une éventuelle victoire du Parti libéral pour récupérer son allocation mensuelle, il en était pour ses frais au lendemain des élections ; il quitte donc la Gaspésie au début de l'automne de 1948. Il n'hésite pas longtemps sur la destination à prendre, et son choix nous donne un indice sur l'ascendant que le docteur Longpré pouvait avoir sur lui : « malade et ne le sachant pas [...], je fus plus ou moins chassé de ma misère par Duplessis et les curés, comme s'ils eussent voulu mon bien, et revins à Montréal sur la foi du docteur Daniel Longpré qui avait écrit dans *Combat* qu'il y manquait au moins mille médecins[84] ».

On pourrait croire qu'après avoir été ainsi dénoncé et puni par les autorités, le jeune docteur se serait tenu tranquille et aurait tiré une salutaire leçon de modestie de son

84. JF, *Du fond de mon arrière-cuisine*, *op. cit.*, p. 204. Longpré prétendait, dans cet article, que les médecins de la métropole ne suffisaient plus à la tâche : « Nous tombons tous, prématurément il me semble, les uns après les autres. Même les médecins relativement jeunes sont fourbus, fatigués, épuisés à 40 ans ; un grand nombre ont déjà, à cet âge, les cheveux blancs. Ils sont d'ailleurs physiquement des vieillards. » D^r^ D[aniel] Longpré, « Il manque 3,000 médecins », *Combat*, vol. I, n° 3, 7 décembre 1946, p. 4.

expérience. Après tout, ses frasques ne venaient-elles pas de lui faire perdre son gagne-pain ? D'après les lettres qu'il envoie à ses principaux correspondants, il semble au contraire que l'écrivain revint de Gaspésie comme un homme qui s'éveille d'un long sommeil, avec une inébranlable confiance en ses possibilités : « [...] j'ai toujours été sincère et ne le regrette pas, car le passé de ma vie est une aventure charmante où je ne trouve rien de mesquin. À vrai dire, j'ai moins vécu que j'ai rêvé [...][85] », dit-il à Madeleine. À son beau-frère Robert Cliche, il écrit : « Le jeu avait 52 cartes et ma vie était futile. J'en écarte cinquante-et-une [*sic*] et je joue ma vie sur une carte : mon génie. Écrire devient une nécessité vitale [...][86]. » Ainsi donc Ferron, faisant contre mauvaise fortune bon cœur, entend mettre à profit sa situation précaire pour enfin réaliser son rêve : se consacrer entièrement à la littérature, comme son modèle Pierre Baillargeon à qui il s'empresse de révéler sa nouvelle confiance en lui-même :

> Et j'en ai [du génie]. Je me le suis prouvé par deux ans de solitude, qui ne m'ont pas amoindri, au contraire, qui m'ont grandi ; deux ans avec des pêcheurs, dans des conditions souvent misérables, mal rémunéré, ne faisant pas payer mes peines ; sans conversation, ayant peu de loisirs, écrivant à la volée. Je sors de cette épreuve avec une assurance qui frôle l'arrogance, après avoir douté de moi durant dix ans[87].

Ces années de quasi-solitude ont été extrêmement fécondes, en effet. Non seulement Ferron a-t-il profité de son séjour pour forger sa vision du monde et de la société, mais il a aussi revu en profondeur ses conceptions esthétiques ; désormais la « vraie » littérature pourra s'incarner chez lui dans le sol canadien. Ce qui ne signifie pas pour

---

85. JF à Madeleine Ferron, lettre, 18 avril 1948.
86. JF à Robert Cliche, lettre, [1948].
87. JF à Pierre Baillargeon, lettre, 8 mars 1948.

autant que l'écrivain adhère aux idées défendues par les nationalistes, du moins pas tout à fait. Mais Ferron rapporte surtout de Gaspésie, en plus des œuvres qu'il a rédigées sur place, un formidable bagage imaginaire et social dans lequel il puisera abondamment durant toute sa carrière littéraire.

On ne peut s'empêcher de remarquer la grande différence de traitement qui existe, dans l'œuvre ferronienne, entre, d'une part, les années universitaires et militaires de l'auteur, et, d'autre part, son séjour en Gaspésie. Autant les souvenirs d'université de l'écrivain se font rares, autant les évocations gaspésiennes — mises à part les activités électorales de juillet 1948 — sont nombreuses dans ses écrits. De ses années d'études à l'Université Laval, le romancier, on l'a vu, a surtout retenu un *décor*, celui de Québec, et des personnages pittoresques à qui il fera remonter le temps pour leur faire vivre, dans *Le ciel de Québec*, des péripéties *antérieures* à sa propre venue dans la Vieille Capitale. Et encore ce décor est-il en partie inventé, comme l'a découvert le traducteur Ray Ellenwood, qui eut un jour, alors qu'il se trouvait lui-même à Québec, la curiosité de suivre à son tour le très célèbre trajet qu'emprunte Mgr Camille au début du roman :

> [...] *if you were so inclined, you could follow Monsignor Camille out of the Seminary to the corner of Rue Saint-Jean and Côte du Palais.* [...] *everything would be quite vividly as the prelate saw it. While going down the hill past the Hôtel-Dieu, you would notice the train station ahead of you. As you proceeded, however, the landscape would be more and more unfaithful to fiction, the streets would not quite correspond, the houses on Rue Saint-Vallier would not be tall enough, and you would never find the Convent of the Precious Blood, any more than you would have found it in 1937*[88].

88. Ray Ellenwood, « Translator's Afterword », dans Jacques Ferron, *The Penniless Redeemer*, Toronto, Exile Editions, p. 342.

Québec figurera aussi comme arrière-plan occasionnel de quelques autres récits, notamment « La gorge de Minerve », « Les rats » et *La chaise du maréchal ferrant*; mais on ne trouve presque rien, dans le corpus ferronien, sur les quatre années d'études médicales (sinon les anecdotes et les historiettes se rapportant au professeur Berger), ni sur les amitiés et les frasques estudiantines de l'apprenti-médecin. De même, les écrits où figurent des réminiscences du lieutenant Ferron se comptent à peine sur les doigts d'une main dans l'œuvre, et le détail de ses aventures dans l'armée canadienne ne semble pas avoir mérité les honneurs de la fiction. Vers la fin de sa vie, l'écrivain se penchera enfin (dans le manuscrit du « Pas de Gamelin ») sur cette période, plus particulièrement sur les quelques mois où il fut médecin pour les officiers allemands détenus à l'Institut Feller de Grande-Ligne. Malheureusement, ce « repentir » autobiographique survenait bien tard, et dans un ouvrage que l'écrivain jugeait lui-même impubliable.

Mise à part cette exception, on peut dire que le relatif embargo autobiographique qui recouvrait les années brébeuvoises s'étend donc aussi, pour les mêmes raisons, à la vie de l'auteur jusqu'à son arrivée sur le marché du travail. L'écrivain paraît bel et bien avoir relégué aux oubliettes le jeune homme irresponsable et inconscient qu'il prétend avoir été entre son entrée au collège et son arrivée en Gaspésie. Après 1948, toutefois, les souvenirs reliés à son séjour dans la région de Rivière-Madeleine se déploient d'un bout à l'autre de l'œuvre, avec un luxe de détails tel qu'il génère un sorte de distorsion temporelle. À lire ces constantes allusions à la Gaspésie, un lecteur néophyte pourrait croire que l'écrivain a passé une bonne partie de son existence dans ce coin de pays ! Il est inutile de nommer ici tous les contes qui, de « Martine » jusqu'au « Glas de la Quasimodo », seront directement inspirés de ce séjour vivifiant dans la péninsule : on en dénombre au moins une quinzaine, sans compter les innombrables « Historiettes » qui sont aussi de savoureuses évocations gaspésiennes. On assiste dans ces récits à un fascinant phénomène de transposition fictive des convictions sociales de l'écrivain : dans ses contes, tout comme dans son discours politique de 1948, Ferron présente la Gaspésie comme une société compatissante et conviviale ; son admiration pour les coopératives forestières, les syndicats de pêcheurs et les expériences économiques d'Esdras Minville s'est simplement muée, dans son œuvre littéraire, en une série d'hommages discrets aux Gaspésiens :

> Dans les vieux comtés, où règne l'habitant casanier et chatouilleux sur la propriété, on ne partagera jamais avec ses voisins d'autre bétail que les oiseaux du ciel. À Saint-Yvon, il n'en va pas de même ; on subit l'influence de la mer, qui est à tous et à chacun. Cela donne un régime moins mesquin, favorisant l'entraide et la société[89].

Gaspé-Mattempa, ce bref récit autobiographique qui devait faire partie du grand œuvre ferronien, est tout entier consacré à ce séjour apprécié. *La chaise du maréchal ferrant*, roman publié pour la première fois en 1972, raconte l'histoire d'un rusé pêcheur de Cap-Chat qui parvient à déjouer les plans du diable en personne ; on y voit grouiller tout un petit monde de « bootleggers » et de débardeurs gaspésiens qui s'inspirent directement des personnages pittoresques dont le médecin fit la connaissance alors qu'il vivait à Madeleine.

On sait que l'écrivain ne parlera d'abord qu'avec précaution de son enfance mauricienne ; plus tard, dans les années 1960, c'est avec une bonne dose de ressentiment et sur le ton de la critique qu'il abordera finalement son histoire familiale, se voyant obligé de justifier ce qu'il considère comme une enfance privilégiée. Rien de tel avec les

---

89. JF, *Contes*, *op. cit.*, p. 39.

souvenirs des années 1946-1948 : la mémoire gaspésienne de l'auteur a ceci de particulier qu'elle s'inscrit *immédiatement* dans l'œuvre, avec une aisance et un plaisir manifestes que n'auront pas toujours les autres insertions autobiographiques. Chez Ferron, comme l'a bien vu Jean-Pierre Boucher, « seule la Gaspésie échappe à la règle universelle du malheur [...][90]. » Dès son retour à Montréal, en effet, l'auteur entreprend de raconter certains de ses souvenirs gaspésiens ; il le fait surtout *par le biais de son expérience médicale*, comme si le fait d'avoir enfin exercé de vraies responsabilités, d'avoir été *utile*, lui permettait dorénavant de relever la tête et de raconter son aventure personnelle.

90. Jean-Pierre Boucher, *Les « Contes » de Jacques Ferron*, Montréal, Éditions de l'Aurore, « l'Amélanchier/essai, 1 », p. 14.

Conclusion

Après ses démêlés politiques en Gaspésie, le docteur Ferron se voit donc contraint de plier bagages et de revenir s'installer dans la métropole: «Je me ramenais à Montréal sur un bien petit pied[1]», écrit-il. Son inquiétude est compréhensible: il vient de perdre, avec son salaire du gouvernement, sa principale source de revenus: «Elle était finie, ma petite carrière à la Nérée Beauchemin[2].» À l'automne de 1948, il aménage un cabinet de consultation rue De Fleurimont — ancien nom de l'actuel boulevard Rosemont — au coin de la rue Saint-Hubert. Malheureusement, la compétition professionnelle est plus féroce à Montréal que dans le comté de Gaspé-Nord, et la clientèle ne s'apprivoise pas du jour au lendemain; les estimations du docteur Longpré, selon lesquelles la ville avait besoin de milliers de médecins supplémentaires, se révéleront quelque peu exagérées.

Le vieux médecin éprouva-t-il quelque regret d'avoir, bien malgré lui, induit son jeune collègue en erreur? Toujours est-il que, pour l'encourager, il lui confia sa clientèle

1. JF, *Du fond de mon arrière-cuisine*, Montréal, Éditions du Jour, «Les Romanciers du Jour, R-105», 1973, p. 204.
2. JF, «Le langage présomptueux», *Le Devoir*, 30 octobre 1965, p. 17.

nocturne[3]. Mais cette aide se révéla rapidement insuffisante : Ferron, apparemment, avait tant de loisirs dans son petit cabinet qu'il eut le temps de composer une nouvelle pièce de théâtre, *L'ogre*, en attendant la visite de clients qui ne se présentèrent jamais. Il voulut alors reprendre du service, comme médecin militaire, dans l'armée canadienne ; c'est à cette occasion qu'on lui apprit, lors d'un examen médical de routine, qu'il avait contracté la tuberculose en Gaspésie[4]. Grâce aux relations de sa femme, il est admis dans un sanatorium anglophone, le Royal Edward Hospital de Sainte-Agathe, où il doit entrer au début d'avril.

Sur ces entrefaites survient un épisode assez troublant auquel il convient de s'arrêter puisqu'il eut de profondes répercussions dans l'œuvre du romancier. Le 29 mars 1949, Ferron est arrêté par la police, boulevard Saint-Laurent, sur les lieux d'un rassemblement organisé par les communistes montréalais contre la fondation imminente de l'OTAN. Ce nouvel organisme était perçu, dans les milieux de gauche, comme une manifestation d'agressivité à l'endroit de l'URSS ; aussi le parti avait-il cru bon d'exprimer sa désapprobation par le biais d'une assemblée publique. Voici comment Gui Caron, qui fut lui aussi arrêté en cette occasion, décrit les événements :

> Nous avions organisé une assemblée à la salle des charpentiers-menuisiers, pour protester contre le Pacte de l'Atlantique. La police est allée voir la direction de la salle, qui a annulé notre location la journée même. À un moment

3. JF, *Du fond de mon arrière-cuisine*, *op. cit.*, p. 204. « À cette époque, les médecins étaient de garde 24 heures par jour ; il n'y avait pas de remplaçants. [...] Il y avait déjà ce qu'on appelait le "*Telephone Answering Service*" : les réceptionnistes répondaient pour [le Dr Longpré] la nuit et il se déplaçait. En vieillissant, il s'est dit : "Je pourrais peut-être demander à un plus jeune collègue de se déplacer." » (Bernard Longpré à l'auteur, entrevue, 29 décembre 1992.)

4. JF à Pierre Cantin, entrevue, 20 septembre 1980.

donné j'ai dit : « nous étions censés tenir une réunion paisible dans la salle que voici. Comme vous voyez, la porte est verrouillée, la police est intervenue. Puisque c'est comme ça, nous allons tenir la réunion ici. » La police était là ; j'ai pu parler trois ou quatre minutes, et ils sont intervenus. Ils ont arrêté une quinzaine de personnes[5].

Que faisait Ferron sur les lieux de cette assemblée ? Dans quelles circonstances fut-il arrêté et pourquoi reçut-il un coup de poing à la figure ? Même si sa présence sur les lieux d'une manifestation contre l'OTAN est tout à fait cohérente avec ses convictions pacifistes, l'écrivain a toujours répété, par la suite, qu'il se trouvait là par hasard. « C'est le policier qui faisait du zèle, confirme Gui Caron ; probablement parce qu'il avait affaire à un médecin et qu'il voulait l'emmerder[6]. » C'est ce que tend à démontrer le compte rendu des événements que *La Presse* fit paraître le lendemain. Le journaliste souligne d'abord le caractère largement « ethnique » des manifestants, dans le but évident de les discréditer auprès des lecteurs canadiens-français : « On y remarquait plusieurs nègres, bien que la plupart fussent slaves ou israélites[7] » ; puis, par souci de contraste sans doute, il insiste lourdement sur les origines et la profession de l'un des accusés, Jacques Ferron : « Le Dr Jacques Ferron, 28 ans, 803 rue De Fleurimont, a nié sa culpabilité à

5. Gui Caron à l'auteur, entrevue, 31 octobre 1992. La salle des charpentiers, située au 3560, boulevard Saint-Laurent, était la « Centrale de plusieurs syndicats internationaux, notamment ceux de la construction (charpentiers et menuisiers, électriciens, maçons, peintres) et de la restauration ». André G. Bourassa et Jean-Marc Larrue, *Les nuits de la « Main ». Cent ans de spectacles sur le boulevard Saint-Laurent (1891-1991)*, Montréal, VLB éditeur, « Études québécoises, 30 », 1993, p. 288.

6. Gui Caron à l'auteur, entrevue, 31 octobre 1992.

7. Raymond Taillefer, « Douze communistes sont arrêtés », *La Presse*, 30 mars 1949, p. 39.

l'accusation d'avoir refusé de circuler. [...] Le Dr Ferron [est] originaire de Louiseville et est diplômé de l'Université Laval[8]. »

C'est encore une fois par l'intermédiaire d'une lettre à Madeleine que nous connaîtrons finalement la version du principal intéressé. Même en faisant la part de la bravade après le « forfait », il faut bien constater que Ferron semble avoir ramené de Gaspésie une bonne dose d'impertinence, puisqu'il déclare avoir volontairement provoqué son arrestation par souci de solidarité :

> Mon arrestation m'a laissé un souvenir merveilleux. Je connais ce que c'est qu'aller en prison et je pourrai désormais emprisonner le héro [*sic*] de mon roman. Je n'ai pas participé à la manifestation défendue, mais je tenais tout de même à me faire arrêter ; aussi fus-je frondeur, narguant [*sic*], fendant. Je fus arrêté à cause de mon air, et le gendarme qui me donna un coup de poing en éprouva sans doute beaucoup de satisfaction[9].

Ferron relate ensuite sa rencontre fortuite, au plus fort de l'émeute, avec un manifestant blessé, un frère de lutte avec qui il éprouvera un fort sentiment de connivence et d'appartenance à l'humanité souffrante : « ce fut l'un des plus beaux moments de ma vie[10] », conclut-il. Cet épisode fraternel, comme celui de son arrestation, sera repris dans *La nuit*, où l'écrivain le présente comme une sorte de point culminant de sa jeunesse.

Cette aventure marque aussi un changement important dans les activités politiques du médecin. Dès le lendemain

8. *Ibidem.*
9. JF à Madeleine Ferron, lettre, [avril 1949]. Le « roman » auquel l'auteur fait référence doit être « La gorge de Minerve », que Ferron n'a pas encore renoncé à publier. Il peut s'agir aussi d'une toute première ébauche de *La nuit*, roman qui paraîtra en 1965.
10. JF à Madeleine Ferron, lettre, [avril 1949].

de son arrestation, au moment de sa comparution en cour, Ferron est amené à nier son adhésion au communisme, ce qui, de son point de vue, constitue aussi un reniement de son comportement de la veille; il semble ainsi se désolidariser de ses camarades de combat. Devant le juge, il invoque d'abord son entrée prochaine à l'hôpital: « le tribunal consentit à entendre le procès ce matin même, à la requête de l'accusé qui doit être admis dans un sanatorium au début de la semaine prochaine[11] ». Ce que confirme Madeleine, en ajoutant que son frère aurait aussi cherché à impressionner le magistrat en citant les personnages haut-placés de sa famille: « Il nous a raconté ça après, en riant. "Imagine-toi, disait-il, j'ai été obligé de dire que j'étais tuberculeux, que je m'en allais au sanatorium pour être libéré. J'ai été obligé de présenter les références familiales pour qu'on me laisse partir!" Et là, il avait un peu honte d'avoir fait ça[12]. » Enfin, lorsqu'il lui fut demandé, par suite du témoignage d'un policier, s'il était communiste, le jeune docteur répondit par la négative, comme le rapporte fidèlement le reporter de *La Presse*: « "Vous n'êtes pas obligé de me répondre, dit le magistrat, mais êtes-vous communiste?" — "Non, je ne suis pas communiste", répondit-il[13]. »

Dans son œuvre et dans les entrevues qu'il accordera par la suite, Ferron reviendra souvent sur cette péripétie somme toute bénigne de son existence: « je n'en suis jamais revenu, écrit-il, au point de faire tout un livre, dix ans après, pour que toutes les populations de tous les temps connussent l'extraordinaire offense dont j'avais été la victime, en dépit de mes droits sacrés[14] ». Mais c'est surtout la

11. Raymond Taillefer, « Douze communistes sont arrêtés », *loc. cit.*, p. 39.
12. Madeleine Ferron à l'auteur, entrevue, 18 septembre 1992.
13. Raymond Taillefer, « Douze communistes sont arrêtés », *loc. cit.*, p. 39.
14. JF, « Historiette. Pissoupe — Pissou — Pisseuse », *IMP*, vol. XXVI, nº 5, 15 janvier 1974, p. 20.

culpabilité qui domine, dans ce complexe écheveau de sentiments contradictoires. Le romancier ne se pardonnera jamais d'avoir désavoué, ne fût-ce qu'une fois, des convictions au nom desquelles, naguère, il avait même perdu son travail: « Je lui ai dit [au juge] que je n'étais pas communiste, alors que la brigade anti-subversive avait des preuves que je l'étais. J'avais obtenu une sentence différée et j'avais eu assez honte de moi[15]. » On comprend mieux, maintenant, cet étrange passage de *La nuit* dans lequel François Ménard, le double ferronien, se reproche d'avoir trahi non seulement ses idéaux, mais aussi sa *famille*: l'écrivain regrette ici d'avoir fait jouer ses *privilèges* en invoquant des liens familiaux pour assurer sa libération; il s'en veut aussi d'avoir trahi la mémoire du notaire, au nom de laquelle, une année plus tôt, il s'était déclaré communiste:

> Pourtant je l'étais. Pourquoi le nier? [...] Je ne me rendais donc pas compte que je trahissais mon entourage? [...] J'avais commencé ma carrière par une tache énorme derrière laquelle disparaissaient mes horizons passés [...] je me réjouissais que mes oncles et tantes, mes cousins n'aient pas assisté à mon reniement: eux aussi, ils m'auraient condamné. Je les imaginais se levant et partant à la hâte pour n'avoir point à me parler, emportant avec eux mon pays, tous les clochers du comté de Maskinongé[16].

C'est sur cette dernière image, sur ce *déséquilibre*, que nous prendrons congé du jeune auteur. « Ce fut mon péché originel, le péché que par moi-même je ne pouvais expier: sentence suspendue, [...] cendres retombant sur moi jusqu'à la fin des temps[17]. » Nous le laissons, il est vrai, au seuil

15. JF et Pierre L'Hérault, « 9 entretiens avec le Dr Jacques Ferron (automne 1982) », transcription intégrale (document de travail), interview et transcription: Pierre L'Hérault, [s.l.], [s.é.], 1990, p. 12.
16. JF, *La nuit*, Montréal, Parti pris, « Paroles, 4 », 1965, p. 70-71.
17. *Ibidem*, p. 72.

d'une nouvelle existence qui a extérieurement très peu à voir avec les années précédentes ; mais il faut bien que jeunesse se passe, comme le dit précisément cette sagesse populaire que l'écrivain aimait tant. Emblématique, la « faute » du docteur Ferron illustre à merveille le *porte-à-faux* social et intellectuel dans lequel il se trouve, et dont son œuvre témoignera dorénavant. La mauvaise conscience de l'écrivain, son sentiment de culpabilité sociale, sa sévérité excessive envers lui-même ne regardent que lui, mais elles agiront dorénavant comme un puissant moteur de sa création littéraire.

◇

Après un séjour de deux mois au sanatorium, Jacques Ferron se séparera de sa première épouse — fatiguée des frasques de son mari ? — et s'installera sur la rive sud de Montréal, à Ville Jacques-Cartier — municipalité plus tard annexée à Longueuil — d'où il ne bougera pratiquement plus durant les trente-cinq années suivantes : « J'ai été assez chanceux de vendre ma maison en Gaspésie [...], et là, je me suis installé au 1285 chemin Chambly[18]. » Autant la première partie de son existence fut mouvementée, autant la seconde sera sédentaire. Le choix de la Rive-Sud fut avant tout guidé par des raisons professionnelles, explique son frère cadet : « Jacques s'est installé sur la Rive-Sud parce qu'il connaissait le docteur Marcil, un ami de notre sœur Marcelle ; il a suggéré à Jacques de venir le rejoindre parce que les possibilités étaient meilleures que sur la rue De Fleurimont[19]. » Étant donné l'absence de construction

18. JF à Pierre Cantin, entrevue, 20 septembre 1980.

19. Paul Ferron à l'auteur, entrevue, 8 janvier 1993. Paul Ferron fit lui aussi ses études en médecine ; en 1954, il vint rejoindre son aîné sur le chemin Chambly. Pendant 30 ans, les deux frères Ferron pratiquèrent leur profession ensemble, dans le même bureau.

domiciliaire durant la guerre, la région montréalaise connaissait une grave pénurie d'habitations. La Rive-Sud se peuplait rapidement et de façon assez anarchique ; Ferron, lors de ses fréquentations au Parti ouvrier progressiste, entendit certainement parler d'Henri Gagnon et de sa Ligue des vétérans sans-logis, cet organisme d'obédience communiste qui cherchait à obtenir des logements pour les soldats démobilisés[20]. Pour l'écrivain, Ville Jacques-Cartier avait aussi un attrait supplémentaire : comme le croit Madeleine, il retrouvait, dans cette banlieue populaire, « un climat qu'il aimait, qui était un peu celui de la Gaspésie : un milieu de petites gens et de personnages pittoresques[21] ».

L'année 1949 représente aussi une date-charnière dans la carrière littéraire de Jacques Ferron : il s'apprête — enfin ! — à devenir un écrivain à part entière en éditant son premier livre ; ce sera *L'ogre*, cette pièce de théâtre rédigée dans le bureau de la rue De Fleurimont, qu'il devra se résoudre à faire paraître à compte d'auteur aux Cahiers de la File indienne de son ami Gilles Hénault. Il lui faudra attendre au moins jusqu'en 1962 pour que les éditeurs reconnus daignent accepter de publier ses livres[22]. De plus, grâce à sa sœur Marcelle, il fréquente maintenant les milieux intellectuels de la métropole : « Je l'ai présenté aux gens du groupe automatiste, dit cette dernière. Il est venu voir de quoi il en retournait. Il a rencontré Borduas, il est venu quelques fois à Saint-Hilaire[23]. » Bientôt, il sera membre de la Société des

20. Robert Comeau et Bernard Dionne, « Henri Gagnon, organisateur révolutionnaire : 1936-1956 », dans Robert Comeau et Bernard Dionne (dir.), *Le droit de se taire. Histoire des communistes au Québec de la Première Guerre mondiale à la Révolution tranquille*, Outremont, VLB éditeur, « Études québécoises, 11 », 1989, p. 316-320.

21. Madeleine Ferron à l'auteur, entrevue, 18 septembre 1992.

22. Madeleine Lavallée à l'auteur, entrevue, 3 juin 1993.

23. Marcelle Ferron à l'auteur, entrevue, 25 janvier 1993. C'est d'ailleurs au cours de ces rencontres qu'il fera la connaissance de Madeleine Lavallée, étudiante en Arts, qui deviendra sa seconde épouse.

écrivains canadiens; il entreprendra aussi sa fructueuse collaboration à *L'Information médicale et paramédicale*[24] et y trouvera enfin la tribune dont il rêve depuis toujours. En somme, et pour utiliser la terminologie du sociologue Pierre Bourdieu, Ferron est fermement engagé dans un processus de légitimation institutionnelle.

Politiquement, Jacques Ferron se prépare à délaisser ses sympathies communistes pour évoluer vers un nationalisme de plus en plus affirmé. Il faut dire que son séjour dans le giron du POP est survenu à un moment de grande tourmente idéologique: après la guerre, en effet, des tensions internes sont apparues au sein de cette formation politique autour de la place qu'il convenait de réserver aux revendications particulières du Canada français dans la grande lutte canadienne des classes. Ces dissensions éclatèrent au grand jour lors du cinquième congrès du parti, en octobre 1947, alors que la direction provinciale proposa une résolution visant à dénoncer une « faction nationaliste antimarxiste ». Ce groupe aurait « adopté sur la question des relations fédérales-provinciales le point de vue du nationalisme » et aurait tenté « d'organiser une faction en opposition à la ligne du Parti[25] ». Il serait trop long d'énumérer ici tous les enjeux de ce débat; contentons-nous de mentionner que, à la suite de ce congrès, une centaine de militants francophones quittèrent le parti. Ferron assista-t-il à cette assemblée déchirante? Il en eut vraisemblablement connaissance, en tout cas, puisqu'il s'amuse, dans *La chaise du maréchal ferrant*, à relater l'expulsion de l'un des deux principaux incriminés:

24. Le premier article de Ferron dans cette revue date de janvier 1951; il y relate son expérience au Sanatorium de Sainte-Agathe. (JF, « Souvenirs de sanatorium », *IMP*, vol. III, nº 4, 2 janvier 1951, p. 87.)
25. Marcel Fournier, « Fred Rose. Notes pour une biographie », dans Robert Comeau et Bernard Dionne (dir.), *le Droit de se taire*, *op. cit.*, p. 295.

> Tout aussitôt ils se mirent à houspiller le brave Émery Samuel qui pourtant ne pensait qu'à la pérennité du Parti. Ils le traitèrent de nationaliste petit-bourgeois. Une résolution, déjà cuisinée, demanda l'expulsion d'Émery Samuel du parti communiste. [...] Le vote avait sans doute été cuisiné. Personne n'en crut ses oreilles quand Pierre Gélinas, plus bègue que d'ordinaire, vint annoncer l'exclusion d'Émery Samuel[26].

Ce schisme marque, pour Ferron, le début d'une réflexion qui aboutira quelque dix ans plus tard à son rejet de la gauche anglo-montréalaise et à la publication de son célèbre article de *La Revue socialiste* dans lequel, tout en faisant ses adieux au Parti social-démocrate[27], il affirme clairement de nouvelles prises de position nationalistes. Dans une lettre à Jean Marcel, il avouera avoir éprouvé, dès 1947, un intérêt certain pour les francophones bannis du parti: «Le PC, dirigé de Toronto, avait pour slogan à Montréal: socialisme d'abord, autodétermination ensuite. Slogan qui créait malaise, opposition, éviction des opposants [...]. Ma sympathie allait aux excommuniés [...][28].» C'est au cours d'une assemblée du parti que Ferron fera la rencontre de l'un de ces démissionnaires, Raoul Roy, avec qui il évoluera, au cours des années suivantes, vers le nationalisme. Roy, qui travaillait alors à l'Union des marins canadiens, se rappelle avoir partagé avec le médecin cette insatisfaction à l'endroit des communistes: «Ferron est arrivé dans ce groupe-là au moment où les choses s'éclaircissaient. Il est tout de suite tombé sur des choses qui lui ont déplu. Il est entré au parti

---

26. JF, *La chaise du maréchal ferrant*, Montréal, Éditions du Jour, «Les Romanciers du Jour, R-80», 1972, p. 172. La «résolution déjà cuisinée» fait probablement allusion à Mme Danièle Cuisinier, journaliste à *Combat* et dirigeante du parti.

27. JF, «Le PSD est un parti étranger au Québec. Adieu au PSD», *La Revue socialiste*, n° 4, été 1960, p. 7-14.

28. JF à Jean Marcel, lettre, 25 octobre 1969.

pour en sortir[29]. » Avec lui, il fondera, en 1960, l'un des tout premiers mouvements indépendantistes québécois, l'Action socialiste pour l'indépendance du Québec. Le nom de ce groupuscule éphémère décrit à lui seul le nouveau programme politique du médecin : il sera toujours, *d'abord*, un socialiste — quoi qu'il en dise —, quitte à tenter par la suite de « mettre le nationalisme à gauche » pour faire coïncider ses opinions nationalistes avec l'antériorité de ses convictions socialisantes.

À partir de l'année 1949, le Jacques Ferron que nous avons connu change de registre et oriente toute son existence en fonction de l'œuvre à faire ; on chercherait vainement à reconnaître, derrière cette description du docteur longueuillois que donne Madeleine, le jeune homme fantasque d'autrefois : « Jacques ne voyageait pas ; je ne sais pas pourquoi, il ne sortait pas. Le matin, il se levait à cinq heures, il allait écrire à son bureau jusqu'à ce que les clients arrivent. Entre chaque client, il écrivait. Le soir, jusqu'à huit heures, il continuait à écrire. C'était sa routine et il n'en dérogeait pas[30]. » Malgré ces habitudes fort rangées, il participera, « du fond de son arrière-cuisine », à toutes les luttes intellectuelles et politiques des trois décennies suivantes : « C'est ainsi que je suis resté l'homme le plus indépendant du monde, écrit-il à Jean Marcel. Et un solitaire, oui, Monsieur, mais dans une solitude se situant comme par hasard dans un carrefour[31]. » Il se dispose à bousculer les habitudes de lecture en démontrant que la rigueur stylistique et l'élévation de pensée ne sont pas incompatibles avec les plus irréductibles particularismes culturels ; mais surtout, il commence à mettre à profit, de façon sélective il est vrai, l'immense bagage de souvenirs qu'il a accumulés au cours de la première moitié de son existence.

29. Raoul Roy à l'auteur, entrevue, 25 novembre 1992.
30. Madeleine Ferron à l'auteur, entrevue, 18 septembre 1992.
31. JF à Jean Marcel, lettre, 13 avril 1966.

Descendant d'une famille libérale, Jacques Ferron héritera d'abord d'une méfiance « naturelle » à l'endroit du nationalisme tel qu'il était pratiqué dans sa jeunesse ; toutefois, né à une époque et dans une région où les élites régionales valorisaient la culture locale, il sera aussi imprégné, presque à son insu, par ce courant idéologique. De plus, comme il l'a souvent répété par la suite non sans une certaine fierté, la famille Ferron, bien que bourgeoise, était encore fortement attachée à ses racines paysannes et comptait parmi ses membres plusieurs agriculteurs ; c'est ainsi qu'il fut aussi mis en contact avec la culture rurale traditionnelle du Québec et avec ses riches traditions orales. De là lui vient d'abord son intérêt jamais démenti pour les milieux populaires et pour le pittoresque, qu'il retrouvera avec plaisir lors de son séjour en Gaspésie. La famille Ferron, de par sa situation mi-populaire, mi-bourgeoise, constitua donc, pour l'auteur des *Contes du pays incertain*, une source d'inspiration irremplaçable. Cependant, de par ses liens avec la famille de sa mère, l'écrivain héritera aussi d'un goût pour la grandeur et pour la hiérarchie d'Ancien Régime, qu'il attribuera à la vieille bourgeoisie des Caron et aux traditions plutôt conservatrices de la Mauricie. Il recevra l'éducation un peu conformiste réservée à l'élite régionale et aux fils de bonne « extraction », mais certains facteurs familiaux viendront favoriser chez lui — de même que chez ses frère et sœurs — l'éclosion d'une personnalité fortement individualiste et d'une pensée libre.

Les études du jeune Ferron au collège Jean-de-Brébeuf lui laissent un double héritage. Elles accentuent d'abord ses déterminismes « aristocratiques » : la solide formation qu'il y reçoit l'éloigne, pour un temps, de ses racines populaires. Éduqué dans l'admiration de la littérature française, il éprouve aussi un grand attachement pour des auteurs français contemporains qui ont pour point commun de considérer la littérature comme une *activité spécifique*, régie par ses propres lois. Cette influence sera doublement déterminante dans la pensée du collégien, et pour une bonne part, dans celle des auteurs de sa génération qui ont connu la même formation que lui. Ses premières œuvres — qu'il reniera plus ou moins explicitement par la suite — seront marquées par cette conception de l'écriture. Conformément à l'image prestigieuse que lui renvoient ses auteurs de prédilection — Paul Valéry et Alain au premier chef —, il en viendra aussi à valoriser de façon absolue la *figure* de l'écrivain, et à dissocier la pratique littéraire des « contingences » du réel. Bien entendu, ces conceptions allaient à l'encontre des principes littéraires généralement admis au Québec durant les années 1930 ; c'est pourquoi le jeune Ferron témoignera régulièrement de son mépris envers le mouvement régionaliste, incarné pour lui dans la personne et dans l'œuvre de Lionel Groulx.

Mais le collège Brébeuf aura aussi une autre influence sur la personnalité du jeune homme, plus subtile et plus difficile à évaluer parce qu'elle ne semble avoir porté ses fruits que bien des années plus tard. Ferron, on le sait, reprochera vertement à ses anciens maîtres d'avoir cherché à lui inculquer des idées politiques moralement indéfendables ; cependant, le préjugé favorable des jésuites en faveur du corporatisme et du coopératisme, durant la Crise, manifestait à tout le moins un souci humanitaire, une vision sociale du monde que le collégien assimilera presque à son insu. Ces préoccupations referont apparemment surface en lui à la faveur de sa découverte de la Gaspésie et grâce à l'exemple des coopératives mises sur pied par Esdras Minville. On peut dire que le communisme ferronien, au moins en partie, est une *accentuation* des potentialités « sociales » acquises à Brébeuf. Sur ce plan, Jacques Ferron est aussi un homme de son temps : après avoir été un esthète, il sera un écrivain *engagé*, comme beaucoup d'intellectuels formés durant les années 1930[32]. Il mettra simplement un peu de temps à réconcilier en lui le socialiste et l'admirateur de Paul Valéry.

À la fin de ses Humanités, malgré son penchant pour la littérature, il doit consentir à certains accommodements et assujettir son activité d'écrivain à la pratique d'une profession : il se retrouve donc à la faculté de médecine de l'Université Laval. Au fil des années et de ses diverses activités estudiantines, il ne perd cependant jamais de vue son objectif principal, qui est de *réussir*, littérairement parlant : il publie dans les journaux étudiants et tente sa chance dans d'autres périodiques montréalais. Mais les écrits ferroniens de cette période se ressentent encore de sa formation classique. Politiquement, l'écrivain succombe au vieil atavisme familial : il se rapproche du Parti libéral, ce qui ne l'empêche pas de s'intéresser, déjà, aux milieux de gauche. À la fin de ses études, il doit séjourner un an dans l'armée canadienne ; il y prend conscience d'un certain mépris du Canada anglais pour ses compatriotes francophones, et y échafaude les premiers éléments de sa théorie sociale fondée sur l'opposition « grand-village/petit-village ». Cette année de service militaire offrira aussi à l'auteur la possibilité de tenter une nouvelle stratégie d'émergence dans l'institution littéraire : abandonnant l'écriture poétique, il rédige un premier roman, « La gorge de Minerve », qui sera refusé par les éditeurs.

Après sa démobilisation, le jeune médecin choisit d'aller pratiquer sa profession en Gaspésie ; il renoue alors avec un milieu populaire qui lui rappelle un peu le monde de son enfance. Au cours des deux années que durera son séjour, il s'essaie à rédiger des pièces de théâtre ; il cherche aussi à concilier sa formation littéraire française, à la fois classique

32. Yvan Lamonde, « La spécificité des intellectuels des années cinquante au Québec », *Bulletin d'histoire politique*, vol. 3, nº 1, automne 1994, p. 20.

et moderne, avec de nouvelles sources d'inspiration populaire. C'est de cette époque que datent les premiers contes ferroniens, fruits d'une tension féconde entre les deux univers culturels qui ont formé la pensée et la sensibilité de l'écrivain. D'une façon générale, Ferron a trouvé en Gaspésie un *modus vivendi* littéraire dont les contes représentent la réussite la plus éclatante : dorénavant, il se « spécialisera » dans la rédaction de textes brefs, conçus en fonction d'une première publication dans des périodiques, ce qui lui permet de concilier son accaparante pratique médicale avec une activité littéraire soutenue, tout en assurant sa présence constante dans les milieux intellectuels. Ce souci deviendra d'ailleurs chez lui une obsession en même temps qu'une marque de commerce : l'œuvre ferronienne tout entière sera placée sous le signe du *fragment*, au point où, comme le note Jean R. Côté, le romancier se reprochera plus tard de n'avoir pu consacrer plus de temps à la rédaction d'une grande œuvre unificatrice :

> En somme, le fait d'être polygraphe, d'éparpiller ici et là ces « petits papiers », de les prodiguer dans presque tous les périodiques du pays, a empêché Ferron de se réaliser pleinement en tant que romancier, du moins de se consacrer entièrement aux projets romanesques importants qu'il envisageait[33].

Le choc de la Gaspésie aura des répercussions profondes sur la pensée et l'œuvre de Ferron. Dans le cadre de ses activités médicales, il est brutalement confronté à la vraie pauvreté, ce qui le pousse à adhérer aux idéaux du communisme. Dès lors, le médecin compatissant qu'il est devenu désavoue le jeune homme insouciant et « entretenu » qu'il croit avoir été. Il juge essentiel, dorénavant, « que l'élite comprenne les besoins du peuple, même si elle doit lui

---

33. Jean R. Côté, « Jacques Ferron, écrivain : l'arrière-boutique », *Voix et images*, vol. XX, nº 2, nº 59, hiver 1995, p. 433.

sacrifier quelques-uns de ses privilèges[34] ». C'est ce singulier dualisme social qui lui fera éprouver de si cuisants regrets à la suite de son arrestation de 1949. En rejetant son appartenance réelle au communisme, il se trouvait, du même coup, à renier ce qu'il voulait être :

> Enfin, je prends mon feu [...] du côté de ces dissidents qui ont été du Parti à un moment où ce n'était pas avantageux de l'être. [...] Et que j'ai essayé de protéger contre les anticommunistes que j'ai toujours détestés. [...] Moi, j'étais franchement favorable à ces petites flammes révolutionnaires qui attiraient le meilleur de ce que la société a de mieux et qui n'ont jamais représenté un danger[35].

Au moment où Ferron revient de Gaspésie, l'un de ses objectifs littéraires est de donner une voix au peuple, comme il s'en ouvre très noblement à Robert Cliche : « À fréquenter les pauvres gens j'ai trouvé une conscience : la leur. Une justice : leur bien. Une vérité : *ne pas les tromper*. Une ambition : les exprimer[36]. » En d'autres termes, il vient de procéder à la « nationalisation » de son œuvre littéraire, mais n'a pu encore se résoudre à faire le choix politique nationaliste équivalent. Tout en lui s'y refuse : le passé libéral de sa famille, son anticléricalisme, ses propres idéaux progressistes, ses affinités culturelles, etc. Il édifiera dorénavant son œuvre à partir de la culture et de l'histoire de son pays, mais sa sensibilité politique lui interdit de pousser cette tendance jusqu'à ses ultimes conséquences, car il se retrouverait en fort mauvaise compagnie idéologique, du

34. JF, *Les lettres aux journaux*, colligées et annotées par Pierre Cantin, Marie Ferron et Paul Lewis, préface de Robert Millet, Montréal, VLB éditeur, 1985, p. 49. Lettre parue originellement dans *Le Devoir* (19 mars 1949, p. 5) sous le titre : « L'évolution de la médecine ».

35. JF et Pierre L'Hérault, « 9 entretiens avec le Dr Jacques Ferron », *op. cit.*, p. 242-243.

36. JF à Robert Cliche, [1948].

côté de Lionel Groulx et de Maurice Duplessis. Ce n'est que plus tard, quand il sera en contact avec les milieux ouvriers de la région montréalaise, qu'il tirera les conclusions politiques de ses choix littéraires en complétant le mouvement amorcé en Gaspésie ; et encore, son adhésion au nationalisme sera-t-elle souvent vécue de façon problématique et entourée de multiples précautions oratoires :

> C'est vers les années cinquante, après être sorti du Parti communiste, que j'ai cherché à me faire une idée politique. Et j'y suis venu, assez curieusement, par la littérature, parce qu'après avoir pratiqué en Gaspésie, où j'étais en présence d'une langue verte, vivante, [...] j'ai commencé à pratiquer à Ville Jacques-Cartier et je me suis trouvé en présence d'une langue [...] appauvrie, malade, une langue de frontières, polluée[37].

Si donc Ferron, imaginant dans « La créance » sa propre venue au monde, a voulu placer au chevet de sa mère une sage-femme de Gaspésie, c'est sans aucun doute pour signifier que son séjour à Rivière-Madeleine représenta pour lui une seconde naissance, plus réelle encore que la première. Madame Théodora, bonne fée gaspésienne, témoigne de la réinterprétation que fait l'écrivain de sa propre vie ; Ferron divisera dorénavant son existence en un *avant* et un *après* qui se situent de part et d'autre du séjour gaspésien. Par voie de conséquence, l'autobiographie de jeunesse, dans son œuvre, sera teintée par les opinions qu'il aura développées après 1948.

Lorsque Ferron évoque son enfance, c'est généralement sur le mode de l'autocritique, et les propos qu'il tient sur sa jeunesse tendent à la discréditer. Il aurait été un jeune

37. JF à Jacques de Roussan, entrevue, 23 septembre 1970.

homme irresponsable, oisif, descendant de familles privilégiées de la Mauricie. Par souci de contraste, il mettra surtout en évidence les origines paysannes et la compassion de son père, pour pouvoir mieux ensuite se réclamer de son enseignement. Il ne parle pas volontiers, dans son œuvre publique, de ses années d'études et de son séjour dans l'armée canadienne parce que, d'un point de vue social, ce sont des périodes de sa vie moins « présentables » au cours desquelles il considère avoir été un jeune homme insouciant. Il semble avoir voulu — consciemment ou non — maintenir un certain « flou » autour des épisodes-pivots de sa jeunesse : son changement de prénom, son choix de carrière, les circonstances entourant son installation en Gaspésie, son degré d'appartenance au Parti communiste, ses activités politiques nébuleuses à Rivière-Madeleine et à Gros-Morne... nous devons admettre que plusieurs moments importants de l'existence de l'auteur restent plus ou moins nimbés d'incertitude. Une constante, toutefois, se dégage : l'écrivain, dans le processus de « fictionnalisation » de sa jeunesse, préfère le silence à la fabulation ; il laisse la légende s'emparer librement de ses jeunes années, en se gardant bien d'intervenir.

C'est dans *Le ciel de Québec* que l'écrivain, secrètement, a voulu régler ses comptes avec cette période de sa vie. Au niveau structurel d'abord, on l'a vu, Ferron a récupéré, avec ce roman, des éléments, des *motifs* qui se trouvaient déjà dans « La gorge de Minerve » et dans « Les rats », ces deux œuvres antérieures à 1948 boudées par les éditeurs. Les regrets du jeune Ferron, ses colères, ses indignations, ses repentirs, se résolvent aussi dans ce grand livre codé dont les innombrables clés reposent dans sa mémoire ; à commencer par le village mal famé des Chiquettes, transposition de deux hameaux réels — celui des Magouas et celui de Gros-Morne — vers lequel convergent toutes les intrigues du roman. À travers le poète Orphée/Saint-Denys Garneau, c'est sa propre jeunesse insouciante que l'écrivain cherche à stigmatiser. De même, la figure pathétique du père Papin incarne dans ce roman l'idéologie corporatiste en vogue chez les intellectuels durant les années 1930. Le docteur Cotnoir, pour sa part, est un personnage double en qui «cohabitent» le vieux médecin gaspésien, prédécesseur de Jacques Ferron à Rivière-Madeleine, et le notaire Ferron, père du romancier, acquéreur d'un troupeau de chevaux sauvages venus de l'ouest. Monseigneur Camille incarne la figure «réhabilitée» de Camille Roy, penseur du régionalisme littéraire que le collégien Ferron méprisait, mais que l'étudiant en médecine apprendra à respecter.

C'est cependant dans ses multiples trajectoires du haut vers le bas de la société que *Le ciel de Québec* illustre le mouvement même que l'auteur a voulu conférer à son propre destin. L'amour du pays, dans l'œuvre de cet homme qui aurait pu devenir un bon bourgeois cossu, se traduit très souvent par une sorte d'encanaillement — qu'il appelle lui-même «enquébécquoisement»; il s'agit d'un déclassement volontaire et assumé, une «mésalliance» par laquelle les notables du pays sont invités, comme l'auteur l'avait fait lui-même en 1948, à choisir le peuple: «il n'y a aucun avantage à vivre en exil en son propre pays par snobisme de classe, pour se distinguer de lui, [...] il faut d'abord se pénétrer sur place d'histoire et de culture québécoises avant d'accéder à l'histoire et à la culture universelles[38]». Tous les hauts personnages du *Ciel de Québec* — évêques, ministres, prêtres, députés, poètes, pasteurs anglicans — finissent par redescendre l'échelle sociale, ce qui les mène droit au Village des Chiquettes, comme l'a bien remarqué Alonzo Le Blanc: «Aussi les mutations les plus évidentes, les parcours idéologiques les plus marquants sont ceux qui font passer les personnages d'une conception étroite et fanatique

38. JF, «Armand Sans-faille», *Le Petit journal*, 22 février 1970, p. 73.

des choses à une tolérance humaniste qui n'exclut pas un nationalisme de bon aloi mais y collabore[39]. » N'est-ce pas là, dans ses grandes lignes, le parcours du jeune Ferron lui-même ? Même si *Le ciel de Québec* paraît très peu autobiographique, il est littéralement hanté par la mémoire de l'auteur et par les fantômes de sa jeunesse.

Vers la fin de sa vie, le docteur Ferron, sans doute apaisé — *racheté* — par toute une vie d'engagement social et politique, semble avoir senti le besoin de se faire plus explicite au sujet de certains épisodes de son passé, devenus pour ainsi dire *inoffensifs*. « Il faudra bien reparler de l'élection de 1948 dans Gaspé-Nord, drôle d'aventure [...] où, pendant trois jours, trois nuits, Salvarsan déjoua le huissier [*sic*], mandaté de Québec, venu pour l'appréhender [...][40] », écrit-il par exemple dans un manuscrit resté inédit. Le romancier n'a malheureusement pas mené ce projet à terme, mais d'autres signes témoignent aussi, sur un mode beaucoup plus tragique, de la volonté autobiographique du « dernier » Ferron. Ginette Michaud a montré comment, dans ses ultimes manifestations, l'œuvre ferronienne se retourne sur elle-même et sur le passé de l'écrivain :

> À partir du milieu des années soixante-dix, le mouvement s'inverse, me semble-t-il, le rythme se ralentit considérablement, en passant cette fois du dehors de l'œuvre vers son côté obscur, y cherchant un foyer toujours plus intériorisé, et la crise personnelle à laquelle s'affronte Ferron en ces années ne peut être étrangère à cette exploration de « la folie et ses cantons », introspection autobiographique à peine masquée sous la figure d'un double [...][41].

Contentons-nous d'y voir, pour notre part, un nouveau

39. Alonzo Le Blanc, « *Le ciel de Québec*, roman de Jacques Ferron », dans Maurice Lemire (dir.), *Dictionnaire des œuvres littéraires du Québec*, T. IV, *1960-1969*, Montréal, Fides, 1984, p. 174.

40. JF, « En attendant Maski », manuscrit. BNQ, 2.91.2.

41. Ginette Michaud, « De Varsovie à Grande-Ligne : l'œuvre *in extremis* », *Littératures*, n°s 9-10, « Présence de Jacques Ferron », 1992, p. 83-84.

sentiment d'urgence qui pousse l'auteur à mettre en valeur, sur le tard, le riche matériau autobiographique de sa jeunesse. Les signes d'un sursaut de la mémoire se multiplient en effet dès 1975, à commencer par les nombreuses « Historiettes » dans lesquelles l'auteur semble *se hâter* de sauver de l'oubli certains souvenirs de sa petite enfance. Comment ne pas penser aussi au « Pas de Gamelin », cet énorme livre auquel Ferron travaillait dans ses dernières années ? Cet ouvrage, dont *Gaspé-Mattempa* aurait constitué un chapitre, comprend de nombreux passages autobiographiques, notamment consacrés à l'épisode de Grande-Ligne ; Ferron, qui le jugeait « délirant et incohérent[42] », renonça finalement à le publier.

Les archives de l'écrivain, pour les années 1970 et 1980, révèlent aussi d'innombrables fragments autobiographiques restés à l'état d'ébauche, qui abordent directement des événements jusque-là laissés dans l'ombre, comme si le romancier, pressé soudain d'*écrire* sa singulière jeunesse, s'était fébrilement mis au travail. Rien de plus émouvant que ce chantier de la mémoire inachevée. La correspondance reçue par Ferron indique aussi que le médecin avait entrepris un véritable travail de recherche pour apporter des réponses aux questions irrésolues de son adolescence. En 1980, il s'enquiert par exemple auprès d'un ancien professeur, le père Marie-Joseph d'Anjou, de l'influence qu'avaient eue l'un sur l'autre deux des modèles de sa jeunesse : « J'ignore vraiment la hiérarchie des rapports qui firent de Pierre Baillargeon et du Père Bernier deux bons amis. Qui est le maître de l'autre ? L'un de l'autre, et l'autre de l'un, peut-

42. « Correspondance de Jacques Ferron et Clément Marchand », présentation et notes de Marcel Olscamp, dans Ginette Michaud (dir.), *L'autre Ferron*, Montréal, Fides — Cétuq, « Nouvelles études québécoises », 1995, p. 334. Trois fragments du « Pas de Gamelin » ont été publiés dans cet ouvrage.

être, selon le point de vue ? Je ne sais[43] », répond le vieux jésuite à la question de son ancien élève. Ferron préparait-il ses mémoires, un roman autobiographique ? Difficile à dire. Chose certaine, les manuscrits éclatés de sa dernière période montrent hors de tout doute que le médecin de Longueuil allait enfin témoigner un peu d'indulgence à l'endroit du jeune homme fantasque qu'il avait été.

N'oublions pas cependant que le « révisionnisme » mnémonique du Dr Ferron, ses autocritiques littéraires, son parti pris systématique envers les gens modestes auront été, pour une bonne part, la condition même de son œuvre singulière. Le romancier se serait-il intéressé à la culture orale, aurait-il écrit ses *Contes* s'il n'avait d'abord choisi de s'inscrire dans une tradition populaire ? Aurait-il rédigé *La nuit* s'il n'avait d'abord ressenti ce grand regret d'avoir, un jour de mars 1949, « trahi » son idéal social ? Aurait-il rédigé *Le ciel de Québec* sans avoir éprouvé le besoin de stigmatiser ceux qui, pendant les années 1930, exploitaient les « Magouas » en se moquant d'eux ? Aurait-il publié *Le salut de l'Irlande* sans avoir au préalable pris le parti des jeunes « Effelquois » de la Rive-Sud ? Le docteur Ferron aurait-il, enfin, écrit ses plus grands textes — *Cotnoir*, *Les roses sauvages*, « Les salicaires », *L'amélanchier*, *La conférence inachevée* — sans être *mu* par par une compassion qui le poussait à partager les plus profondes misères intellectuelles et morales de la société ? On comprend mieux pourquoi il aura tendance, par la suite, à renier ses œuvres d'avant les années 1950, c'est-à-dire la quasi-totalité de son théâtre d'inspiration française et la plupart de ses écrits antérieurs :

> Il peut vous sembler que ma carrière a commencé vers 48-49, écrit-il à Pierre Cantin, mais dites-vous que l'époque était particulièrement creuse et que n'importe qui pouvait y débuter. Vous êtes porté à éloigner mes débuts, moi c'est le

43. Marie-Joseph D'Anjou à JF, lettre, 15 juillet 1980. BNQ, 1.1.67.11.

contraire. Après les avoir fixés à l'année des *Grands soleils*, j'en suis rendu à l'année de *Papa Boss*[44].

Vue de l'extérieur, la trajectoire du jeune Ferron, jusqu'en 1949, ressemble à celle de n'importe quel fils de la bourgeoisie canadienne-française de son époque. Né dans une bonne famille de province, éduqué dans des institutions réputées, il choisit une profession libérale pour se faire une situation et poursuit ses études de médecine à l'Université Laval ; il s'installe enfin en Gaspésie pour y entreprendre sa carrière professionnelle. Cependant, il présente aussi l'admirable paradoxe d'un homme né dans une famille aisée, éduqué dans l'amour de l'art et de la culture française, prédestiné à une carrière confortable d'érudit de province, et qui un jour, vers la fin de sa jeunesse, se détourna de ce destin pour prendre le parti des plus modestes.

44. JF à Pierre Cantin, 31 juillet 1971. La pièce *Les grands soleils* fut publiée en 1958 ; quant au roman *Papa Boss*, il date de 1966.

Bibliographie

Ne sont indiqués ici que les ouvrages cités.

ŒUVRES DE JACQUES FERRON

Livres

L'amélanchier, préface de Gabrielle Poulin, édition préparée par Pierre Cantin, Marie Ferron et Paul Lewis, Montréal, VLB éditeur, « Courant, 1 », 1986, 207 p.

La barbe de François Hertel, Montréal-Nord, VLB éditeur, 1981, 54 p.

La chaise du maréchal ferrant, Montréal, Éditions du Jour, « Les Romanciers du Jour, R-80 », 1972, 223 p.

La charrette, préface de Ginette Michaud, avec la collaboration de Patrick Poirier pour les notes et l'établissement du texte, [Montréal], « Bibliothèque québécoise », 1994, 224 p.

Le ciel de Québec, Montréal-Nord, VLB éditeur, 1979, 408 p.

La conférence inachevée, le pas de Gamelin et autres récits, préface de Pierre Vadeboncoeur, édition préparée par Pierre Cantin, Marie Ferron et Paul Lewis, Montréal, VLB éditeur, 1987, 238 p.

Les confitures de coings et autres textes, Montréal, Parti pris, « Paroles, 21 », 1972, 326 p.

Le contentieux de l'Acadie, édition préparée par Pierre Cantin, Marie Ferron et Paul Lewis, avec la collaboration de Pierre

L'Hérault, préface de Pierre L'Hérault, Montréal, VLB éditeur, 1991, 271 p.

Contes. Édition intégrale. Contes du pays incertain, Contes anglais, Contes inédits, préface de Victor-Lévy Beaulieu, Ville de LaSalle, Éditions Hurtubise HMH, 1985, 236 p.

Le désarroi, correspondance, Montréal, VLB éditeur, 1988, 176 p. [En collaboration avec Julien Bigras.]

Du fond de mon arrière-cuisine, Montréal, Éditions du Jour, « Les Romanciers du Jour, R-105 », 1973, 290 p.

Gaspé-Mattempa, Trois-Rivières, Éditions du Bien Public, « Choses et gens du Québec », 1980, 52 p.

Historiettes, Montréal, Éditions du Jour, « Les Romanciers du Jour, R-43 », 1969, 182 p.

Les lettres aux journaux, colligées et annotées par Pierre Cantin, Marie Ferron et Paul Lewis, préface de Robert Millet, Montréal, VLB éditeur, 1985, 586 p.

Le licou, Montréal, Éditions d'Orphée, 1958, 103 p.

La nuit, Montréal, Parti pris, « Paroles, 4 », 1965, 134 p.

Le Saint-Élias, édition préparée par Pierre Cantin, Marie Ferron et Roger Blanchette, préface de Pierre L'Hérault, Montréal, Typo, 1993, 230 p.

Une amitié bien particulière. Lettres de Jacques Ferron à John Grube, suivi d'*Octobre en question* de Georges Langlois, Montréal, Boréal, 1990, 255 p.

Articles, parties d'ouvrages

« Poésie en herbe. Mon herbier », *Brébeuf*, vol. II, n° 10, 2 mars 1935, p. 2.

« Le carnet d'un belletrien », *Brébeuf*, vol. V, n°s 7-8-[9], 12 février 1938, [s.p].

« Le carnet d'un bellettrien », *Brébeuf*, vol. V, n°s 10-11-12, 16 avril 1938, [s.p].

« Étape », *Brébeuf*, vol. VI, n° 1, 8 octobre 1938, [s.p].

« L'audition de la musique », *Brébeuf*, vol. VI, n° 5, 24 février 1939, [s.p].

«Je me rase en écoutant la messe en ré», *Brébeuf*, vol. VII, nº 2, 11 novembre 1939, [s.p].

«Le reproche du Duc de Montausier», *Horizons*, vol. 3, nº 11, novembre 1939, p. 32.

«Le sport et sa vertu», *Brébeuf*, vol. VII, nº 5, février 1940, [s.p].

«La défense du docteur Knock», *Le Carabin*, vol. I, nº 5, 22 novembre 1941, p. 11.

«Les provinciaux à Québec», *Le Carabin*, vol. I, nº 9, 7 février 1942, p. 4.

«Récit», *Amérique française*, 1re année, nº 3, février 1942, p. 18-21.

«L'ingénu», *Le Jour*, 5e année, nº 29, 28 mars 1942, p. 7.

«Métamorphose», *Le Jour*, 6e année, nº 27, 13 mars 1943, p. 6.

«Trois tableaux en forme de cœur», *Le Carabin*, vol. III, nº 1, 2 octobre 1943, p. 5.

«Une agence de voyage: la médecine», *Le Carabin*, vol. III, nº 2, 16 octobre 1943, p. 4.

«Épigramme», *Le Carabin*, vol. III, nº 3, 30 octobre 1943, p. 8.

«Caprice», *Le Carabin*, vol. III, nº 5, 1er décembre 1943, p. 9.

«Promenade», *Le Carabin*, vol. III, nº 6, 16 décembre 1943, p. 8.

«Le garçon d'ascenseur», *Le Carabin*, vol. III, nº 7, 13 janvier 1944, p. 6.

«Moralités», *Le Carabin*, vol. III, nº 8, 31 janvier 1944, p. 7.

«Moralités II», *Le Carabin*, vol. III, nº 9, 14 février 1944, p. 5.

«L'éternelle duplicité», *Le Carabin*, vol. III, nº 10, 1er mars 1944, p. 12.

«Moralités III», *Le Carabin*, vol. III, nº 13, 15 avril 1944, p. 2.

«Printemps québécois», *Le Carabin*, vol. III, nº 14, 1er mai 1944, p. 6.

«Il faudra donc les pendre!», *Le Carabin*, vol. IV, nº 1, 2 octobre 1944, p. 8.

«Marie Bambin ou les embûches de l'Histoire», *Le Clairon*, vol. XXXVII, nº 44, 29 octobre 1948, p. 2.

«La genèse de la farce», *Le Clairon*, vol. XXXVII, nº 45, 5 novembre 1948, p. 6.

« Borduas s'humanisera », *Le Clairon*, vol. XXXVII, n° 47, 19 novembre 1948, p. 3.

« Souvenirs de sanatorium », *IMP*, vol. III, n° 4, 2 janvier 1951, p. 87.

« Les douleurs de l'accouchement », *IMP*, vol. III, n° 10, 3 avril 1951, p. 1, 2, 6, 7. [En collaboration avec Arthur Tardif et Roland Marcil.]

« L'amour médecin », *IMP*, vol. III, n° 11, 17 avril 1951, p. 9.

« Chronique dramatique. Docteur Knock », *IMP*, vol. III, n° 22, 2 octobre 1951, p. 8.

« La vache morte du canyon », *Amérique française*, vol. XI, n° 1, janvier-février 1953, p. 3-13 ; n° 2, mars-avril 1953, p. 21-29 ; n° 3, mai-juin 1953, p. 16-32.

« Les rats », *Amérique française*, vol. XII, n° 5, novembre-décembre 1954, p. 326-335.

« Le PSD est un parti étranger au Québec. Adieu au PSD », *La Revue socialiste*, n° 4, été 1960, p. 7-14.

« Le Refus », *Situations*, 3e année, n° 2, mars-avril 1961, p. 55.

« Tout recommence en '40 », *Le Quartier latin*, vol. XLIV, n° 39, 27 février 1962, p. 8.

« Le Rhinocéros » (Historiette), *IMP*, vol. XVI, n° 24, 3 novembre 1964, p. 26.

« Ce bordel de pays. D'un amour inquiétant », *Parti pris*, vol. 2, n° 7, mars 1965, p. 60.

« Les cieux ne sont pas toujours vides » (Historiette), *IMP*, vol. XVII, n° 13, 18 mai 1965, p. 18.

« Le langage présomptueux », *Le Devoir*, 30 octobre 1965, p. 17.

« Le mythe d'Antée », *La Barre du jour*, n° 10, vol. 2, n° 4, automne 1967, p. 26-29.

« Le Québec manichéen » (Historiette), *IMP*, vol. XXII, n° 7, 17 février 1970, p. 45.

« Armand Sans-faille », *Le Petit journal*, 22 février 1970, p. 73.

« L'échelle de Jacob » (Historiette), *IMP*, vol. XXII, n° 8, mars 1970, p. 18.

« Le cœur de Jean-Olivier Chénier » (Historiette), *IMP*, vol. XXIV, nº 1, 16 novembre 1971, p. 4.

« Le placard du Freq » (Historiette), *IMP*, vol. XXIV, nº 7, 15 février 1972, p. 21.

« La règle d'or du Sioux » (Historiette), *IMP*, vol. XXIV, nº 11, 18 avril 1972, p. 18.

« Une dizaine de petits innocents » (Historiette), *IMP*, vol. XXIV, nº 13, 16 mai 1972, p. 19.

« Pissoupe — Pissou — Pisseuse » (Historiette), *IMP*, vol. XXVI, nº 5, 15 janvier 1974, p. 20.

« Pierre Baillargeon » (Historiette), *IMP*, vol. XXVII, nº 16, 1er juillet 1975, p. 8.

« Un sale hasard ou deux » (Historiette), *IMP*, vol. XXVIII, nº 10, 6 avril 1976, p. 34.

« La bergère » (Historiette), *IMP*, vol. XXVIII, nº 15, 15 juin 1976, p. 22.

« Irène » (Historiette), *IMP*, vol. XXVIII, nº 16, 6 juillet 1976, p. 11.

« Feu Jean-Jacques » (Historiette), *IMP*, vol. XXVIII, nº 19, 17 août 1976, p. 10.

« Le vilain petit mouchoir » (Historiette), *IMP*, vol. XXVIII, nº 21, 21 septembre 1976, p. 29.

« Mon futur collège » (Historiette), *IMP*, vol. XXIX, nº 24, 1er novembre 1977, p. 16.

« Le chaînon qui manquait » (Historiette), *IMP*, vol. XXX, nº 9, 21 mars 1978, p. 10.

« Julio mensis, anno 1945 » (Historiette), *IMP*, vol. XXX, nº 18, 1er août 1978, p. 19.

« Le père retrouvé » (Historiette), *IMP*, vol. XXXI, nº 8, 6 mars 1979, p. 10.

« Les trois frères et le bout d'un pouce » (Historiette), *IMP*, vol. XXXI, nº 10, 3 avril 1979, p. 15.

« Lettre à Jean-Pierre Boucher », *Littératures*, nº 2, 1988, p. 133-137.

« Dix lettres de Jacques Ferron à Pierre Vadeboncoeur », *Études littéraires*, vol. 23, nº 3, « J. Ferron en exotopie », hiver 1990-1991, 105-120.

« Maski », dans Ginette Michaud (dir.), avec la collaboration de Patrick Poirier, *L'autre Ferron*, Montréal, Fides — Cetuq, « Nouvelles études québécoises », 1995, p. 277-293.

« Correspondance de Jacques Ferron et Clément Marchand », présentation et notes de Marcel Olscamp, dans Ginette Michaud (dir.), avec la collaboration de Patrick Poirier, *L'autre Ferron*, *Ibidem*, p. 313-350.

ÉTUDES ET DOCUMENTS SUR JACQUES FERRON

Livres

Beaulieu, Victor-Lévy, *Docteur Ferron. Pèlerinage*, Montréal, Stanké, 1991, 417 p.

Boucher, Jean-Pierre, *Jacques Ferron au pays des amélanchiers*, Montréal, PUM, « Lignes québécoises », 1973, 112 p.

Boucher, Jean-Pierre, *Les « Contes » de Jacques Ferron*, Montréal, Éditions de l'Aurore, « l'Amélanchier / essai, 1 », 149 p.

Cantin, Pierre, *Jacques Ferron polygraphe. Essai de bibliographie suivi d'une chronologie*, préface de René Dionne, Montréal, Bellarmin, 1984, 548 p.

Ferron, Madeleine, *Adrienne. Une saga familiale*, Montréal, Boréal, 1993, 254 p.

Articles, parties d'ouvrages

[Anonyme], « Louiseville rend un dernier hommage à Mme J.-Alp. Ferron », *Le Nouvelliste*, 6 avril 1931, p. 10.

[Anonyme], « 58 étudiants ont réussi les examens de Médecine », *L'Action catholique*, 23 juin 1945, p. 1.

[Anonyme], « Me Jean-Marie Bureau succombe à une maladie de plusieurs mois », *Le Nouvelliste*, 3 janvier 1964, p. 3, 19.

Boucher, Jean-Pierre, « Martine... et ensuite », dans Marcel Olscamp (dir.), *Le premier Ferron. Jacques Ferron et son œuvre avant 1960*, Québec, Nuit blanche éditeur, à paraître.

Cantin, Pierre, « Un sonnet de Jacques Ferron », *RHLQCF*, n° 11, hiver-printemps 1986, p. 135-137.

Côté, Jean R., « Jacques Ferron, écrivain : l'arrière-boutique », *Voix et images*, vol. XX, n° 2, n° 59, hiver 1995, p. 424-437.

Dubuc, Jacques, « Jacques Ferron. 3e conseiller », *Brébeuf*, vol. VI, no 8, 17 mai 1939, [p. 8].

Ellenwood, Ray, « Translator's Afterword », dans Jacques Ferron, *The Penniless Redeemer*, Toronto, Exile Editions, p. 339-342.

Ferron, Madeleine, « L'écrivain », *Littératures*, no 9-10, « Présence de Jacques Ferron », 1992, p. 255-259.

Le Blanc, Alonzo, « *Le ciel de Québec*, roman de Jacques Ferron », dans Maurice Lemire (dir.), *Dictionnaire des œuvres littéraires du Québec*, T. IV, *1960-1969*, Montréal, Fides, 1984, p. 170-175.

Marcel, Jean [voir Paquette, Jean-Marcel]

Michaud, Ginette, « De Varsovie à Grande-Ligne : l'œuvre *in extremis* », *Littératures*, no 9-10, « Présence de Jacques Ferron », 1992, p. 81-112.

Paquette, Jean-Marcel, « Jacques Ferron ou le drame de la théâtralité », dans *Archives des lettres canadiennes*, t. V, *Le théâtre canadien-français*, Montréal, Fides, 1976, p. 581-596.

Paquette, Jean-Marcel [pseud. Jean Marcel], « La grande absence. À la mémoire de Jacques Ferron », *Lettres québécoises*, no 39, automne 1985, p. 8.

Paquette, Jean-Marcel [pseud. Jean Marcel], « Présence de Jacques Ferron », *Littératures*, nos 9-10, « Présence de Jacques Ferron », 1992, p. 9-17.

P.V., « Note de la rédaction », *L'Écho de Saint-Justin*, vol. XIV, no 22, 28 mars 1935, p. 6.

Vadeboncoeur, Pierre, « Préface », dans Jacques Ferron, *La conférence inachevée*, Montréal, VLB éditeur, 1987, p. 9-17.

Vadeboncoeur, Pierre, « Dix lettres de Jacques Ferron à Pierre Vadeboncoeur » [présentation], *Études littéraires*, vol. 23, no 3, hiver 1990-1991, p. 105-106.

Vaillancourt, Pierre-Louis, « L'héritier présomptif des ursulines », *Études françaises*, vol. 23, no 3, « J. Ferron en exotopie », hiver 1990-1991, p. 79-91.

Thèses et travaux non publiés

Michaud, Ginette, « L'arrière-texte : lecture de trois fictions autobiographiques de Jacques Ferron », mémoire présenté à la Faculté des études supérieures en vue de l'obtention du grade de Maître ès arts (M.A.), Université de Montréal, août 1978, VII, 177 p.

Ferron, Jacques et Pierre L'Hérault, « 9 entretiens avec le Dr Jacques Ferron (automne 1982) », transcription intégrale (document de travail), interview et transcription : Pierre L'Hérault, [s.l.], [s.é.], 1990.

Gauvreau, Luc, « Noms et encyclopédie dans l'œuvre de Jacques Ferron suivi d'un index onomastique général », mémoire présenté à la Faculté des études supérieures en vue de l'obtention du grade de Maître ès arts (M.A.) en Études françaises, Université de Montréal, Faculté des arts et sciences, Département d'Études françaises, avril 1994, V, [363 p.].

Entrevues enregistrées de Jacques Ferron

Pierre Cantin, 20 septembre 1980.

Jacques de Roussan, 9, 16, 23 et 29 septembre 1970.

Pierre Paquette, 28 novembre 1975. Radio-Canada, réalisation d'André Hamelin.

Suzanne Giguère, 3, 10, 17, 24 novembre ; 1er et 8 décembre 1978. CKRL-FM (Université Laval), réalisation de Suzanne Giguère.

Témoignages

Gilles Beaudoin, 4 mai 1993, Trois-Rivières.

Maurice Beaulieu, 10 décembre 1992, Montréal.

Serge Bernier, 18 février 1994, Ottawa.

Jean-Baptiste Boulanger, 29 juillet 1993, Montréal.

Gui Caron, 31 octobre 1992, Montréal.

Paul-Émile Caron, 23 juillet 1992, Louiseville.

Madeleine Ferron, 18 septembre 1992, 18 février, 26 mai et 26 septembre 1993, 8 décembre 1995, Québec.

Marcelle Ferron, 25 janvier 1993, Montréal.

Paul Ferron, 8 janvier 1993, 10 juillet 1996, Sutton.

Yves Gabias, 15 juillet 1992, Trois-Rivières.

Thérèse Hart, 25 février 1993, Trois-Rivières.

Thérèse Héroux, 30 janvier 1993, Trois-Rivières.

Blanche Houle, 22 décembre 1992, Trois-Rivières.

Guy Lamarche, 26 janvier 1994, Montréal.

Madeleine Lavallée-Ferron, 3 juin 1993, Saint-Lambert.

Jacques Lavigne, 7 et 21 septembre 1992, 30 novembre 1993, Montréal.

Bernard Longpré, 29 décembre 1992, Sherbrooke.

Doris Lussier, 30 juin 1993, Montréal.

Andrée Maillet, 25 octobre 1992, Montréal.

Clément Marchand, 19 juin 1992, 9 février 1994, Trois-Rivières.

Denis Noiseux, 14 octobre 1992, 24 novembre 1993, Montréal.

Gérard Pelletier, 16 septembre 1993, Montréal.

Roger A. Piché, 19 mai 1993, Trois-Rivières.

Paul Pothier, 25 février 1993, Québec.

Roger Rolland, 15 février 1996, Montréal.

Augustin Roy, 30 novembre 1992, Montréal.

Guy W. Richard, 18 septembre 1992, Québec.

Raoul Roy, 25 septembre 1992, Montréal.

Marcel Sabourin, 15 juillet 1993, Belœil.

Lucien Sauvé, 20 septembre 1993, Pierrefonds.

Pierre Trottier, 13 novembre 1992, Montréal.

Pierre Vadeboncoeur, 26 novembre 1992, Montréal.

ARCHIVES

Bibliothèque nationale du Québec

Fonds Jacques Ferron (MSS-424)

Ce fonds renferme près de 400 manuscrits de Jacques Ferron, quelques milliers de lettres reçues par l'écrivain, de même que des papiers personnels et des documents relatifs à la pratique de la médecine.

Fonds Charles Hamel (MSS-38)

Lettres de Jacques Ferron à Charles Hamel (1942).

Archives des ursulines de Trois-Rivières

Lettres d'Adrienne, Irène et Hector Caron. Documents divers relatifs à la famille maternelle de Jacques Ferron.

Archives des Filles de Jésus de Trois-Rivières

Documents relatifs au séjour de Jacques Ferron au Jardin de l'enfance de Trois-Rivières (1931-1933).

Archives nationales du Canada, Direction des documents gouvernementaux, Centre des documents du personnel

Documents relatifs au séjour de Jacques Ferron dans l'armée canadienne (1943-1946).

Fonds privés

Collection Mireille Baillargeon

Lettres de Jacques Ferron à Pierre Baillargeon (1942-1964); journal de Pierre Baillargeon.

Collection Pierre Cantin

Entrevues enregistrées et lettres de Jacques Ferron (1971-1984); documents divers.

Collection Madeleine Ferron

Lettres de Jacques Ferron à Robert Cliche, Madeleine Ferron, Marcelle Ferron et Thérèse Ferron (1933-1984) ; lettres de Joseph-Alphonse Ferron à Madeleine et Jacques Ferron (1933-1947).

Collection Madeleine Lavallée-Ferron

Lettres de Jacques Ferron (copies) à Jean Marcel (1964-1984).

Collection Marcel Olscamp

Lettres; documents divers.

Collection Jean-Marcel Paquette

Manuscrit de « La gorge de Minerve ».

Collection Pierre Vadeboncoeur

Lettres de Jacques Ferron (1940-1980).

OUVRAGES GÉNÉRAUX

Livres

Alain, *Le citoyen contre les pouvoirs*, Paris, Éditions du Sagittaire, quatrième édition, 1926, 235 p.

Annuaire de la Faculté de droit de l'Université Laval pour l'année académique 1943-1944, n° 12, Québec, Ateliers de *L'Action catholique*, 1943, 59 p.

Annuaire de la Faculté de médecine. 1944-1945, [Québec], [s.é.], 1945, 167 p.

Audet, Francis-Joseph, *Le comté de Maskinongé (1853-1867). Notes historiques, statistiques et biographiques*, Trois-Rivières, Éditions du Bien Public, « Pages trifluviennes, série A, n° 16 », 1934, 51 p.

Baillargé, Frédéric-Alexandre, *Coups de crayon*, Joliette, Bureau de l'étudiant et du couvent, 1889, 224 p.

Baillargeon, Pierre, *Le choix*, essais, Montréal, HMH, « Constantes, 21 », 1969, 172 p.

Baillargeon, Pierre, *Hasard et moi*, Montréal, Beauchemin, 1940, 52 p.

Bélanger, Jules *et al.*, *Histoire de la Gaspésie*, Montréal, Boréal Express, 1981, 797 p.

Benda, Julien, *La France byzantine ou le Triomphe de la littérature pure. Mallarmé, Gide, Valéry, Alain, Giraudoux, Suarès, les Surréalistes. Essai d'une psychologie originelle du littérateur*, Paris, NRF, Gallimard, 9e édition, 1945, 200 p.

Bernard, Yves et Caroline Bergeron, *Trop loin de Berlin. Des prisonniers allemands au Canada (1939-1946)*, Sillery, Septentrion, 1995, 357 p.

Bernier, Robert, *L'autorité politique internationale et la souveraineté des États* (Montréal, Institut social populaire, 1951, 201 p.).

Blanchette, Lemieux, J., Mariette (dir.), *Mont-Louis se raconte...*, [s.l.], [s.é.], 1984, 358 p.

Boulanger, Jean-Baptiste, *Napoléon vu par un Canadien*, Bordeaux, Delmas, 1937, 143 p.

Bourassa, André G. et Jean-Marc Larrue, *Les nuits de la « Main ». Cent ans de spectacles sur le boulevard Saint-Laurent (1891-1991)*, Montréal, VLB éditeur, « Études québécoises, 30 », 1993, 361 p.

Caron, abbé N[apoléon], *Histoire de la Paroisse d'Yamachiche (précis historique)*, Trois-Rivières, P.V. Ayotte, Libraire-éditeur, 1892, 300 p.

Caron, Anne, *Le Père Émile Legault et le théâtre au Québec*, Montréal, Fides, « Études littéraires », 1978, 185 p.

Carter, David J., *Behind Canadian Barbed Wire. Alien, Refugee and Prisoner of War Camps in Canada 1914-1946*, Calgary, Tumbleweed Press, 1980, 333 p.

Djwa, Sandra, *The Politics of the Imagination : A Life of F.R. Scott*, Toronto, McClelland and Stewart, 1987, 528 p.

Dufresne, Charles *et al.*, *Dictionnaire de l'Amérique française. Francophonie nord-américaine hors Québec*, Ottawa, PUO, 1988, 386 p.

Fournier, Marcel, *Communisme et anticommunisme au Québec (1920-1950)*, Montréal, éditions coopératives Albert Saint-Martin, 1979, 167 p.

Fréchette, Louis, *La légende d'un peuple*, introduction de Claude Beausoleil, [Trois-Rivières], Écrits des Forges, 1989, 281 p.

Gagnon, Jean-Louis, *Les apostasies*, t. 1, *Les coqs de village*, Montréal, La Presse, 1985, 293 p.

Galarneau, Claude, *Les collèges classiques au Canada français*, Montréal, Fides, « Bibliothèque canadienne-française, Histoire et documents », 1978, 247 p.

Gaulin, André, *Entre la neige et le feu. Pierre Baillargeon, écrivain montréalais*, [Québec], PUL, « Vie des lettres québécoises, 18 », 1980, 323 p.

Hertel, François, *Le beau risque*, roman, Montréal et Paris, Fides, 18e mille, 1961, 142 p.

Jammes, Francis, *Le deuil des primevères. 1898-1900*, préface de Robert Mallet, Paris, NRF, Gallimard, « Poésie », 1967, 159 p.

Lafortune, Ambroise, *Je suis un peu fou... Mémoires et confidences*, Montréal, Beauchemin, 1958, 138 p.

Lamonde, Yvan, *Louis-Antoine Dessaulles 1818-1895. Un seigneur libéral et anticlérical*, Montréal, Fides, 1994, 369 p.

Laurendeau, André, *La crise de la conscription*, Montréal, les Éditions du Jour, « 14 », 15e mille, [1962], 157 p.

Lavigne, Jacques, *L'inquiétude humaine*, Paris, Aubier, Éditions Montaigne, « Philosophie de l'esprit », 1953, 230 p.

Légaré, Thérèse, *Conditions économiques et sociales des familles de Gaspé-Nord*, Québec, Université Laval, Faculté des Sciences sociales, « Documents du Centre de recherches, Service social : document 1 », mai 1947, III, 168 p.

Lesage, Germain, *Histoire de Louiseville. 1665-1960*, [Louiseville], Presbytère de Louiseville, 1961, 450 p.

Linteau, Paul-André *et al.*, *Histoire du Québec contemporain*, t. 2, *Le Québec depuis 1930*, Montréal, Boréal, 1986, 739 p.

Magnan, abbé Antonio, *Biographies sacerdotales trifluviennes. Le clergé séculier du diocèse de Trois-Rivières*, Thetford Mines, Association catholique des voyageurs de commerce, Section des Trois-Rivières, 1936, 93 p.

Mallarmé, Stéphane, *Œuvres complètes*, édition établie et annotée par Henri Mondor et G. Jean-Aubry, Paris, NRF, Gallimard, « Bibliothèque de la Pléiade », 1984, XXVII, 1659 p.

Monière, Denis, *Le développement des idéologies au Québec*, Montréal, Québec/Amérique, 20e mille, [1977], 381 p.

Nicholson, Colonel G.W.L., *Seventy Years of Service. A History of the Royal Canadian Army Medical Corps*, Ottawa, Borealis Press, 1977, XIV, 388 p.

Oliver, Michael, *The Passionate Debate*, Montréal, Vehicule Press, 1991, 284 p.

Ouimet, Raphaël, *Biographies canadiennes-françaises*, Montréal, [s.é.], 6e année, 1926, 523 p.

Pellerin, J.-Alide, *Yamachiche et son histoire*, Trois-Rivières, Éditions du Bien Public, 1980, 785 p.

Pelletier, Gérard, *Les années d'impatience. 1950-1960*, [Montréal], Stanké, [1983], 320 p.

Plante, Gérard, s.j., *Brébeuf par les dates et par les chiffres*, [Montréal], collège Jean-de-Brébeuf, mai 1991, IV, 99 p.

Plante, Gérard, s.j., *Les caractéristiques de l'éducation jésuite*, document élaboré par la Commission internationale de l'apostolat jésuite et approuvé par le Père général le 8 décembre 1986, édition spéciale, Montréal, collège Jean-de-Brébeuf, juin 1987, IX, 79 p.

Plourde, Amanda, *Notes historiques sur la paroisse de Saint-Léon-le-Grand*, Trois-Rivières, Éditions du Bien Public, 1916, 91 p.

Séminaire Saint-Joseph aux Trois-Rivières. Année académique 1908-1909, Trois-Rivières, Vanasse & Lefrançois, Imp., troisième série, no 4, 1909, 92 p.

Squires, Austin, *History of Fredericton. The Last 200 Years*, Fredericton, J.K. Chapman (dir.), 1980, 174 p.

Stanley, George F.G., *Canada's Soldiers. The Military History of an Unmilitary People*, Toronto, The MacMillan Company of Canada Limited, édition révisée, 1960, 449 p.

Tanguay, Mgr Cyprien, *Répertoire général du clergé canadien. Par ordre chronologique. Depuis la fondation de la colonie jusqu'à nos jours*, Montréal, Eusèbe Sénécal & Fils, imprimeurs-éditeurs, 1893, XLVI, 526 p.

Tessier, Albert, *Souvenirs en vrac*, Sillery, les Éditions du Boréal Express, « Témoins et témoignages », 1975, 267 p.

Tétreau, Jean, *Hertel. L'homme et l'œuvre*, Montréal, CLF, Pierre Tisseyre, 1986, 339 p.

Tourangeau, Rémi, *Trois-Rivières en liesse. Aperçu historique des fêtes du Tricentenaire*, Trois-Rivières, Éditions Cédoleq, Joliette, Éditions Pleins bords, 1984, XII, 208 p.

Trofimenkoff, Susan Mann, *Visions nationales. Une histoire du Québec*, traduit de l'anglais par Claire et Maurice Pergnier, Saint-Laurent, Éditions du Trécarré, 1986, 455 p.

Trottier, Alice, f.j. et Juliette Fournier, f.j., *Les Filles de Jésus en Amérique*, [s.l.], [s.é.], 1986, 510 p.

Trudel, Marcel, *Mémoires d'un autre siècle*, Montréal, Boréal, 1987, 312 p.

Veyron, Michel, *Dictionnaire canadien des noms propres*, Montréal, Larousse Canada, 1989, 757 p.

Articles, parties d'ouvrages

[Anonyme], « L'Action Nationale », *Brébeuf*, vol. I, n° 1, 24 février 1934, p. 2.

[Anonyme], « Semaine sociale au collège Jean-de-Brébeuf », *Brébeuf*, vol. V, nos 2-3-4, 13 novembre 1937, p. [8].

[Anonyme], « Débat éliminatoire », *Le Carabin*, vol. I, n° 2, 11 octobre 1941, p. 7.

[Anonyme], « Peuple sans histoire? », *Combat*, vol. I, n° 1, 23 novembre 1946, p. 2.

[Anonyme], « Madeleine Parent, symbole de lutte », *Combat*, vol. I, n° 30, 21 juin 1947, p. 1.

Arnaud, Claude, « Le retour de la biographie. D'un tabou à l'autre », *Le Débat*, n° 54, mars-avril 1989, p. 40-47.

Bernier, Paul-Étienne, « Débat oratoire », *Le Carabin*, vol. I, n° 1, 27 septembre 1941, p. 2.

Bernier, Robert, s.j., « “La zone” du Sault », *Relations*, 1re année, n° 2, février 1941, p. 47-48.

Canali, assesseur, « Décret condamnant certaines œuvres de Charles Maurras et le journal « L'“Action française”, *Le Devoir*, 24 janvier 1927, p. 8.

Comeau, Robert et Bernard Dionne, « Henri Gagnon, organisateur révolutionnaire: 1936-1956 », dans Robert Comeau et Bernard Dionne (dir.), *Le droit de se taire. Histoire des communistes au Québec de la Première Guerre mondiale à la Révolution tranquille*, Outremont, VLB éditeur, « Études québécoises, 11 », 1989, p. 298-337.

Cuisinier, Danièle, « Il ne suffit pas de comprendre, mais il faut agir! », *Combat*, vol. II, n° 1, 6 décembre 1947, p. 1.

De Gaulejac, Vincent, « Roman familial et trajectoire sociale », dans Philippe Lejeune (dir.), *Le récit d'enfance en question*, Paris, Université de Paris X, Centre de sémiotique textuelle, *Cahiers de sémiotique textuelle*, n° 12, 1988, p. 71-83.

De Lessard, R., « Crête-de-Coq », *Bulletin des recherches historiques*, vol. XII, n° 2, février 1906, p. 40.

Dionne, Bernard et Robert Comeau, « Le Parti communiste canadien au Québec pendant la Seconde Guerre mondiale 1939-1945 », dans Robert Comeau et Bernard Dionne (dir.), *Le droit de se taire. Histoire des communistes au Québec de la Première Guerre mondiale à la Révolution tranquille*, Outremont, VLB éditeur, « Études québécoises, 11 », 1989, p. 85-111.

Dubé, Blondin, s.j., « Concours intercollégial pour les vacances prochaines », *L'Action nationale*, vol. XI, n° 4, avril 1938, p. 269-278.

Durivage, Jacques, « La Semaine sociale », *Brébeuf*, vol. V, nos 5 et 6, 22 décembre 1937, p. 5-6.

Fournier, Marcel, « Fred Rose. Notes pour une biographie », dans Robert Comeau et Bernard Dionne (dir.), *Le droit de se taire. Histoire des communistes au Québec de la Première Guerre mondiale à la Révolution tranquille*, Outremont, VLB éditeur, « Études québécoises, 11 », 1989, p. 273-297.

Gélinas, Pierre, « Arts et lettres. De nombreux courants dans la littérature canadienne », *Combat*, vol. I, n° 2, 30 novembre 1946, p. 2.

Gingras, Yves, « Hommage à Marie-Victorin », *Le Devoir*, 19 juillet 1994, p. A6.

Hardy, Louis-Laurent, « Ce qu'ils font dans leur "coin" », *Le Carabin*, vol. I, n° 2, 11 octobre 1941, p. 5.

Huot, Maurice, « L'Abbé Groulx à l'œuvre », *Brébeuf*, vol. II, n° 8, 16 février 1935, p. 4.

Labelle, Jean-Paul, s.j., «Le père Robert Bernier. 1911-1979», *Nouvelles de la province du Canada français*, vol. 58, nº 2, mars-avril 1979, p. 69-73.

Laliberté, Raymond-G., «Dix-huit ans de corporatisme militant. L'École sociale populaire de Montréal, 1933-1950», *Recherches sociographiques*, vol. XXI, nºs 1-2, janvier-août 1980, p. 55-96.

Lamonde, Yvan, «Classes sociales, classes scolaires: une polémique sur l'éducation en 1819-1820», *La Société canadienne d'histoire de l'Église catholique. Session d'étude 1974*, [Ottawa], [s.é.], 1975, p. 43-59.

Lamonde, Yvan, «La modernité au Québec: pour une histoire des brèches», dans Yvan Lamonde et Esther Trépanier (dir.), *L'avènement de la modernité culturelle au Québec*, Québec, Institut québécois de recherche sur la culture, 1986, p. 299-309.

Lamonde, Yvan, «La spécificité des intellectuels des années cinquante au Québec», *Bulletin d'histoire politique*, vol. 3, nº 1, automne 1994, p. 19-24.

Lapalice, H., «L'origine du nom Vide-Poche», *BRH*, vol. XIV, nº 4, avril 1908, p. 124-125.

Laurier, Wilfrid, «Le libéralisme politique», dans *Discours à l'étranger et au Canada*, Montréal, Beauchemin, 1909, p. 83-108.

Lavigne, Jacques, «Pêcheurs de Gaspésie», *Le Mauricien*, [vol. III], nº 3, mars 1939, p. 15.

Le Goff, Jacques, «Comment écrire une biographie historique aujourd'hui?», *Le Débat*, nº 54, mars-avril 1989, p. 48-53.

Lessard, Richard, «Fontarabie», *BRH*, vol. XL, nº 2, février 1934, p. 128.

Longpré, Dr Daniel, «Action catholique et profits dentaires», *Combat*, vol. I, nº 1, 23 novembre 1946, p. 4.

Longpré, Dr D[aniel], «"Survivance" et tuberculose», *Combat*, vol. I, nº 2, 30 novembre 1946, p. 4.

Longpré, Dr D[aniel], «Il manque 3,000 médecins», *Combat*, vol. I, nº 3, 7 décembre 1946, p. 4.

Longpré, Dr Daniel, « Le droit à la santé », *Combat*, vol. I, nº 12, 15 février 1947, p. 4.

Raymond, Raoul, « Caron », *Mémoires de la Société généalogique canadienne-française*, vol. XII, nº 9, novembre 1961, p. 240.

Richard, Cécile, « La famille Richard à Rivière-Madeleine », *Gaspésie*, vol. XVIII, nº 70, avril-juin 1980, p. 1-21.

Taillefer, Raymond, « Douze communistes sont arrêtés », *La Presse*, 30 mars 1949, p. 39.

Vaillancourt, abbé Raoul, « Le syndicat coopératif de Ste-Madeleine », *Ensemble !*, vol. VI, nº 4, avril 1945, p. 14.

Valéry, Paul, « Socrate et son médecin », *Amérique française*, 1re année, nº 2, 24 décembre 1941, p. 29-34.

Verrette, René, « Le régionalisme mauricien des années trente », *RHAF*, vol. 47, nº 1, été 1993, p. 27-52.

Thèses et travaux non publiés

Comtois, Jean, « La Petite Mission de Yamachiche, un hameau à rénover », mémoire présenté à Laurent Deshaies, Activité de fin d'études I et II, UQTR, 31 mai 1979, 29 p.

Pierre Laplante, « Les conditions de vie de St-Antoine de Gros Morne (comté de Gaspé Nord) », mémoire présenté pour l'obtention du baccalauréat à l'École de Service social, Faculté des Sciences sociales, Université Laval, juin 1948, 39 p.

Logan, Major H.M., « History of A-30 CITC (CA)—Camp Utopia », Ottawa, Quartier général de la Défense nationale, Service historique, 1947, 6 p.

Pomeyrols, Catherine, « La formation des intellectuels québécois dans l'entre-deux-guerres », Thèse de doctorat sous la direction de Mme Sylvie Guillaume, UFR Histoire, Université de Bordeaux III-Michel de Montaigne, janvier 1994, vol. 1, vol. 2, 691 p. [pagination continue], vol. 3, « Annexes », 130 p. Paru sous le titre *Les intellectuels québécois : formation et engagements 1919-1939*, Paris/Montréal, L'Harmattan, « Le monde nord-américain », 1996, 537 p.

Index

Table des matières